膜拜現象研究叢書1

膜拜團體就在我們當中

——與其隱性威脅作持續鬥爭(修訂版)

[美]瑪格麗特·泰勒·辛格(Margaret Thaler Singer)著

黃艷紅 譯

蘭臺出版社

《膜拜現象研究叢書》弁言

　　在科學昌明的今天，以超自然信仰爲基礎、以在世人士爲精神領袖、以類似宗教組織爲形式、以心身修煉爲實踐方式，帶有政治、經濟或其他利益目的的團體仍時常產生並活躍於一定社會範圍。這是一種常見的社會文化現象，值得關注和研究。事實上，這個領域已經有了不少研究和治理實踐。特別是1980年代以來，膜拜現象的社會治理、心理疏導和學術研究，均積累了不少成果。爲了推進膜拜現象研究，助力膜拜現象治理，我在海內外學者和出版者的支持下，組織出版這套《膜拜現象研究叢書》。

　　本叢書所說的膜拜現象，指涉與新宗教（new religion）、宗教越軌（deviance in religion）、民間信仰與宗教（folk belief and religion）、救贖社團（redemptive society）、異端教派（sect）、基於信仰的氣功（belief-based qigong）、會道門（superstitious and secret society）、靈修（spirituality）、特異功能（exceptional ability）、超感官知覺（extrasensory perception）、超自然信仰與實踐（supernatural belief and its practice）等相關的集體現象。

　　人們使用「膜拜現象」這個詞，起初是爲了用中性言辭表達這種現象，這無可厚非。但是，毋庸諱言，的確有膜拜團體系統性地造成了對其成員和他人的心身傷害，乃至非法破壞社會秩序。當然，現代社會尊重個人的信仰、言論和行爲自由。爲了保證每一位公民都能夠享受和行使

這種自由權，現代社會要求每一位公民不得妨礙他人享受和行使同樣的自由權力，不得傷害他人和破壞社會秩序。我們在客觀意義上使用「膜拜團體」這個詞，但不避諱這個詞也涵蓋具有系統破壞性的膜拜現象。

本叢書收入的作品包括專著、教科書、治理方法、文集、演講稿、調研報告等多種形式，也包括一些有價值的譯著和再版舊作，唯以客觀嚴肅的態度和啓發性論述爲標準。除注明文獻來源的資料和觀點之外，書中材料、數據和觀點皆爲作者本人所有。

任定成
2020年8月30日
北京玉泉路

▶ 目 錄

致 謝

　　多年來，我的同行們與我交流思想、分享研究和見解，這些對我完成對膜拜團體及其實踐的調查和幫助前膜拜團體成員的工作起到了重要作用。尤其是，我要感謝以下人士的幫助和貢獻：羅伯特·傑伊·利夫頓，勞拉·納德，理查德·奧弗希，默頓·賴澤，大衛·米克·裏奧克，埃德加·沙因，勞倫斯·喬利因·韋斯特，萊曼·溫。

　　要是沒有美國家庭基金會（American Family Foundation）和膜拜團體警覺組織（Cult Awareness Network）的全力幫助，我是無法完成這麼多的工作的。它們不僅熱情地爲我提供參考文獻、尋找原始文獻，提供文獻和復印文章，而且還贊助年會，將對此社會問題感興趣的人們聚集起來。我也感謝僞靈剖析會（Spiritual Counterfeits Project）（一個位於加州伯克利的基督教福音派機構。自1970年代初期成立以來，在基督教護教學和基督教反膜拜團體運動中頗具影響力，主要以福音派立場來分析新興宗教運動和新時代運動等。——譯者注）的人們，他們慷慨地允許我使用他們的圖書館和資料。我還要感謝無私爲我提供文獻資料的世界各地的朋友和同行們。

　　我要向三千多名膜拜團體受害者致以最熱忱、最誠摯的謝意。他們向我講述了他們的故事、痛苦和治癒過程，幫助我了解膜拜團體以及它們所帶來的如此多的傷害。

　　要是沒有我的合作者揚亞·拉裏奇（Janja Lalich）的鼓勵、敦促、機智風趣和聰慧的寫作，本書也無法完成。本書緣起於某個下午我倆在我家飯桌上的計算機裏敲出的一個計劃，從此，我倆就像畢生的夥伴那樣

開始了合作。謝謝你，揚亞。

　　最後，我和揚亞要感謝本書的編輯——喬西巴斯出版公司（Jossey-Bass）的艾倫·林茲勒（Alan Linzler）。他從一開始就投入到這一計劃當中，並且自始至終，他都能迅速反應，催促並提出評論，鼓勵我們做得更好。

　　　　　　　　　　　　　　　　　　瑪格麗特·泰勒·辛格
　　　　　　　　　　　　　　　　　　加州伯克利
　　　　　　　　　　　　　　　　　　1995年1月

序

　　瑪格麗特·泰勒·辛格在膜拜團體心理學方面的非凡卓識無人能及。數十年來，她將專業技能與個人勇氣罕見地結合到這一領域中。

　　辛格認識到膜拜團體現象的複雜性。她意識到，從相對無害的單方面說教到系統的思想改造程序，是一個連續體。她意識到，不管是否使用身體暴力，心理控制是問題的關鍵。與此同時，她還非常清楚，極權組織中更普遍的問題超越了任何一个專業學科，而與更大範圍的社會力量和歷史力量相關。

　　此前，我一直關注極權主義問題，這始於我1950年代中期對中國思想改造運動的研究，到1970年代末至1980年代初，我研究納粹醫生的問題時，發現繞了一整圈又回到了這一主題上。極權主義可能會出現在歷史的或心理史的錯位時期。這一錯位時期，支配人們生活周期的象徵和結構被打破。大衆媒體的革命促成了這種錯位，因爲這種革命使我們任何人在任何時刻都有機會接觸到任何意象或想法，無論這個意象或想法是來源於同時代的任何地方還是來自整個人類文化進程的任何時刻。還有另一種強有力的影響加劇了這種錯位，那就是，人類意識到，二十世紀後期技術能力足以將人類自身作爲一個物種消滅，而且這樣做旣無目的也無法挽回。這些歷史力量導致的結果是，我們正失去心理依靠點這一感覺蔓延開來。我們感覺自己受到無法駕馭的社會潮流和劇烈的社會不穩定因素衝擊。

　　這種混亂帶來的一個主要反應就是原教旨主義在當今世界範圍內的流行。人們普遍認爲，這一運動源於害怕喪失「基本原則」，從而產生

對絕對教義和神聖自我的需求——所有這些都以一種從未有過的完美和諧的過去的名義而變得神聖。

我們所說的膜拜團體就是原教旨主義的一種重要表現。當然，對一個人來說是膜拜團體，對另一個來說是宗教信仰——或者是政治或商業組織。正如辛格提醒我們的，我們需要作仔細的區分，依據每個組織自身的行爲來進行判斷。我將膜拜團體界定爲具有某些特徵的一類組織。首先，所有膜拜團體都有一個具有超凡魅力的領袖，他（或她）越來越成爲崇拜的對象，某些時候還被當作永生的施主。一般的精神觀念都讓位於領袖的這種神化。其次，在膜拜團體中，會發生一系列的心理變化過程，伴隨著被稱爲「強制說服」或「思想改造」的過程，這在本書中有一些細節描寫。第三，存在一套自上而下（來自領袖和統治集團）的操控與利用和自下而上（就崇拜者和成員而言）的理想主義模式。

但是，無論是原教旨主義還是膜拜團體的這種構成都不是最終形式。在同一塊歷史土壤中，會有另外一個更有希望的模式出現。我想到，傾向於更加開放和靈活的自我，能夠與環繞我們周圍更大範圍的不確定因素保持協調。我以希臘海神普羅特斯的名字將它命名爲「多變自我」（protean self）。

這個多變自我，與原教旨主義和膜拜團體的自我相反，是開放的，多維的。它不是狹義的規定，而是產生各種奇特的組合，並包含幽默和嘲諷的重要元素。這個多變自我在對道德核心的永恒追求中並非毫無困難。但是，它的優點是，能避免絕對和死胡同，並具有時常轉換和變化的可能。

事實上，我認爲，這種多變性是對我們當前歷史形勢的主要反應。對原教旨主義和膜拜團體的傾向最好理解爲對多變性的反抗。我們非常清楚，這些反抗可能會很激烈。但是，正如暴力與人類生存研究中心（the Center on Violence and Human Survival）最近的研究所揭示的那樣，

即便是原教旨主義者們也容易受到多變趨勢的影響。這就能解釋爲什麼人們會離開膜拜團體或者不再信奉原教旨主義。

　　既然歷史就像個體的生命一樣，是不斷向前發展的，回歸是完全不可能的。我們當今世界的很多躁動不安都與多變趨勢和原教旨主義趨勢之間的鬥爭相關，伊斯蘭原教旨主義者阿亞圖拉·霍梅尼（Ayatollah Khomeini）（全名爲魯霍拉·穆薩維·霍梅尼（1902年5月17日－1989年6月3日），伊朗什葉派宗教領袖和政治領袖。——譯者注）對作家薩爾曼·魯西迪（Salman Rushdie）（印度裔英國作家，因從小不信仰宗教，被其父視爲伊斯蘭教的「逆子」。1988年他出版小說《撒旦詩篇》引起極大爭議，因其中有對伊斯蘭教和穆罕默德的不敬內容，被霍梅尼宣布判處死刑。1989年伊朗政府還因此事宣布與英國斷交。後魯西迪向穆斯林世界公開表示道歉。直至1998年伊朗政府宣布不會支持對他的死刑判決後，魯西迪才重新獲得自由。——譯者注）所實施的怪誕「死亡判決」就是這一鬥爭的縮影。

　　瑪格麗特·泰勒·辛格在本書中所描寫的很多事情正是這場鬥爭的回響。我們應當盡力從她捍衛心靈自由的艱苦經歷中獲益。

羅伯特·杰伊·利夫頓
紐約城市大學約翰·杰伊學院
1995年1月

修訂版前言

　　自從本書第一版於1995年面世以來，世界已越來越痛苦地意識到膜拜團體的存在，我的生活也越來越多地捲入膜拜團體中，無論好壞。

　　顯然，本書第一版對人們的生活產生了很大的影響，這是可喜的，雖然還有點令人生畏。在過去的八年中，幾乎每天，有時候一天還不止一次，我的電話鈴聲響起，電話那頭的人對我說，「辛格博士，我曾經加入過膜拜團體，並且我感到非常難過和羞恥，但是自從讀了你的書之後，我感到非常快樂和輕鬆了，因爲這本書非常有幫助。現在我覺得自己根本就是一個正常人。我現在明白了，不是因爲我某方面有缺陷，而實際上我是被某些非常聰明、訓練有素的騙子誘騙進膜拜團體的。」

　　到現在爲止，我已經爲數千個這樣的人提供過咨詢，所以，就我長期的個人經驗來說，我知道，人們能夠從膜拜團體那誘人且有力的控制中逃脫，重新掌控自己的生活，並且再次恢復獨立思考的能力。盡管如此，僅在美國仍有約5000個獨立的膜拜團體，成員超過兩百萬，而且每天還有越來越多的人被本書所列出的那些操控技巧拉進去。在這個動蕩和難以預料的時代，很多人覺得對自己的生活不滿意，從而在面對這樣一些組織的虛假承諾和僞意識形態時，毫無抵抗力。到處都是首次離開家的年輕人，尋求身分認同和家庭般安全感的人，失去親人而感到孤獨的老人，渴望在不確定的經濟環境中獲得成功秘訣的職場人士。如今的這個世界似乎爲膜拜團體們提供了特別肥沃的土壤，它們說，這些人正在失去的，它們都將會提供。

　　但是膜拜團體是強大而危險的。它們剝奪我們的自由，使我們失去

和親人的聯繫，奪走我們的財產，並且還設法恐嚇與它們爲敵的人。我知道這一點，因爲它們恨我，任何時候只要有機會就會毫不猶豫地讓我知道。自從本書第一版面世以來，各種各樣的膜拜團體都派人來整夜按我家的門鈴，通常還會在我的信箱裡留下威脅的便條，然後在黑夜裡倉惶逃走，就像萬聖節晚上淘氣的孩子那樣。膜拜團體成員還黑進我的計算機，用其專線撥打911，迫使當地警察署的官員凌晨兩點跑到我的房子來，這樣一個星期又一個星期的，而來了後發現沒有任何緊急情況。

除了這種幼稚的騷擾之外，還有一件針對我和這本書的法律訴訟，案件審理過程花費不少，耗費了很多時間，最後案子陷入僵局。我堅信他們提起這場訴訟就是爲了威脅我，想讓我和我的研究工作保持沉默。我還相信，這場訴訟試圖阻止我的同行們（包括學術方面的和臨床方面的）在美國發表類似的研究和分析膜拜團體的著作，也阻止他們像我一樣去指證膜拜團體。我在很多正在審理中的刑事和民事案件中作證。這些官司都是膜拜團體與其前成員受害者之間進行的。這件訴訟隱含的意思是，最好不要惹我們，否則的話，發生在瑪格麗特·辛格身上的討厭事也會發在你身上。這是一種令人心寒但有時也很有效的策略。

因此，戰爭還會繼續。在生命中某個困難的時刻，易受傷害的普通人仍然會被那些貪贓枉法的膜拜團體領袖們抓住，信仰被歪曲，頭腦被利用，身體受虐待，財產被榨乾。父母、朋友、顧問以及其他人奮力幫助他們擺脫這些膜拜團體的強制性和破壞性影響。加入膜拜團體的人比以往更多，但離開的人也比以往更多。因此，也許我和其他人的工作通過警告人們注意這些虛假組織及其眞實目的而正在產生某種影響。

過去幾年裡，在美國和世界各地，有關膜拜團體暴行的報道連續不斷地上頭條新聞，可能也會令人們對膜拜團體感到害怕。你將會在本版的後記中讀到這些駭人聽聞事件的詳情，包括烏干達的大規模殺戮，天堂之門的自殺事件，統一教文鮮明王國的戰略擴張和轉變及其與各

種政治和宗教組織最保守派別的新聯繫，幾乎毀了其膜拜團體組織的克里希納醜聞，奧姆真理教在日本地鐵實施毒氣案的兇手，當然，還有膜拜信仰和技巧與當前恐怖襲擊的聯手，這些恐怖襲擊通過在中東地區、2001年9月11日在美國以及全世界其他地方使用自殺式炸彈來實施。

　　所以，往下讀吧。我增加這篇前言和一篇新的後記，來更新本書。本書所揭示的事實和它試圖起作用的方式現在比以往任何時候更重要。

第一版前言

　　我一直以來都對語詞感興趣：語詞是如何形成大腦中的畫面的？這些畫面是如何激起人們的情緒，並使人另有所思、所感的呢？人們又是如何使用語詞來取悅、教育和影響他人的？我還很小的時候，就把自己學會的新單詞列一個清單。十歲的時候，我就開始注意到親戚們的談話技巧，他們講述往事的精彩方式。我開始好奇為什麼有的親戚很善於講故事，這些故事有關於從前生活的，也有關於遙遠的地方和人們的。這些擅長講故事的人是怎麼做到用語詞形容的畫面讓事情活靈活現的呢？

　　到上大學的時候，我已經練習過講故事，也學習了談話技巧。這時候我想學的是演講者如何運用語詞、推理和聲音來說服他人。於是，我參加了大學辯論賽、演講、脫口秀，發現我最喜歡的課程是宣傳分析和邏輯學，因為這些課程需要仔細研究語言和推理。

　　後來我成為一位臨床心理學家，語言和交談又成為我許多研究工作的中心。在科羅拉多大學醫學院精神病學系工作數年後，我來到華盛頓，擔任沃爾特裏德陸軍研究所心理學實驗室的一名高級心理學家。在那裏，我和同事進行的工作，其中有一項就是研究朝鮮戰爭中的戰俘。我開始見識到並被各種形式的強制說服或思想改造程序所深深吸引，在遠東地區，不只是戰俘而且不同出身背景的平民也接觸過這些程序。我還訪談過不少曾在中國大陸被關押時接受過思想改造程序的耶穌會士。

　　作為這項工作的結果，我開始熟悉了在整個人類歷史上各種情境

下強制說服的歷史。當今的膜拜團體和其他組織是如何使用思想改造過程誘導其成員的態度和行為發生改變的？他們是如何利用言語去說服、控制甚至加害於他人的？後來，當我研究這些問題的時候，社會心理學家的實驗室研究、人類學家對影響力的田野調查、政治和語言分析師所作的宣傳分析都用上了。到1960年代，我開始收到一些家庭的來信，說有家庭成員失蹤——失蹤人員通常為18—25歲之間的青年人，都加入了某個當年盛極一時的狂熱崇拜組織。他們的親人或認識他們的人都提到，他們的個性突然發生變化，說話方式不一樣，情緒自我抑制，與家庭和過去決裂。我意識到這有點像我之前研究了很久的進行了思想改造或強行說服和社會控制的後果。在那之前，我們還以為這些事情只是在離我們很遠的地方經常發生。然而，現在它就發生在家門口。

我開始盡可能多地採訪有膜拜團體成員的家庭，以及我能在加州大學伯克利分校校園找到的新出現的膜拜組織成員。脫離這些組織的人們也開始與我取得聯繫。我得知，有數量眾多的組織在使用極端的，包裝良好的心理和社會控制方法。

同時，膜拜團體前成員告訴我他們在牧師和精神衛生專家那裡的不愉快經歷，這些專家和牧師並不知道社會影響程序，不了解在高度控制、緊張的封閉組織中生活壓力的心理調適過程，也不明白離開膜拜團體之後經歷的痛苦。1979年，我在一本頗受歡迎的刊物上發表了第一篇文章，旨在幫助那些離開膜拜團體的人。這篇題為「走出膜拜團體」的文章發表在《今日心理學》上。因為當時已經勸解過眾多的膜拜團體前成員，我希望這樣一篇文章對那些膜拜團體受害者有用，如果他們找不到人傾訴自己在膜拜團體的經歷，且離開該組織後面臨各種各樣問題的話。成百上千的膜拜團體前成員告訴我，他們從輔導老師、治療師或朋友那裡獲得這篇文章的複印件，覺得對他們非常有用。

從那時起，已經有三千來自多膜拜團體和使用思想改造過程的組

織的現成員和前成員接受過我的訪談或者與我合作過。我還探訪過數百個因膜拜團體失去摯愛的家庭。由於我對這種強影響力的情形比較熟悉，1976年，我被法庭指定爲帕特里夏・哈斯特（Patricia Hearst）的審查員，她曾被一個基金的恐怖分子膜拜团体綁架並拘禁，後來被指控爲銀行搶劫犯，因爲她被膜拜团体強迫參加了此次行動。我也曾爲1978年瓊斯鎮的許多倖存者以及在瓊斯鎮遇難的人民聖殿教成員的家屬提供咨詢，同樣也爲1993年在韋科遇難的大衛教派成員的家屬提供過咨詢。我還在無數的膜拜团体前成員控告膜拜团体要求損害賠償的案子中擔任專家證人。

　　這本《膜拜团体就在我們當中》的完成，基於以下兩個方面：一是我作爲心理學家從事了五十年的研究和臨床工作，二是我對膜拜团体技巧和思想改造程序對大量個體直接造成的社會影響和心理影響進行了長期觀察。

　　關於什麼是膜拜团体，有許多定義和看法，有時作家、學者甚至前成員都避免使用這一術語。「膜拜团体」這一術語往往意味著一些怪異的東西，一些不同尋常的東西，一些不是我們的東西。然而，正如《膜拜团体就在我們當中》所顯示的，膜拜团体絕不是邊緣化的，那些加入膜拜团体的人們和你我並無二致。他們所表現的問題是我們社會的基本問題，是我們相互溝通理解中的基本問題，也是我們接受自己的弱點和自我世界中潛力被濫用的基本問題。

　　本書中，我將使用「膜拜团体」和「膜拜組織」這兩個詞匯來指稱任何一個在我們社會中湧現出來的眾多組織。這些組織在形成方式、權力結構和管理方面非常相似。膜拜团体中有相對溫和的，也有對成員生活進行異常的控制並使用思想改造程序來影響和控制成員的團體。當某些膜拜团体的行爲引起非成員的批評時，「膜拜团体」一詞本身並不是貶義的而僅僅是描述性的。它用來表示一個以某個人爲核心的組織，

這個人聲稱自己負有某種特殊使命或具有某種特殊能力，其成員相信從而將自己絕大多數的決定權交給這個自封的領袖。

膜拜團體的規模大小不一，宗旨千奇百怪，招募的人也遍布各種年齡和背景。並非所有的膜拜團體都像有些人認為的那樣具有宗教性。它們存在的原因各種各樣，可能與宗教、生活方式、政治或五花八門的哲學有關。並不是每個被膜拜團體招募者接近過的人都會加入，而且那些加入了的，也並不是永遠都待在其中。膜拜團體所擁有的經濟和政治能力也各不相同。有些是只有十幾個成員的地方性團體，而有的則是擁有數千名成員，經營跨國公司，控制著資產即使沒有數十億也有數百萬美元的綜合組織。

膜拜團體通常不是第一眼就能辨認出來的。多數人對什麼是膜拜團體有一般性的了解，也知道在過去數十年中膜拜組織在興起。然而，人們一般沒有意識到的是，膜拜團體是如何成功地控制人們的生活的。

在對膜拜團體的研究中，我發現，在任何一個這類組織的演變過程中，領袖的人格、喜好和慾望是最核心的。膜拜團體是真正的「人格膜拜團體」，因為膜拜團體的結構是基於權威，領袖的人格是最重要的。膜拜團體反映著領袖的觀念、風格和異想天開，成為領袖的一種延伸。

所有的膜拜團體領袖據傳都具有超凡魅力。事實上，這種魅力還不如說服技巧和操控他人的能力重要。為了組建一個組織，領袖需要有說服他人追隨他（或她）的辦法，而且這些領袖是不會放棄他們的控制的。當這個領袖看到自己所控制的人數以及他（或她）如何輕易地影響信徒的時候，膜拜團體首領就會成為一個令人陶醉的角色了。

膜拜團體提出了一個消費者問題，亦即哲學問題，那就是，一個人是否應該擁有對其他人近乎完全的控制？從對消費者的利益角度來看，一個打算成為膜拜團體成員的人如何得知加入膜拜團體後會發生的真實情況。大量的指控裡面顯示，在招募階段存在許多欺騙而新成員對於

加入一個膜拜組織後面臨的情況一無所知。不止一個膜拜團體前成員告訴我，一旦加入該組織，他（或她）就發現有些事情和最開始表現出來的完全不一樣了。

爲了理解一個人是如何被騙得丟掉工作、離開家庭、放棄自我決定的，我們必須要關注膜拜團體和膜拜組織所使用的社會和心理影響技巧。這種有預謀的、隱蔽的、協同的影響過程被通俗地稱作洗腦或精神控制，或者更嚴格一點說，稱爲思想改造。這就是膜拜團體領袖達到控制的途徑。

有時我給人們講述某些膜拜組織的活動內容或者放映有關這些組織的影片時，他們會大笑。比如，我會講一些關於幫助那些膜拜團體前成員的事情，這些膜拜團體有馬膜拜團體、外太空膜拜團體、運動膜拜團體、舉重膜拜團體、音樂營膜拜團體、節食膜拜團體和美發膜拜團體。

盡管這樣的組織可能聽起來很怪異，《膜拜團體就在我們當中》一書可不準備談論那些加入瘋狂組織的怪人。本書要討論的是，我們所有人在不同的時候，是如何進入一個脆弱狀態的？在這種狀態下，別人能對我們的影響比其他時候更大。當我們感到孤獨、悲傷和需要幫助的時候，我們所有人都會更容易接受奉承、欺騙、誘惑和慫恿。在這一短暫的脆弱階段，我們大多數人更容易被操控、被暗示，更有可能由於別有用心者的奉承和誘導而上當受騙。

現代膜拜團體和思想改造組織傾向於提出表面上的烏托邦，在那裡所有人類的疾病都將被治癒。這些膜拜團體的吸引力在於，只要你來，一切都會變得很好，每個人都會從此快樂地生活下去。

追溯歷史，人們曾經描繪過這樣充滿希望的烏托邦，但是他們也描述其不利的方面，這可以被稱作消極烏托邦。1949年，喬治·奧維爾（George Orwell）就描寫了一個他害怕出現的消極烏托邦，他預測這個

烏托邦大概會出現在1984年。在他之前，如丹尼爾·迪福（Daniel Defoe），奧爾德斯·赫胥黎（Aldous Huxley），傑克·倫敦（Jack Lodon）等也曾描寫過消極烏托邦，在那裡政治制度逐漸被限制，隨後是人們最核心的創造性的、科學的和有同情心的推理能力被扼殺。在這些真實的或想象的中央集權政府裡面，人們可能會被酷刑、毒品和神秘技巧這些令人生畏的辦法所控制。

奧維爾的天才在於，他意識到社會學和心理學技巧結合起來，會比拿槍抵著腦袋的脅迫辦法要容易得多，也更有效、更便宜。社會學和心理學勸服也不大可能引起那些被操控者的注意，他們也就不容易及早地動員起來進行反抗。奧維爾還推論說，如果一個政府控制著所有的媒體和私人交往，同時還強迫公民說政治控制的行話，就會削弱其獨立思考的能力。如果思想能被控制住，那麼對政治制度的反抗就會停止了。不僅在《一九八四》（*Nineteen Eighty-Four*），而且在一些政論性和討論英語語言的短文中，奧維爾均著重指出了語言文字的力量。語言文字能表達思想，如果沒有表達思想的能力，人們就會失去思考的途徑。

當1984年到來的時候，各種極權主義政府正在控制和審查媒體，壓制異見分子。過了幾年之後，奧維爾的《大哥》《官方語言》和《思想警察》的各種版本出現在全世界各地，其中有些更具有預兆性和更加隱秘。奧威爾的預言可能永遠都不會完全實現，因為人類的理智具有理性自由這一奇妙的特性。但是他的觀點能警示我們，人們的思想能被影響到何種程度。

自1960年代以來，從事思想控制和個性改造的組織出現迅速增長，這些組織不是政府部門而是獨立的企業組織。無數的偽救世主、江湖醫生、膜拜團體和思想改造組織的領袖層出不窮，他們都使用奧威爾的思想控制技巧。他們招募的都是有好奇心的人，無教派人士，輕信者和利他主義者。他們許諾的是一個智力和精神上的、政治和社會的烏托邦，

這裡人人都能夠達到自我實現。這些當代花衣魔笛手（德國民間傳說中的人物。傳說，在德國普魯士的哈梅林（Hamelin）曾發生鼠疫。一位法力高強的魔笛手吹起神奇的笛子後，老鼠都在笛聲的指引下跑到了河裡而被全部鏟除。但那些見利忘義的首腦們卻拒絕付給他酬勞。為了進行報復，花衣魔笛手就又吹起神奇的笛子，把鎮上的小孩全部都拐走，從此便無影無蹤。——譯者注）聲稱能提供各種東西，包括，通往神的途徑，拯救，革命，個人發展，啟蒙，完全健康，心理成長，平均主義，能與35000年前的老「實體」（entities）說話的渠道，生物圈的生命以及與外星人溝通。

這裡的確存在一個由關注精神、心理、政治和其他類型膜拜團體和膜拜組織形成的大雜燴。他們在尋找追隨者和信徒。與傳說中加入膜拜團體的人主動尋找的說法相反，是膜拜團體積極地和有攻擊性地去尋找信徒。最後，這些組織使他們的信徒們處於一個等級森嚴的環境中，阻礙他們進行批評性和評價性思考，壓制他們獨立的選擇，從而使他們變得精神麻木。

古往今來的智慧是，這種操控多數是不露聲色且十分隱蔽的。當奧威爾描畫這種智慧的時候，他預想到會有一種陰險的人出現，他們能成功地操控心智和意見。這樣的人看上去像和藹可親、心地仁慈的大哥哥。在當今世上，我們能看到一群這樣的大哥哥，而不是一個。他們很多都是膜拜團體領袖。

在接下來的章節裡，我和揚亞希望表達對於我們的社會當中膜拜現象的一種看法，以便提醒你和你周圍的人留心。我們所描寫的不是一幅美麗的圖畫，但我相信絕對是每個人都需要看看的。

讀者們應該知道，一些膜拜團體非常喜歡打官司，用財產和權力去騷擾和制止批評他們的人。一般的公民、學者、記者、膜拜團體前成員及其父母，以及出版物包括《時代雜誌》和《美國醫學會雜誌》都成

為各種財大氣粗的膜拜團體訴訟的對象，其目的是為了恐嚇批評者，使他們保持緘默。

去年一年，一個大型的膜拜團體就打了大約二百多場官司，被告有政府部門，批評者，也有說出他們在該組織中遭遇的前成員。膜拜團體和其他組織採用的影響公共看法和爭論的戰術是相當多的。在本書的第九章，你將會了解到更多類型的威脅和恐嚇行為。

實際上，非常遺憾，在本書中我對某一運動的歷史敘述中有著相當明顯的遺漏。儘管某個特殊的人及其組織對某些訓練方式的傳播有著深厚的影響，但我並沒有提到這位眾所周知的人物及其領導的跨國組織。我之所以這麼做，是由於我和揚亞都捲入的一場毫無價值的法律訴訟成為懸案，這次訴訟起因於本書第一版的出版。

基於上述理由，也是因為我想幫助那些膜拜團體前成員理解在他們身上發生了什麼，如何從膜拜團體行為給他們的生活所帶來的持久傷害中復原，我選擇一般性地描寫膜拜團體，以便我的精力能繼續投入到研究膜拜團體和幫助膜拜團體受害者中去。本書提到的一些個體的名字均為化名，組織名稱和另外一些個人姓名有時不得不省略。

如果公民沒有意識到某些膜拜團體所使用的力量和控制，民主和自由就可能會一步一步地受到限制。膜拜團體就其結構和本質而言是毫無民主可言的，也不會促進言論和表達的自由，與人的全面發展所要求的結構完全對立。

膜拜團體就我們當中，比我們普通民眾所知道的要多。而且，這些強有力的組織滲入到我們生活的方方面面。

第一部
什麼是膜拜團體

第一章　界定膜拜團體

　　在不到十五年的時間裡，我們兩次目睹了膜拜團體信徒走向死亡的結局。1978年，在圭亞那潮濕的叢林裡，912名吉姆·瓊斯（Jim Jones）的信徒身著艷麗的服飾，喝下含氰化物的飲料，受到槍擊後死亡。每年人民聖殿教滅亡的紀念日，從空中拍攝這一場景的照片都會在雜誌上刊載，在電視上播放。1993年初，電視新聞節目播放了考雷什（Koresh）膜拜團體在德克薩斯州平原的槍戰，幾個星期後又播出了它在大火中的覆亡。在我們認識到所有的人類多麼脆弱易受影響之前，還會有多少個瓊斯鎮和韋科這樣的慘劇出現呢？在這兩起事件之間，印第安納州就有將近一百個加入膜拜團體的兒童和母親因為缺乏醫學照料而死亡，另據報道說，有許許多多的其他兒童和成人在膜拜團體中遭受了虐待。一個以加利福利亞為基地的膜拜團體曾往一個律師的郵箱裡放響尾蛇，欲置他於死地，就因為他贏了三場與該組織的官司。俄勒岡州的拉傑尼希（Rajneesh）膜拜團體[1]曾試圖在達爾斯（The Dalles）鎮的供水系統中下毒，還想傷害沃斯科（Wasco）和傑弗遜（Jefferson）地區的官員，原因在於他們去執行其所在州的法律，而這個組織不想要這些法律條款適用於

1　F FitzGerald, "Rajneeshpuram—II," *New Yorker*, Sept. 29, 1986, pp- 108-116; W. McCormack (ed.), "The Rajneesh Files 1981-86" *Qregon Magazine Collector's Edition* (Portland: New Oregon Publishers) 1985, p. 5; "Oregon's Bhagwan Dies of Heart Failure," *Livingston* (Montana)Enterprise, Jan. 19, 1990.

他們。膜拜團體成員曾經是普通的公民，他們被某個這樣的或其他的組織說服後，在膜拜團體領袖的命令下，去執行組織的各種奇怪想法，包括謀殺、自殺和其他一些暴力行爲。

有些膜拜團體你看名稱就能辨認，較爲明顯，因爲他們規模很大，行爲明目張膽，且有自我毀滅的傾向。但其他更多的組織不易察覺，行爲老練，他們同樣危險，同樣值得注意。在美國和世界各地，大批的膜拜組織都在積極招募新成員、發展壯大、聚斂錢財，獲取權勢。這些組織通過蓄意的思想操控或者思想改造程序，來利用和濫用他們的成員或信徒。這些思想操控能被用於多種背景和場景中。

在本書中，我們將看到兩種主要類型的組織。第一類由膜拜團體和類膜拜團體組織組成。這些組織對他們的新老成員採用有組織的心理和社會說服程序，旨在改變他們的態度，建立起組織對新老成員生活的高度控制。這些膜拜團體欺騙、操控和利用他們的成員，並希望盡可能地把他們留在組織內。

第二類的組織包括爲實現商業目的兜售大型組織意識培訓項目，和其他「自我完善」組織，以心理學爲基礎或者混雜的組織。他們使用同樣強烈的協同說服程序，但他們一般不打算讓他們的顧客成爲長久的成員。他們更希望追隨者購買更多的課程和產品，帶來更多的顧客，大概待上個一兩年就行。

這樣來看，兩類組織都使用思想改造程序。爲了改變人們對於大量哲學、理論和實踐的態度，膜拜團體和思想改造組織的發起人都傾向於用年代久遠的說服技巧想象出具有強制影響力和行爲控制的協同程序。這些熟練的操控者們似乎清楚，爲了使別人信服而跟隨他們，聽從他們的命令，他們需要將一整套影響技巧、策略和戰術運用得恰當。並不

是每一個這樣的組織都能符合膜拜團體的定義，但是和膜拜團體一樣，所有這些組織在招募、改變和利用信徒的時候都使用思想改造技巧。（更詳細的思想改造程序的討論參見第三章。）

你知道有多少膜拜組織僞裝成合法企業，譬如飯店、自助組織，商業培訓工作坊，繁榮俱樂部，心理治療診所、武術中心，節食計劃組，校園活動和政治組織？膜拜團體和使用思想改造程序的組織並不是像很多人相信的那樣正在消亡，而是如雨後春筍般發展起來。

目前，僅在美國就有三千到五千個膜拜團體，具體多少取決於你如何界定膜拜團體。在過去的二十年裡，有兩千萬人在不同時期加入過一個或另一個這樣的組織。不僅是膜拜團體成員受到了影響，而且數百萬的家庭成員和親愛他們的人擔心和質疑，在這些年裡的某些時段，他們的親人或朋友身上到底發生了什麼事兒。

並不是每一位被膜拜團體招募者接近過的人最終都會加入該組織，也不是每一個加入的人會永久地待在該組織內。但是，有足夠多的人的確加入並且在其中待了足夠長的一段時間，這就使得膜拜團體成爲一個值得認眞檢視的十分緊迫的社會問題。我所說的這個問題並不是通過一場辯論或者在電視脫口秀節目中作爲熱點曝光就能解決的。膜拜團體所帶來的威脅遠不止這些。我所談及的不僅僅是對消費者問題日益增長的擔心，而且是是實實在在的威脅，對公眾健康、心理健康、政治權力和民主自由的威脅，只要我們了解到，這些操控他人且經常不道德的組織和項目是如何擴散到社會的每一個角落和縫隙而且滲透到社會主要部門和機構中的，就能明顯地看到這些威脅。

在1960年代和1970年代，膜拜團體僅僅是受到父母們的關注，因爲這些父母觀察到那些理想化、有時對社會不滿的青少年兒童被招募進

去。這而現在情況不再是如此了。1980年代和1990年代的時候，我們已經看到，膜拜團體引誘各種年齡段和各種收入階層的人們加入。過去，膜拜団體通過吸引所謂的邊緣人群來立足，——每代人中都有那些無教派的人，幻想破滅的人，對社會不滿的人。但是，今天的膜拜組織說服辦法和技巧已經如此熟練，他們早已越過這些邊界，而進入主流人群。他們的目標是你們這樣的人。

我訪談過三千多個人，他們都曾加入過一個，有時是好幾個這樣的在美國為數眾多的膜拜団體。我還訪談過數百位膜拜団體成員的家屬。我也研究過許多曾經捲入過其他高度控制的組織的人，以及不計其數的個人，通常是婦女，他們的生活曾經被某一個人所控制，就像在膜拜団體中被控制一樣。這樣的生活經歷，加上超過五十年的學習、研究和臨床經驗，我只能說，當我以為自己已經對膜拜団體悉數了解的時候，會發現甚至比以往更稀奇古怪的新證據。

我在本書中嘗試說明，普通人是如何離開他們的日常生活而成為那些組織的一份子的。這些組織實施的行為包括稀奇古怪的、不道德的，甚至是自我毀滅和謀殺的行為。膜拜団體似乎不斷發展出各種古怪的實踐方式，沒完沒了。膜拜団體領袖們肆無忌憚的行為和虐待其信徒的能力似乎也在不斷翻新。膜拜団體成員似乎具有幾乎超乎人類理解的忍耐力。而且，在他們離開膜拜団體之後，前成員明顯具有一種無限的精神和無與倫比的願望，想要治癒自己，恢復獨立，從可怕的經歷中完全走出來。遇到這樣的人越來越多，我對這種精神和願望只有佩服和支持。

一、定義與特徵

膜拜団體一詞往往使人產生一種靜態組織的印象。但是，和其他組

織內的人們一樣，膜拜團體中的人們以一種特別的方式相互影響，且這些方式會隨時間而改變。膜拜團體的與眾不同是在於他們內在的活動，因此，要抓住一個膜拜團體和一個開放的團體或組織之間的差別不是一件容易的事兒。有時候人們不會考慮膜拜團體是如何起作用的，是因爲他們錯誤地要麼將膜拜團體描寫爲充滿大量瘋狂行爲的樣子，要麼就認爲膜拜團體就像他們參加過的其他常規組織一樣，譬如地方扶輪社（Local Rotary Club），家長教師協會（the PTA），和駝鹿忠誠團（Loyal Order of Moose）。

　　字典上對膜拜團體的定義通常是對其某些方面進行描述。但是我還想描述各種不同的膜拜團體中生活由哪些方面構成，並且描繪出一幅動態的畫面，展示這些過程是如何進行的。

　　我寧願用「膜拜關係」（cultic relationships）這一詞組來更加精確地表述在一個膜拜團體中生活的過程和相互作用。一段膜拜關係就是指，某人有意地引誘他人變得完全或者幾乎完全依賴於他或她，來做幾乎全部的主要生活決定，並且反覆灌輸給這些信徒一個信念，那就是相信他或她具有某種特殊的天賦，本領或知識。

　　基於我們的目的，「膜拜團體」這一標籤包括以下三個要素：

1·組織的創始人和領袖的角色。

2·權力結構或領袖（們）與信徒之間的關係。

3·協同說服程序（被稱爲思想改造或更通俗地稱洗腦）的運用。

　　一個研究者將某個組織看作是膜拜團體，而另一個研究者可能並不認爲那是膜拜團體。比如說，有些研究者只考慮以宗教爲基礎的組織，而不考慮那些以形形色色的教義、理論和實踐而形成的無數膜拜團體。採用這三個要素——領袖、結構和思想改造，我們就能評估一個具

體組織或狀態的膜拜本質而不考慮其信仰體系。因此，我們圍繞這三個要素進行展開，以增強我們的理解。

組織的創始人和領袖的角色

在多數情況下，有一個人，通常是創始人，處於膜拜團體結構的頂端，並且集決策權於一身。（有一些膜拜團體領袖是女性，但多數都是男性，為了簡便，本書中所提到的膜拜團體領袖都為男性。）這些領袖通常具有以下特徵：

膜拜團體領袖都是自封的，能言善辯，聲稱自己負有某一特殊使命或具有特殊的知識。比如，飛碟膜拜團體領袖通常聲稱，外太空的生命委託他們來帶領人們到某些特殊的地方，去等候宇宙飛船。另一些領袖聲稱重新發現了古代的方法，能啓慧或治病，而其他領袖則聲稱自己開發出了有創造力的科學、人文或社會計劃，將會帶領信徒們達到意識、成功或個人能力和政治權力的「新境界」。

膜拜團體領袖往往有決心、專橫，且通常將自己描述為具有超凡魅力。這些領袖需要有足夠的個人能力、魅力或其他能力來吸引、控制和管理其組織。他們勸說那些熱衷者們拋棄家庭、工作、事業和朋友來追隨他們。在多數情況下，他們最終會公然地或悄悄地將信徒的財產、錢財和生命都控制起來。

膜拜團體領袖將崇拜集於自己一身。神父、拉比、牧師、民主領導者和純粹利他主義運動的領袖，他們將追隨者的崇拜都集中於上帝、抽象原則或組織目標上。而膜拜團體領袖正好相反，他們將愛、奉獻和忠誠都集中到自己身上。比如，在很多膜拜團體中，配偶被迫分離，父母被迫放棄自己的孩子，以作為他們對領袖是否忠心的一種考驗。

結構：領袖與信徒之間的關係

如果給膜拜團體畫一幅簡單直觀的畫像，可以想象一下一個倒寫的「T」。領袖一個人處於頂端，所有的信徒都居於底部。

膜拜團體的結構是獨裁主義的。領袖被看做具有至高無上的權威，盡管他可能會將某些權力委派給少數下屬，爲的是能看見成員們擁護他的意志和統治。在領袖的系統之外，沒有更高的可以申訴的裁判系統。比如，一個學校教師如果覺得自己受到了校長的不公平對待，他或她可以到另一個權威那裡申訴。但在膜拜團體中，領袖擁有所有事務的唯一和最終的裁決權。

膜拜團體看上去有創新性和排他性。膜拜團體領袖聲稱能打破傳統，提供某些新奇的東西，建立一套唯一可行的轉換系統，能夠解決生活中的種種問題，或世間的各種不幸。比如，一個以亞利桑那州爲基地的組織，聲稱他們發現了長生不老藥，並告訴其信徒，他們也會永遠活著——但只能通過追隨領袖實現。該組織以其領袖名字的首字母而聞名，即CBJ（查爾斯，伯納迪恩，和詹姆斯）。據報道，CBJ在全世界各地擁有三萬名信徒。同時，還有另一個組織聲稱，通過在組織中生活，學會一種秘密的呼吸方法，其成員將最終可以只依靠空氣活著。幾乎所有的膜拜團體都聲稱，他們的成員是被「選中的」，「被挑選出來的」或「特殊的」，而非成員都被認爲低一等。

膜拜團體擁有雙重道德標準。它們要求成員們要在組織內公開和誠實，向領袖坦白一切。與此同時，又鼓勵成員們去欺騙和操控非成員。相反，建制化的宗教和道德組織教導成員們對所有人都要誠實有信，遵守一套道德規範。而膜拜團體中的最高哲學是以結果論手段，這一觀點允許膜拜團體在社會正常的道德邊界之外，建立他們自己的道德邊界。

比如，一個大型組織引入一個概念，稱「天堂欺騙」（heavenly deception），另一個組織則引入「先驗詭計」（transcendental trickery），還有某個新的基督教組織引入如「與巴比倫人對話」（talking to Babylonians）這樣的術語或以「系統人」（systemites）來指稱外人。像這樣的語言就意味著雙重道德判斷，讓其成員們覺得對非成員的欺騙是可以接受的。

協同說服程序

後面，我將會描述具體的剝奪性說服（exploitative persuasion）技巧，即各種思想改造程序，膜拜團體領袖和類膜拜組織用來引誘人們加入和停留在該組織，並遵從該組織的要求。在這裡我只描述在膜拜團體定義中這一關鍵要素的一般特徵。

膜拜團體往往在控制其成員的行為方面是極端主義的或全封閉的，在意識形態上也是極端主義的，顯示出它們在世界觀上的狂熱和極端主義。最終，通常是早而不遲，多數膜拜團體都期待其成員為組織聲稱的目標而奉獻出越來越多的時間、精力和錢財或其他資源，公開聲明或暗示，要達到某種狀態如「啟蒙」，就必須要完全委身。委身的方式每個組織都不一樣：多聽課，多進行冥想，多完成配額，多參加與膜拜團體相關的活動，多繳納奉獻。眾所周知，膜拜團體不但規定成員們應該相信什麼、思考什麼和說什麼，同樣也規定成員們穿什麼、吃什麼、什麼時候和在哪裡工作、睡覺、洗澡等等。在多數事務上，膜拜團體推行的是我們通常稱作「非黑即白」（black-and-white）的思維方式，一種「要麼全是要麼全非」的觀點。

膜拜團體往往要求成員經歷一次生活方式的重要變革或瓦解。許多膜拜團體對新成員施加巨大的壓力，要求他們離開家庭、離開朋友，放棄工作，從而能夠專心於組織的主要目標。這種隔離策略是膜拜團體實

現控制和強制依附最常見的機理之一。

膜拜團體並非都相似

　　膜拜團體既不是統一的也不是靜止的。膜拜團體的影響程度存在一個從高到低的連續體。有住家的，也有不住家的。其成員的層次和捲入的程度也各有差異。比如，一個組織的外圍成員通常對下一階段的成員費用、任務和義務毫不知情，對組織的眞實目的或領袖的權限也知之甚少。卽使在同一個膜拜團體內，規則、限制和要求可能每年都發生改變，或者一個地方和另一個地方的不一樣，這取決於外部壓力，地方領導層和領袖的個人喜好。

　　控制到位的方式，對成員行爲控制的具體程度，以及控制的囂張程度，這些都因膜拜團體而異。在多數住家的膜拜團體中，生活的每一個細節都會在組織的監視下。比如，有著裝要求，飲食限制，以及強制的婚姻和伴侶關係。在這樣的膜拜團體中，成員們通常住在一起，或者在總部，或者在海內外特定的地點居住，並且爲膜拜團體控制的企業工作。不過，也有一些膜拜團體，他們的信徒在外部世界的不少方面仍然表現積極，並在膜拜團體外謀生。但是，爲了所有的實踐目標，這些人同樣在規則下生活，這些規則控制著他們個人生活的關鍵特徵，如他們和誰聯繫，錢財如何處置，是否親自撫養子女，以及住在哪裡。

　　膜拜團體基本上只有兩大目的：招募新成員和籌集資金。建制化宗教和利他主義運動可能也會招募和籌集資金。然而，他們的唯一目的，不是單純地壯大組織和增加財富，這些組織還有改善其成員或通常是全人類的生活的目標，不管在現世還是要去的另一個世界。一個膜拜團體可能會聲稱要做社會貢獻，但實際上這僅僅停留在聲稱或姿態上。最後，所有的工作和資金，甚至是利他主義的象徵性姿態，都用來爲膜拜團

體服務。（在第四章，我會進一步探討膜拜團體與合法的社會、商業或宗教組織之間的這些十分顯著的差異。）

總之，「膜拜團體」這一術語僅僅是描述性的而非貶義詞。它是指一個組織的發端、社會結構和權力結構。然而，某些膜拜團體的所作所為，尤其有些組織公然地利用和虐待人們並從事欺騙性、不道德和非法行為，的確激起了周圍社會的批評。

盡管膜拜團體在美國歷史上不同時期都存在，六十年代後期直到某些膜拜團體十分積極主動地招募成員，才引起公衆對膜拜團體的關注。然後，1978年瓊斯鎮發生的悲慘的群體性自殺和謀殺事件將全世界的強烈注意力都聚焦到膜拜團體現象上。人們開始想知道，有些人怎麼會被人完全控制，以至於他們會按照其命令喝下含有氰化物的飲料。他們看到，其他領袖在集體婚禮上與成千上萬的陌生人結合。他們讀到，某個領袖要求自己的信徒鞭打婚姻伴侶，然後去接受男性結紮術。他們得知，另一個領袖制定了一種「調情釣魚」政策，即讓女信徒到大街上當妓女，引誘男性來參加該組織的聚會，在那裡，他們會被引導加入膜拜團體。

各種不同的研究者的報告顯示，公平地估計，在任何時候都有200到500萬[2]美國人參與了膜拜團體。當然，成員的這種計算是粗略的。有些膜拜團體爲了看起來比他們實際狀況更大更有影響，誇大其成員數量。

2　這一建議的成員數據出現在Russell Chandler, *Understanding the New Age*(Grand Rapids, Mich.: Zondervan, 1993); G.A. Mather and L. A. Nichols, *Dictionary of Cults, Sects, Religions and the Occult* (Grand Rapids, Mich.: Zondervan, 1993); B. Larson,*Larson′s New Book of Cults* (Wheaton, Ill.: Tyndale House, 1989); J. G. Melton,*Encyclopedic Handbooks of Cults in America* (New York: Garland, 1986); E. Barker,*The Making of a Moonie* (New York: Basil Blackwell, 1984); and W. Martin,*The New Cults* (Santa Ana, Calif: Vision House, 1980)

另外一些膜拜團體將凡是曾與其有過任何聯繫的人都算作成員，這些人可能在該組織發起的請願書上簽過名，在街上買過一張彩券，參加過一次個性測試，或買過一本書。另一個組織將每個曾經在一個免費午餐上的3*5cm卡片上簽過字的人都歸入其成員。還有一個組織，將所有參加過某次演講的人都算作其成員，而有些組織只計算通過入會儀式發展的成員。另外一些組織仍對其成員情況高度保密，只透露一丁點兒可靠信息，或者連一點都不透露。並且，還有不計其數的組織，其成員兩三個到十來個或更多點，我們只能間接地了解或者通過離開那裡的成員了解。總的來說，膜拜團體不是站在那裡可以讓人數的。

二、膜拜團體類型[3]

在1960年代末1970年代初，許多比較知名的膜拜團體往往都是宗教性膜拜團體，一些人因為記得這一點，到今天還誤認為所有的膜拜團體都是宗教性的。可能支撐所有膜拜團體都具有宗教性這一觀點的另一個因素是，許多組織都合併為教堂，因為宗教實體可以享受稅收和法律上的優惠政策。但是，並不是所有的膜拜團體都具有宗教性。一個膜拜團體可以圍繞任何內容而形成，包括政治、宗教、商業、自我提升技巧、健康時尚、科幻小說裡的東西、心理學、外太空現象、冥想、武術、環保生活方式，等等。然而，認為所有膜拜團體都具有宗教性這一錯誤概念，使得很多人不僅不知道膜拜團體內容的多樣性，也沒有意識到過多的膜拜團體，或大或小，已經擴散到我們全社會了。

3　這一清單引自L. J. West and M.T. Singer "Cults, Quacks, and Nonprofessional Therapies," in H. I. Kaplan, A. M. Freedman, and B J. Sadock(eds.) ,*Comprehensive Textbook of Psychiatry*, Vol. 3 (3rd ed.) (Baltimore: Williams & Wilkins, 1980), p. 3249. 後文關於不同類型膜拜團體的例子也來自這一工作。

實際上，如今發展最迅速的、與宗教性膜拜團體爭搶成員的，都是以新時代思維和某些個人提升訓練、生活方式或繁榮計畫爲中心的膜拜組織。這些後來居上的膜拜團體很有可能就是那種組織，某段時間裡你或你的朋友可能曾遇到過或被影響過，甚至還可能被它引誘過。

一個花衣魔笛手，只要有充足的決心，和一點兒吸引力、魅力和誘惑力，或者僅僅是有很好的銷售技巧，加上足夠的時間和努力，就能圍繞幾乎任何一個主題，招來一批追隨者。不管他們發起的膜拜團體屬於哪一種類型，膜拜團體領袖都會誘導那些悲傷的人、孤獨的人和無教派者來加入，還有那些僅僅是有空的人，以及在他們生命中某些脆弱時刻對邀請有所反應的人。

在美國，至少有十種主要的膜拜團體類型，每一種都有自己的信仰、實踐和社會習俗。下面這個名單可能沒有窮盡，但是大多數的膜拜團體都可以歸入到下面某一個標題下：

1·新基督宗教類

2·印度和東方宗教類

3·秘術、巫術和撒旦教類

4·唯靈論者類

5·禪宗和其他中日哲學神秘傾向類

6·種族主義類

7·飛碟與其他外太空現象類

8·心理學或心理療法類

9·政治類

10·自救、自我提升和生活方式體系類

　　膜拜團體的名稱暗含了接下來的分類和重點。有些膜拜團體的名稱以「The」爲開頭，暗指他們的生存、思考或生活方式是唯一的。這類例子包括「眞信者」（The True Believers），「國際道路」（The Way International）、「步行」（The Walk）、「過程」（The Process）、「根本」（The Foundation）、「身體」（The Body）、「農場」（The Farm）、「集會」（The Assembly）。

　　其他一些組織強調家庭的概念：「家庭」（The Family）、「愛的家」（The Love Family）、「愛之家」（The Family of Love）、「彩虹之家」（The Rainbow Family）、「永恆之家」（The Forever Family）、「基督之家」（The Christ Family）、「萊曼之家」（The Lyman Family）、「父子之家」（The Manson Family）。

　　兄弟姊妹一家親的形象提供了另一種家庭模式，如「朱利葉斯兄弟」（Brother Julius）、「福音傳道者兄弟」（Brother Evangelist）、「大衛兄弟」（Brother David）、「大白光兄弟會」（Great White Brotherhood）以及其他數不勝數的兄弟會（有時或稱「姐妹會」）。

　　許多組織僅僅以教堂或寺廟命名。比如，人民聖殿教（The Peoples Temple），或大決戰教堂（Church Armageddon）——諸如此類的變體，如什麼什麼「世界」，什麼什麼「人民」，或者用聖經作爲名稱。

　　新時代和心理治療組織採用這樣的名稱，如感覺療法中心（The Center for Feeling Therapy），沙利文教（Sullivanians）、「活在兩極團契」（Alive Polarity Fellowship）、「直接定心」（Direct Centering）、「太陽藝術」（Sun Arts）、「阿里卡」（Arica）、「西瓦心靈術」（Silva Mind Control）。

　　還有種類繁多的以東方爲基礎的組織，他們的名稱通常以印度教領袖古魯或使命而形成。這些組織中出現的無論是人名還是其他種類的

名字，都代表不同的哲學：阿拉蒙基督教基金會（托尼和蘇珊阿拉莫基金會）（Alamo Christian Foundation（Tony and Susan Alamo Foundation）），公民大會運動協會（Ecclesia Athletic Association），「好兄弟自由約翰和黎明馬團契」（Bubba Free John and the Dawn Horse Communion），「神光密使會」（Emissaries of Divine Light），卡西大牧場（Kashi Ranch），「藍白鴿基金會」（Blue White Dove Foundation）和「無名組織」。

　　這樣的名單可以不斷地列下去，使我們周圍膜拜團體的絕對數字和活動範圍曝光。然而，在某種程度上，多數膜拜團體都是某個單一主題的變種。而且，這一主題最終與信仰無關。在膜拜組織內，信仰體系——無論是宗教性的、心理治療的、政治的、新時代的或商業的——最後都成爲一個爲領袖的慾望、奇想和隱藏的動機服務的工具。其意識形態是一把雙刃劍：它既是將成員捆綁在組織內的黏合劑，又是領袖爲達到個人目標利用的工具。

　　爲了理解膜拜團體，我們必須考察其結構和實踐，而不是其信仰。正如我將在後面的章節中所闡述的，熟練的操控者利用思想改造技巧來確保其信徒的順從和服從，通過最後的分析，正是這種思想改造技巧，使得膜拜團體如此令人擔憂，如此有害。

三、誰會加入膜拜團體

　　當我們聽說膜拜團體，騙局，和有些個人被其他人所控制和影響時，我們會本能地試圖將自己和這些人分開。當聽說強制影響的情形時，似乎有一種英勇和自負的觀點，堅持認爲「沒人能讓我去做這樣的事情」。就像絕大多數的戰士堅信子彈只會打中其他人一樣，絕大部分人都傾向於相信他們自己的頭腦和思維程序是無懈可擊的。他們斷言：「別

人會被操控，而我不會。」

「非我」神話

人們喜歡認爲，他們的觀點、價值觀和思想是不受侵犯的並且完全能自我駕馭。他們可能連自己會稍稍地受到廣告的影響都不情願承認。除了這個，他們想維持這樣一個神話，即別人都是意志軟弱的，容易受到影響，而他們自己是意志堅強的。即使我們都知道人類的大腦都存在受影響的可能性——無論這是否是一個令人愉悅的看法——我們大多數人都會防禦性地和傲慢地宣告，「只有瘋狂的、愚蠢的、貧困的人才會加入膜拜團體。沒有人能驅使我自殺、打自己的孩子，將妻子送給膜拜團體領袖。沒有人能說服我做那樣的事兒。」

當我聽到人們那麼說的時候，我會平靜地問，「想打賭嗎？」

人們還有這樣一種幻覺，認爲操控者都是正面攻擊、恫嚇和與人們爭論，讓他們執行自己的命令的。他們想象著有一個老大，身著突擊隊員那樣的靴子、舉著一桿槍頂著人們的腦袋，然後迫使他們改變信仰、轉變個性，接受新的意識形態。

一般人都瞧不起那些曾經加入過膜拜團體的人，那些受到專門的騙子設計騙局欺騙的人，或者那些長時間留在一個受虐組織中和一段受虐關係中的人。這樣的人誇口說，這些事情只會發生在虛弱和愚蠢的人身上，他（或她）自己創造一個類別，稱作「非我」，將膜拜團體、騙局和強制影響的受害者們都歸爲這一類。人們幾乎普遍都很厭惡接受這樣的觀點，即我們自己都很容易接受別人的勸說。我是從雜誌上，同行教授、鄰居、飛機上坐在我鄰座的乘客，大街上跟我聊天的人，研究生，園丁，銷售員他們那裡得知這一點的。人們都會有這種不會受傷害的錯覺，不分教育程度、不分年齡、也不分社會階層。

幾年前，我在瑞士演講的時候，瑞士的一位精神病醫生開啓這個話題，說道：「在我們這樣一個受教育程度高、緊密結合的中產階級社會，不會有膜拜團體。膜拜團體永遠都不會侵襲到我們國家。」我隨後拿出文獻資料，裡面包含有各種大型的國際知名的，也還有一些小型的膜拜團體所在的街道地址，他們在蘇黎世和瑞士其他城市都進行活動。世界上如果有，那也很少有國家，是沒有膜拜團體的。

對，就是你

盡管有普通人不會被吸入到膜拜團體的神話，但是，這些年我們越來越清楚地看到，每個人都容易受到大師級操控者的誘惑。事實上，膜拜團體中的大部分青少年和成年人都來自中產階級家庭，受到過相當好的教育，加入之前也沒有受到嚴重的干擾。

研究表明，大約有2/3的加入膜拜團體的人[4]都來自正常、健全的家庭，在他們進入膜拜團體的同時期，也表現出與其年齡相當的行爲。剩下的1/3當中，只有大約5-6%的人在加入膜拜團體之前就有重大的心理問題。這1/3中剩下的那些人，有的可以診斷出患有因個人損失而引起的抑鬱症，比如，家裡有人去世，沒有被心儀的大學或培訓項目錄取，失戀等，有的陷入與年齡相關的兩性問題和事業困境。

某些家庭背景可能會致使某些年輕人比其他人更易於受到膜拜團體的誘惑。膜拜團體會給生活中的難題提供卽時的、簡單的和集中的解決辦法。有些家庭不知不覺地培養出一種優柔寡斷和反叛意識結合體的孩子，而膜拜團體對那些想逃離家庭挫折的年輕人來說，就像一個完

4　M. T. Singer, "Cults" in S. B. Friedman, M.Fisher, and S. K. Schonberg (eds.), *Comprehensive Adolescent Health Care* (Norwalk, Conn: Appleton & Lange, 1992), p.700

美的解決方案。在這樣的家庭裡，孩子們通常被鼓勵要冒險，要成爲激進分子、要獨立、要格格不入或抗拒體制。然而，同樣是這些父母，無論何時這些子女變得積極，或者選擇一個組織，或在某一方面反叛，他們又會嚴厲指責子女們選錯了活動，擇錯友，做錯事或做了錯誤的決定。有些父母太著急，給孩子施加太多壓力、希望孩子迅速長大成人，而在這些年輕人面臨各種抉擇時又很少會幫忙。孩子們想要自己獨立處理問題，同時又對自己做決定的能力缺乏自信。不少膜拜團體成員都來自這樣的家庭背景。

當一個人尤其是青少年或剛成年的人覺得倍受打擊的時候，另一種脆弱和壓力因素，會起作用。倍受打擊是因爲，需要作出衆多的選擇，對這個年齡段的生活感到迷惘，覺得世界十分複雜，日常生活的許多方面充斥著各種衝突。除了要面臨緊迫的個人決定，許多青少年正嘗試去處理他們的整體價值觀、信仰和目標。

許多膜拜團體前成員報告說，他們高中快畢業時和剛上大學時的某些課程造成了他們的困惑。他們通常在描述課程、教師和經歷時說，他們覺得這些動搖了他們的世界觀，使他們對似乎沒完沒了地做決定這種複雜性感到恐懼。由於感到迷失和孤單，他們覺得需要找到一個組織和一些簡單的辦法，來使他們的生活繼續下去。在他們還沒有打算做這樣的選擇的時候，就發現自己已經被席捲而入一個組織，該組織提供可以追隨的簡單易行且有保證的道路。下面這個學生的情況就是如此。

「瑪麗」，一位就讀於一所大型州立大學的本科生，正感到情緒低落，她不知道大學畢業後想做什麼。但是，最重要的是，她正在上三門課：心理學、社會學和政治學。這三門課程的教師都年輕、偏激，擾亂了她的人生觀。她選修這些課程的時候，期待能夠了解歷史事實、閱讀名

著、參與精彩的課堂討論。但是今年，情況不一樣了。

　　老師們的個人價值觀和世界觀，對她來說十分悲觀、虛無，令人喪氣。他們每個人都用自己的方式來告訴她，沒有什麼是真實的：每個人看見的是只是他（或她）想要自己看見的，一切都是相對的，沒有對和錯，等等。心理學老師正是一個新世紀組織的成員，每一堂課都讓大家進行長時間的冥想。瑪麗發現這令人迷惑不解，似乎老師確實在教授一種宗教哲學而不是一般心理學。但是至少她覺得，這門課程不像其他課程那麼令人消沉，因為在其他課堂，她被告知，生活是漫無目的、毫無意義的。

　　一個在學校自助餐廳遇到的男子邀請她去他住的地方，原來是一個古魯在當地的聚會場所。在那裡，瑪麗被告知，有一條真正的簡單的道路可以走，而且古魯會陪她一起走。去了幾次之後，瑪麗退了學，搬到這個聚會所去了。十年後，她的父母終於把她引導出了那個組織。在此後的咨詢中，瑪麗告訴我，大學老師使她的世界發生了動搖，而古魯組織聽上去像是夢想成真：它似乎有目標、有意義、有道路，而且事情有好壞之分。她後來認識到，當她遇到古魯組織時，她是非常容易被招募的對象。

　　瑪麗是很多大學生的一個典型代表，這些大學生缺乏社會或家庭的穩定性，幾個簡單答案的誘惑就難以抵擋，當他們的世界觀尚未定型的時候，對於膜拜團體的招募就毫無招架之力。

　　與此類似的事情發生在許多加入膜拜團體的成年人身上。今天許多成年人被我們社會的困惑和明顯的冷酷所擊垮，包括無意識的暴力、無家可歸隨處可見，意義缺失，權威人士的尊嚴普遍喪失、大量人口失業和被邊緣化，就業市場不安全和不穩定，家庭溝通減少，建制化宗教作

用變小，社區甚至是鄰裡之間充滿挫敗感。許多成熟的成年人發現他們越來越趕不上今天的科技文化，困惑不亞於青少年。這不就是給眾多的操控者和騙子們創造了招募成員的良好機會嗎？

　　然而，仍在存在這樣一個事實，即使撇開不安定的社會經濟條件和某些相關的家庭因素，任何一個處於脆弱狀態的人，想要尋求同伴或人生意義的人，或者處於一個轉型期或失落期的人，都會成為膜拜團體招募的好對象。盡管大多數當代的膜拜團體首先招募年輕人，最好是單身的，而某些膜拜團體尤其是新基督教膜拜團體，追求整個家庭的加入，甚至老年人也是會成為某些組織的目標。

　　膜拜團體會給那些孤獨的，沮喪的或遲疑不決的人提供什麼呢？每個膜拜團體以各種形式，宣稱能提升心智狀態，擴展生存狀態，以及提供正當確定的道德、精神和政治狀態。這些假定的有益狀態只能通過追隨一個特殊的組織掌控者、古魯或訓練師所描繪的狹窄道路才能達到。為了抓住實現這種生活的方法，新成員——嬰兒、早產兒、試用期學員、精神上的教子，自覺性差的人（這都是某些組織給新加入者貼的標籤）——必須放棄他（或她）的批判性頭腦，必須屈服於壓力，必須要有孩子般的信任和忠誠。（用於操控新成員使他們達到這種對心智的接受狀態而採用的具體方法，我會在後面的章節中詳細考察。）

四、他們為什麼會加入

　　研究過當今膜拜團體的人，都會發現，會陷入膜拜團體的不是某一類型的人，而是幾乎同時有各種因素發生在身上的一個人。我發現，有兩種情況讓一個人特別容易被膜拜團體招募：一種就是心情沮喪，另一種就是處於兩種親密關係之中無法抉擇。我們會因為失落或失望而造成一

種沮喪的情緒甚至患上輕度到中度的抑鬱症，於是特別容易被說服和建議。而且，如果我們沒有忙於一種有意義的私人關係、工作、教育或培訓項目，以及其他的一些生活瑣事，我們就特別容易受到膜拜團體的這類影響。

　　敏感脆弱的個體都是因為身處下列情況而感到孤獨，如，在從高中到大學的轉變過程中，在大學到工作或研究生院的轉變過程中，離家旅行中，到達一個新的地方，剛被拋棄或離婚了，剛丟了工作，不知道怎麼回事而感到不知所措，或不知接下來的生活要怎麼過。發生在個人身上令人不安的事情都是些司空見慣的事情：一個即將畢業的高中生被她所選擇的大學拒絕了，一個男人的母親去世了，一個女人在結束了一段長期的婚姻後決定賣掉公寓而去旅行。在這種時候，我們所有人都會更容易被說服，更容易被暗示，更願意接受別人提供的東西而不去考慮是否會有附加條件。

　　一個沮喪的而且暫時沒有加入任何組織的人，更有可能對一個膜拜團體招募者提供的東西產生共鳴，尤其是，如果這些東西投其所好或這個人覺得能自由地審核這份邀請的話。有些人會對公用電話亭和布告欄裡印刷版的通知做出反應，而其他人會關注電視廣告提供的講座和機會信息。除了利用人們對那些誘人但具有欺騙性的廣告的反應外，膜拜團體也使用一對一的招募技巧。在大多數情況下，一個膜拜團體招募者去和一個暫時或在某些情況下脆弱的人進行這種一對一的接觸，就會招募成功。

　　一些大型膜拜團體會給招募者提供培訓手冊，並對去哪裡以及如何接近潛在客戶進行培訓演練，類似於銷售訓練師給新的銷售人員進行培訓。比如，一些曾參與過招募人員的膜拜團體前成員（當時分屬不同

膜拜團體）告訴我以下情況：

• 一個膜拜團體成員被指派去到附近的一所大學的註冊辦公室，找到一份工作，然後以那些退學的學生為目標。這些學生通常感到沮喪、生活困難，和那些在學校成績好的學生相比，他們更有可能接受來自校園附近膜拜團體聚會點的邀請。

• 一位女招募者接受指示，站在學生咨詢服務臺的外面，邀請那些孤獨的人來膜拜團體參加午餐演講或晚上的團契。

• 一些招募者被派往舊金山的旅遊勝地，如漁人碼頭，還有新奧爾良的法國區，以及重要城市的旅遊巴士車站，去尋找那些獨自旅行、背包上插著英國國旗的觀光者。（英國國旗表明其會說英語，對於只會說英語的膜拜團體成員來說，去說服和操控一個不會說英語的人實在太困難了。）

• 招募者還會派去參加各個教堂的社會活動，去接近那些落單的人。招募者請人吃個派、冰淇淋或其他類似的東西，或提出開車送人回家等任何能討好對方的事情。

每個膜拜團體都有其自己的誘惑辦法和策略，來獲取新成員，和招募到同類型的人。膜拜團體使用上述這些技巧的目標主要是三十歲以下的人群。他們通常利用這些年輕人到世界各地的大街上拉贊助和招募更多成員。這些膜拜團體直接向那些容易上當的公眾要錢，而另一些膜拜團體把目光轉向自己的成員，將其作為掙錢的途徑。例如，那些有退休金或財產的老人，有體面的收入和良好人際關係的專業人士。另外一些組織想使其成員加入「進來就得掏錢」的項目，於是就將目標瞄準能掙錢的工薪族，膜拜團體會向他們推銷「課程」，在賣給他們越來越貴的課程同時，逐漸使這些人對組織許下越來越巨大的承諾。最後，有些被招募

者辭掉工作來爲膜拜團體服務，以便負擔得起這些課程的費用。

用來引誘人們加入膜拜團體的課程各式各樣，包括如何交際，如何「科學地減輕生活中的壓力」，如何處理公務和成爲百萬富翁，如何「掌控生活」，如何成爲一名武術教練，如何「長生不老」，如何察覺是否被外星生物劫持過以及如何加入有相同經歷的他人，如何達到完全的覺悟和統治世界，如何回到以前的生活，等等。這些課程和膜拜團體形成時的花招一樣五花八門。提供的這些東西被說得好像是組織專門爲你而準備的。你通常不會了解膜拜團體的整個故事（和眞實意圖），直到你紮根於該組織很長時間之後。對當前膜拜團體最主要的批評之一就在於它們欺騙性的招募辦法。

最近，我爲兩種不同情況的人擔任咨詢顧問，我想他們的情況能表明這一問題已經波及到世界各地。第一種就是，我訪談了兩名俄羅斯學生，他們被膜拜團體以虛假的理由帶到美國。他們當時得到的承諾是美國大學的全額獎學金。然而，他們一到達這裡，就被送到遊人區去招募新成員。

第二種情況是，我與一些試圖幫助某個德國家庭的人進行了交談。這個德國家庭跑來伯克利，想找到兒子。他們的兒子此前來到美國，在一個夏令營工作。然而，就在他去舊金山渡假的時候，這個年輕人被招募進一個大型的膜拜組織。已經18個月了，家裡人一直和他聯繫不上，最後就來到美國。但是即使到了這，他們也不能和他單獨在一起。這家人在伯克利期間，該組織把這個兒子派到幾百公里以外的地方去了。絕望之下，這家人開始聚集在該組織在本地的房子外抗議，並打電話給當地的電視臺。但是，最終沒有解決方案，這家人不得不回到德國去。

尋求者神話

關於那些加入膜拜團體的人，另一個神話是，這些人是自己出去尋求膜拜團體的。膜拜團體辯護者利用這一看法，並聲稱是人們找到他們最後加入組織的。有些辯護者是學者，他們將膜拜團體成員描述為「尋求者」，因為這些研究者只研究那些已經加入該組織的人。這些辯護者聲稱，膜拜團體成員是自己走出去尋求一個古魯或自封的救星的，他們還竭力避免將任何機構歸於膜拜團體。相反，他們將膜拜團體描述為就像是華盛頓紀念碑，豎立在那裡，等著觀光者去參觀。事實上，膜拜團體領袖在招募幾個信徒之後，就培訓他們走出去招募新成員。大量的通俗文章和學術文獻都反駁這一尋求者理論，呼籲人們關注當今絕大多數膜拜團體所進行的積極、成熟和無休止的引誘別人改變信仰的事情。

正如我們所見，膜拜團體可以從多個方面來進行界定，但是為了我們的目的，解釋當前的絕大多數膜拜團體，有必要考慮過程而非事件，將膜拜團體中的生活看成是一個過程。過程是發展的，逐漸展開的，人和人之間會發生一些事情。就會出現互動，交易，建立起一種關係。

加入膜拜團體這一行為起因於膜拜團體招募者開啟了一個過程。膜拜團體實踐顯示，新成員是被宣傳和社會化之後，才接受膜拜組織裡生活狀況的。這些狀況是慢慢地暴露出來的，新成員在剛開始的時候並不知道自己將走向何處。他們對自己所加入的組織其活動內容和最終模式都一無所知的情況下，怎麼會成為一個特殊膜拜團體的主動尋求者呢？

那些提出尋求者理論的人往往只看膜拜團體精心挑選過的表面特徵，聲稱成員們是主動出去搜尋某個具體組織然後加入的。持尋求者理論的人不會研究膜拜團體的行為以及所使用的說服和影響技巧。我和幾

千個加入膜拜團體的人打過交道，沒有一個人告訴我，他或她會出去尋求一個古魯來安排自己去賣淫、賣花、進行毒品交易，走私槍枝，虐待兒童，或以垃圾爲生，這些都是各種人在膜拜團體中的最後結局。他們沒有去尋求那麼做。

膜拜團體前成員普遍都會透露說，他們是在尋找友誼或機會去做某些有益於自己和人類的事情。他們說，他們不是在尋找他們加入的那個特殊膜拜團體，也沒有意圖將其作爲一生的歸宿。更確切地說，他們是受到積極的和（或）欺騙性的強迫而加入的，不久後他們就發現自己已經陷入該組織，慢慢地切斷了與過去和家人的聯繫，而變得完全依賴該組織了。

譴責受害者

在美國精神病學協會最近召開的一次會議上，一位年輕的精神病醫生接觸到幾個在講臺上的演講者，這些演講者們正打算組織一個關於膜拜團體的研討班。這位年輕人信心滿滿地問他們，是否「打算解釋爲什麼膜拜團體會吸引那些具有邊緣型人格障礙的人」。他說他沒有和膜拜團體前成員打過交道，但是他「知道」只有臨近或是精神病者——「嚴格的病理學類型」才會加入膜拜團體。這些演講者邀請他務必要去聽他們的課程。

有兩種衆所周知的社會現象——「公正世界概念」和「譴責受害者」，能幫助我們理解像這位精神病醫生那樣的反應到底是怎麼回事。社會心理學家研究了這兩種普遍的人類反應，並且將它們的起源追溯到遠古時代。

公正世界概念的基礎是一個廣爲擁有的信念，卽相信如果一個人遵守社會規則，就不會有什麼壞事發生到他或她身上。另一方面，打破規

則的人就會受到懲罰。懲罰來臨的方式包括壞運氣、災難、疾病和喪失。這樣，任何災難、犯罪、疾病或不幸的受害者自動地被歸入應受譴責的人群類型。這種原始的推理方式就會得出像這樣的結論：「因爲這是一個公正的世界，如果我遵守規則，我就會免受邪惡和不幸。既然如此，那麼我就能使自己遠離那些來加害我的人。他們一定是做了什麼壞事才會使壞事落到他們頭上。」

當不幸發生在某人身上時，譴責受害者幾乎是一種普遍的反應。被強奸的婦女通常會受到指責。人們會說，是因爲受害者穿著短裙晚上十點以後出門，或去了不該去的地方。所以，被強奸是她的過錯。對待被搶劫的受害者也是同樣的態度，「就是因爲他在一個治安不好的地方穿一身好西服。」所有的父母讀到這裡，都會意識到自己是多麼經常對一個孩子大驚小怪，因爲某些不幸而指責孩子。穿越時空，通常這些父母，毫無疑問也曾因自己遭遇的不幸而受到過指責。哪個丈夫沒有說過，「要是你不開車去那個區域，輪胎就不會紮個釘子了。」哪個妻子沒說過，「要是你穿了夾克，你就不會感冒了。」

同樣地，當有人加入了膜拜團體時，一種社會傾向就會說，這個人一定有問題。一定是有某種個人缺陷，要不然他（或她）就不會加入這樣一個組織。既然公眾繼續將膜拜團體成員看作是愚蠢、瘋狂和弱智的人，幾乎普遍的公眾反應就是，「是他的錯，他是自找苦吃。」在我們的社會裡，因騙局、影響和欺騙而成爲受害者是一個強烈的禁忌，而打破這一禁忌會使膜拜團體受害者受到更多的鄙視。

我們還有一種傾向，就是指責其家庭和親屬，明說或暗指他們一定在某些方面很失敗，要不然他們的後代絕不會加入膜拜團體。我在倫敦的時候，曾經有一位女士來找我談話，非常痛切地說道：「我們做父母

的，被人看起來好像是施虐者和威脅。」

　　這種指責受害者的傾向既阻礙外行也阻礙專業人士看到，絕大多數的那些捲入膜拜關係的人是我們尚未充分地認識和理解到的一種受害者類型。如果一個人在叢林裡，在河邊行走，腿被一條鱷魚咬了，這個不幸的受害者將會受到指責，說他離水太近鱷魚才會傷害他。很少有人會花時間去認識到，是鱷魚潛伏在水裡等著，而這個人完全不知道危險離他如此之近。因此，同樣地，如果一個老太太被一個騙子騙走了錢，她的朋友們會傾向於說是她的錯，因為她容易上當受騙。當一個人捲入膜拜團體時，情況同樣如此。這個人會被指責說他是自找的，本身容易上當受騙或精神有問題。這種評價中，膜拜團體的所作所為就被忽視了。

　　現在一般的民眾都已經認識到有四類受害者。我並不會鼓勵人們永遠將自己看作是受害者，盡管那種看法曾經在美國自助運動的某些部分非常流行。不過，我認為受害者分析有助於說明上膜拜團體的當怎麼就像買了一雙不合腳的鞋子一樣普遍。

　　第一類受害者包括暴力犯罪的受害者，第二類的指自然災害和嚴重疾病的受害者，第三類的指恐怖分子和綁架案的受害者，第四類，民事侵權的受害者，對個人傷害、瀆職行為和其他發生在他們身上的不當行為，能夠通過法院判決來尋求賠償。但是我還看到第五類受害者，即那些因遭受思想改造程序而處於「強制依賴」狀況的人（我是這麼稱呼他們的）。本質上來說，思想改造程序就是行為重塑程序，就是利用心理學和社會學技巧進行系統操控的程序（參見第三章）。這就是通常所稱的洗腦，對，這的確存在。膜拜團體成員就屬於第五類受害者。

　　我們所有人都無時無刻不在受影響。而且，我們所有人都潛在地易受膜拜團體說教的影響，尤其是當我們的社會變得越來越商業化，暴力

和疏離，欺詐和腐敗，兩極分化和毫無章法的時候。與那種指責心態相反，作爲一個社會，我們必須採取教育和信息防禦程序，來教人們如何區分公開招募和欺詐性的招募，並公布各種膜拜團體爲使成員感到有罪從而被組織束縛所使用的操控和不道德的技巧。如果你買了一雙不合腳的鞋，你通常能退掉。但是，一旦你加入一個膜拜團體，可能需要好多年你才能出來。

對我來說，韋科事件就是瓊斯鎮事件的重演，瓊斯鎮事件中，在一個遙遠的南美叢林，912名人員在其領袖吉姆·瓊斯的命令下死去。瓊斯也下令謀殺應那些成員的親屬請求而去圭亞那的美國國會議員裏奧·瑞恩（Leo J. Ryan）和四名記者。這親屬多年來都在設法引起世界的關注，卽關注他們的親人們所處的被奴役境地。那些被瓊斯強迫喝下氰化物飲料的人中，有276名兒童，其中有很多之前被派去和加利福利亞的組織住在一起，但是隨後又被瓊斯轉運到他們喪命的叢林。

在瓊斯鎮慘劇發生後不到六個星期，在大學教授及其家人們參加的一次聚會上，有人發表如下言論時，我感到震驚了：「那些瓊斯鎮的人確實得到了他們所追求的東西。到底是哪種瘋狂導致人們加入一個那樣的膜拜團體？我猜膜拜團體把街上的一些瘋子和傻子都收走了。沒有人能說服我去參加一個那樣的組織。」我跟他談了膜拜團體是如何發展和運作的。但是他大聲說出了許多人所想的事情，卽只有瘋子和神經病才會陷入膜拜團體。

1993年有一段時間，如同1978年的瓊斯鎮事件一樣，大衛·考雷什在韋科的膜拜團體也成爲關注的焦點。在新聞上引起一場軒然大波，隨後人們就不再關注膜拜團體，和那些圍繞在我們所有人周圍的剝奪性說服。當瓊斯鎮的恐怖隱退到過去之後，記者們會問道，「膜拜團體仍然是

熱門事件嗎？或它們在瓊斯鎮事件之後都銷聲匿跡了嗎？」然後，在韋科事件之後，他們問道，「還有多少個像這樣的膜拜團體？」但是，即使有人告訴他們還有很多其他的膜拜團體，記者們還是和一般人一樣，不會理解——正如我們將來在接下來的章節中看到的那樣——他們或他們家庭中的一員可能已經陷入了膜拜團體。

第二章　膜拜團體簡史

　　歷史告訴了我們有關膜拜團體興盛時期的情況。自始至終，似乎都有眾多自封的彌賽亞、古魯或花衣魔笛手（我使用這些名稱時可互換）。但這些曾出現在我們當中的膜拜團體僅僅只在一定時期才擁有相當一大批的信徒。傳統上，這些時期的標誌為社會不安定、政治混亂或現有社會結構和制度被顛覆。這就是膜拜團體繁榮興盛的時期。

　　社會運轉良好、安定團結時，花衣魔笛手只能吸引到一定量的信徒。這段時期，公民們知道他們期盼的道路，大部分社會成員知道什麼是可被接受的行為，無論他們是否喜歡。但是，當他們在社會的某些階段無所適從、規則不清、有關人生的重大問題沒有社會一致同意的答案時，那麼，曾經存在過的潛在膜拜團體領袖們就會像流行病一樣，為達到他們的目的而抓住和引誘信徒。

　　這些堅定和自創的領袖們似乎總是潛伏在路邊準備隨時走出來解答人生煩惱。他們聲稱他們擁有唯一和確切的人生道路。他們通過兜售一項特殊使命或特殊知識，引誘人們來追隨。這項特殊使命就是宣揚一種可能是「秘密」的知識，領袖們斷言這種知識只能透露給加入該組織的人。

　　膜拜團體領袖們通常宣稱，不管是他們單獨改造過的古老知識還是他們獨自發現的新知識，抑或是二者的結合，他們都已掌握，而這種

情況使他們具備了在世間執行特殊使命的資格。無論這種誘惑是炒冷飯的古老知識還是最先進的宇宙祕密，信徒都有望進入這個精英領導集團、團體或領導圈。而這樣做往往意味著遠離家人和朋友，並放棄大部分普通世界的生活。作為加入這個精英組織的回報，信徒被告知他們將能夠分享這種特殊的知識。

從歷史上我們看到當社會機體瓦解時，自封的領袖們很容易招募到一批追隨者。困惑不解的人們想弄明白周圍的混亂是怎麼回事，想尋求方向，從而更易受到熟練的行騙高手們的操控和利用。在一個看上去動蕩不安和急劇變化的世界裡，確定性和能解決做決定這一複雜問題的簡單辦法，就變成具吸引力的東西。

例如，膜拜團體在羅馬衰落後萌芽。在法國大革命時期，膜拜團體不僅蔓延到了法國，還遍及整個歐洲。當英國發生工業革命的時候，成千上萬的人們遷移到大型的工業中心，膜拜團體再次擴展。同樣地，歐洲的殖民擴張導致了各種膜拜團體在世界其他地方出現。

二戰後，膜拜團體在日本萌芽，當時，戰敗國的這種社會結構，讓許多人在面對這個新的和令人困惑的世界時，感到無所適從或不知如何決斷。現在一些以日本為據點的膜拜團體已擴散到了其他國家。最近，我們看到膜拜團體又出現在東歐，那裡，共產主義政體瓦解遺留下了社會和意識形態的空虛，再次使大批人們輕易地被膜拜團體的誘餌所俘虜。

一、19世紀的膜拜團體

人們總是將當代膜拜團體的興起（1960年後）和「第二次大覺醒」——發生在美國1820—1860年間的宗教動亂相比較。和現在一樣，

那時美國出現了急劇的社會、經濟動蕩，從而推動了一個不確定、分裂與重組時代的到來。

通過考察「第二次大覺醒」中所發生的事情，我們可以得出膜拜團體在過去三十年裡得以生根和繁榮的原因。盡管在「第二次大覺醒」中主要產生的是宗教組織，但我再次強調，並不是所有的膜拜團體，尤其是當今的膜拜團體，都具有宗教性，因此我們需要從宗教史與宗教社會學的角度來分析。我對美國早期社會的描述，目的是爲了說明膜拜團體與社會經濟變化之間的聯繫，以及宗教性的膜拜團體與世俗的膜拜團體如何在動蕩與不穩定的時期同時出現，這種社會條件當然在我們當今世界也同樣存在。我始終都要強調，無論我所考察的組織被人們普遍地稱作膜拜團體、教派還是新宗教運動、新世紀組織或思想改造組織，這對我來說並不重要。我在第一章中討論了關於領袖的角色、組織結構以及旨在產生行爲變化的協調勸說程序的運用這三個要素。我的焦點集中於那些具有上述三個要素的組織。

當社會各階層覺得主流宗教並不能滿足他們對宗教的需求時，新的宗教派別就會出現。在某種程度上，「第二次大覺醒」中產生的非主流組織裡，加入的都是黑人、婦女和年輕人，在某些情況下，導致了不同教派的產生。另外一些證據顯示，受到城市化、地理遷徙和工作機械化衝擊的人對新宗教組織最爲支持。最終，社會上廣泛的階層被捲入這場宗教復興運動。這也和我們的經驗相吻合：開始時，現代膜拜團體吸引一些邊緣人群，但現在卻成功地在社會各個階層招募成員。

作爲19世紀社會經濟變化的結果，美國福音派運動從一種小的宗教趨勢轉爲主要的宗教表達。個人的改宗，或一個人實際的救贖行爲，成爲最重要的宗教活動。信仰不再是一個等待的問題而是一個啓動的

問題。復興成為標準，在整個國家開展。復興主義者於是引發了一個新的發展階段。復興會議和和領導會議的鼓吹者受到爭議，加入意識形態對抗，引起導出都發生教派內部的分裂。部門和會眾的兩極分化，分裂宗派的指控以及確保混戰，導致組織分裂為各種會眾，從最小的到最大的。

結果，在整個這一時期都有許多新宗教派別的出現。只要經濟和社會環境不穩定，就有新觀點和新運動的需求和興趣。這些教派的信仰、活動和影響力差別巨大。有些激進，有些保守；有些組織嚴密，有些組織鬆散；有些與其母體機構保持密切聯繫，有些卻發展到與其母體機構相距甚遠的地步；有些只存在很短的時間，有些卻一直延續到今天。19世紀的這些教派，可以根據他們目的與信仰的不同，分成不同的類別[1]。

再生教派只想在教派內部做些改變。他們被看作是教派裡最少分裂的，它們的出現代表了新舊思想學派之間的鬥爭。這一類教派的例子包括，長老會新學派，公理會新學派，衛理公會和路德教會。

分裂教派主張信仰上的激進轉變並與其母體派系永久性分離。他們為信徒提供了多種可供選擇的觀點，其中大部分是屬於新福音派教會的觀點，採取對《聖經》的狹義闡釋，並主張實行嚴格的行為規範。這些教派包括路德會密蘇裏總會（Missouri Synod）、千禧人派（Millerite）、門諾派（Mennonite）、謝克派（Shaker）、惟一神教派（Unitarian）、普遍主義派（Universalist）以及基督複臨安息日會（Seventh-Day Adventist）等。

膜拜教派用自己的信仰取代了基督教義，並從一開始就完全獨立於建制宗教。這些組織提出了全新、獨特的世界觀，有時伴隨科學或偽科

1　教派的這些分類曾被描述過，見L. K. Pritchard, "Religious Change in Nineteenth Century America," in C. Y. Glock and R. N. Bellah(eds.), *The New Religious Consciousness*(Berkeley: University of California Press, 1976).

學的闡述。他們同時也形成了劃分生理現象與精神現象的新方法。這類的教派包括招魂術、施維登堡派、催眠術、骨相學以及占星術。大部分組織內部沒有凝聚力，且在其意識形態上有些模糊不清。這些膜拜團體組織雖然沒有強有力的組織機構，但他們的影響力卻大大拓寬了美國稱之為宗教的範圍。

準宗教派吹捧具體的政治或社會信仰，有一個伴隨的結構，並將傳統宗教最小化。這些可以劃分為公社和社會主義運動，如歐文主義、傅立葉主義，還有廢奴主義、土地改革等等。在這些運動當中，世俗思想處於統治地位，而這些組織也被認為是最激進的。

美國的「西進運動」席捲了全國無數宗教教派和膜拜團體。在「淘金熱」之後的100年裡，僅在加利福尼亞就至少建立了50個定義明確、研究透徹的烏托邦膜拜團體[2]。其中大部分為宗教性質，它們平均持續了大約20年，而世俗的各種派別通常只存在了一半那麼長的時間。大部分組織聲稱能為教徒提供這樣或那樣的健康好處。許多類似的膜拜團體也在美國其他地方建立起來，有些因為它們自身的成功而開始轉變。比如，奧奈達社區和亞瑪納社團便是其中兩個主要的膜拜團體[3]，他們已經發展成為與其奠基者的初衷大相徑庭的企業了。

奧奈達社區（Oneida Community）

奧奈達社區於1848年成立於紐約的奧奈達，是一個烏托邦組織，

2　R. V. Hine,California's Utopian Colonies (San Marino, Calif.: Huntington Library Publications, 1953).

3　......J.Gutin, review of *Without Sin: The Life and Death of the Oneida Community*, by Spencer Klaw, *East Bay Express*, October 1993, Express Books section, pp.1, 10; R.M. Kanter, *Commitment and Community: Communes and Utopias in Sociological Perspective* (Cambridge, Mass.: Havard University Press,1972); *Encyclopedia Americana* (1992 ed.).

以宗教和社會理論來進行實驗。其創始人約翰·哈姆弗雷·諾伊斯（John Humphrey Noyes），從20歲開始便經歷了數次改宗和啓示。他在達特茅斯學院受訓成爲律師、後離開法律界，來到了耶魯神學院。在那兒，他得到了一個啓示，告訴他，人只要把自己完全奉獻給上帝，便可以擺脫一切罪，換句話說，便可以達到完美的境界。於是他立志奉獻給上帝，並從此視自己爲完美。

他的社區的第一批成員是他的近親和姻親，後來別的人也加入進來了。到1849年有140名成員，到1880年有288名。成員們有時被稱爲完美主義者，因爲他們相信可以達到完美境界。他們過著簡樸的生活，早起祈禱，而後下田勞作，晚間學習《聖經》，並互相進行批評。這個社區團契建立在以《聖經》爲基礎的共產主義原則上：所有財產共同分享。成員們同時還贊成「混雜婚姻」或自由結合，反對一夫一妻制。混雜婚姻意味著所有的成年成員可以隨意結合，共同撫養孩子。

顯然，諾伊斯提出混雜婚姻的想法是出於世俗的並不是出於精神上的原因。雖然諾伊斯已和一位富有的婦女結婚，並且他妻子贊同他的觀點，又在經濟上支持他，但他卻開始垂涎另一位奧奈達人的妻子。諾伊斯費盡唇舌，花言巧語，終於說服了他的妻子和其他成員，讓他們相信混雜婚姻的「神聖性」。和奧奈達社區其他的意識形態相比，這一特點可能在之後30年裡成爲該教的標誌，並招致了周圍社區不同程度的非議。

沒過多久，奧奈達社區就形成了一個嚴密的組織系統。誰與誰配對，孩子什麼時候出生等諸如此類的問題都由諾伊斯一人決定。據報道，諾伊斯確定他本人至少要和每位女性成員性交一次。表面上，奧奈達人看起來寧靜而富有成效。因爲擁有各種不同的工業企業，包括製造捕獸夾和銀器，社區在經濟上逐漸繁榮起來。然而面對周圍來勢兇猛的對混

雜婚姻的反對與敵視，也迫於其他社會壓力，諾伊斯擔心自己性命安全，逃到了加拿大。

1881年，奧奈達社區廢除了混雜婚姻及另外幾個共用財產的實踐。同時該社區也改組成一個合資的股份公司，正式結束了社會實驗。該公司繼續經營並成為一家成功的商業企業，今天仍以其銀器製造業而名揚四方。

亞瑪納社團（Amana Society）

亞瑪納社團，或者說「真聖靈感動社團」，是最後一個信仰虔誠主義和分離主義的教派分支。他們擁護基督教義的最原始形式，並因此形成了一個烏托邦組織。該教派於1714年在德國成立。1842年，該社團領導人之一克里斯蒂安·梅茨（Christian Metz），帶領800名成員離開德國，安頓在紐約州的埃巴勒澤。1855年，他們搬到愛荷華州並改名亞瑪納教堂社團。這個社團採取一種純粹的共產主義體系，由教堂的長者掌管，並保留7個共有的村莊90年。

這個組織相信，上帝通過一個「感應啓發器」與他們對話，而這個感應啓發器最初便是克里斯蒂安·梅茨本人。啓發器在接收到上帝信息之前有時需要抖動一個小時。收到的信息大部分是緊急號召信徒們過一種更為神聖的生活。而受到感應的人便被認為是精神領袖，是唯一能接受神靈指引的人。這種意識形態將組織凝聚到一起，並成為遵守某種要求和行為規範的理由。

亞瑪納人反對任何被認為是「塵世」間的東西，像體育運動、現代舞蹈、撲克遊戲和個人喜好等。沒有特許，成員們不得離開社團，與其他參觀者或非成員的接觸受到嚴格限制與控制。社團提倡獨身，獨身的成員享有一定的特權。一旦訂婚，夫妻也得等上兩年才能結婚。就像奧納達

社區一樣，亞瑪納社團也進行互相批評，而且經常是在公開場合。

隨著技術、交通與工業的進步，外界的東西越來越多地侵入了這個與世隔絕的島嶼式的社團。由於他們與外界的關係發生了變化，信徒們也開始變化起來。1932年，社團重組爲新亞瑪納社團，擁有一個教堂組織和一個工業組織。許多共產的實踐都終止了，所有的成員都加入了股份公司成爲股東，資產總價值超過3,300萬美元。如今的亞瑪納社團已是一個有1500成員的製造商和上市公司。

美國早期的教派和膜拜團體爲反傳統運動和領袖開闢了一條道路，使他們能在我們的社會紮下根。當裝著新思想有時還有古怪信仰的大鍋的蓋子被揭開後，每一種古魯們都能攪動這口鍋，就會出來一劑新藥。這爲批評建制宗教、主流社會和傳統的處事方式樹立了一個先例。流動傳教士和信仰治癒者們，先知和巫師們，遊方郎中和提供神奇的長生不老藥的巫師們充斥著每個角落，從而掀起了理想主義者們信仰激進的政治和社會制度的狂潮。

一些類似膜拜團體的活動，伴隨著新的反文化運動的開始，在第二次世界大戰和朝鮮戰爭之後，於1940年代和1950年代再次出現了。接著，在1960年代，隨著美國在東南亞進行的一場不得人心的戰爭的擴展，隨著爭取民權的巨大動亂，以及一場深刻的價值危機（一方面由前所未有的影響力，另一方面被潛在的熱核大屠殺所引發）的出現，一套新的美國文化動亂湧現出來。這些激烈的矛盾把一個本已雜亂無章的社會推入了更爲動盪不安的境地。

二、1960年代：膜拜團體生長的沃土

到1960年代後期的時候，一些新的膜拜團體在美國建立起來。這

時，國家經歷了一場巨大的社會和政治動盪——毒品文化、遊行示威、反越戰示威、公民叛亂、學生暴動、性革命、家庭生活破裂——這種社會氣候為膜拜團體領袖的出現創造了成熟的時機。

正如我們所知，過去的膜拜團體通常吸引的是他們那個時期社會中的邊緣群體。在1960年代，加入膜拜團體的卻不是來自那些經濟上落後的家庭，而是被剝奪了公民權的人或是主流文化的批評者。那時許多的美國青年，至少沉迷於三種流行的反叛主義[4]思想的一種：反政治和經濟壟斷（新左派）反種族歧視（公民權利運動）和全盤反對物質主義（反文化派）。

即使我們認為這些反文化運動並不具有宗教性，但其中卻有一種關於精神和東方的東西的不可抗拒的吸引力，一種可以歸因於許多因素影響的吸引力。比如，在「回歸大陸」運動中，就有唯靈論中一個很大的元素：人們正在與自然、與生活旋律、與宇宙進行「接觸」。同時，這種唯靈論被一些著名激進領袖們冠以新名，賦予新內容，大而得到加強。

理查德·阿爾伯特（Richard Alpert）成了芭芭·拉姆·達斯（Baba Ram Dass），他鼓勵年輕人「活在當下」（1971年，改名後的巴巴·拉姆·達斯出版了《活在當下》（*Be Here Now*），曾熱銷美國200萬冊。2001年還出版了《活在當下（30週年紀念版）（*Still Here*）。《喬布斯傳》中提到，喬布斯曾讀過該書，並深受其影響。——譯者注）；而提莫斯·利裏（Timothy Leary），ISD的開創者，喊著「調頻，打開，退出」。「調頻」意味著進入到你的大腦，「現在來這兒」意思是去理解所有的東西。除了甲殼蟲樂隊和克里登斯清水復興合唱團之外，許多年輕人也聽印度音樂家拉唯·山卡

---

4 L. J. West and J. R. Allen, "Three Rebellions: Red, Black, and Green", in J, Masserman (eds.), *The Dynamics of Dissent* (New York: Grune & Stratton, 1968).

（Ravi Shankar）和阿里·阿克巴·汗（Ali Akbar Khan）的音樂。在所謂的青年運動中，大範圍的人都聽著錫塔爾琴音樂，吸食著使人產生幻覺的毒品。

1960年代另類的生活方式包括：自我的超越和個人的啓示，相信世界和平、自由戀愛、對改變社會的願望和對傳統的反對。嬉皮士怎會不夢想長途跋涉去尼泊爾？誰不會把一本《西藏度亡經》（*The Tibetan Book of Dead*）放到背包裡？誰不會在搬家之前先把三個圓形有方孔的中國銅錢扔在地上，從中詢問《易經》的指示？誰又不會對卡羅斯·卡斯塔那達（Carlos Castaneda）或對《唐璜》的教誨以及占卜用的撲克或占星圖感興趣呢？或者，誰不曾涉足過巫術並參加過巫婆的聚會呢？世界變得深奧、神秘、不可預測，但又是可知的——但是只能在神奇的工具和睿智的師傅的幫助下才行。

這些精神上奇特的幻想無疑是對發生在越南的一場醜陋、不受歡迎的戰爭和對不受信任的政府的一種反應，以及人們對傳統價值觀和核心家庭厭煩心理的一種表達，看上去像《把它留給河狸》（1957-1963年播出的一部美國情景喜劇。1997年曾拍攝過同名電影。——譯者注）（*Leave It to Beaver*）中的克里維（Cleaver）。年輕人面對的是複雜而又充滿特權的世界，這個世界發展得如此之快，以至於任何事情看起來都是有可能的——而同時，任何事情似乎都是失控的。警察和公民在大街上爭鬥。那些旨在引起社會變革的組織，從肯尼迪政府，到馬丁·路德·金到更有暴力傾向的黑人組織，正在爲殺戮而積極籌備著。所謂的複雜軍事工業正在使核戰爭的發生變成可能。難怪人們會期待一位溫文爾雅、面帶微笑、穿著禮服的紳士能解答這些問題。

於是，我們的一些年輕人容易被招募進無數出現在這個社會動蕩

與失落的時代裡活躍的新基督教和具有東方風格的膜拜團體中。一些膜拜團體如克里希納（Hare Krishnas）、上帝之子（the Children of God）、超驗冥想（Transcendental Meditation）、國際之路（The Way International）、托尼-蘇珊基金會（the Tony and Susan Alamo Foundation）、愛的家（The Love Family ）、神光使命（the Divine Light Mission）以及統一教會（the Unification Church），變成青年人的膜拜團體，其主要目標為那些感覺被家庭和社會疏遠的孩子。這些膜拜團體為需要榜樣與證明的年輕人塑造了父親般或上帝般的英雄人物。

每個自封的彌賽亞都宣稱擁有真理、答案和辦法，號召人們獻出忠誠與熱情，並作出犧牲。像冥想、瑜伽、超驗和啓蒙運動這些名詞在1960年代末和1970年代初已經變得家喻戶曉了。

最終，濫用毒品和暴力掠奪在反文化的嬉皮士一代當中產生十分糟糕的負面影響。許多人開始組織一批志同道合的人，有時被稱作「公社」，以他們的「鬆散管理」方式為特徵。這些公社，有的持續了整個1960年代，有的出現在1970年代，可能僅在北美就有兩三千個。一般可以從三個方面把它們同膜拜團體區分開來[5]：

1·膜拜團體由強有力或有超凡魅力的領袖建立，他們控制了權利等級和物質資源；而公社傾向於縮小組織結構，打擊或驅逐那些權力野心家。

2·膜拜團體擁有天啓「言語」，以書本、宣言或教義的形式出現；而公社激發普遍的對和平、自由的承諾，厭惡父輩文化的建立。

3·膜拜團體創造了嚴密的界限，用各種方法限制其成員，並攻擊那

5　West and Singer, "Cults, Quacks, and Nonprofessional Therapies", pp.3247-3248.

些離開的人爲投敵者、逃兵或叛徒。他們招收冷酷的新成員，並募集大量資金。當組織僵化的時候，他們傾向於用不斷加劇的敵視和不信任來看待外界。相反，公社就像廣布的反文化網絡中的節點，他們的邊界是可滲透的薄膜，通過它人們可以相對自由地選擇去留，要麼繼續他們的朝聖之旅，要麼回到公社社員漠不關心或感到有趣或爲之遺憾的社會中去。大部分的公社似乎對社會相對沒有什麼威脅，而膜拜團體，越來越被人察覺到對其成員和對他人都是危險的。

　　許多公社很快便消失了，因爲它們不能提供年輕人渴求的安全、希望和結構。那些不曾加入公社或曾在公社生活過後又失望而歸的年輕人，通常會尋找其他辦法。其中許多人便會熟練地被招募進家長式的或宗教或世俗的膜拜團體，獲得表面上的安全感。這些組織從此便以驚人的速度繁殖起來。

三、1970年代：膜拜團體意識擴張

　　當我們來到七十年代時，便會見證一個極受心理認識、意識擴張及人類潛在運動所影響的時代。年輕人被告知，思想擴張經歷，或「思想之旅」會帶來新的解脫。於是，膜拜團體的第一次浪潮，其中強調以冥想、瑜伽、外來實踐爲顯著特徵的東方哲學，很快就被新的組織補充，包括新基督教、政治組織、以心理學爲基礎的組織，伴隨著意識形態偶然的出人意料的融合。

　　爲了表達那些在過去數十年中出現的許多組織的廣泛性，在接下來對於在七八十年代繁榮的組織的描述中，我會在幾個大類下命名許多類型的組織。然而，其中沒有一個類別或組織可以視爲一成不變的。而且，並不是所有我提到的屬同一類別的組織都必須歸類於膜拜團體。當

然，正如讀者將會讀到的，爲了提供當今社會歷史的全景，而且由於一些組織的內容在合適的條件下可以被自封的領袖採納而成爲膜拜團體的內容，這些組織也包括在膜拜團體之中。

轉換類

我們可以對生活作心理分析的觀念在1970年代的美國流傳甚廣。對社會進行心理分析的基礎是希望我們每個人都能對文化、種族和民族的差異保持敏感，有助於創造一個更加緊密、眞正融合的社會。二戰以後，敏感性培訓項目在大學、商業培訓研討班及私人機構中廣泛建立，但是這些項目迅速地被會心團體（encounter groups）代替。會心團體的技巧集中於通過在小群中與同伴交鋒而使人們更快地轉變。這個觀點就是要發掘內在的自我。

對於膜拜團體和其他運用思想改造技巧的組織來說，將敏感性、面對面的交流及小組療法之外的心理技巧，加入到用於改變新成員行爲的程序中，自然是一種進步。現在受人關注的是像這樣的一些組織，如查爾斯·特特裏奇（Charles Dederich）的藥物恢復項目，錫南濃（Synanon）及其他多種組織，它們將個人轉變及異域情調良好地結合起來以吸引信徒。

政治類

政治組織不如其他組織那樣引入註目，因爲他們要秘密地生存並遵守嚴格的革命紀律。這一時期出現的有：國際勞動委員會（NCLC），搖滾、共生解放軍（很快因爲恩斯特綁架案而上了頭條），民主工人黨和所有前衛組織，如造反工人組織，草根聯盟、中美之外的美國，新聯盟黨及其店面附屬物，還有國際勞工聯邦及其許多變種，如加州主婦聯合會，東部農場工人和西部服務行業人員。這些左翼組織是在反戰運動的遺跡上成長起來的，吸引了辛苦勞作的理想主義者，他們不想放棄鬥爭來進

行社會改變。

　　學者們用來給右翼組織貼標籤的教義也被全國範圍內一些小型的極端主義膜拜團體所合並，這些右翼組織包括如保西·康米泰特絲、拉波第基督教廷、白色亞利安抗議組織、沉默兄弟組織、美洲聯合戰線、創世教廷、亞利安國、科文南特、主之劍與利器之類及種族主義光頭黨等。

大型組織意識訓練

　　另一類在1970年代早期受到歡迎的新型組織，圍繞大型組織意識訓練（LGAT）而展開活動。LGAT代表商業性地兜售「新世紀」思想和大規模推銷大型組織中非專業人士實施的強大療法策略。這類組織的特別之處在於它認為每個人都能創造出他自己的現實。他們使用會心團體和催眠術來重建參與者的世界觀。強大的同伴壓力被用來完成計劃並鞏固效果。

　　特別是在1971年至1985年間，許多LGAT組織贏得了大批的信徒及隨之而來的惡名，其中一些在1990年代仍然活躍。多年來，LGAT組織用許多不同的名稱提供他們的東西。一般來說，這些組織開始於如下：生命之泉（約翰·漢利）、席爾瓦意誌控制（約翰·席爾瓦）、直接中心（加文·巴內斯）、眞實化（斯圖爾特·艾莫瑞）：一（歐利·恩戈茲）、生命訓練（W·R·懷特和K·B.布朗）；內心覺醒運動（MSIA）和眼界研討班（約翰-羅格·希金斯）；PSI世界（托馬斯·D·威爾希特）和阿利卡組織(奧斯卡·埃喬佑)。「新世紀」組織的這個特殊標籤爲它在商界贏得了巨大機會。這一點將在下章作詳細解釋。

精神類

另一類成功的組織通過大量運用超個人心理學和神秘主義來融合東西方宗教元素。個人的精神體驗在避邪之物和先知的幫助下得到提升。春藥、油、水晶、魔杖、算命符、香灰、幻影和恍惚、冥想、瑜珈、按摩和身體動作——包括一些性撫摸和性行爲——成爲養活領導這些組織的花衣魔笛手的工具。與其他類別中的情況不一樣的是，女性領袖們蓬勃發展。對因果報應（東方式的宿命論）和超自然現象、有關外星球的傳說、宿命和再生的迷信是這些組織的理念基礎。

精神派別包括葡哈各萬·希裏·拉傑尼希社團、薩世耶·賽峇峇信徒、由伊麗莎白·克拉爾先知領導的普世全勝教會（the Church Universal and Triumphant）、以加州爲基地的友誼會和其他以G·I·加德耶費和P·D.奧斯本斯基的著作爲基礎創立教義的「第四道」（Fourth Way）組織。還有一些（但不是所有的）組織在研究《奇蹟教程》的基礎上形成的。這是一部三卷本的著作，據傳是耶穌在七八年的時間裡向哥倫比亞大學心理學系一名心理學家海倫·斯茲奇曼口述而成。

四、1980年代：心理類、超自然類和繁榮類膜拜團體

隨著社會和經濟氣候的變化，一些膜拜團體的本質隨之而變。從1980年代早期到中期，新的膜拜團體大量湧現。包括心理類（或稱心理療法類）膜拜團體、神秘組織[6]和繁榮組織（有時也稱商業膜拜團體）。

心理類

越來越多的人開始著迷於心理治療膜拜團體，其中，要麼是專業人

6　B. Alexander, "Occult Philosophy and Mystical Experience," *Spiritual Counterfeits Journal*, 1984, 6(1), 13-19.

士誤入歧途且與顧客和病人保持多重關係，要麼是非專業人士組成「治療」小組。上述兩種情況中，都出現了膜拜關係，或眞或假的診療師成了房東、雇主、財務顧問和情人，有時讓「病人」搬來與其同住，操持家務並向指揮他們生活的領袖支付費用(治療類膜拜團體的詳細描述見第七章)。

神秘類

神秘類也在1980年代大大增加，是1960年代出現的神秘學以及當時及其後出現的因婦女運動而產生的精神女權主義的延續。神秘組織對那些看起來隱蔽的、秘密的或異國情調的主題感興趣，包括追求秘術來改變意識和發展秘密教義來解釋生存和經歷。

神秘主義要比魔鬼主義、黑色魔法、占星術和算命術等涵蓋範圍更廣。新近的神秘組織圍繞對神秘起源、魔書和特殊公式而展開。他們的信仰經常但不總是包含對主流宗教尤其是基督教的口頭蔑視。

神秘組織的範圍從著名的阿頓·拉雅的撒旦教堂和邁克爾·安奎諾的安廟到涉獵魔鬼主義的超自然的個人。行握手禮和秘密儀式的少年也出現在這段時期。其中一些因反社會和刑事犯罪而爲人所知。

在1980年代早期至中期，通靈（channeling）也變得十分流行。自稱是通靈者的人是一種聲音的媒介，代表某個實體或個人說話，這個實體或個人生活在幾個世紀之前，但現在仍能對財政、生活方式之類的事情提出建議。我的印象裡，通靈是對古老的靈媒活動的重演或重新命名。靈媒能和死者溝通。他們在昏暗的房間內舉行儀式，以便與那些參加活動者死去的親人們溝通。「新世紀」膜拜團體避免提到死者，通靈者像電視天線一樣從「實體」而非死者那裡接收信息。通靈讓人因聽到一個已逝去數個世紀以前實體的聲音而激動不已：那些使用通靈術的人們將

聽到的不是精神的對話，不是超越地層的聲音而是持有魔術般溝通能力的活生生的實體的聲音。例如，備受爭議的靈媒奈特（J.Z.Knight）[7]聲稱他能與拉姆薩（Ramtha）———一個存在了35,000年的實體對話。

繁榮類

隨著1980年代後期經濟的緊縮[8]，許多提供頭腦繁榮計劃的花衣魔笛手出現。他們通常聲稱這是他們論調的一部分：積極思維加心理意識就能帶來個人的繁榮。繁榮組織在1990年代繼續繁榮，而且大多數都騙財。例如，某些具有超凡魅力的陰謀家用該法慫恿青年工人搬來進行群體生活，這裡的生活由領袖所掌控，他通常用人類潛能運動和會心團體中的詞彙和實證性的實驗來對信任、正直及其他品格進行「心理分析」。這些技巧能使成員在私人關係及生活安排上保持對核心人物的依賴。

最終，情況變得跟那些著名的膜拜團體相似，成員失去與親友的聯繫，將所有的空餘時間和金錢花在這個上面，事業面臨失敗，從事低層次的工作，盡可能減少與外部的聯繫以便有更多時間用於與領袖和組織相處。以前在怪異組織的成員身上才能看到的性格變態在這些生活在小型膜拜團體派別裡的人身上變得非常普遍。

五、新膜拜團體案例

以下兩位婦女的經歷反映出新膜拜團體的巨大影響，也反映出那

7　H. Gordon, *Channeling into the New Age* (Buffalo, N.Y.: Prometheus Books, 1988), pp. 95-101; J. Klimo, *Channeling* (Los Angeles: Tarcher, 1987), pp. 42-45; Larson, *Larson's New Book of Cults*, pp. 418-419; Ramtha, with D. J. Mahr, *Voyage to the New World* (New York: Ballantine, 1985).

8　M. T. Singer, *Consultation with Families of Cultists*, in L. C. Wynne, S. H. McDaniel, and T T Weber (eds.), *Systems Consultation: A New Perspective for Family Therapy* (New York: Guilford Press, 1986), p. 281.

些更加具有知名度且捲入的個人與已有的、更有名的膜拜團體之間關係的異同。我們來看看一個繁榮膜拜團體和一個自我提升膜拜團體。

翠西婭今年42歲，剛離婚，孤單，面臨一種她從未計劃過的生活。她的離婚所得寥寥無幾，個人儲蓄十分微薄。她現在一家出售新潮化妝品的小店任職。她覺得自己需要一份更好的工作，以及更好的培訓及教育。她在一家咖啡館看到一則海報，有一個研討班，以人類新思維的發現為基礎，能使每個人無論其政治或經濟條件如何，總能保持良好狀態。廣告許諾，每個人都能學會如何「採集錢財、權力和愛情」，「學會從擁有的角度而不是需要的角度來思考問題」。

翠西婭對這則廣告既懷疑又好奇。她打去電話的時候，電話那邊告訴她當晚即可開始。面談地點是一間裝修豪華的房間，有大約二十名女子和五名男子在裡面。領袖「格蘭達」，大約55歲，穿著名貴；她的搭檔喬納森約40歲，英俊、和藹、富有魅力，對翠西婭及其他面試者都很熱情。格蘭達的關於我們是如何「我們都是採集者——採集金錢、權力和愛情」的演講給人印象深刻。她告訴所有面試者，他們沒能採集到自己想要的一切，是因為做決定是「從匱乏而不是富有」出發的。

翠西婭立即被這些晦澀拗口的話吸引並對即將開始的新生活感到興奮。格蘭達列出，那些參加者包括翠西婭，未來數週內毫不猶豫地「致力於」做的所有事情。每期研討班花費15美元，其他不同的聚會另收費。格蘭達以布道的口吻說，發財是一個精神問題，也就是說，一個人能找到一種方法，需要錢時就能把它變成錢。成員們被訓誡要擺脫那些總以為自己窮困的舊友，將空閒時間只用於組織以便使自己保持正確的思維方式。

翠西婭變得完全投入，比以前更窮。她需要參加各種活動，從家常

聚餐到特別影視之夜，在這個影視之夜，組織的成員們都觀看格蘭達製作的影片，片中有其他的成員「採集」到的帶泳池的豪宅。很快，翠西婭開始付費聽格蘭達單獨講課。格蘭達對她實施催眠，告訴她作放鬆和呼吸練習以獲得「精神繁榮」。沒過多久，翠西婭每週付給格蘭達200美元，並開始負債，她從母親及親戚那裡借錢並「透支」了她的信用卡。這時，格蘭達叫翠西婭搬來和組織一起住，住在被稱爲「我們的大房子」裡。

　　翠西婭將她的傢俱、其他貴重物品和車全部給了格蘭達。格蘭達就用這樣的安排來證明成員們都能正確的思維，能比以前過上更好的生活，能讓「精神繁榮」。僅僅在大約兩年後，當翠西婭再次要求預支母親的遺產時，她母親讓她與一些前成員接觸，這些人幫助她認清她現在所在的組織是一個繁榮膜拜團體，而且正是這膜拜團體加劇了她的貧困。屈西婭決定不再去該組織。

　　在另一案例中，「瑪麗喬」[9]被推薦給我。她曾在一個提倡節食作爲自我提升的生活方式的膜拜團體中待了幾個月，當時才回到家，並在一家診所接受治療。

　　瑪麗喬曾應一個不常往來的朋友之邀前去參加一個所謂「免費的、科學的、試驗性的體重控制項目」。這個描述盡管含糊其詞，暗示科學家們在提供一種新的教育方法。在男女領袖們的遊說下，瑪麗喬很快接受了他們將自己界定爲「具有自然的超人洞察力的治療者」，以及一起「繼續深造」的邀請。他們勸她辭去工作，加入他們的小型「身體控制項目」。因爲不再爭取薪水，她實際上用汽車、儲蓄及其他財產交了學費才換來了他們勸她參加的「自然治癒課程」。

9　該例子引自Singer, "Consultation with Families of Cultists," pp- 273-274.

　　和其他幾個新成員一樣，瑪麗喬日漸肥胖，她隨組織一起搬遷到一個偏遠的小鎮上與兩位領袖同住。她被勸說不要同家人和朋友聯繫，因爲外人對這個「課程」不知情而會傾向於「降低他們意識」。課程每天20小時，其中包括四五個小時的催眠和自我催眠實驗，以及許多次的過度換氣時間。瑪麗喬在「組織裡」花費了額外的時間並被教導「用聲音來說和用聲音來聽」。

　　新成員通過培訓，能將隨機、無意義的符號連接成有節奏的樂曲形式。高唱頌歌等待一位女領袖——據稱是「先知詮釋家」的詮釋。一天的詮釋完了以後，她們告訴瑪麗喬盡量去幻想所聽到的東西彷彿從意識以外傳來。換句話講，她要像聽聲音一樣去記憶這些「詮釋」。

　　在瑪麗喬盡力去完成這件事的時候，她受到責罵、輕視或是被威脅趕出組織，或是被告知必須再次「繼續基礎訓練」。在這一過程中，她變得精神失常起來。隨後，她與該組織的關係宣告結束，她被送上一輛公共汽車，一張單程票送她回到了父母身邊。

　　不幸的是，像翠西婭和瑪麗喬這樣的故事太普遍了。那些爲曾受膜拜團體之苦的個人及家庭作診斷及咨詢的精神健康工作者和其他專業人員聽到過數千個。

六、關注的理由

　　並不是所有的新宗教、自我發展組織、自助組織或激進的心理療法組織都如人們所熟知的那樣，使用了精神控制或其他欺騙和勸說的膜拜技巧。然而，有些組織幾十年來一直是人們爭議的中心。它們早在1970年代中期就引起了民眾反應和媒體大量的關注。輿論關注的焦點在於，有些組織的招募活動、發生在某些成員身上的人格改變和情緒失常，以

及和這些組織相聯繫的獨特的文化生活方式。

　　近年來，不僅存在了半個世紀或更久的膜拜團體內部在發生變化，各種新的膜拜團體在發展，那些脫離膜拜團體的人群類型發生了轉變。以前，年輕人曾在大學期間或剛畢業時加入膜拜團體，然後擺脫出來。現在，那些在膜拜團體中成長起來的兒童、少年和年輕人在進入到正常社會後都需要特殊的幫助。因爲除了他們成長所在膜拜團體的生活外，他們對其他的生活一無所知。除了對更大範圍的社會的經歷有限之外，有些人還經歷了十分不尋常的事情，使他們對組織外的生活產生負面印象。同樣令人吃驚的是，有更多年長的成年人走出膜拜團體。這些人在膜拜團體中浪費了15甚至25年之多的光陰。這些人可能沒有社會支持。他們的家人通常已過世，或與他們徹底脫離了關係，他們基本上不知道如何應對。（我會在第三部分中討論離開膜拜團體環境和從膜拜團體經歷中恢復這個問題。）

　　今天我們看到在社會中持續存在的現象是，要麼是有組織的團體要麼是個人對他人施加強烈影響，以獲取對金錢、人員和財富的控制和權力。除了被描述爲膜拜團體或使用思想改造過程的組織外，這種過程中的例子有時候還可稱爲騙局、自信遊戲、強迫訓練、過度影響、不適當影響、騙術、欺詐或被貼上其他的標籤。這些名稱表明了一個隱藏的事實，卽這些組織或個人引誘他人遵從一個使操控者受益、受操控者遭剝削的計劃，卽使後者可能一開始或甚至長時間內，認爲這個風險與它的實際情況不一樣。

　　膜拜團體領袖和騙術專家都是投機分子。他們看清局勢和千變萬化的文化，隨機應變地調整他們在某一時刻的訴求。這些操控者之所以能幸免於難，是因爲他們見風使舵，像變色龍。因此，我們有時會發現一

些膜拜團體是以健康時尚、經商培訓項目、快速致富計畫、改善關係研討班爲幌子的。有時我們所遇到的卻是宗教原教旨主義的膜拜團體、東方冥想組織、同性組織或仇恨組織以及長壽組織等等。

　　思想是來來去去的。但那些老練的舞文弄墨者都知道怎樣才能激起人們的興趣，怎樣才能引起聽眾思想的共鳴。這些喋喋不休的語言也隨著時間而改變。十年以前，那些能引起人們思想共鳴的關鍵詞是社團、交流、創造性、意識、意識擴張、超驗主義、轉變、整體、和平、成長、壓力、確定和另類等。如今，被膜拜團體和操控者選中的關鍵詞是突破、授權、精神覺醒、範式、天使、自我、身分、地位、受害人、指南、巫師、慶祝、源頭或採購等等。

　　隨著時間的推移，膜拜團體的宗旨也在變化，他們使語言現代化的方式是對語言進行變化性的運用。但是就像希臘神話所描述的那樣，一些水手被塞壬（Siren）（希臘神話中的一位半人半鳥的女海妖，常用美妙歌聲引誘水手，令船觸礁沉沒。——譯者注）的歌聲誘惑而致使船隻失事，另一些因被奧德修斯（Odysseus）（史詩《奧德賽》的主人公，古希臘著名的英雄，伊薩卡島的國王。——譯者注）塞住耳朵而獲救。我們必須時刻警惕那些新的流行詞可能被用來誘使那些毫無警惕的人。我們必須知道，什麼時候那些讓我們渴望追隨某個人的話語是塞壬之歌。

第三章　洗腦、心理強制和思想改造過程

　　膜拜團體領袖利用思想改造過程吸收和控制成千上萬的人，損害他們的幸福。有時這樣的影響被稱爲強制說服或超凡影響，區別於日常朋友、家人以及其他我們生活中有影響的人物包括媒體和廣告的說服。

　　成功的思想改造關鍵在於不讓其對象知道自己正在被操控和控制，尤其是不讓他們知道自己正在被引向一條改變的道路，這條道路將會引導他們爲與自身利益相悖的利益服務。通常思想改造過程的結果是，一個人或組織獲得在不同時期對改造對象幾乎無限的控制權。

　　當使用過度影響的膜拜組織被暴露於光天化日之下時，對此一無所知的觀察者通常不明白這個組織時如何運作的。他們不知道一個理性的人怎麼會捲入其中的。近來，因爲媒體的注意力被某些組織的行爲所吸引，世人開始變得對思想改造稍微了解一點，但是絕大多數人們仍然不知道如何應對超凡影響的情形。

　　已經有一些術語來描述這一過程，包括洗腦、思想改造、強制說服、精神控制、強制影響和行爲控制協同程序以及剝奪性說服等（見表3.1）。也許第一個和最後一個術語表達了我將在本章描述的關鍵問題。

· 表3.1 用來表示思想改造的術語[1]

術語	提出者（日期）
思想鬥爭	毛澤東（1929年）
洗腦	亨特（1951年）
思想改造	利夫頓（1956年）
衰落、依賴和恐懼（DDD綜合證）	法貝爾、哈洛、韋斯特（1957年）
強制說服	沙因（1961年）
精神控制	匿名（約1980年）
心理和社會影響的系統操控	辛格（1982年）
強制影響和行為控制的協同程序	奧夫舍和辛格（1986年）
剝奪性說服	辛格和阿迪斯（1992年）

　　當我問及普通人他們怎麼看洗腦時，他們正確地掌握其是指一個人對另一個人剝奪性的操控。他們通常描述的一種情況是，一個人或組織騙取其他人同意一個由煽動者實施的計劃。「受騙」（Conned）的意思，我們在通俗的談話中和大街上都廣爲了解。這就是爲什麼通常很難

1　這一表格最先出現在M. T Singer and M. E. Addis，*"Cults, Coercion, and Contumely,"* in A. Kales, C. M. Pierce, and M. Greenblatt (eds.),*The Mosaic of Contemporary Psychiatry in Perspective* (New York: Springer-Verlag, 1992), p.133，經許可轉載。表格中條目的來源，按先後順序，出自：T.E.H. Chen, *Thought Reform of the Chinese Intellectuals* (New York: Oxford University Press, 1960); E. Hunter, *Brainwashing in Red China* (New York: Vanguard, 1951); R. J. Lifton, *Thought Reform and the Psychology of Totalism: A Study of Brainwashing in Red China* (New York: W. W. Norton, 1961); I. E. Farber, H. F. Harlow, and L. J. West，"Brainwashing Conditioning and DDD: Debility, Dependency, and Dread"，*Sociometry*, 1956, 20, pp, 271-295; E. H. Schein, with I. Schneier and C. H. Barker, *Coercive Persuasion: A Socio-psychological Analysis of the "Brainwashing"* of American Civilian Prisoners by the *Chinese Communists* (New York: W. W. Norton, 1961); Anonymous, 1980; M. T Singer，"The Systematic Manipulation of Psychological and Social Influence"，膜拜團體警覺組織年會論文,Washington, D.C., Oct. 23, 1982）；R. Ofshe 和M. T. Singer，"Attacks on Peripheral Versus Central Elements of Self and the Impact of Thought-Reforming Techniques,"　in *Cultic Studies Journal*, 1986, 3(1), pp. 3-24; Singer and Addis，*"Cults, Coercion, and Contumely."*

操控那些擁有街頭智慧的人。他們早就知道去尋找雙重議程，稱之為騙局、花言巧語、欺詐、誆人、騙某人以及其他許多名稱。

　　某一種類型的心理學騙局確實會發生在某個思想改造環境中。一套複雜的連鎖因素都置於其中，這些因素或快或慢，取決於形勢和對象，都會引起目標對象的心態和態度發生深刻的轉變。通過心理和社會因素的操控，人們的態度的確會發生改變，並且他們的思想和行為也會發生徹底的改變。

一、洗腦的歷史案例

　　如果想要奧威爾關於1984年的構想在任何時候都不要實現，我們在第一章討論過的關於無懈可擊的頭腦的神話就需要反覆曝光。在過去的六十年裡，出現了無數的例子表明人類的行為在某些情況下是多麼容易被操控。

　　1930年代期間發生在前蘇聯的大清洗，被控犯有叛國罪的男人和女人們被操控著既要進行虛假的坦白又要虛假地指控別人犯有這些罪行。全世界的新聞報道對這一現象表達了困惑和驚訝，但是除了少數例外，都迅速陷入了沉默。

　　隨後，在1940年代末和1950年代初，中國的革命大學人事部門實施了一種思想改造程序，改變了這個世界上人口最多的國家公民的信仰和行為。這個程序，是毛澤東大約在1920年代最早提出的，直到1949年10月1日共產主義政權執掌中國，才付諸實施。毛主席很早就計劃要如何改變人們的政治本質，通過使用心理的、社會的和政治的強制協同程序，達到他稱之為「思想改造」的狀態。結果，成千上萬的中國公民被引誘去信奉新哲學，表現出新行為。

　　洗腦這一術語是在1951年首次介紹到西方世界的，美國的一位外籍記者愛德華·亨特出版了一本名爲《紅色中國的洗腦》（*Brainwashing in Red China*）的書。亨特是第一個描述這種現象的人，基於他對中國人和從中國大陸越過邊界到香港的非中國人的訪談。他的翻譯對他解釋說，使人們擺脫舊信仰系統遺跡的共產主義過程俗稱「洗腦」，其字面意思爲「清洗大腦」或「清潔頭腦」。

　　1950年代，同時還爆發了朝鮮戰爭。北朝鮮對聯合國軍戰俘進行的集中思想灌輸表明，俘虜者爲了贏得別人皈依他們的政治目標，能達到什麼程度。朝鮮的程序以中國使用的辦法爲基礎，再結合其他的社會和心理影響技巧。

　　同樣在這十年的後期，西班牙羅馬天主教堂的領袖紅衣主教，一個具有極大的個人力量、堅強的信仰和對上帝忠心耿耿的人，最後被俄國俘虜者操控和處理後，他就像早先那些大清洗中的受害者一樣，既進行虛假的懺悔又虛假地指控他的同事。

　　這些對思想和行爲進行社會和心理操控的極端現象，過去、現在有時仍然在美國被忽視，因爲這些事件發生在遙遠的地方，被認爲僅僅是外國的政治宣傳和政治活動而不予考慮。這種推理是「非我」神話的一個變種，即這樣的一種事情不會發生在我們的土地上。但是後來，發生在加州的某些事件迫使很多人看到，影響和操控的極端現象也有可能發生在美國。

　　1969年，查爾斯·曼森（Charles Manson）操控著一群中產階級青年相信他的《狼狽》（*Helter Skelter*）的瘋狂版本。在他的影響和控制下，他的信徒實施了多起惡性殺人案。不久之後，共生解放軍（Symbionese Liberation Army，SLA），一群烏合之衆的革命組織，綁架了一家報紙的繼

承人帕特里夏·哈斯特（Patrica Hearst），並且從精神上和其他方面對其進行虐待。這個SLA同時使用精神操控和拿槍頂著腦袋的辦法強制帕特順從。他們操控和控制她的行為達到她願意和他們一起去銀行搶劫並且害怕回到社會的程度，SLA使她相信，警察和FBI會殺了她。

從1930年代到現在發生的一系列事件證明，個體的自由意志和人格同一性比我們一度普遍相信的要脆弱得多。某些已經牢牢掌握和熟練運用說服技巧的唯利是圖的類型，正在肆虐我們的社會。如果喬治·奧威爾還活著的話，他可能被當今運用各種的離奇古怪和操控思想的技巧迷住。

更有趣的是，奧威爾可能是第一個注意到語言而不是身體壓力是操控精神的關鍵。事實上，行為科學中越來越多的證據表明，一個微笑的「大哥」要比一個明顯有威脅的人具有更強的力量來影響個體的思想和決定。當奧威爾說到他的洗腦英雄時，在他那本預言書的結尾處寫道：「他愛大哥。」

二、成套的說服技巧

幾年前，我和一個同事應律師的請求，訪談了他們的當事人———一對年輕的夫妻。這對夫妻曾經是好公民和慈愛的父母，被指控打兒子屁股[2]而致其死亡。當時他們是一個在西弗吉利亞、領袖為女性的膜拜團體的成員，據說他們23個月大的兒子在玩耍的時候撞了或推了一下領袖的孫子。這對父母被命令要讓孩子去道歉，否則，按這位發怒的領袖的話

2　*State of West Virginia v, Stuart Green*（過失殺人罪），Civil Action No. 92-M-l；*State of West Virginia v. Leslie Green*（過失殺人罪），Civil Action No. 92-M-5；*State of West Virginia v. Dorothy McClellan*（2項謀殺），Civil Action N, 83-F-11,（過失殺人罪），Civil Action No. 83（2項謀殺），Civil Action No.83-F-60.

說，沒人能上天堂。這個男孩被他的父親用一塊木板鞭打超過兩個半小時，而他的母親也在房間裡。這個男孩的臀部和腿上青腫，血流如注，後來死了。在法庭上，我描述了這位領袖是如何慢慢地控制其組織內的成員以及這場鞭打是如何從她的教育和控制中演化出來的。

在另外一個案例中，榮‧納福（Ron Luff），一位前海軍士官曾經品行良好，成績突出，他被其所在膜拜團體的領袖說服[3]而聽從領袖命令。這些命令是要幫助領袖去殺死俄亥俄州的一個五口之家，包括三個年輕的女兒，將屍體倒入牲口房的一個石灰池裡，然後與該領袖以及二十幾位信徒一起逃到荒郊野嶺，長期跋涉。榮‧納福被控犯有嚴重的謀殺罪和綁架罪，被判170年監禁。該膜拜團體領袖傑弗瑞‧倫德格倫（Jeffrey Lundgren），在俄亥俄被處以電椅死刑。在本書寫作的時候，這兩個案子都正在上訴。

人們不斷地問我，膜拜團體領袖是如何做到讓他們的信徒做諸如此類的事情的，如將妻子獻給猥褻兒童的膜拜團體領袖，從醫學院退學而去追隨一個武術宗師，將數百萬美金送給一個戴假髮的自封的彌賽亞，而這個彌賽亞有著穿得像耶洗別（Jezebel）（《聖經》中記載的故事人物。公元前九世紀以色列國王亞哈之妻，在亞哈王在位年間，她大建崇拜異教神的廟宇，殺害上帝的眾先知，迫害著名先知以利亞，並欲置之於死地。——譯者注）一樣的情人，或者在追隨一個公然濫交的古魯的同時實行禁慾。因為這些膜拜團體成員在加入膜拜團體前後表現出來的行為存在巨大的反差，家人、朋友和公眾很想知道這些態度和行為上的改變是如何引起的。

膜拜團體領袖和其他聰明的操控者是如何使人聽從他們的命令，

3　P. Earley, *Prophet of Death* (New York: Morrow, 1991), pp. 431, 435.

對於大多數人來說，這看上去很神秘。但是我發現沒有任何玄妙之處。沒有任何秘藥或魔劑。只有語言和組織壓力，用包裝好的形式放在一起。當今的操控者運用的說服辦法是原始人時代就開始用的，但是今天這些熟練的騙術大師偶然發現一種辦法將這些技巧都打包在一起，使用起來特別成功。結果，思想改造作為影響和說服的一種形式，成為一個連續體的極端，這個連續體包括典型的我們能看到的，如教育、廣告、政治宣傳和思想灌輸。（見表3.2）

・　表3.2　影響和說服的各種形式

	教育	廣告	政治宣傳	思想灌輸	思想改造
知識主體的焦點	許多知識主體，以各個領域內的科學發現為基礎	知識主體涉及產品、競爭對手，如何通過合法的說服來銷售產品和影響顧客	知識主體集中於對大多數人的政治說服	知識主體明確地設計為灌輸組織價值	知識主體集中於改變人們，讓其喪失自己的知識
交流的方向/程度	鼓勵學生與老師之間的雙向交流	交流能發生，但是溝通一般是單方面的	會發生一些交流，但溝通一般是單方面的	會發生有限的交流，溝通是單方面的	沒有交流，溝通是單方面的
改變的能力	當科學進步的時候，當學生或其他學者提出批評的時候，當學生或批評者對方案進行評價的時候，就會發生改變	花錢做廣告的人會以成功的廣告策劃方案為基礎作出改變；根據消費者保護法作出改變；或者因對消費者的投訴作出反應而改變	改變基於世界政治的變化趨勢和提升群體、國家和國際組織的政治需求	改變通過正式途徑作出，通過向上級進行書面建議提出	很少發生改變；組織十分僵化，發生改變主要是為了提升思想改造效果

說服結構	採用教師——學生結構,鼓勵邏輯思維	用一種指導的模式來說服消費者/購買者	採取權威的立場來說服大眾	採取權威和等級的立場	採取權威和等級立場;部分學習者不完全了解
關係類型	教導有時間限制,雙方同意的基礎上進行	顧客/購買者可以接受或忽視溝通	期待學習者支持和專註	教導是契約性的,雙方一致同意的	組織企圖永遠留住人
欺騙性	不欺騙	可能有欺騙性,只選擇正面的觀點	可能有欺騙性,通常會誇大	不欺騙	有欺騙性
學習的廣度	集中於學會去學和了解現實;廣泛的目標在於獲得個人發展的全面知識	狹窄的目標在於影響觀念以便提升和兜售觀念、實物或方案;另一個目標是要增加售賣者和可能的購買者	目標是大型的政治受眾,使他們相信某一具體的觀點或情況是好的	強調為某一具體的目標而進行的狹窄的學習,變成某個人物或為履行職責而培訓	個人化的目標;隱藏的日程(你會每次改變一點,直到變得可以為領袖服務)
容忍	尊重差異	貶低競爭	想要減少反對	了解差異	不尊重差異
方法	教育技巧	由輕到重的說服	公開的說服;有時是不道德的	訓練技巧	不適當和不道德的技巧

　　有一種錯誤的觀點,認爲思想改造只能在封閉的地方,並伴有肉體折磨或死亡威脅的情況下才能實施。但是,記住這一點很重要,就是四五十年代的洗腦程序不僅用於戰爭中的戰俘或平民囚犯,而且也用於一般民眾。在我們所有的研究當中,我和其他研究過這些程序的人反覆

強調[4]，當我們要影響人們，去改變他們的態度和行為時，監禁和公然的暴力不是必須的，且實際上還會起反作用。如果一個人真的想影響其他人，各種協同的軟性推銷方案更便宜，更不那麼引人註目，且高度有效。那句古老的格言「蜂蜜比醋能聚集更多的蒼蠅」，到今天仍然適用。

三、攻擊自我

不過，1940和1950年代盛行的思想改造的各種版本與當代許多組織所使用的版本有一個重要的差別。這些當代組織包括膜拜團體、大型意識訓練程序組織和其他混雜的組織。這些現代的成就都建立在古老的影響技巧的基礎上，以使令人驚奇的成功說服和改變程序更加完美。其新穎和關鍵之處在於，這些程序通過攻擊一個人自我意識[5]的本質方面來改變其態度，不像早期的洗腦程序，首先針對一個人的政治信仰。

今天的程序目的是要通過逐漸動搖一個人的基本意識、現實感、信仰和世界觀、情緒控制和防禦機制等來摧毀他（或她）的自我意識。這種對個人精神支柱或自我意識以及對一個人自我評價能力的攻擊是能使新程序起效的主要技巧。此外，這種攻擊是在各種偽裝和條件下實施的，很少包含有強制性的監禁或直接的身體暴力。當然，這是一種微妙的且強有力的進行摧毀和誘導依賴的心理過程。

幸好，這些程序不會永遠地改變人們，也不是百分之百有效。並不是所有的膜拜團體都相似，並不是所有的思想改造程序都相似，也並不是每個人受到這種強烈影響的過程都會屈服和追隨該組織。實際上，有

4　Lifton, *Thought Reform and the Psychology of Totalism*; Schein, Schneier, and Barker, *Coercive Persuasion*.

5　Ofshe and Singer, "Attacks on Peripheral Versus Central Elements of Self and the Impact of Thought-Reforming Techniques."

些膜拜團體力圖自我辯護說，「你看，不是每個人都加入或留在組織內，所以我們一定沒有使用洗腦技巧。」然而，許多新成員確實屈服了，而且，這種影響流程組織得越好，屈服的人就會更多。

那麼，重要的是，在過去的半個世紀裡湧現的某些組織和培訓程序代表了組織良好、高度協調地結合的影響成果，這種成果就被廣泛地成功運用於在特定條件下為了特定目的招募和轉變成員。我感興趣的是，這些流程是如何運作的，心理和社會技巧是如何產生行為和態度上的變化的。至於組織的內容是否以宗教、心理學、自我提升、政治、生活方式或飛碟為中心，我不太關心。我更感興趣的是，各種形式的騙子、詐騙者、精神變態者和極端利己主義者對洗腦技巧的廣泛使用。

四、思想改造如何起作用

洗腦的經歷並不像發燒和疼痛那樣，它是一種看不見的社會調適。當你成為洗腦的對象時，你不會意識到正在進行的影響流程的意圖，尤其是，你不會意識到變化正在你身上發生。

明曾蒂樞機主教(Kardinal Mindszenty)在他的回憶錄中寫道[6]，「不知不覺中，我就已經變成了另外一個人。」而被問到有關被洗腦的時候，帕蒂·哈斯特（Patty Hearst）說[7]，「然而，所有這一切最奇怪的是，正如SLA後來高興地告訴我的那樣，他們自己都感到驚訝，我已經變得如此溫順和輕信……這也是真的，我必須承認，我的腦子裡再也沒有出現過逃離他們的想法。我變得十分相信沒有任何逃跑的可能性……我推想那時候我能走出那套房子，並徹底離開它。只是這從來沒發生過。一個思想改

6　J. Mindszenty, *Memoirs* (New York: Macmillan, 1974), p.114.

7　P. C. Hearst, with A. Moscow, *Every Secret Thing* (New York: Doubleday, 1982), pp. 95, 98, 240

造程序不是一件一次性事件，而是一個逐漸瓦解和逐步轉換的過程。它可以增加體重相比，從一次幾盎司、半磅到一磅。沒過多久，我們甚至還沒有注意到最初的改變，就已經面對一個新的體形了。所以，洗腦也是如此。這裡一點歪曲，那裡一點調整，然後就是一個新的心靈態度和新的精神面貌。這些在特定條件下進行的社會和心理影響的系統操控被稱爲「程序」（programs），因爲引起變化的手段是協同的。而且，因爲這些變化會引起某一套態度的學習和吸收，通常還伴有某一套行爲，所以，這一努力和結果，就被稱爲「思想改造」（thought reform）。

這樣，思想改造是一種協力合作，改變一個人看待世界方式，這又將改變他或她的行爲。它與其他的社會學習形式的區別在於它實施的條件和環境和人際操控的技巧，這就意味著，要抑制某些行爲，誘發和培訓其他行爲。而且，這不僅僅是由一個程序構成，有很多辦法和方法來實現。

思想改造程序的策略可以組織如下：

• 摧毀一個人的自我意識。

• 使一個人徹底地重新闡釋他（或她）的歷史，從根本上改變他（或她）的世界觀，然後接受一種新版本的現實和因果關係。

• 發展此人對組織的一種依賴，這樣就能將此人變成組織的可展開的代理人。

思想改造至少可以從三個方面來看到其是有益的（表3.3中進行了總結）8。羅伯特·利夫頓（Robert Lifton）已經認識到思想改造的八個主

8　表格的來源有: Lifton, *Thought Reform and the Psychology of Totalism*, pp. 419-437; Schein, Schneier, and Barker, *Coercive Persuasion*, pp. 117-139; M. T, Singer and R. Ofshe, "Thought Reform and Brainwashing," 作為證據提供的文件, Queens High Court, London, on behalf of *London Daily Mail*, 1980; M. T. Singer, "Group Psychodynamics",in R. Berkow (ed.), *The Merck Manual*

題，我確定了它的六個條件，而埃德加·沙因命名了三個階段。利夫頓和沙因所概述的主題和階段集中於過程的順序，而我所概述的情形暗示，如果一個過程要起作用的話，周圍的環境需要一定的條件。

· 表3.3 思想改造的標準

條件 （辛格）	主題 （利夫頓）	階段 （沙因）
1.使人不知道發生什麼事，也不知道正在發生變化		1.解凍
2.控制此人的時間，如有可能控制該人的生理環境 3.製造一種無力感、隱蔽的恐懼和依賴感 4.抑制此人原來的許多行為和態度	1.環境控制 2.語言加載 3.要求純粹 4.懺悔	
5.灌輸新的行為和態度	5.神秘操控 6.個人教義	2.轉變
6.提出一種封閉的邏輯系統；不允許真正的輸入或批評	7.神聖科學 8.分配存在	3.重新凍結

辛格的六個條件

以下條件構成實施思想改造程序所需的環境。這些條件顯現的程度，會增強膜拜團體所產生的約束力及程序的總體效果。

1·不讓成員意識到有一個對進行其控制和改造的議程。

2·控制時間和生理環境（聯繫、信息等）。

3·製造無力、恐懼和依賴感。

of Diagnosis and Therapy (15th ed.) (Rahway, N,J.: Merck Sharp & Dohme Research Laboratories, 1987), p.1470; M. T. Singer and R. Ofshe, "Thought Reform Programs and the Production of Psychiatric Casualties", *Psychiatric Annals*, 1990, 20(4), pp. 189-190.

4‧抑制過去的行爲和態度。

5‧灌輸新的行爲和態度。

6‧提出封閉的邏輯系統。

關鍵在於思想改造過程要一步一步地進行，以便其成員不會發現自己正在被改造。下面我會詳細解釋每一步是如何起作用的。

1‧不讓成員意識到所發生的一切，也不讓他知道自己正在一點點地被改造。

想象一下你就是這個受到影響的人。你會發現自己處於一個環境當中，被迫要適應一系列的步驟，每一步都十分微小，以至於你根本沒有注意到自己身上所發生的變化，對這個程序的目標也一無所知，直到過程的最後階段（如果有的話）才會恍然大悟。那些旨在改變你思想和行爲的心理和社會力量經過了精心編排，你也會蒙在鼓裡。膜拜團體領導者會讓一切看起來都很正常，一切似乎就該如此。這種氛圍通過同伴壓力和示範行爲而得到增強，因此，在你還沒有意識到時，就已適應了它。

舉例來說，一個年輕人應邀去聽講座。當他到達之時，他注意到很多雙鞋子都靠牆擺放著，裡面的人們都光著腳。一個女的朝他的鞋子點頭示意了一下，於是他脫下鞋子，和其他鞋子一樣擺放。見大家都柔聲細語，於是他也壓低了嗓音。晚上進行了一些常規的儀式和冥想之後，一位身穿長袍的領導者作了講座。一切都在這個人的引導之下緩緩進行，其他人都安靜地註視著，聆聽著。這個年輕人盡管有問題想問，但他也只是溫馴地坐在那裡。他遵從了群體所做的一切。不過，在這個案例中，晚上的活動快要結束的時候，這個年輕人被再次邀請時，他說道：「謝謝，不了，謝謝！」這時，兩個人迅速地引導他從後門出去，免得別人聽到他的不快之語。

使人渾然不覺這一環，是膜拜團體雙重議程的關鍵。領導者慢慢地讓你經歷一系列的事件，這些事件在表面上看上去像是一個議程，然而在另一個層面上，真正的議程是要使你（新成員或老成員）服從，放棄你的自主權和過去的情感及信仰體系。雙重議程的存在，使這一過程變成了不知情的同意（non-informed consent）。

2·控制人的社會和（或）身體環境，尤其是控制人的時間。

膜拜團體要控制你，不必要求你搬到公社、農場、總部或聚會所，一天24小時都生活在膜拜團體當中，他們能用別的方法同樣有效地控制你，包括讓你按照指令去工作，工作之餘（如午餐時間）你必須要不停地頌唱，以占據思維，或讓你去幹別的與膜拜團體有關的活動。但工作之後，你必須把所有的時間投入到膜拜團體中去。

3·有系統地使成員產生無力感。

膜拜團體通過剝奪人的支持體系和獨立行動能力使人產生無力感。以前的友情及親情網被剪斷之後，作為一名新成員或信徒，你便脫離了正常的環境，有時還會搬到偏僻的處所去居住。膜拜團體製造無力感的另一種方式是，剝奪人的主要職業和財富來源。為達此目的，許多膜拜團體讓其成員輟學、辭職或放棄事業，上繳財產、遺產及其他資產給組織。這是製造對組織的依賴感及持續的個體無力感的步驟之一。

一旦慣有的支持體系（有些情況下是收入來源）被剝奪之後，你對自己認知能力的自信就會受到侵蝕。隨著無力感的增加，你對世界的正確判斷力和理解力就會逐漸消失。同時，你在常識和世界觀方面發生動搖時，膜拜團體便給你灌輸一種新的、（組織）一致認可的世界觀。當組織攻擊你以前的世界觀，使你苦惱、內心困惑時，你不能說出這種困惑，也不能反對它，因為膜拜團體領導者會不斷地壓制問題，反擊任何抵

觸。通過這一過程，你內在的自信便被侵蝕了。而且，若你身體也疲勞的話，就會加速這一方法的效果，這就是膜拜團體領導者務必要使會員過度勞累的原因。

4‧實施獎懲和經驗制度，以此來抑制反映成員以前社會身分的行為。

與膜拜團體組織接觸之前已有的信念、價值觀、行為方式及特有的舉止等，你的表達會被抑制，而被迫去接受膜拜團體領導者所喜歡的社會身分。原有的信念與行為方式，即使不被認為是邪惡的話，也被膜拜團體界定為不相關的。你很快就意識到，領導者希望你消除舊有的思想和行為方式，於是你便加以抑制。例如，某些膜拜團體中，公開承認性吸引的感受，會遭到同伴或監管者的明確反對，他們會同時下令，要求當事人去洗個冷水澡。為避免在這一問題上當眾受責難，個人就不再談及性感、激動或對另一個人的興趣等話題。留下的真空隨後就被膜拜團體組織的行為和思考方式所填滿。

實行獎懲和經驗制度，以提升對組織意識形態或信仰體系以及組織認可行為的學習。一旦你陷入了完全依賴那些掌控設置的人提供獎賞的局面，你就會面臨被要求學習大量不同的新知識和行為。如果你表現良好，就給予社會甚至物質援助的獎賞；而如果你學習進展緩慢或不服從的話，就用隔離、關押和懲罰來威脅你，這些懲罰包括使你在其他人面前喪失尊嚴、名譽、地位，使你內心產生焦慮與罪惡感。某些膜拜團體還實行體罰。

新的制度越複雜，越充滿衝突，越難以學會，改信（conversion）的過程就越有成效。例如，新會員也許常常無法掌握一種複雜的神學，但他可以因為出去募捐成功而獲得獎賞。在一個膜拜組織中，領導者向新成

員介紹一種複雜的躲避球遊戲，只有待時間長的老成員才知道其複雜並不斷變化的規則，結果，他們簡直是領著或推著新成員玩完了這個遊戲。這之後，便進行一項十分簡單的練習，即成員們聚在一起「分享」，老會員站起來，分享（也即懺悔）過去的壞行為。新成員們，在令人困惑的躲避球遊戲裡慘敗，此時也能產生成就感，因為他們只需要站起來，懺悔一下過去的某些按組織標準為不良的行為即可。

由於對新成員來說，同伴的尊重和影響很重要，因此，任何負面的反應都意義重大。當他們的行為與思維方式符合組織提出的模式時，就會得到贊同；而當他們沒有學會或沒有表現出新的行為時，他們與同伴的關係就有危險。隨著時間的推移，解決由於難以學習新制度而產生的不安全感的一個簡易方法就是，禁止任何懷疑，即使你不理解其內容，只要接受、肯定，表現得好像你真的理解並接受了這種新的理念或內容。

6・提出一種封閉的邏輯系統和獨裁結構，禁止反饋，也不許更改，除非領導者同意或有行政命令。

如果你批評或抱怨，領導者或你的同伴就一致宣稱是你而不是組織有毛病。在這個封閉的邏輯系統中，你不許提問，不許懷疑信條或規則，也不許去關注真實的信息，這些信息表明信仰系統存在內部矛盾或與你所被告知的事情相衝突。倘若你真觀察到這些現象，這些現象也會被反轉過來，被論證為與你想要說的意思完全相反。讓你覺得是你錯了。在膜拜組織內，個體成員永遠是錯的，而制度永遠是對的。

例如，一個膜拜團體成員私下裡向他的直接領導抱怨說，他懷疑，如果完全按膜拜團體的要求去做，他會殺死自己的父親，即使這一做法按照膜拜團體的制度來說是對的。作為答覆，他被告知，他需要更多的

課程來克服這個明顯的弱點，因為到目前為止，他應該更服從組織。

另外有一名婦女對募捐團隊領導提出反對意見：如果對別人說是為兒童之家募捐，這就是撒謊，因為他們知道，錢去了領導者總部。她被告知，「這是你精神墮落的證據。你是在歸還本應屬於領導者的東西，就這樣！」

另一名婦女想回家探望她臨終的祖母，遭到拒絕，「我們在這裡給予你力量」，他們告訴她，「你這種要求是自私的表現，我們是你的新家人，我們不讓你回去是完全正確的。」

所有這一切旨在改造或重塑你。當你學會修正你以前的行為以便能被這個封閉的受控制的環境所接納，你就會變了。當你開始用這個組織特有的簡單的口號去交談時，你便確定是在接受並理解了這種意識形態。這種「交流」是沒有基礎的，因為，事實上，除了這些口號外，你對這個系統知之甚少。但是，一旦你開始口頭表達對組織意識形態的接受，它就成了你後續方向和行為評價的準則。

另外，使用新的語言，能促使你脫離舊的意識及信仰體系。您使用的新語言讓你為某些行為進行辯護，這些行為明顯地顯然不符合你的利益，甚至可能不符合人類的利益。準確地說，那些行為會導致外界的批評，因為它們違反整個社會的規則，然而在膜拜團體社區內，這些行為通過使用新的術語和新的語言而被合理化。

例如，「天堂之騙」[9]和「先驗詭計」（兩大膜拜團組織所使用的術

9　Barker, *The making of a Moonie*, p.22; D. G. Bromley and A. D. Shupe, Jr., *Strange Gods: The Great American Cult Scare* (Boston: Beacon Press, 1981), pp. 171-172; R. Enroth, *Youth, Brainwashing and the Extremist Cults* (Grand Rapids, Mich.: Zondervan, 1977), p.115; Larson, *Larson's New Book of Cults*, pp.163, 259, 441; Mather and Nichols, *Dictionary of Cults, Sects, Religions and the Occult*, p.55.

語），並非它們所稱的那樣，實質是撒謊和欺詐性募捐。同樣，「勿與外人交談」這一規定也不是它所聲稱的那樣，而是一種使成員與世隔絕的方式。

利夫頓的八大主題

及與辛格六大條件相提並論的是八大心理學主題，即精神病學家羅伯特‧利夫頓[10]界定爲極權主義環境的核心，包括1950年代的共產主義中國和韓國的程序，以及當今的膜拜團體。爲了促進行爲和態度的變化，膜拜團體使用了以下主題：

1‧環境控制

它是指組織內完全的交流控制。在許多膜拜組織中，有「禁止蜚語」和「禁止怨言」的規則，這就使人們無法對正在發生的事情表示懷疑或反對。這一規則往往因說閑話會瓦解團體或破壞統一而得以合理化。而事實上，這一規則禁止成員討論除了積極支持以外的任何事情。成員還被教導，要告發那些違反規則的人，這也是使成員們彼此孤立並增強對領導者依賴程度的良方。

環境控制還通常包括阻止成員與膜拜組織外的親友聯繫，以及閱讀任何未經組織批準的書籍。有時成員們被告知不要相信自己看到的和聽到的媒體所報導的任何事情。例如，一左翼政治膜拜團體堅持認爲「柏林牆」至今依然存在，「資產階級資本家」（bourgeois capitalist）的出版社是爲了使共產主義名譽掃地，想讓人們認爲不是那樣。

2‧語言加載

當成員們繼續使用組織的行話來形成他們的觀點時，這種語言就

10　Lifton, *Thought Reform and the Psychology of Totalism*, pp. 419-425.

充當了限制成員們思維，停止批判性思考能力的角色。首先，把成員們的母語翻譯成「團體語言」，迫使他們審查，校訂和減緩其無意識地迸發出批評或反對的觀點，從而幫助他們切斷和控制其否定或抵觸的感覺。最後，說膜拜團體的行話成爲他們的第二本能，與外人交談成爲一件尷尬和消耗能量的事情。很快，成員們會發現，在他們當中用新的詞彙交談是最舒服的。爲了鞏固這一效果，他們用各種各樣的貶義詞來詆毀團體外的人，如中東佬、系統外人、反動派、不潔者、屬撒旦的人。

比如，某個大型的國際膜拜組織，有著供成員使用的專用字典。在這些字典中，「批評」被界定爲「對已做的公開行爲進行評價」。而當你查閱「公開」的意思時，字典是這樣解釋的，「公開的行爲：一件公開的行爲不僅僅是指傷害某人或某事的行爲，而是指不作爲或委託行爲，即以最小的動力獲得最少的好處，或以最大的的動力造成最大的傷害。」然後，對「動力」的定義中是這樣說的：「可以說，人生中有八種推動力……」如此下去，我們可能要一個詞一個詞的檢索，來努力學習這門新的語言。一位研究者注意到，這個膜拜組織的創始人曾經說道[11]，「新的信徒或潛在的皈依者不應當在過早的階段接觸（組織的語言和宇宙學），不贊成『對生肉（raw meat）談整個軌跡』。」

當膜拜團體使用這樣一種內部的含義時，一個外人如何知道，他們說「魔鬼的僞裝（the devil disguise）」「只有肉體關係（just flesh relationships）」、「污染（polluting）」這些術語時，指的是父母？而「教育（edu）是指膜拜團體領導人的演講，「錯置（mislocation）」指的是錯誤？一位膜拜團體前成員曾說道：「我總是被告知——『你太平直（horizonal）

11　R. Wallis, *The Road to Total Freedom* (New York: Columbia University Press, 1976), p.106.

了』。」經翻譯，它的意思是指她因傾聽和同情同伴而被訓斥。

　　在西雅圖一個日趨縮小的名為「愛的家（the Love Family）」的膜拜組織裡，有個「呼吸的儀式」。這聽起來很平常，但實際上，這對某些成員來說原來是致命的委婉說法。該組織的領導者是加州的一位前銷售員，他發起了這一儀式。在儀式中，成員圍坐一圈，把一個塑料袋邊吹邊往下傳，塑料袋中裝著用甲苯（一種工業溶劑）浸過的破布。該組織稱這種化學品為「知無不言（tell-u-all）」。

　　3．要求純粹

　　一個「我們對他們」的定位就是由膜拜團體的「要麼全是要麼全非」信仰體系提出的，即認為我們是正確的，他們（包括外人、非成員）是錯誤的、邪惡的、無知的等等。每一種觀點或行為，要麼對要麼錯，要麼純潔要麼邪惡。新成員會逐漸吸收或內化膜拜團體環境這種批判和羞辱的本質，產生大量的內疚和羞恥感。許多組織提出，在任何一個既定的情境中，只能有一種方式思考、回答問題或行動，沒有居中的辦法，並且還要求成員們根據「要麼全是要麼全非」的標準評判自己或別人。在這種純粹的名義下，可以做任何事情，它是組織內部道德和倫理規範的理由。在許多組織裡，從字面上講就是以目的論手段——因為目的（即該組織的）是純粹的，手段只是達到純粹的工具。

　　假若你是一位新成員，這種無所不在的罪惡感和恥辱感就會形成或增加你對膜拜組織的依賴。該組織在本質上認為，「我們之所以愛你是因為你在改變你自己」，這意味著任何時候只要你不在改變自己，你就是在倒退。於是，你很容易感到不足，好像你需要時時「改進」自己，就像外面的世界時時受人指責一樣。

4．懺悔

懺悔用來引導成員揭露自己過去和現在的行為、與他人的聯繫以及不受歡迎的情感，表面上是為了讓他們卸下負擔，獲得自由。然而，你所坦白的事情最後將用來進一步塑造你，使你感到和組織聯繫緊密，而與非成員疏遠（有時我稱這種技巧為「淨化與融合」）。從你身上所獲得的信息，可以用來反對你，使你感到更有罪、更無助和更害怕，到頭來更加需要膜拜團體和領導者的仁慈。另外，懺悔還能用來使你改寫個人經歷，以便去詆毀你過去的生活，讓你覺得，想要回到過去的生活、家庭和朋友當中去是不合常理的事情。每個膜拜組織都有各自的一套懺悔儀式，可能要麼是一對一要麼是在組織會議中進行。成員們也有可能寫報告，匯報自己或他人的情況。

通過懺悔過程和組織教誨，成員們會認識到，他們過去生活的所有事情，包括朋友、家庭和非成員，都是錯誤和應該避免的。外人會使你冒達不到假定的目標的危險：他們會減輕你的心理意識，阻礙組織的政治發展，妨礙你獲得真知的道路，或者讓你沉溺於過去的生活和錯誤的思考。

5．神秘操控

膜拜組織操控成員，使他們認為他們的新感覺和行為是在這種新的環境氛圍下自發形成的。領導者暗示說，他的組織是一個有著更高目標的挑選出來的精英團體。成員們開始變得擅長於觀察哪些特定的行為是所需要的，學會對各種提示敏感，以用於評判和改變自己的行為。膜拜團體領導者告誡他們的信徒，「你們是自願來到這裡的，沒有誰叫你們這樣做，也沒有誰影響過你們。」而實際上，這些信徒由於社會壓力和自身的恐懼無法離開組織。因此，他們開始相信自己實際上選擇了這

種生活。倘若外人暗示他們是被洗過腦或者就說是受了騙時，他們會說：「哦，不，我是自願選擇的。」膜拜團體就靠著這種自願主義神話成長起來，反覆堅持聲明，沒有違背任何成員的意願。

6・個人教義

當成員回顧性地更改了個人經歷的記述時，被指示要麼重寫經歷要麼就乾脆忽略，與此同時，他們被教導，通過組織的概念來解釋現實，而忽略自己的個人經驗和感情。在許多膜拜組織中，從成員一開始加入時就被告知，停止關注你自己的感知，因為你是你「未經教化的」，只要贊同並接受被「教化」過的觀點和路線就行。

重寫個人經歷往往就變成了再創造，以便你學會適應組織對生活的闡釋。例如，一位最近剛退出膜拜團體的年輕人告訴我，他曾被定為「吸毒者、暴力者和不負責任的人」。從我們的談話中，我很快就明白了這些都不是真的。他的「毒癮」就是幾年前他曾吸過三次大麻煙；他的「暴力」起源於中學時曾參加過摔跤隊；而他的「不負責任」是由於十幾歲時未能從微薄的薪水中積攢一點錢。然而，他曾加入的膜拜組織卻使他相信，這些事情代表著可怕的缺陷。

7・神聖科學

領導者的才智熱衷於有點科學的樣子，為他核心的哲學、心理學或政治概念添上一道可信的外殼。隨後他會聲稱其膜拜組織的哲學應當應用到全人類，而任何不同意這種說法或是持有不同看法的人，不僅是不道德的、無禮的而且還是不科學的。比如，許多領導者神化了他們的簡歷，以便看起來他們好像與高層權力，受人尊敬的歷史人物等等有關聯。許多膜拜團體領導人聲稱，他們追隨最偉大的人物——西格蒙德・弗洛伊德、卡爾・馬克思、佛陀、馬丁・路德・金，或耶穌。

8·分配存在

膜拜團體極權主義的環境明確強調成員是精英運動的一員，是精心挑選出來的，而外人是一文不值的，是劣等的人。大多數的膜拜團體都教導成員說，「我們是最好的，而且是唯一的」，無論如何都會說，或者說「我們是啟蒙的統治者，而所有的外人都是低等人」。這種想法為抑制成員帶來良好的良知奠定了基礎，並允許成員作為「高級組織」的代表或代理人，為組織的利益去操控外人。除了增強我們對他們的心態之外，這種想法意味著你的全部存在是以在組織中為中心的。如果你要離開，你將會一無所有。這就實現了成員對膜拜團體完全依賴的最後一步。

許多膜拜團體前成員在報告中寫道，當他們回顧他們按照組織的命令所做的事情或將要做的事情時，感到驚駭和悲傷。許多人說如果按吩咐去做，他們會殺了自己的父母。成百上千的人告訴我無數的欺騙和謊言，比如街上欺騙性的「捐贈者」，使用詭計阻止成員離開膜拜團體，力勸根本還不起錢的人刷爆信用卡來報名參加進一步的課程。

沙因的三大階段

接下來，我們探討人們受膜拜團體環境和思想改造程序影響態度發生變化時所經歷的階段。心理學家埃德加·沙因（Edgar Schein）[12]將其稱為「解凍期、轉變期、重新凍結期」三大階段。

1·解凍期

在此第一階段，你過去的態度和選擇，包括你的全部自我意識和世界如何運轉的概念，都會因組織演講、個人咨詢、獎懲和組織內的其他交流而發生動搖。這種動搖的目的在於，產生心理學家所稱的「身分危

12　Schein, Schneier, and Barker, *Coercive Persuasion*.

機」。當你回想起你所處的世界、你的行為和自己的價值觀時（即解凍它們），你會同時受到新體系的轟炸，它暗示你過去所做的都是錯誤的。這一過程使你不確定哪些是正確的、該做什麼以及如何選擇。

正如此前所描繪的那樣，成功的行為轉變程序的目的在於，使你心煩意亂，恰到好處地讓你的自信心受到破壞。這就使你能更樂於接受建議，也更加依賴環境，為的是得到關於「正確思考」和「正確行為」的暗示。一方面，當你面對生活中如何做出正確選擇充滿焦慮，覺得自己搖搖欲墜時，你對新觀念的抗拒就會減弱，另一方面，膜拜組織的思想提供了消除這種危難的辦法。

許多膜拜組織使用一種「電椅（hot seat）」技巧或者其他的批評手法，來達到降價、動搖和削弱的目的。比如，哈利曾參過軍，快30歲以前他對自己都很有信心。但是當他加入了一個《聖經》膜拜團體以後，領導者說他在學習說神的語言方面不夠快。他被告知，這時因為他在抗拒，這是他過去邪惡的象徵。他被反覆這樣告知，無論他多麼努力。不久，哈利似乎失去了自信，甚至對自己在部隊中戰績的記憶也感到懷疑。這樣，他對自我的態度和他實際的行為都解凍了。

2·轉變期

在這第二階段，你感覺到膜拜組織提出的解決辦法給你指了一條出路。通過採納組織或領導者提出的概念後，你覺得焦慮、不確定和自我懷疑會減少。而且，你觀察老成員的舉止，並模仿他們。正如社會心理學實驗和觀察幾十年的結果表明：一旦有人在他人面前對某一個觀點作出公開承諾，那麼他或她接下來的行為一般都會支持和強化已作出的承諾。也就是說，如果你在別人面前說你要對「純粹」作出一個承諾，那麼你將感到自己有壓力去遵循其他人界定為純粹的道路。

　　如果你在任何膜拜團體環境中花費足夠時間，那麼你會形成一種個人經歷和相互作用的的歷史。如果那個環境是通過某種特定的方式建立或管理的，無論你被環境造就何種公開身分，你的經歷、相互作用和同伴關係都會與之相一致，並且還會合並/吸收在那個環境中公布的價值觀和主張。

　　現在，當你在這樣一個你沒有意識到是人工建造的環境下，從事與同伴一起合作的活動時，你不會察覺到你們之間的相互作用其實是被強制的。當你受到鼓勵而不是被強迫著口頭聲明「真正地理解思想意識並正在轉變」時，你與同伴間的相互作用會讓你斷定，自己的信仰與行為是一致的。換言之，你會認為是你自己突然產生了這些信仰和行為。

　　同伴壓力對這一過程是至關重要的：

　　• 如果你在別人面前說了，你就會去做到；

　　• 一旦你做了，你就會思考；

　　• 一旦你思考（在某個你沒有察覺到受強制的環境中），你就會相信這是你自己想到的事。

　　還記得哈利嗎？由於堅信自己不會正確地說神的話是因為他是一個邪惡的人，所以哈利開始為他以前的行為進行懺悔：說他的父母是酒鬼，姐姐是妓女，其實這一切都不是真的。他辭掉原來的工作，接受了膜拜組織安排的工作。他開始按吩咐做任何事情，為的是向領導者證明自己。他甚至還會從事某些非法的活動，這些活動是他在加入膜拜團體之前會厭惡的事情。此時，哈利已解凍而且正在轉變。

　　3·重新凍結期

　　在這一最後階段，膜拜組織會用社會的和心理的獎勵來對想要你

做的行為進行加強，對不需要的態度和行為採用嚴厲的批評、組織不同意、社會排斥和喪失地位等手段來進行懲罰。大多數當代的思想改造組織會力圖生產微笑、不反抗且又勤勞的成員，他們不會抱怨組織的活動，也不會質疑宗師（古魯）、領袖或培訓師的權威。對組織認可的態度和行為你表現得越多，領導層就越多地將你的順從解讀為，表明你現在已經知道你在加入組織以前的生活是錯的，而你的新生活才是「上道」了。

至於哈利，當他變得熟練地服從的時候，他被派往膜拜團體的一個分會，被吹捧為一個十分特別和有效的人。他受到了很大的獎賞，在那個組織中他一待就是五年多。

一個組織或一種情境依據這些條件、主題和階段而建構的程度，會決定它操控的程度。並非所有使用思想改造程序的膜拜團體或組織都會以同樣的方式或以同樣的程度實施離奇古怪的技巧。這種實施的情況無論是在一個組織內還是在組織之間都是不一樣的。通常，外圍的成員不會意識到，在某個特殊的組織或教義的高層或核心層發生著各式各樣的操控。思想改造很微妙，易變和隱蔽，有時還很難識別，尤其是對初學者或過度理想化的人來說。但是，只要它存在，它就會有強大的影響力。

五、制作一個新身分

在許多膜拜團體中，作為強烈影響和變化流程的一個結果就是，人們都獲得了新的社會身分。這種變化對於外人來說，可能明顯也可能不明顯。當膜拜組織談到這種新身分時，他們說的是那些發生轉變、獲得新生、受到啓蒙、獲得授權的，重生的、被清洗過的成員。組織許可的行為得以加強，並被重新解釋為能證明「新人」的出現。成員們也被期望展

現這一新的社會身分。

　　然而，大量的脫離了這些膜拜組織的人都放棄了膜拜的內容、行為及生活態度，費力地重拾他們加入膜拜團體之前所中斷的事情。例如，遠東地區的那些曾經歷過思想改造的人，逐漸放棄了原來曾採取的態度和行為，一旦脫離那個環境，他們就恢復了先前的自我。我們通過多年來對那些戰俘、人質、受虐的妻子、膜拜團體前成員和其他一些受強烈影響的人進行研究發現[13]，在這種影響之下作出的轉變並不穩定，也不持久。一個人可能採取的信仰是可逆的，無論這種信仰是關於世界的，關於某種特殊的哲學的，甚至是關於他或她自己的，只要他從產生其信仰的環境中出來。

　　我們或許會問自己，的確許多膜拜團體前成員曾經這樣問過，人們是如何在某些條件下表現出應受譴責的行為，而在其他的條件下轉而恢復正常的活動的？對這種現象有多種不同描述[14]。有的描述為雙重人格，有的描述為形成了偽個性（或者假同一性）、重疊身分是膜拜團體自我或膜拜團體人格。這些標籤的重要性在於，它們喚起了人們對一種重要的需要更加仔細研究的心理和社會現象的關注。這種現象就是，有自己的觀點和態度的普通人，在社會身分上可以迅速地轉向，但是後來又會恢復他們原來的樣子，並向前發展。

　　說到這裡，我並不是說膜拜團體或組織裡那些使用思想改造過程

---

13   Lifton, *Thought Reform and the Psychology of Totalism*; R. Ofshe, "Coercive Persuasion and Attitude Change" in E. F Borgatta and M. L. Borgatta(eds.), *Encyclopedia of Sociology*, Vol. 1 (New York: Macmillan, 1992).

14   R. J. Lifton, *The Future of Immortality and Other Essays for a Nuclear Age* (New York: Basic Books, 1987), pp. 195 -208; L. J. West, Arlington, Va., May 1992.

的人只是通過角色扮演、僞裝或演戲來捏造事實。例如，誰要是遇到以前的一個朋友（這個人已經轉變爲一個新世紀改革方案的招募狂熱者），就會發現有比角色扮演更高深的事情在起作用。因爲那位老朋友爲他（或她）的新自我和新組織辯護，一心一意地說著，喋喋不休地說那些非常固定的教條。這不是表演，更多的是出於本能的眞實體驗。

雙重人格或僞個性的形成，成爲關鍵的問題。這是最終能使膜拜團體成員離開組織的一個因素，也是能讓我們理解爲什麼之後的心理咨詢工作能作爲一種手段，喚醒一個經歷過思想改造程序的人。最重要的事實是這樣的，一個人在思想改造系統中獲得的社會身分會逐漸褪去，就像一個人夏天曬黑的皮膚逐漸變白一樣，只要他不再待在海灘上。當然，這個過程要比這種類比複雜得多，但是我想要強調的是，膜拜團體思想與行爲是能適應的，是不穩定的。

膜拜團體環境造就和維護著人在膜拜團體中的身分。一些人永遠留在了組織中，但大多數人在某個時刻離開了。他們要麼是主動離開，要麼是在其親戚或朋友的誘導下離開的。理解思想改造現象，對於更多地了解組織的社會支持或壓力在我們所有人的生活中所扮演的角色來說至關重要。這不僅對還有親人處在膜拜組織當中的家庭十分重要，而且對於前成員來說也很重要，因爲他們想知道，是否有心理學和社會學理論來解釋在他們身上所發生的事情。此外，對每個想要了解我們自身如何運轉的人，也是非常重要的。

六、不被許可的實驗[15]

膜拜團體正在進行不被許可的實驗。什麼是不被許可的實驗呢？

15　與J. Clark的個人交談，1981年9月。

那些正致力於合法監管的醫學和心理研究的專家們都堅持某些標準，這種標準是自第二次世界大戰結束和紐倫堡法典建立以來形成的，其聲明，在任何環境下進行任何一種類型的人體實驗時，如果沒有參與者的知情同意，實驗就不能實施。要取得這種同意，實驗者必須向其解釋進入試驗程序中會出現或可能出現的一切後果，而且該人必須能夠充分理解這些後果。在現代文明社會，不管是醫學實驗還是心理學實驗，那些接受實驗的人必須表明他們同意才能這麼做。假如一個科學家或研究人員得到了聯邦或是州政府的資助，就像當今許多使用思想改造程序的膜拜團體那樣，進行各種行為控制的社會實驗，那麼他必將陷入大麻煩。因此，當我被問到為什麼沒有更多公開出版的有關思想改造的研究時，我的答案是，那是一項不被許可的實驗。

許多膜拜團體前成員曾經對我說：「如果我事前就知道我一步一步地被誘導最後將會做什麼的話，我決不會加入膜拜團體的。」當然，他們沒有被告知的原因是，為了使思想改造起作用，膜拜團體組織需要隱瞞日程這一關鍵要素。如果這些膜拜組織打算向人們解釋他們正在做什麼，他們就失去思想改造的環境。

設想一下，一個膜拜團體招募者在街上接近一個人並對他說：「如果你來與我共進晚餐，並參加一次在我的住所進行有關壓力的演講，會導致你購買越來越多的那些昂貴的課程，且在這十分昂貴的課程的三十天裡，你每天要冥想和強力呼吸八小時，並在最後為了償還這些課程費用，你需要為組織工作，你將會離開你的家人和朋友，幾乎成天只跟我們在一起。」這樣的話，她怎麼可能找到新成員來加入呢？

或者，怎麼可能有人會同意這樣的建議：「如果你加入我的《聖經》學習小組，你將會離開你的家庭，被派送到世界上很遙遠的地方去，你要

經常用你的身體作爲誘餌去誘惑別人加入組織，你乞討所得來的所有錢都要交到我們駐在美國的首領那裡，他過著奢華的生活。而且，順便提一下，我們打算對你進行洗腦，讓你爲了首領的利益去做我們要你做的任何事情。」

　　一個招募人員要如何解釋和獲得同意呢，如果他不得不說：「我將讓你接受一次個性測試，我們通常將其解釋爲，表明你的個性是不健康的。你將被帶去購買非常昂貴的課程，然後支付成千上萬的美金來探討你過去的生活，然後進一步探討你過去生活中那些數不清、你看不到的、我們聲稱附在你身體上的小人。」你認爲那種騙人的花招會成功嗎？

　　許多現代膜拜組織正使其成員遭遇十分緊張的心理開發、壓力和社會壓力，爲的是產生他們想要的態度轉變。在剛加入組織的時候，有時甚至是在此之後，成員們都不知道他們最終將被引導去做些什麼。雖然不是全部但確實很多膜拜組織在招募階段使用欺騙手段。並且，全世界所有的膜拜團體，在本質內容上都是騙人的。假如那些使用思想改造程序的組織提供他們使用技巧的眞相的話，那他們就不得不像我剛才舉例說明的那樣提醒人們了。但是因爲些膜拜組織不遵照人類參與實驗的道德和法律，他們繼續按自己的方式去進行。某個膜拜團體領袖竟然對他的核心圈的人說其組織就是「人類實驗」！

　　在所有社會中，都有人擅長於觀察別人的心理，以便知道如何去用最好的方式來施展他們的個人魅力與影響，以及最好地發揮其勸說。他們巧妙地修改其方法，其中有些可能是事先就設計好的，而另一些似乎是首領們試盡各種不同勸說模式後逐步形成的。某些組織甚至聘請社會心理學家來幫助他們安排順序，完善程序，以便使其更有效。但是對於大部分使用思想改造程序的膜拜團體和組織來說，領袖們依靠傳統的

影響方法，然後使用他們自己的觀察結果去完善其招募手段和穩定已招募的成員。最爲關鍵的是，這些方式是協同和成套的，大部分情況下，讓一個進行角色分派的二線骨幹去招攬新成員、塑造被認可的行爲、說服新來的信徒留下，使領袖想要的行爲繼續保持下去。

當我們看到人們被當今的膜拜團體和思想改造組織所纏住，當我們看到那些膜拜團體首領們和其他操控者制定圍繞一切主題而進行的洗腦程序時，我們就會意識到人的社會身分是多麼脆弱。使得最近的程序產生態度和行爲變化如此有效的原因在於，勸說技巧被提高到一個新的更複雜的水平。使用思想改造程序的膜拜團體和其他組織，通過他們攻擊自我的新方法，正將人們逼向瘋狂的邊緣。在某些情況下，他們已經把人們給逼瘋了。對於那些攫取我們的孩子、朋友、親屬和我們深愛之人的思想和靈魂的掠奪者，卻沒有控制。目前，膜拜團體已經是毫無顧忌、喪盡天良了。

第四章　膜拜團體究竟有什麼問題

　　過去二十年來，膜拜團體的增長及其對個人和家庭生活的影響呈現出新的意義。膜拜團體現在已經成為一種國際現象。在美國、加拿大、歐洲、澳大利亞、日本和世界其他地方，數百萬的家庭因一場膜拜團體運動而急劇改變。膜拜團體在我們當中的影響已達到政治、經濟領域，對我們所有人都產生了後果。

　　我和其他一些人士都關注的事情有：

　　•膜拜團體給我們社會中無數的個人和家庭帶來了相當大的損害。

　　•膜拜團體利用複雜的心理學和社會勸說技巧來招募和留住成員。我們應該研究和揭露這些技巧，以便教給公眾對策，以防他們被這樣的組織所利用。

　　•膜拜團體正在利用他們的財富，通過採取法律行動和其他恐嚇手段來抑制公平的批判和評論。

　　•膜拜團體代表著各種偽裝下的獨裁主義對我們社會的侵蝕，這不僅值得行為科學家們研究，也值得其他關心自己自由的普通公民深思。

　　•對於膜拜團體給我們社會帶來的問題和衝擊，最有說服力的分析[1]起因於將它們對個人、家庭和社會的影響看作是一個公共衛生問題，

1　L. J, West, "Persuasive Techniques in Contemporary Cults: A Public Health Approach", *Cultic Studies Journal*, 1990, 7(2), 126-149.

即關注某些實踐對普通大眾的健康所產生的影響。這些實踐如吸煙、酗酒、使用違禁藥物、暴飲暴食、呼吸被汙染的空氣、沒有接種疫苗以及在不乾淨的餐館裡就餐等會毒害我們的身心。研究膜拜團體生活影響的人發現，其對個體和家庭的影響在很多方面同樣也是公共衛生和安全問題。

　　膜拜團體在很多方面影響我們的生活，我會在本章裡對此做一番概述。

一、膜拜團體威脅合法機構

　　在美國，一些膜拜團體規模巨大，十分富有，以至於他們控制了周邊的社區。1980年代早期，在俄勒岡的安蒂洛普（Antelope），發生過一個著名的例子[2]。在印度古魯巴格萬·希瑞·拉傑尼希（Bhagwan Shree Rajneesh）及其高級助手瑪·阿朗·希拉（Ma Anand Sheela）的領導下，一群信徒購買了125平方英里未開墾的土地，並著手建了一座城市。他們從全國各地召來3,500名無家可歸的人參加安蒂洛普的地方選舉，其實質就是要接管當地政府。他們甚至把安蒂洛普鎮改為拉傑尼希普拉鎮。他們還把無數失業的街頭流浪漢帶到這個地區充當公社護衛隊。當這些新成員變得不滿時，他們就離開公社，到俄勒岡各級政府裡去領取救濟金。他們沒有被膜拜團體照顧好，而是由當地居民的仁慈來決定他們的生活。

　　在很多地方也出現了許多與其他膜拜組織相關的其他問題。土地和房產購買影響了某些城市和鄉村的地方稅收，因為膜拜團體註冊為宗

2　J, W. Anderson, "Bhagwan Is 'Back' With Club Meditation", *San Francisco Examiner*, Feb. 20, 1994; "*Oregon's Bhagwran Dies of Heart Failure*", *Livingston* (Mont.) Enterprise, Jan. 19, 1990.

教團體，購買的相當多的房產都成爲免稅的。膜拜組織經常被指控扣留稅款。多年以來，膜拜組織與地方、州或聯邦政府機構之間已經爆發了無數次的法律衝突。不過，對這許多案例的回顧，他們的指控、辯解、申訴及解決等，超出了本書的範圍。

近年來，一些膜拜組織通過設法進入了商業領域和政府機構，也發現了招募新成員的新辦法。一系列的膜拜組織開始出售經營管理計畫，這些計畫嚴重依賴強烈的影響技巧而不是技能培訓，而且在很多情況下，充當了擴展母公司成員的途徑。專業服務處——尤其是牙醫、按摩療法和獸醫——以及其他各種行業，都被當作爲其員工引進工作坊和討論班的候選目標。其中，一些膜拜組織採用群體意識訓練（LGAT）技巧（參見第八章）。

大多數的經營者不知道這些培訓課程的眞正本質，因爲這些課程通常是由膜拜團體的分支機構來經營的，而這些分支機構的名稱各式各樣。然而，在某些情況下，經營者或老闆本身就是膜拜團體的信徒或同情者，他們會按照膜拜團體的命令行事。群體意識訓練（LGAT）的首領們仔細審查參加工作坊的學員們的申請表，然後，他們就去接近個別的人並鼓勵他們去說服自己的公司購買培訓計畫。

正如上文所提到的，這些以「轉變」員工爲目的的計畫通常不是技能培訓課程，而是膜拜團體聚斂錢財、尋找新成員的手段。有時，培訓計畫所使用的材料同母組織內部使用的材料完全相同，或直接從膜拜團體的教義改編而來。1988年2月，工作機會均等委員會（the Equal Employment Opportunity Commission）就「新時代」（New Age）商業計畫發表聲明，警告雇主們注意讓員工參加此類培訓計畫的危險。

很多膜拜組織裡的許多成員無償或低薪地爲膜拜團體擁有或控制

的公司工作。他們的收入，連同公司的利潤都直接或間接地被膜拜團體總部搜刮掉了。這就使得膜拜團體處於可以以極低的價格招聘員工的戰略地位，這是其他私營企業無法比擬的。這樣一來，這些膜拜團體公司能夠弄到很多訂單。例如，因爲使用無償或廉價勞動力，這些組織能夠提供更便宜的船運服務，以比其他經營者更低的價格提供農場工人，所以他們在市場上進行不公平競爭。例如，一個大型膜拜組織曾經營一家保潔公司[3]。據該組織前成員所說，該保潔公司的員工把薪水都上交給組織。靠著這些廉價的勞動力，這家公司出價低於其他競爭對手，贏得了一份政府合同，清洗加利福利亞州兩個地區聯邦機構的所有地毯。與此相似，一個小型的西海岸地區政治性膜拜團體擁有一家全方位服務的印刷廠，能夠爲銀行、當地的雜誌社和出版商、產品目錄公司和廣告代理商等顧客提供質優價廉和快速周轉的服務，因爲膜拜團體成員能源源不斷地提供無償勞動，他們兩班倒，24小時工作，在規定日期內交貨。

　　偶爾也有賠償，可惜並不多見。1992年，傳教士托尼·阿拉蒙（Tony Alamo）[4]爲了平息政府對他的起訴，同意支付500萬美元給他的信徒，作爲他們長時間低於國家規定的最低工資工作的補償。同時，托尼和蘇珊阿拉蒙基金會在阿肯色州、田納西州和加利福利亞州擁有一大批賺錢的企業，包括一家餐館、一個加油站、一家水泥公司、一個大農場及一家在

3　C. Williams, "How Cults Bilk All of Us," *Reader's Digest* (reprint)）, Nov. 1979, pp.1-6.

4　D. Hughes, "Judge Blasts Alamo Conduct," *South-west Times Record*(-Fort Smith, Ark.), Nov. 29, 1989, pp. 1A, 5A; D. Hughes, "Alamo Leader Portrayed as Tyrant", *Southwest Times Record*，Nov. 28, 1989, pp. 1A, 5A; H. Tobar, "Jewish Group Sued by Alamo Jacket Firm", *Los Angeles Times*, Dec.21, 1989, pp, B1, B3; Williams, "How Cults Bilk All of Us"; "Deal Makes Alamo pay $5 Million，*Tennessean*(Fayetteville, Ark.), June 16, 1992，pp. 1A, 2A; "Jury Convicts an Evangelist in Tax Evasion" *New York Times*, June12, 1994。

那什維爾（Nashville）爲西部鄉村音樂表演者定制的時髦女裝店。全國各地的時裝店裡，都有阿拉蒙工作室設計的裝飾奢侈的定制夾克出售，價格從600美元到1,000美元不等。

通過剝削廉價、無償的勞動力，逃稅，利用公衆的好奇心和利用開放、渴望自我提升的商業世界，膜拜團體得以擴展財富，開拓吸收潛在會員的新途徑，並從私營企業的手裡搶走生意和收益。

二、膜拜團體傷害我們的孩子，拆散我們的家庭

在很多方面，兒童都是嚴厲和專橫的管理最無能爲力的受害者，而這種管理是膜拜團體成員生活的典型特徵。下面這些例子揭露了大量存在的猥褻/下流事情。

• 1986年，密歇根州猶大黑希伯萊教派（the Black Hebrew House of Judah）的領袖，63歲的威廉姆·A. 路易斯（William A. Lewis）[5]，被判犯有奴役兒童罪並於1983年在一次訓練中導致12歲的約翰·亞布被鞭打致死。

• 1988年，在8歲的黛娜·洛拉·布魯薩爾因被鞭打致死後，執法部門的官員從一個叫教堂體育協會（Ecclesia Athletic Association）的組織裡救出了53名兒童[6]。這些在膜拜團體中長大的孩子不會讀書、寫字，卻都熟知《羅馬書》（*Books of Romans*）。三至八歲的孩子被迫長跑和進行訓練，並練習掙錢。死去的女孩的父親，是這一組織的領袖，他和他的幾名信

5　C. Thompson, "Michigan Trial Precedes Ecclesia Case," *Oregonian*, Feb. 10, 1991, pp. D1, D13.

6　J. Painter, "7 Ecclesia Members Plead Guilty, Sentenced", *Oregonian Metro*, Jan.18, 1992, pp.D1, D8; "Indicted Cult Leader Found Dead in Oregon", *New York Times*, Sept.6, 1991.

徒一起被控犯有奴役罪和侵犯了超過24名兒童的民事權利。這位父親死於審判前，但是作爲一樁訴訟交易的一部分，其他人對密謀剝奪公民權的聯邦指控認罪。早些時候，四名教堂體育協會的信徒被判在年輕女孩黛娜的死亡事件中犯有殺人罪。

• 1991年，經過長達兩年的追捕，聯邦調查局逮捕了聖阿拉蒙神聖基督教會的領袖托尼·阿拉蒙[7]。他被控指使四名男子用木棒毆打一名十歲男孩140次。他的刑事案件仍在審理中。

對我們的社會更進一步的擔憂是，膜拜團體正在使社會中一些最優秀的人遠離教育和理性思考。無數的人被阻止通過科學、醫藥、教育、生態及其他職業來爲人類謀福利。相反，他們正被引誘加入膜拜團體。在那裡，他們可能到頭來只能爲膜拜團體頭目的權力和安逸賣命。他們失去了一生中最重要的時光，而當他們再出來時，可能就不會運用從前的能力和才幹了，因爲他們會在很多方面都落後於時代。

膜拜團體還給其成員大量灌輸一些符合膜拜團體理想的基本理論，使他們反抗家庭。例如，一個政治性膜拜團體「測試」年輕的新成員時，要求他們故意對父母撒謊。在他們給父母打電話時，某個膜拜團體頭目就站在他們身邊。這既是讓新成員脫離家庭的第一步，也是教他們服從膜拜團體荒謬命令的第一步。那些所謂「心理療法」和「自我提升」的膜拜團體，特別知道去指使成員編造修改個人歷史。尤其是讓他們把父母看作罪惡，不再值得信任。同樣地，正如我曾提到的，宗教性膜拜團體訓練成員把外人，甚至有血緣關係的親人看作魔鬼撒旦，不惜任何代

7　Hughes, "Alamo Leader Portrayed as Tyrant"; "Jury Convicts an Evangelist"; J. Bravin, "Boy Tells of Abuse, Isolation at Alamo Commune", *Los Angeles Times*, Mar 26, 1988, pp.3-4; Tobar, "Jewish Group Sued by Alamo Jacket Firm."

價都要回避。

　　一些膜拜團體已經開始招募年老體弱的人作成員。我收到愈來愈多的請求，要我幫助他們被膜拜團體所吸納的父母或祖父母。如你所見，膜拜團體確實已經影響了各種各樣的人，滲透到了各行各業。

三、膜拜團體使用暴力

　　膜拜團體具有不同程度的虐待性和毀滅性。有一些膜拜團體只是虐待內部成員，另一些則向外施展暴力，還有的兩者兼具。已經有膜拜團體成員在其首領的指使下，向執法部門的官員開槍，捲入毒品交易和賣淫，大量儲備非法武器，反覆性虐待，毆打兒童成員致死，對他們自己人實施種種懲罰並謀殺持不同意見的成員。以下僅僅是在過去的25年裡我們親眼看到的一部分事例。

　　• 1969年，查爾斯·曼森「家族」在好萊塢製造了一系列謀殺案，震驚全國。

　　• 1977年，一個多配偶制教派（polygamy sect）[8]謀殺了大批反對者，後又謀殺了5名已經離開該組織的成員。執法當局認為這個膜拜團體應對自1972年來的超過20樁謀殺案負責。該教派的領袖埃維爾·勒拜倫是54個孩子的父親，因指揮謀殺另一多配偶制組織的首領而入獄，1981年死於獄中。幾名膜拜團體成員受到不同的聯邦指控被判刑。

　　• 1982年，在亞利桑那州奇跡峽谷的「信仰治癒」膜拜團體[9]的成員企圖炸掉一個行政司法辦事處。其後，當警察試圖為違反交通規則的成

8　"3 Members of Polygamous Sect Face Prison Terms for 4 Killings," *Chicago Tribune*, Jan. 22, 1993, p. 12; "Ex-Member of Cult Sentenced for Killing Man Who Left Cult," *Savannah(Ga.) News Press*, Dec.3, 1993.

9　J. Melvoin, "No Peace in the Valley," *Time*, Nov. 8, 1982, p.35.

員出示逮捕令時，該組織縱火致使兩名警察重傷。兩名膜拜團體成員死於槍戰。

• 1986年，凱斯·漢姆（Keith Ham）[10]是一個克里希納分裂組織的首領，也以斯瓦米·克伊檀阿南達·巴提帕德（Swami Kirtanananda Bhaktipada）著稱，其信徒因涉嫌多重謀殺、毒品交易和兒童性虐待等多項罪名而成爲聯邦調查的對象。漢姆的助手，托馬斯·德雷舍於1987年被判謀殺罪，還因爲其他事情面臨指控。對漢姆的指控還包括：詐騙、敲詐及爲了一樁幾百萬美元的生意策劃謀殺。1993年，他贏得了一次重新審判的機會。

• 1992年，一個以邁阿密爲基地的膜拜團體的首領雅維·本·雅維（Yahweh Ben Yahweh）[11]（Yahweh是基督教的上帝耶和華的名字——譯者注）被判犯有謀殺罪，指控他謀殺了十四人，他被判在聯邦監獄服刑18年。

四、膜拜團體從事陰謀和詐騙

膜拜團體組織不僅從事公開的暴力活動，也從事其他活動，導致其成員被判陰謀罪、逃稅罪、間諜罪（暗中監視政府）和詐騙罪等。

• 1981年，聯邦上訴法庭[12]維持對9名山達基教派成員的原判。這9人

10　L. O'Dell, "New Trial Ordered for Head of Krishnas," *Charlestan* (S.C,) Gazette, Jul.7, 1993, p. 1A, 11A.

11　Sect Leader, "Follower Convicted of Conspiracy," *Chicago Tribune*, May 28, 1993, P. 2; M. Warren, "Prosecutor Says Yahweh Ordered Slayings to Intimidate Followers," *Tampa Tribune*,Jan. 8, 1992, p. 4.

12　P. McMahon, "U.S. Says Scientology Hasn't Really Reformed," *St. Petersburg Times*, Dec. 11, 1981; "US Appeals Court Upholds Convictions of Scientologists," *Calgary* (Canada) Herald, Oct. 3, 1981.

密謀盜取關於他們組織的政府文件。

• 1984年，統一教會的首領文鮮明（Sun Myung Moon）被判犯陰謀妨礙司法公正罪和納稅申報單造假罪，到聯邦監獄服刑。

• 1985年，巴格萬·希瑞·拉傑尼希被驅逐出境[13]。他承認犯移民詐騙罪，安排他的外國信徒假結婚，以便能夠留在美國。後來，又發現了一起針對一名批評該組織的政府官員的謀殺未遂案。

• 1988年，小林登·拉羅奇（Lyndon Larouche，Jr.）和其政治膜拜組織中的6名成員[14]被判犯有逃稅罪、郵件詐騙罪和陰謀騙取其政治支持者據稱2500萬美元。他被判入聯邦監獄服刑15年，於1994年初假釋出獄。

• 1989年，艾德·弗朗西斯（Ed Francis）[15]，以蒙大拿為基地的普世全勝教會女先知伊麗莎白·克萊爾（Elizabeth Clare）的丈夫，承認與組織另一成員合謀非法購買了價值13萬美元的武器。這批私藏武器包括穿甲彈、7挺機槍、軍用步槍和12萬發子彈。

• 1992年，一個教堂因刑事犯罪而接受審判，這在加拿大歷史上尚屬首次。山達基教派（Church of Scientology）[16]及其三位成員被發現犯有

13　"Oregon's Bhagwan Dies of Heart Failure," *Livingston* (Mont.) Enterprise,Jan. 19, 1990.

14　I. VonZahn, "Retirees Fall into LaRouche's Camp," *Loudon* (Leesburg, Va.) *Times-Press*, Oct. 27, 1993, p. A3; Associated Press, "LaRouche Wins Parole in January," *Chicago Tribune*, Dec. 1, 1993, p. 18; C. Babcock, "Door Left Ajar for LaRouche Matching Funds," *Washington Post*, Nov. 30, 1993, p. A7; R. F Howe, " Appeals Court Upholds LaRouche Conviction on Mail Fraud, Conspiracy," *Washington Post*Jan. 23, 1990, p. A8.

15　T Egan, "Thousands Plan Life Below, After Doomsday," *New York Times*, Mar.15, 1990, pp. A1, B6; Enterprise Staff and Associated Press, "Francis Pleads Guilty," *Livingston* (Mont.) Enterprise）, Oct. 13, 1989.

16　B. Brent, "Church Can Pay $1 Million Fine, Lawyer Tells Court," *Toronto Star*, Aug. 14, 1992, p. A18; T. Claridge, "Church of Scientology Fined

違反信托罪，法院處罰金25萬美元。此案起源於1970年代對安大略政府和三名警察被滲透的控告。在多倫多的山達基教派的教堂耗巨資1900萬美元反控安大略省立警察局和司法部（the attorney general ministry），聲稱他們在對涉案的多倫多總部教堂進行突擊檢查時，其遭受了非法和違憲的搜查和沒收。

五、大小膜拜團體一樣危害社會

膜拜團體並不是只有大的時候才會對個人和社會造成嚴重危害，請看以下事例。

• 朋友圈（Circle of Friends）的首領喬治·傑克賽克（George Jurcsek）[17]，73歲，被證明策劃了一起學生借貸騙局。他入獄前生活奢華，用信徒捐贈的支票購買了大廈和豪華轎車。據該組織的一位前信徒透露，傑克賽克告訴他們如果離開這個組織，他們將會染上愛滋病或癌症。

• 馬里蘭的官員吊銷了一位醫生的執照，此人據稱曾跟病人發生性關係[18]，與病人一起吸毒品，並把自己描繪成「上帝的化身」（embodiment

---

$250,000 for Breaches of Trust," *Globe and Mail* (Toronto), Sept. 12, 1992, T Claridge, "Church of Scientology Found Guilty," *Globe and Mail* (Toronto), July 27, 1992, p. A17; J, Kavanagh, "Conviction 'Frightening' for Religions, Lawyer Says," *Toronto Star* Jun. 29, 1992, p. A4; N. van Rijn, "Scientology Church Sues OPP Ministry," *Toronto Star*, Sept, 15, 1992, p, A10.

17　S. McKeel and S. Friedman, "Cult Leader Due for Parole," *Daily Record* (Morris, NJ.), Mar. 1, 1993, pp- 1, 5.

18　A. Goldstein, "Doctor's License Is Suspended," *Washington Post*,May1, 1993, p. D3; B. J. Blackledge, "Patient Backs G'burg 'Cult' Doctor," *Mont-gomery Journal*, May 3, 1993, p. A1; B. J. Blackledge, "Gaithersburg CFS Doc Taped Offbeat Sessions, *Montgomery Journal*, May 11, 1993, p. A1; "Md. Doctor's License Taken Away," *Washington Post* Jul, 29, 1993; S. Roffe, "The Secret Life of Robert Hallowitz," *Bethesda (Md.) Gazette*, Jul.

of God）。他以前的一些病人說他曾告訴他們，他在執行一項神秘的精神使命（spiritual mission），其內容之一是做病人孩子的父親。有一對夫婦，竟容許這名醫生每週去他們家五次並長達七年，於是，醫生跟那位妻子發生了性關係，而當時丈夫仍待在樓下。這位醫生使那位丈夫相信，這是對其妻子進行治療的一部分，而這位妻子恐怕已經在精神上把丈夫置於腦後。

最後一個例子，可能更多地表現出另類而不是膜拜，實際上是各種類型的強烈影響一個最好的例子，這種影響不僅存在於膜拜團體中，同樣也存在於全國各地的人們的日常生活中。

在我們周圍，每天都有人受到心理上的，精神上的，身體上和/或經濟上的損失，這些損失都是由大大小小的膜拜團體以及強烈的合夥勸導努力所帶來的。這些強制影響的實例中，有些並不是由一個組織來實施的，相反，它們發生在一對一的場合中，這種場合中，可能是一個護士、保護人、律師、醫生或同事，他們施加了一種「不正當影響」（undue influence）——這是強制說服的法律術語，其典型的目的是獲取經濟利益，比如，在某人的遺產中獲得份額。其他的權力的濫用包括詐騙和勒索，同樣可以發生在一對一的場合中，也可以發生組織環境中。

其他危害情形可能來自於時髦的詐騙術或迅速致富計劃。迅速致富法採用了通過觀察群體意識訓練（LGAT）成功而學會的一些廣為人知的方法。比如，最近有一個集體訴訟案，控告的對象是一位男子，他舉辦一個說是培養未來不動產企業家的五天研討班[19]、收費15,000美元。原告們說那裡的課程是一個「來自地獄的訓練營」（boot camp from hell）。

14, 1993, p, A46.

19　J. B Quinn, "Lawsuit Claims Guru's Road to Riches Has Dead End," San *Francisco Chronicle*, June 2, 1992, p. B3

另有一些人控訴說，他們在一個寒冷的房子裡聽勵志課，一聽就是數小時，休息吃飯的時間都沒有，有時甚至從黎明持續到午夜。

六、膜拜團體奪去我們的自由

　　由於膜拜團體成員被要求完全投入並受到嚴格要求，膜拜團體對我們的民主生活方式產生了非常真切的危害。它們故意破壞教育和職業目標，分裂家庭，扼殺人際關係，並強迫信徒交出他們的存款、財產和其他資產。在許多事例中，成員身分的影響是慘痛的，永久的、有些甚至是不可逆轉的。下面這些是我多年來碰到的前成員的例子，它們證明膜拜團體所帶來傷害是長期的。然而，這僅僅是揭開了膜拜團體暴行的面紗，暴露了問題的嚴重性。

　　　　朱麗亞在27歲的時候加入了一個小型的以《聖經》為基礎的膜拜團體，當時她就快要拿到博士學位了。膜拜團體的首領高度讚美婚姻、孩子和為全人類服務，他說，要達到世界和平和消除饑餓，首先就要成為素食者並在其組織中生活。盡管他承諾給朱麗亞「幸福的婚姻」，但他趕走了所有對朱麗亞感興趣以及朱麗亞感興趣的男人。在此後的17年裡，朱麗亞看見其他的人都配成對結了婚，而首領還是不斷地向她做同樣的保證。在朱麗亞年過四十時，她終於看清楚首領是什麼人，他利用了自己和其他人，她感到自己被徹底背叛，很絕望，於是試圖自殺。從醫院出來後，她離開了膜拜團體。以後，她再也無法「再真正相信任何人，（而且），在哲學上被粉碎了。」她在一家小汽車旅館當夜班店員，過著隱居的生活。

　　　　凱茜活潑風趣，在高中和大學時曾是啦啦隊隊長，並打算進護

理學校。在她加入一個同住的心理學膜拜團體的兩年中，她所有的一切都受到其首領的質疑，這位首領是一個自稱掌握「人類進化的唯一療法」的女人。

「我迷失了自我，」凱茜說，「他們說我必須捨棄假的自我，他們會給我新生。我努力按他們說的去做，但我感到越來越空虛，越來越鬱悶。我的「自我」已不再存在。當我在甚至無法在廚房裡幫忙時，他們叫我的父母來把我接走了。」

現在，凱茜三十出頭，已經脫離膜拜團體8年了，沒有約會，跟父母住在一起，兼職工作。沒有任何藥物和心理治療能幫助她重新恢復活潑開朗。

有些膜拜團體成員會在精神病院度過餘生；還有一些人在經歷膜拜團體後，有時會多年漂移，再也無法完全振作起來。有過這種狂熱經歷的人，尤其伴隨著自我崩潰的人，此後還需要特別護理（見第十二章）。即使是那些可能沒有經歷過嚴重心理障礙的人，離開膜拜團體後，在適應正常生活方面通常也會碰到許多的困難。

七、膜拜團體奪走我們的財產

膜拜團體領袖們能夠從富有的信徒手裡取得數目驚人的錢財，對不那麼富裕的教徒，也會讓他們把所有的東西都交出來。以下的例子就是證明。

約瑟夫是東海岸一所著名大學的四年級學生，他打算到外交部門去謀職。他在暑期的時候獨自待在華盛頓，一個點頭之交的朋友帶他去見一群人，後來表明那是一個膜拜團體。起初，他被告知這個組織是由學生、家庭和單身成員組成的，他

們住在一起以顯示和諧的公社生活。他被邀請一起住在馬里蘭的鄉村。他後來才驚聞他們實際上是宣揚膜星體投射（靈體飛行）信仰的。約瑟夫說他起初覺得他們的想法十分古怪，但自從他覺得每個人對他都「很特別」以後，他開始飄飄然了，於是他留下來進一步地查出來。漸漸地，膜拜團體控制了他的生活，他被說服必須離開他的家庭和以前的朋友，因此他放棄了學業，而且不久後他把自己繼承的遺產交給了膜拜團體。當我看到約瑟夫時，他意志消沉，蓬頭垢面，沒有工作，住在一個無家可歸者的避難所，正在尋找法律援助，看能否從膜拜組織那裡要回一點他繼承的遺產。

「艾德」在三十出頭的時候，給了一個自稱名為東海岸生活方式膜拜團體（East Coast life-style cult）的領袖1,300萬美元。該膜拜團體以健康食品和冥想的混合為基礎，完全控制了艾德的生活。該膜拜團體首領有軍方背景，宣稱他在遠東地區任職期間掌握了洗腦知識和思想改造的知識。經過一段時間的法律援助，「艾德」要回了很大一部分遺產。

有些學生稱，一個退休的大學政治學教授[20]利用其知識和超凡魅力，將一所較大規模大學的一個學習小組變成了一個膜拜團體。這些學生宣稱，許多房子和錢都交給了一個假定的獻身於通神學（theosophy）的小屋以及用作教授的「退休基金」，學生還稱，在大學期間，他們已經為教授的小屋和山頂退休寓所工作。信徒們必須稱教授為「老師」，因為他宣稱自

20　J. Hulse, "Ominous Cult or Quiet Study Group?" *Santa Barbara News-Press*, Mar. 26, 1989, pp. A1, A6; and author interviews.

己是「繼愛因斯坦之後最聰明的人」，並強調絕對服從。

82歲的海倫・奧佛林頓（Hellen Overington）[21]與其來自巴爾的摩的丈夫一直生活節儉，養大了五個孩子並讓他們受到了良好的教育。丈夫死時，給她留下了100萬美元。曾三次參加總統競選的小林登・拉羅奇的信徒們供述，他們引誘老年邁的奧佛林頓太太在一年時間裡給了他們超過74.1萬美元。等到她的孩子們明白發生了什麼事時，她已無法支付健康保險的費用，以及她在巴爾的摩公寓的租金，於是她不得不搬去和一個女兒一起住。從此，不再有人不斷地敲她的門，也沒有了無休無止的電話，奧佛林頓太太現在簡直無法相信她把那麼多的錢給了拉羅奇。當時她給錢時，拉羅奇還在監獄服刑，他因郵件詐騙和逃稅，被判入獄15年。至少有16名他的同黨被控在募集資金時有欺詐，通常都是詐騙老年婦女的錢。

路德・杜倫尼（LutheT Dulaney）[22]，26歲，從其祖父那繼承了一筆遺產，被勸誘為一個在加利福尼亞只有30人的小膜拜團體——「無限奉獻教堂」（Church of Unlimited Devotion）提供無息貸款10.8萬美元，作為不動產投資。該膜拜團體首領在許多場合提及路德是「基信托基金孩子」（trust fund baby），並準備說服路德不要收回貸款。此組織融合了益世康（ISKCON）、天主教義和蘇菲主義（其中一個等級在西方被稱為旋轉的托缽僧）。該教派沿著快樂死神之路旅行，參加

21　A. Howard, "LaRouche Still Is Finding Contributors," *Washington Post*, May 21, 1990, p. A1, A6.

22　D. Lattin, "The Guitar That Speaks for God," *San Francisco Chronicle*, Dec, 31, 1991, p.1; and author interviews.

音樂會，在聚集地的停車場賣手工制作的衣服。據前成員透露，他們把傑利・加西亞的吉他當作上帝傳話的渠道。他們通過隨著死神的音樂起舞而「在動作中冥想」（meditated in motion），因此以旋轉者（Spinners）而廣為人知。路德已開始進行喪失抵押品贖回權訴程序，以便獲得已被沒收的教會財產的所有權。

馬薩諸塞州斯普林菲爾德的一個聯邦特區法官宣判，「聖經作證」（The Bible Speaks）組織使用了詐騙和騙術，貝茜・杜威納斯（Betsy Dovydenas）[23]取回了她曾捐給該組織的660萬美元。判決裁定，杜威勒斯夫人在捐錢的時候受到了欺騙和操控。

盡管有一些訴訟可以幫助原告獲得補償，來補救一些毀滅性損失，但是大多數情況下，膜拜團體受害者並沒有採取法律行動。

八、膜拜團體逃避審查

盡管其所犯暴行相當可怕，但膜拜團體不像其他組織和活動那樣，屢屢逃脫了審查與控制。

為什麼呢？我不禁自問。是因為那麼多的膜拜團體通過申請宗教地位而隱藏於國家憲法之後，這樣它們不但被免除了賦稅，還能利用它們當然從未獲得過的某些特權呢，還是因為，作為一個社會，我們已習慣於假裝沒看見，而給了對方懷疑的好處呢呢？

23　D. T. Keating, "The Bible Speaks Loses Again," *Berkshire* (Pittsfield, Mass.) *Eagle*, Jan. 26, 1988, pp, A1, B4; "Bible Speaks Must Retum $6.5 Million," *New Haven* (Conn.) *Register*，Oct. 3, 1989.

膜拜團體的問題，除了其令人反感的行為外，還有它們如此難以讓人理解，很少有人仔細審視它們。如果它們不是這樣的話，我們更多的人自然就會抗議了。目前，大多數人仍相對來說沒有意識到膜拜團體的存在，直到媒體對其荒謬和非法行為曝光後，他們才感到震驚。當人們真正面對這一主題時，可能很難精確地找到膜拜團體的問題所在。他們甚至可能會說，膜拜團體中發生的一切，與他們在工作上有權決定一起的老闆的行為、專權的父親、不健全的家庭或者以及猶太天主教道德體系所提倡的價值觀等毫無兩樣。

但是，不能僅僅因為膜拜團體和其他組織之間可能有一兩點共同特徵就認為一個膜拜團體是良性的。膜拜團體具有強權，你父親也具有強權，這一事實不能證明兩者具有同一性。我把這種思維模式稱作「相似謬誤」（the Fallacy of one similarity）。舉個例子來說，大象、獅子和綿羊都必須呼吸氧氣。然而，大象是沒有天敵的食草動物，獅子是沒有天敵的食肉動物，而綿羊是經常被捕食的食草動物。在解釋這些動物的行為時，它們之間的差異是主要的。它們的差別比它們都呼吸氧氣這一事實更能說明它們具體的行為。

我還不時聽到有人將膜拜團體組織與諸如「匿名嗜酒者」（Alcoholics Anonymous，AA）協會或其他有超凡魅力首領的組織相提並論。我再次重申，膜拜團體可能與其他團體所共有的某個特徵，即具有超凡魅力的領袖或堅持一套特殊的信仰體系，並不是關鍵所在，確切地說，他們之間的差異才是更重要的。「匿名嗜酒者」協會在吸收新成員時不會帶有欺騙，它不會隱瞞會員們最終將承擔的責任，且其會員隨時可以退出。「匿名嗜酒者」協會致力於幫助人們成長，而膜拜團體則利用成員來發展壯大膜拜團體、增加膜拜團體首領的權力和財富。膜拜團體具

有複雜的結構，如果斷章取義，我們就無法看到整體。

　　一個膜拜團體的現成員對一個前成員說：「一切都是膜拜團體。最大的就是呼吸膜拜團體，因爲所有人都呼吸空氣。有傑瑞·加西婭膜拜團體、本與傑瑞冰淇淋膜拜團體和洛基恐怖電影膜拜團體。」接著，他因爲這位前成員寫過一篇抨擊該組織的文章而蔑視他說，「你就是太懦弱了，你不過是有一次糟糕的旅行，沒能符合要求。你大概在『童子軍』（Boy Scouts）那兒混得很差吧。你就是只癩蛤蟆，混蛋。」將膜拜團體與其他事物等同起來，無視它內在的危險與剝削的本質，最終將會爲膜拜團體領袖提供彈藥，使其像懲罰背叛者一樣懲罰哭訴者、抱怨者及懦弱者。

　　不管是在教室裡隨意的交談中還是在法庭的證詞中，我最常被問到的一個問題是，「那耶穌會（Jesuits）和美國海軍陸戰隊（United States Marine Corps）是膜拜團體嗎？他們難道不是也在做同樣的事嗎？」不，這些組織不是膜拜團體，它們不會對人們洗腦。它們雖然建立起集權組織，但它們有清晰的訓練計劃和工作任務。它們在很多方面都和膜拜團體截然不同。

　　我特別要指出，這些組織在招募新成員時都沒有欺騙性。海軍的招募者不會假裝成一個花商或兒童俱樂部的招募者。耶穌會也不會言過其實地聲稱他們「就是一個以教授呼吸練習法以消除大腦負擔的國際生存組織」。此外，這些組織都不會在成員眞實情況、底線承諾和預期行爲等方面欺瞞成員。

　　我已經不得不多次地指出爲什麼美國海軍陸戰隊不是膜拜團體，以致於我在演講和出席法庭作證時會攜帶一份清單（見表4.1）。這份清單從19個方面舉例說明海軍陸戰隊的實踐與在大多數現代膜拜團體中

所發現的情況存在差別。很明顯，海軍陸戰隊是由社會授權的一個軍事訓練組織，它是以等級和集權體制中一個衆所周知的命令鏈條爲基礎的。但它不是一個膜拜團體，不是一個洗腦機構，並受國家法律監控。

　　膜拜團體和這樣一些純粹的集權組織有明顯不同，如軍隊、某些類型的教派和公社、有數千年歷史的羅馬天主教、希臘正教和俄羅斯東正教。這些組織，雖然過於嚴格並實行控制，但他們沒有雙重議程，不帶操控性也不是以領袖爲中心。如果從是否運用思維操控技巧和騙術的強度與廣度上來考察，兩者間的差異就更加顯而易見。

　　耶穌會神學院可能會讓神學院的學生與外界隔離一段時間，但是不會故意向申請人欺瞞神職人員的責任與義務。事實上，申請人會就被提前警告，教會希望他怎樣做以及他能做什麼、不能做什麼。他也有各種機會隨時退出。一些宗教組織甚至會強加一個等待或冷卻期。

　　主流宗教組織不會將孤獨者和弱勢人群作爲主要招收對象。實際上，他們的許多規則利用精神病學的屏障，排除那些以尋求情感慰藉爲目的而加入的成員。這些主流宗教也不會將招收的目標集中在那些富有的信仰者身上，這些人被視爲教會的搖錢樹，而這在以有錢人爲目標的膜拜團體那裡的確會如此。

　　在軍事訓練及合法的行政訓練中，可能會既利用權威的命令，也利用同伴壓力來激勵採納新的思維方式和行爲模式。不過，他們不會追求通過延長和加劇生理消耗或激發恐懼感、罪惡感及負罪感來加速這一過程。同時，緊張的軍事訓練的目的在於增強學員的能力，相反，膜拜團體盡量削弱其成員的能力。卽便有，也很少有社會機構像當代的許多邪教組織那樣，使用嚴密的欺騙手段或無孔不入的調節技巧來申請憲法第一修正案（First Amendment Protection）的保護。

　　而且，膜拜團體的問題並不只是在於它是秘密社團。在我們的文化當中，確實存在著一些能公開辨認的社會性的秘密社團，如共濟會（Masons）。在共濟會中，新成員事先知道他們會逐漸學習和遵守組織的儀式，卽便他們並不是開始就了解組織的一切。這和膜拜團體以及其他一些使用思想改造技巧的組織是截然不同的。在後一類組織中，對組織的實質以及某些儀式可能的含義都存在故意隱瞞。而且，最主要的是，成員對於該組織的最終目標，他最後被要求和期待做什麼，以及某些活動會帶來何種傷害等都是蒙在鼓裡的。秘密結盟不能等同於思想控制。

　　今天，許多膜拜團體的招募做法和程序性的活動已經引起了社會明顯、切實的關注。社會該如何最好地保護個體免受身心傷害、自主行爲能力退化、生命中重要年華的流逝以及非人道剝削的同時，而又不干涉人們對於宗教實踐和組織協會的選擇自由呢？並且，在保護宗教自由的同時，社會如何才能保護作爲一個社會機構的家庭，使其免受膜拜團體這種與之競爭的超級家庭的威脅呢？

・　**表4.1　美國海軍陸戰隊與膜拜團體的差別**

1.海軍陸戰隊新隊員清楚地知道要加入的是一個什麼樣的組織。他／她被希望做些什麼及會發生什麼事情，這些在他們加入前就已明確列出。不會像在膜拜團體中遇到的那樣，他們沒有秘密階段。而膜拜團體的新成員通常參加某項膜拜團體活動，被誘騙去「待一會兒」，而他們很快就會發現已經終身加入了膜拜團體，或者，像某個組織要求的那樣，成員要簽署一份「億年契約」。而美國海軍陸戰隊的計劃從一開始就是固定的，有大綱的。
2.海軍陸戰隊的新兵仍享有宗教、政治、交友、家庭集會、選擇配偶的自由，以及從電視、電臺、閱讀材料（讀物）、電話、郵件獲取信息的自由。
3.海軍陸戰隊允許隊員在一段服役期後自由離開。隊員還可根據他／她的願望延長服役期限，但決不強迫。
4.海軍陸戰隊允許並鼓勵醫療及牙齒保健。在很多膜拜團體中可不是這樣，它們不提倡有時甚至禁止就醫。
5.在海軍陸戰隊中所受訓練和教育對以後的生活是有用的，而膜拜團體不會對一個人進行任何對社會有價值的東西的訓練。
6.在美國海軍陸戰隊中，會有公開的記錄被保存下來，可供查閱。而膜拜團體中的記錄，即便有的話，也是對成員保密和隱瞞的，無法查閱。
7.美國海軍陸戰隊監察長程序保障每個陸戰隊成員的權利，而膜拜團體成員沒有任何保障。
8.美國海軍陸戰隊擁有一套軍事法律系統，如果有必要，隊員也可以利用軍事基地以外的法律和執法機構和其他代理機構。在膜拜團體中，只有封閉的內部的司法體系，且不能上訴，也不能求助於外部的支持。
9.軍事家庭人員可以直接與學校對話和打交道，其孩子可以上公立或私立學校。在膜拜團體中，孩子們，孩童的培養和教育通常都由膜拜團體領袖的奇想和特質所控制。
10.海軍陸戰隊不是一個超越國家法律之上的主權實體。膜拜團體認為它們高於法律，有自己的道德和司法類型，對任何人甚至是自己的成員也不負責。
11.海軍陸戰隊隊員有權保留自己的工資、擁有和取得的財產、親友的禮物和遺產等等。在許多膜拜團體中，要求成員們將自己所有的錢財和財物（身外之物）都交給膜拜團體。

12.海軍陸戰隊中重視理性行為。膜拜團體磨滅成員的批判性思考能力、理性和獨立思考的能力，扼殺和打斷正常的思維過程。

13.在海軍陸戰隊，可以通過倡導及適當的渠道給領導層和上級提建議和意見。而膜拜團體中沒有意見箱。膜拜團體永遠是對的，成員（和外人）永遠是錯的。

14.隊員們在不會在沒有知情同意的情況下被用於醫學和心理學實驗。膜拜團體本質上就是通過實行思想改造過程來對其成員進行心理學實驗，而其成員對此毫不知情，也沒有同意。

15.海軍陸戰隊鼓勵閱讀、教育和求知，並通過軍事服務電臺（Armed Service Radio）、《星條旗報》、書籍以及駐地圖書室等等為學員提供學習條件。如果說膜拜團體也進行教育的話，也只能是在它們的教義之內進行。成員們變得對外界了解越來越少，他們與外界生活聯繫或獲取有關的信息即使不被禁止，也是公開不贊成的。

16.美國海軍陸戰隊鼓勵每個隊員保持健康的體魄。可能除了充當保衛或打手的成員外，膜拜團體極少鼓勵其成員健身或保持身體健康。

17.海軍陸戰隊提供和提倡豐富和營養均衡的飲食。而很多膜拜團體組織鼓勵或要求不健康的怪異飲食。通常，由於高強度的勞動安排、缺少資金或膜拜團體的其他要求，成員們無法保持健康的飲食習慣。

18.接受外界權威機構如美國國會的考查，是美國海軍陸戰隊的慣例。而膜拜團體不對任何人負責，也不接受任何機構的檢查，除非某些大宗犯罪活動引起權威機構或公眾的注意。

19.在美國海軍陸戰隊中，教學方式是軍事訓練和教育，偶爾的美國海軍陸戰隊傳統的思想灌輸，但不會使用洗腦和思想改造。而膜拜團體則通過採用心理學和社會學影響技巧協同方案的方式，或洗腦來影響成員。

九、該做些什麼

　　即使簡單地回顧一下膜拜團體所造成的傷亡及後果，也能說明我們為何需要關注它們。不過，我們關注的焦點應在其行為而非其信仰。人們有選擇自己信仰的自由，不過，即使在一個民主社會中，在對這類特殊組織進行考查和評估之後，當公民親眼目睹個體屈服於膜拜團體領袖的意願所造成的影響時，也有理由表示擔憂。正如我們看到的，膜拜團體

的都是精英人士，他們覺得自己有權決定誰能飛黃騰達，甚至是誰能倖存。作爲一個人道的、思想自由的社會中的公民，我們應該更加關注其他社會成員的健康、福利和安全，尤其是那些身陷膜拜團體中的孩子們。

　　絕大多數人都將膜拜團體看作是短暫的流行一時的東西，很快就會消退。事實並非如此。我們必須克服那些從未費心去研究過膜拜團體的人以及那些不明眞相的人士的否定。有人傾向於認爲，如果他們無視一個問題，這個問題便會自然消失。那些爲膜拜團體辯護的人，只看到了其表面現象，他們在爲膜拜團體辯護時助長了它的神秘，也阻礙了就這一亟需關注的問題向公衆進行宣傳教育。

　　用於思想改造的心理技術不會消失。它也不會像膜拜團體辯護人和代理人想讓我們相信的那樣，是無害的。事實上，我們看到的是，在過去的20年中，膜拜團體的說服及控制的技日趨嫻熟，更加巧妙，並且更具破壞性。我們不斷地需要教育、信息與警覺來保護我們自己和我們的大腦免受其害。

第二部
它們是怎麼運作的

第五章 招募新成員

　　我們每個人都很容易被膜拜團體招募。那麼多的膜拜團體用了那麼多的偽裝和計謀，正在無時無刻地尋找新成員，自然就有可能有一個膜拜團體在恭候你。無論你年紀多大，有什麼樣的興趣或怎樣的生活方式，屈服於膜拜團體招募者的誘惑就如辦一張圖書館的借書卡一樣容易。捲入膜拜團體的途徑就像膜拜團體本身一樣多。

　　每個膜拜組織都發展出自己的招募方法——範圍從個人接觸到公共電話亭、報紙、雜誌、電視、廣播中的廣告等等。招募的起點可能不斷變化，但有一個不變的要素就是都具有欺騙性。欺騙表現在從「接受之初（the point of pick up）」時隱瞞組織的實質，到隱瞞成員身分的終極目的。

　　有些人可能通過訪問你電腦的電子公告欄和你接觸，努力拉你加入膜拜團體。你可能在報名參加某門大學課程後，卻意外發現導師是個忠實的膜拜團體信徒，一心在偷偷摸摸地招募學生。你可能在拜訪你的獸醫、按摩師、牙醫、眼科醫生或鄰居時，卻發現他或她有意招募你。在最近一項針對101個不同膜拜團體中出來的381名前成員所做的調查[1]發現，66%的成員說他們最初接觸該膜拜組織是通過朋友或親戚，剩下的是被陌生人招募進去的。膜拜團體招收新成員的過程通常有四個主要階段：

1　M, D. Langone, "Former Cult Member Survey", *Cultic Studies Journal*, in press.

首先是通過膜拜團體的招募人與個人接觸；其次，有人邀請你去一個風景優美的地方，或參加一項特殊的活動或一個重要的、對有誘惑力的聚會；再次，在你首次與膜拜團體接觸時，讓你感覺到被愛和被需要；最後，運用心理學勸說技巧來確保你迅速返回或作更大的承諾。

一、初次接近

膜拜團體成員在接近潛在新成員的勸說方法上接受過專門訓練。因爲我們都是社會性的生物，我們中的大多數人都會易於傾聽那些長得好看的人，他們以友好的或幫忙的方式來接近我們，熱情地講述他們的信仰。

曾經有不少人向我講過，當他們曾經因窮困潦倒而流落在洛杉磯或舊金山街頭時，被言語眞誠、街頭講道的方式所招募，這種方式對無家可歸者吸毒和酗酒的事情採用嚴重的負罪感和恐懼策略。但眞正讓他們去膜拜團體組織認眞看一看的原因是他們所提供住所、食物和不在大街上的同伴。甜言蜜語再加上「你必須離開這種骯髒的生活的」的這種話語方式非常吸引人，因爲這些捐客們提供了那些人認爲對自己有好處的東西。

總的來說，膜拜團體成員並不是主動尋找他們所加入的組織的，而是通過某種方式被個別接近的。少數人是看到廣告而去加入膜拜團體的，但即使那樣，促成他們加入的還是招募者與他們的互動，這些招募者熱衷於使更多的人加入到該組織中。

膜拜團體招募的是什麼人

在第一章節中，我提到過脆弱這個關鍵因素。首先它存在於重要的從屬關係之間，工作、學校或一般的生活承諾之間；其次，它存在於稍有

壓抑或略顯孤寂之時。膜拜團體將招募對象瞄準脆弱的人，是因爲這些人不太可能看穿層層的謊言。膜拜團體把目標投向那些友好、溫順、利他的、可塑性強的人，是因爲這樣的人容易被說服和管理。他們不願意和那些反抗的、不服從的人或自我中心者打交道，僅僅是因爲這些人難以塑造和控制。

還有一個重要的因素是，一個被膜拜團體招募者接近過的人必須明白，還有時間再仔細考慮一下招募者所提的建議。同時他或她必須要對其所提供的東西產生共鳴。這意味著，膜拜團體招募者必須把握好第一次交談，獲取招募對象的足夠的相關信息，以便使討論成形，並且使這個膜拜組織看上去剛好是他所想了解或想加入的。

膜拜團體在什麼地方招募新成員

膜拜團體在任何地方都會進行招募。他們舉辦講座、研討班、退修會、復興布道會或各種各樣的會議，此外他們還挨家挨戶去勸說。他們開辦學校、大學、醫療診所以及做生意。他們在《新時代》雜誌、其他報紙和商業期刊上登廣告。他們也會參加專業的貿易大會、計算機博覽會、展覽和街頭集市。其中一個大型膜拜團體有一支搖滾樂隊進行全國巡回演出，並在商業中心和大型聚集地充當招攬顧客的手段。當然，膜拜團體成員還在他們的家庭親戚圈、朋友圈、同事以及行業協會或興趣社團中發展新成員。

盡管膜拜團體在每個地方都很活躍，但自1960年代起，中小學和大學校園成爲各種膜拜團體招募活動的沃土。有些膜拜團體派成員到初中和高中校園中，到大學的宿舍中，在新生活動日以及各種各樣的校園節日和場所中招募人員。

在上文提到的調查裡，381名前成員中有43%是在被招募時是學生[2]（10%的高中生，27%的大學生，還有6%是研究生）。這些學生中，有38%一旦加入到膜拜團體便輟學了。

下面這個例子就是一位大學生。

「查爾斯」，一名大四學生，在一些社會或政治事業很活躍，覺得能應付發生在自己身上的任何言語挑戰。他是一位聰明、受過良好教育、表達能力強的學生。在其經歷之前，他從未想過自己會被捲入一個膜拜團體。

「伯納伯斯」，一個小型膜拜團體組織的首領，寫信給一所大學的行政官員，說他管理著一個國際基金會，正尋找一名出色的大學生加入他的團隊。在沒有對這種宣稱的可信性進行任何調查的情況下，這位官員就將這封信交給系主任，而系主任就將「查爾斯」的名字告訴了該膜拜團體首領。伯納伯斯找到查爾斯，作了自我介紹，聲稱他領導了一個和平基金會，想讓大學生負責「新世界秩序」這個部分。

身材高大、要求嚴格、口齒伶俐、精力充沛，伯納伯斯設法給查爾斯和其他幾個學生留下了這樣的印象，這些學生同意來和他一起工作。在他們的學生宿舍，伯納伯斯很快在其用冗長、滔滔不絕和通宵達旦的會議使他們筋疲力盡。他出現在查爾斯的課堂上，坐在查爾斯的身旁，不讓他消失在自己的視線裡。很快查爾斯便離開了學校，跟隨伯納伯斯經過長途跋涉到了西海岸，在自動提款機前停下，讓查爾斯取出買車票和

吃飯的錢。伯納伯斯也用同樣的方法使其他一些學生離開了學校。

　　膜拜團體組織運用各種各樣的戰術，而且隨需應變以增加成功的概率。一些膜拜團體前成員曾告訴過我，他們的首領如何不時地改變策略，宣告某種計策會更有效。

　　舉例來說，一個受過其《聖經》膜拜團體首領訓練過的女子描述了一種有趣的方法上的改變。她被派往大學宿舍和食堂去接近那些單獨坐的女生，開始與她們交談然後勸說她們參加「學習小組」。一天，這個膜拜團體首領突然中斷了該步驟。在那以前，都是單個的成員去接近同性別的人，「現在，」這位首領宣佈，「我們以團隊形式去收集和收割（gather and reap）。從現在開始，兩位姐妹或兩位兄弟成對一起去收集和收割，這樣一來男性女性可以接近。」這位首領說，一個男人被一個女人單獨接近，或一個女人被一個男人單獨接近，「太色情了」，但是兩個男人或兩個女人就會產生這樣一種接觸「友誼」，而且無論男女學生，他們組成的團隊都能更快地招募到。該女子說，這種新辦法確實有效。

　　每個膜拜團體都發展出自己的方法。有些膜拜團體還有如何招募的指南，並為那些指派去招募的成員提供培訓。某個組織派其招募者去「尋找生肉」，有的給每個成員都定了招募指標。還有一些膜拜團體告訴成員們，要把他們所認識的所有人都列一個清單，然後去接近他們，讓他們加入。膜拜團體首領會以書面報告中的描述為基礎，幫助成員修改他們的招募途徑，鑒別那些未來成員身上的弱點。有著無限制的花樣翻新，同時還使用欺詐。膜拜團體前成員告訴我，他們甚至沒有意識到邁向加入的致命的第一步，因為其中有太多的欺騙了。

　　我也曾聽到人們對我這樣說：「沒有人能夠和我講理，讓我加入那

樣一個古怪的組織！」對於這類的人我通常的回答是，「對呀，講理不是十分誘人，但是魅力或奉承卻很誘人」。然後我會問他們，「是否曾經有人勸誘你去某個地方，做某些事，相信某些東西，後來你卻發現那其實是一條「線」（line）？」大多數人都有過這樣的經歷，當他們回想起招募過程的時候，就能更好地理解這一點。

二、邀請

　　一旦與未來的成員建立起聯繫，整個追求的過程可能是這樣進行的：

　　首先，招募者表現出毫無威脅，了解有關潛在招募對象的一些事情，以便發揮這種觀點的作用，即招募者和被招募對象彼此很相像，他們有很多共同點並且很同步。

　　其次，通過這個過程，招募者讓潛在的招募對象覺得，他或她已對眼前這位向自己表現出如此關心和興趣的好人產生了共鳴。

　　再次，招募者完全描繪出那些潛在招募對象的興趣和態度，無論其興趣是靈性、護理、政治變化、音樂還是其他任何領域。然後招募者就會表明他可以給潛在的招募對象提供某些東西，包括通過口頭邀請其參加一項活動、一門課程或一場晚宴。

　　「前線小組」（Front Group）是一個為另一場仍處於幕後的操控充當假前線的組織。大多數膜拜團體都有前線小組，有時還有各種各樣的組織，專門為吸引不同的興趣而建立。這些前線小組中，有指導班、學習小組、《聖經》學習小組、社會俱樂部、興趣組織、管理或職業培訓研討班、基層活動組織、鄰裡社團、政治委員會、銷售計畫、冥想或瑜伽學習班、旅遊俱樂部、工人小組、減肥計劃、醫療診所、心理診所、印刷和出版

機構等。

　　一般來說，當一個人進入第一步的時候，他或她看不出任何與膜拜團體或某個相關背景組織有關的跡象。通常，甚至連該組織首領的名字都不會出現，直到你被進一步地拉入招募活動中一段時間之後。

街頭招募

　　有幾次，我曾和一個膜拜團體前成員在鄰近加利福利亞大學校園的伯克利大街上走，她以前是一個成功的街道招募者。當她像原來在膜拜團體中那樣遊說時，我就在場，她的遊說是能讓一個街頭的陌生人承諾在當晚或盡快去參加一次由政治目的的演講、宴會和聚會，或者去參加以生態問題、自我提升和不明飛行物（UFO）現象爲重點的活動。我們將非學生類型的人作爲目標，以測試30歲以上人群（商人和教授，男女均有）爲例，來評估一個成熟且受過良好教育的人將如何反應。我很驚奇地觀察到我的朋友使用了她在膜拜團體裡所學的技巧。她先是和街上的一個陌生人談了一小會兒，然後當那個人同意前去參加某項活動後，我的朋友就會把我介紹給那個人，說我是一位研究膜拜團體的教授，還說，因爲她曾加入過某個膜拜團體，並進行過一段時間的招募活動，她恰好正在向我演示這是怎麼起作用的。被接近的人們都感到震驚，他們還會宣稱，「但我相信你！你看起來是一個好人，根本不可能在膜拜團體待過。」

　　通常，被接近的人會問：「但你怎麼會知道我會對一個和平組織感興趣呢？」或者問哪種誘惑有效。我的朋友會重複她的問題及那個人的回答，來顯示她如何利用線索獲得更多信息，然後提出與其不經意流露出的興趣相匹配的提議。她解釋說，她完全是照搬以前她在膜拜團體裡招募新成員時所進行的遊說工作，而且這是那個組織教的標準遊說

方法。隨後我們會感謝那些被測試的人，並希望他（她）從中受益，因為他（她）已經看到一個人是如何容易被花言巧語、魅力和有趣且有吸引力的話題欺騙和說服的，所有這一切都是捏造之詞，是引誘你加入膜拜團體的一步。測試幾乎沒有失敗，每個人都說道：「就是這樣嗎？這麼平穩，看上去這麼真誠。我原以為膜拜團體會對人們長篇大論地講罪或啟蒙什麼的，並且與他們辯論，說服他們加入的。」

致命的第一步

　　許多膜拜團體前成員都提到「最致命的第一步」。當他們回顧過去時，他們認識到，因為各種原因的綜合，他們邁出的第一步——對一次邀請或要求表示默許，便是他們膜拜團體生涯數週、數月或數年的開始。大部分情況下，潛在的新會員都會被迫立刻參加某項活動。招募者會說此活動非常適合他們，不給他們時間考慮是否真的想去參加。下面就是有關第一步如何起作用的具體事例。

　　　　為了通過加利福利亞的律師資格考試，三十多歲的麥克來到貝克利學習。一天，他被兩個漂亮的女子攔住，她們說自己居住在「國際共生組織」（international communal living group），該組織在有雪的鄉村附近有一個處所。這兩個女子是「如此有個性，有風度，有魅力，乾淨和真誠」，她們的遊說如此誘人、急切而且異常動人，不到三個小時，麥克就把她倆帶到他的公寓，拿上照相機、滑雪裝備、一些學習資料以及汽車所有權證，便跟去了。邁克後來回憶說，當時他甚至沒有懷疑過為什麼她們要求他把汽車所有權證帶到車裡。

　　　　她們說服邁克說，他一定可以在她們組織的休養處學習，並向他承諾他會擁有一間自己的小屋和可口的食物，而且其他

學法律的學生也會在那裡。她們還說，雖然那裡會有一些關於她們組織的演講，但保證會讓他有足夠的時間來學習。

邁克在那個鄉村待了差不多10天。只有當他威脅說如果不歸還他的車而且允許他離開 的話，他就會正式控告該組織時，他在那兒的生活才得以結束。在那裡，所有能看到的電話都有故障，而且他這樣的「訪問者」不允許進入首領的大樓去使用工作電話。他整個期間都沒有一刻獨處的時間。三天之後，當麥克意識到那個組織實際是個宗教性膜拜團體時，他提出想離開。但他突然發現自己的車、滑雪裝備和照相機都找不到了。當他最後拿到車時，他們聲稱他們將他的財產轉移到了數英里之外的一個安全地，他駕車離開，其他值錢的東西都沒要。他只覺得能離開就鬆了一口氣。

膜拜團體前成員們告訴我，他們在第一次接觸時所被告知的、所讀到的以及所經歷的事情，那些招募者在那時對他們的生活就有足夠的吸引力，以不止一種方式讓他們上鉤，這種使他們上鉤的陷阱是他們當時的需求和招募者的個性與進路的一種結合，再加上一個事實，即招募者提到的話題觸動了他們。招募者還說服他們，說他們有時間去看看，並且讓他們相信自己需要膜拜團體所提供的東西。

三、與膜拜團體的初次接觸

膜拜團體同我們所知的社會上大多數組織都有所不同。表面上，它們可能看起來像世俗組織，但它們卻有諸多不同之處。加入膜拜團體可不像加入地方鄉村俱樂部、浸信會、扶輪社或供任職於一家商業公司或合法的非營利組織。這些組織會讓你知道他們是誰以及他們的計劃是

什麼，他們希望你在加入和接受職位之前，具有完全行爲能力和知情同意。

膜拜團體還會令人想起玩偶盒———一個漂亮的、表面看來無害的小盒子，但當你打開時，通常會蹦出一個嚇你一跳的東西。同此相似，在成爲膜拜團體成員的過程中，令人驚奇和恐懼的事情會跳出來。你第一眼看到的和裡面的東西不一樣。

有些組織邀請你去聚餐，說是去校園和平組織，而實際上這是爲一個國際性膜拜團體作掩護的組織。他們還邀請你到鄉村去參加一個爲期三天的研討班，一旦你去了，他們會再要求你留下來參加一個爲期一週的項目，然後還會有一個21天的活動。經過這段時間，你就會被反覆灌輸他們的觀點，然後他們派你到大街上去募集錢財和招收新成員了。他們第一次捲入後大概一個月左右的時間裡，由於使用第三章裡所描述的那些技巧，大多數的新成員都被吸引住了。

新成員通常會被帶到鄉村的營地，週末退休寓所，膜拜團體的秘密設施、荒野裡的工作坊，以及衆多其他能將他們隔離正常社會生活的地方。膜拜團體領袖和其他使用思想改造程序的組織頭領知道，這種場所的改換是迅速轉變新成員行爲的一種實際而有效的方法。當他們與社會支持、社會背景、家庭、熟悉的環境、朋友、工作、同學和班級等隔開之後，被帶到一個新的環境氛圍中，很少人能抵抗住適應的力量。

大多數膜拜團體在每一次的招募中都制定了具體的計劃。只要有人表示出絲毫興趣，他們就有可能被膜拜團體招募者或其他成員進行「愛的轟炸」（love bombed）。這種假裝友誼和對招募對象表示興趣的過程，最初只在某個處於早期發展時期的膜拜團體採用，但是很快被許多組織採用來作爲引誘人們加入的一種手段。「愛的轟炸」是一種協同努力，通

常是說在領導層的指示下，包括老成員洪水般泛濫的招募，新成員的奉承，言語的誘導，親熱而通常沒有性關係的接觸，以及對他們每一句話的大量關注。「愛的轟炸」──或者說提供即時的陪伴──是一個能帶來許多成功招募的虛假陷阱。

此外，新來的成員還會被一些老成員所包圍。這些更有經驗的老成員不僅會被訓練用對潛在的招募對象進行「愛的轟炸」，而且還會盡其所能地得意地宣揚作為成員的快樂，新信仰體系的優勢，以及其領袖的獨一無二。這些成員通常還會有意無意地，在說話或做演講的時候使用膜拜團體的行話，他們所有人似乎都懂，但這會易於讓那些新來的人感到心情不好有點被疏遠，以及按膜拜團體的標準來說受教育不足等。這些孤獨的參觀者和研討會成員開始想要和其他組織成員進行一些溝通。隨著周圍環境的鞏固，不久之後新來的人便會意識到，為了被接納而成為此組織的一分子，他（或她）只需要模仿其他成員的言行就行了。

因為許多組織都採用這種用老成員訓練和監督新成員的方式，所以新成員沒有獨處的機會，而且不能和其他新成員自由交談。很快，膜拜團體的訓練項目和思想改造氛圍，便通過老成員的示範行為得到加強，阻止新來的人和新成員挑戰組織的制度。沒有懷疑的機會，否定的感覺得不到支持，確證和驗證。不管以怎樣的方式，在每一種類型的膜拜團體中，新成員們都會被告知絕對不能表達負面和消極的想法。倘若他們有任何問題、猶豫或者不好的感覺，他們便會被告知可以向上級或訓練者、幫助者或導師咨詢。由於和其他有懷疑和疑問的人隔離開來，新成員留下的印象是，其他所有人都贊成所發生的一切。

膜拜團體組織通過緊張的日程安排來對新來的人進行徹底的監督，如安排各種活動，包括做遊戲、參加演講會、集體唱歌、做集體工

作、學習基礎知識、加入糾察隊，參加基金募集活動等，或者完成其他分配的任務例如讓寫個人傳記參加組織的考試。這樣一來，成員們忙碌到根本無暇去思考他們正在做什麼或者別人對他們做了什麼。

四、後續：更大的承諾

有些人一想到膜拜團體的招募活動，眼前就會出現狂熱分子大喊大叫的畫面。真實的招募過程十分複雜，與這樣的想象完全不同。有效的膜拜團體首領和招募者會用花言巧語吸引、操控和哄騙人們邁出致命的第一步，然後對組織不斷作出承諾。膜拜團體程序通過有計劃的勸說步驟而得以兜售。這些招募活動和談話證明，膜拜團體說人們是自願加入的聲稱是假的。大多數的新招募的成員根本就不知道最終在他們身上會發生什麼，而且對一個新成員來說，能夠在作出決定加入時獲得充分的知情同意之類的事情，是罕見的。

由於新成員會逐漸參加各種各樣課程、活動以及或經歷，這些會一步一步地切斷他們與過去及他們已知的世界的聯繫，一點點地改變著他們，而他們根本沒有注意到自己所發生的變化。他們有時也會保持一段長時間的清醒，去完成工作任務，學習，聽演講，冥想，聊天等等。很快他們會變得睡眠不足，這進一步妨礙了他們的批判能力。缺少食物或在飲食上突然改變還會導致其他的能力喪失和迷惑不解。不久以後，在自己都未察覺的情況下，他們會陷入這個新的環境裡，開始用一種新的方式思考。

此外，膜拜團體還控制所有成員的信息渠道。他們可能控制往來信件、電話、收音機和電視機的使用，還有未經允許的讀物、外人的來訪以及外出的機會。在某些膜拜團體中，電話會剛好壞了，而在其他的尤其是

政治膜拜團體裡，電話的使用為「安全」起見受到嚴格限制。最後，成員們與過去的聯繫要麼被完全切斷，要麼被領導層和同伴強烈阻止。為了避免厭惡和衝突，新成員就會按膜拜團體的要求行事。

操控和欺騙

操控思想和情感是膜拜團體招募成功的關鍵。膜拜團體利用了人們正常的矛盾情緒，這對年輕人尤其有效，因為他們生活經驗較少。例如，青少年和剛成年的年輕人不可能不對他們的父母有著複雜的感情，即使是最心愛的父親和母親也曾遭遇過，孩子們給他們留下生氣和失望的記憶。而且，大部分的父母親都至少有幾個令人討厭的習慣或癖好。許多膜拜團體重視挖掘這樣的沒有決斷力的情緒，並利用情緒將成員們與組織捆綁在一起。

有些膜拜團體也利用著裝或其他永久性的特點作為在新成員按膜拜團體的方式轉變成功的顯著象徵。如果你真的想改變一個人，那就改變他的外貌。因此，膜拜團體成員會被要求或告知剪掉頭髮或留某個特別的髮型，穿不一樣的衣服，起新名字以及採用特定的手勢或習慣。例如，一個大型膜拜團體要求他們的成員接受素食主義、穿淺色衣服和唱聖歌。新成員被教導，要把他們的父母看作是「穿著不敬畏神的衣服、理智而又且蒙昧的食肉者」。膜拜團體成員很快切斷了和「食肉者」的聯繫，穿著淺色的衣服，避免對任何事物進行沉思和批判性思考，更不用說對組織進行這種思考。他們的時間幾乎都用來不停的在內心唱聖歌。

有些組織也利用某些巧合，將這些巧合作為神聖的事件，來支撐對組織意識形態的信仰，並使成員相信一次相遇或單純的偶然事件都是早已注定的。例如，有些成員由於非常不充分的均衡飲食而顯得臉色紅潤或者年輕，直到被有人發現他們的臉皸裂，布滿細小的病變，一些皮膚

專家告訴我，這表明他們缺乏維生素A。然而，膜拜團體卻把這種皮膚的不適解釋爲該成員成爲「父之子」、「神之子」，現在稱「小基督」的象徵。再比如，某女子住在城外的兄弟到膜拜團體的房子來探望她，當時她正在膜拜團體所屬的工廠上班，因此而未能見到她的兄弟。但膜拜團體官員卻對她說：「看，是神的安排讓你不可以見你的兄弟。」

有時，新成員們甚至會進入恍惚狀態。大多數人沒有意識到，即便沒有在舞臺上表演的催眠師施加令人眼花繚亂的指令，一個人也能被簡單而微妙的方式催眠。當一個人不斷地輕聲地重複某些微妙的建議時，他（或她）就能使你專註於某個東西如一個想象的場景。很快，你就會幾乎喪失批判思考而進入一種暫時的輕微的恍惚狀態。（這種技巧我將會在第七章進一步討論）通過一個具體縝密的計劃，膜拜團體新成員有時會被推入或自己陷入一種被改變了的意識狀態，這將有助於漸漸禁錮他們的思維。

反射性、批評性和評價性思考，尤其是對膜拜團體的批評，成爲令人反感的事情，而被大家逃避。成員會表現得像你或我一樣，在完成普通任務時發揮良好，但是膜拜團體的講座和步驟傾向於要逐漸誘導成員們，任何時候只要他們對膜拜團體有批判性評價就會感到不安。很快他們就習慣於避免批判性思考，尤其是對膜拜團體進行批判性思考，因爲這麼做會與不安和負罪感的痛苦相連。

引發負罪感

作爲引發負罪感過程的一部分，所有新成員以前的人際關係會被膜拜團體視作撒旦的或邪惡的，被證明是與「已經選擇的道路相違背的」（against the chosen way）。既然非信仰者是壞人，那麼所有與父母、朋友和其他非成員的聯繫都應該停止。在這個問題上的任何軟弱都被看作是

十分糟糕的。最終的結果是，新成員們對他們的過去表現出深深的負罪感。除了他們的家庭和人際關係外，新成員還會轉而相信自己在加入組織前是「壞人」。在膜拜團體中人們全體一致產生了負罪感。

最後，他們不再給他們的家人和朋友寫信和打電話[3]。他們可能會從學校或二級學院逃學來參加膜拜團體的活動，最後就不會再去上課了因為膜拜團體的活動占用了他們大量的時間。他們可能會辭掉工作，或者以乏味和注意力不集中的方式應付工作，對先前的職業和生活目標完全失去興趣。如果是上了年紀的人，他們會減少和家人、朋友和鄰居的聯繫，表現出突然的興趣改變。然而，值得注意的是，越來越多的新近出現的膜拜團體，尤其是那些信奉自我完善或成功哲學的膜拜團體，傾向於像是在鼓成員保持固定的工作甚至讓他們做幾份工作，以便他們能賺更多的錢來購買各種各樣的膜拜團體課程。

五、年輕人和老人一樣脆弱

近年來，我們曾目睹膜拜團體的招募活動滲透到各行各業。除普通老百姓外，他們不僅追求受人尊重的醫學專家和商界領袖，還追逐電影明星和其他名人。但是膜拜團體領袖也似乎認定了「人老錢多」（gold is with the old），於是，近年來那些老人，尤其是是老寡婦成為一些膜拜團體的目標，他們希望從這些輕信的信徒那裡繼承財產。有位專門教育人們有關膜拜團體知識的人寫道，「我把它比作指南針在磁極變化時的突然轉向——錢去哪裡，膜拜團體就去哪裡。」[4]中老年寡婦可能會對房子、汽車和其他財產有明確的產權，而且她們還更容易積攢金錢、退休金和

3　Singer, "Cults," p. 701

4　R W. Dellinger, "Elderly Are a New Target for Cults," *National Catholic Register*, Jul. 6, 1986, p. 1.

社會保險支票。

首要目標的另一原因。她們的兒女和孫子經常忙於他們自己的生活，而許多寡婦很害怕獨自處理事情，渴望安全感和陪伴。膜拜團體領袖的許諾很容易吸引這些婦女，引誘她們去了解該組織。一些向公衆提供有關膜拜團體問題的教育和充當網絡信息資源的代理機構和組織報道說，他們的顧客近一半都是努力想把他們的母親從膜拜團體中解救出來[5]的年輕人。

女性古魯在招募老年婦女加入組織方面尤爲成功。華盛頓州的通靈者奈特、俄勒岡州的佩妮·托雷斯-魯賓（Penny Torres-Rubin）和普世全勝教會的首領伊麗莎白·克萊爾女先知，都擁有一大群老年婦女信徒。聖經膜拜團體和提供永生的組織也同樣吸引老年人。一些膜拜團體甚至直接進入療養院和養老院[6]，讓友善的年輕人來拜訪居住在那裡的老人，爲他們提供娛樂，爲的是獲得潛在的信徒。一些膜拜團體把招募新成員的重點放在退休老人多的州，如亞利桑那和佛羅里達。另一些膜拜團體則要求成員去爲老人買東西、剪草坪以及定期地去拜訪老人，來使他們加入組織。

這些老人一旦加入，他們就催促老人變賣財產，將收益交給膜拜團體，並上交收入和投資，正如我們在第四章所描述的例子那樣。有時，老年成員已成年的子女或孫輩無法找到他們，因爲膜拜團體使老人們搬出了家，因爲老人和年輕的新成員一樣被強烈要求中斷與家庭、朋友和鄰居的聯繫。

5　B. Barol and N. Joseph, "Getting Grandma Back Again," *Newsweek*, Oct. 23, 1989, p. 4.

6　Dellinger, "Elderly Are a New Target for Cults"；C. Collins and D. Frantz, "Let Us Prey" *Modern Maturity*, June 1994, pp. 22-32.

瞄準老人

不久以前，有人來看我，因為他新寡的母親被強烈地捲入了一個新的組織。她搬到亞利桑那州之後，在公寓裡遇見一名CBJ的女性成員，CBJ卽查爾斯、伯納丁和詹姆斯（Charles, BernaDeane, and James），也稱查克、伯尼和吉姆（Chuck Bernie and Jim），又叫聖火基金會（The flame Foundation），永恆之火（The Eternal Flame），現在叫做人民永恒國際有限公司（People Forever International,Inc）。

從前，查克在一家夜總會做表演[7]，伯尼做模特，吉姆練瑜伽並賣房地產。如今，這三位首領住在一起，聲稱他們是經過細胞生物轉變（按照他們的話說是「細胞覺醒」）並獲得了肉體永生（physical immortal）的第一批人類。

這個組織似乎在以至少三種方式招募成員：成員帶來本地的朋友；首領們在CBJ正在大量招募成員的各種地方舉行研討班，在全國各中心的成員和將他們遇到的人帶去一同參加在亞利桑利亞的斯科茨代爾（CBJ總部）舉行大型活動。在這些活動中作見證的期間，每個參與者都被置於人為的興奮氣氛之中，面臨著巨大的社會壓力，去作見證，說明自己在加入該組織後，有哪些好事降臨他或她的生活裡。這些活動的錄像帶記錄下了各個年齡階段的人們跳舞、鼓掌、喊叫、淚流滿面地做感恩的見證，CBJ在他們的上空盤旋，自豪地宣布他們的愛。CBJ也勸告參與者去購買CBJ的產品、捐贈或者是為其組織賺錢。

一些家庭和朋友報告說，在一個人回家將他（她）的所有財產打

7　C. P. Brown, "The Body Electric," *Forever Alive*, Sept. 1992, pp. 19-20; D. and L. Bardin, "Jews in Cults: Hanging by a Thread," *Moment*, Aug. 1993, pp. 28-29, 56; J.M. Laskas, "Never Say Die," *Gentleman's Quarterly*, Aug. 1993, pp. 126-133, 171, 196.

包以便搬去CBJ長期生活時，這位新CBJ成員會有一個護送者陪同。家人——甚至是配偶——不允許在任何時間與自己的愛人單獨交談。

　　一本由CBJ出版的書中，是如此描述肉體永生的：「我們有能力[8]使我們的身體不斷更新，再生、重組、再造，因此我們能保持永久。作爲永生的人，我們有能力讓自己適應任何情況，使我們不致衰老和死亡……我們正在談論的是，我們的身體能不斷自我更新，自我恢復，而不會進入墳墓。」這位作者繼續告訴讀者，通過把融合彼此產生的能量，能使他們免受任何類型的死亡，包括意外死亡。

　　CBJ提供了一個例子，說明各種年齡層次的人都在加入膜拜團體，多種途徑都會被利用，還有另外一個有趣的特點，即膜拜團體可能會在不同時期使用不同的名稱。

瞄準年輕人

　　另一個使用過許多名稱的膜拜組織近些年來頗受人們的關注，它是由一個古魯所領導，把目標瞄準年輕人，以許多天堂般的名稱爲人所知的組織。該組織爲由各種前線組織贊助的課程做廣告，這些前線組織由以機構、社團、論壇、研討班、晚宴、系列節目和討論會的形式出現在。古魯的名字在廣告中不會提及，這更適合於二十多歲的年輕人和婦女。

　　信徒們在大學校園及其周圍地區張貼海報，在新時代出版物上做廣告，說提供免費的研討班，主題包括冥想、玄學、職業發展、財務成功和獲得賦權等。一旦有人對廣告或私人邀請作出響應，據該組織的前成員及親屬說，招募的過程就是這樣進行的：首先，在免費的討論班期間，

8　C. P- Brown, BernaDeane, and J. R. Strole, *Together Forever: An Invitation to Physical Immortality,* (Scottsdale, Ariz.: Eternal Flame Foundation, 1990), pp. 35-36.

某些參與者會被列為候選對象；論壇的主持人或某個指派的成員就會和他們單獨接觸，與他們建立私人友誼。指派的信徒告訴每個新人有關他們那個強有力的精神領袖的情況，有時也會透露出領袖是誰。其次，新人被邀請去參加費用全免的旅行，到另一個城市去聽領袖的演講。最後，在聽了幾次演講後，積極者會被邀請和教主一起去參加正式的晚宴。與此同時，現在既是朋友又是老師的招募者會敦促新人成為領袖的學生。新人被施以巨大的壓力以使他們屈服，同時，他們也遭受著愛的轟炸，感到自己十分特別而受喜愛。

據報道，領袖使用各種不同的技巧來軟化動搖新成員。他運用語言和手操作，以及可控制的暖氣、燈光和聲音來產生一種集體催眠形式。他創造出一種幻覺，其中有變形的、漂浮的發光的光環。新成員被告知，他們是在以前的咒語中獲得了智慧和力量的特殊人士，而領袖能幫助他們開發和增強那種力量。

據說他鼓吹佛教和資本主義的結合，認為這應該會帶來物質和精神的雙重富足。前成員說他們與其他成員為參加討論班每月支付3,000到6,000美元不等的費用，他們說領袖使他們相信他能保證他們成功，為此他們必須付錢。據報道，交給該領袖的專門費用可高達1萬美元。

前成員說他們曾在技術工作和就業方面獲得過指導，他們宣稱有時他們被告知要捏造簡歷以便作為假定的技術奇才獲得高薪。有些人在只接受了短短6個月的培訓後，膜拜團體就派他們去應聘高能力的咨詢工作。他們說，他們的工資越高，領袖就分得越多。據報道，該古魯操控著數百人，每年給他交數百萬美元。

六、雙重議程

　　不是所有的膜拜團體都是集體居住的組織，也不是所有的膜拜團體都實行快速而強烈的思想改造程序，當然有的膜拜團體以此而著稱。不過，當大部分的成員分散居住時，膜拜團體只是在改變成員的行爲方面更慢一些而已。雙重議程仍然存在，分散居住的膜拜團體通過協同努力和操控程序也成功地實現將新成員與組織捆綁在一起的目標。

　　盡管內容有所不同，大多數膜拜團體在很多方面卻是彼此類似的。他們在使用社會和心理壓力方面尤其相似，包括將使成員與其過去隔離，貶低他們當下的自我意識，讓他們爲了留在組織裡而放棄和忘掉以前的生活。在此過程中，他們的行爲和態度發生了轉變。盡管不是所有但大部分的轉變都是在新成員沒有意識到的情況下發生的。有人曾描寫他在薩西亞·賽峇峇（Sathya Sai Baba）膜拜團體組織兩年的經歷時，說道：「在我們的宇宙訓練營……我們正在以快速增長的曲線變得愚昧無知……[9]，當我第一次進入賽峇峇王國時，起初我看到的像是天堂之門，突然有一天發現變成了地獄之門。」

　　不管是在招募新成員時使用公然的欺騙還是使用大量的小騙局，雙重議程的存在明顯地使膜拜團體區別於那些吸收成員的其他組織，如合法的學校、建制化的宗教、軍隊和各種各樣的志願組織。膜拜團體組織明白，如果你從一開始就知道你要去幹什麼，爲什麼去，那麼你絕不會加入的。就是這麼簡單。

9　T. Brooke,*Riders of the Cosmic Circuit,* Batavia, Ill.: Lion Publishing Corporation, 1986, p. 37.

第六章　生理勸說技巧

一般說來，膜拜團體和組織所使用的思想改造過程沒有像計算機、書或汽車那樣的有形產品出售，它們出售的是一種無形產品。因此，那些提供心理上、政治上或精神上轉化和啓蒙的人們都認識到，要麼他們需要證明自己擁有某種專門的知識，而信徒通過加入組織就能獲得某些不同尋常的東西，要麼他們就需要使用特殊的勸說技巧，說服信徒留下來。

我們知道，人們可以被勸導去購買幾乎所有東西，無論是布魯克林橋還是防止衰老的藥膏。他們也樂於花費數百美元坐在舞廳裡聽「新世紀」的培訓人員高談闊論，向他們承諾「突破」和「轉化」。不過，對於賣者來說，如果他們能找到一種方法來實際地證明給買者看或說服買者，這種方法中有他們引起的某些事情發生，而買者能被這些事情所改變，這對他會是有用的。

除了購買幾乎任何東西，人們顯然還能被勸導相信幾乎任何事情。即便膜拜團體領袖不能給出「證明」，他們也能操控你而讓你相信。通過各種有技巧的操控和欺騙，他們會讓你相信他們有終極解決辦法。

通常，膜拜團體領袖聯合使用下列兩種勸誘方法：

使信徒受制於某些精心設計的經歷和練習中，誘導出可以預見的生理反應，然後按照領袖的意願加以解釋。

使信徒受制於心理壓力和操控中，誘導出某些行爲和情緒反應，然後利用這些反應引起信徒對膜拜團體進一步的依賴。

本章著重於生理技巧，下一章著重於心理技巧。不過，雖然我是分開來討論勸說的兩種類型，但沒有一個膜拜團體或組織只採用一種類型。在當今的膜拜組織裡使用思想改造過程的能量，恰恰是基於以下事實：膜拜團體利用各種複雜的技巧來招募、改造、控制和挽留會員。

一、體驗式練習的批量銷售

盡管美國一直被認爲是一個多民族的熔爐，但直到1960年代中期以前，來到這個國家的大部分人都是具有猶太－天主教背景的非亞裔人士。

在西方世界眾所周知，無論是猶太教還是天主教，都沒有使用體驗式練習。而這種練習瀰漫在東方的宗教中，如曼陀羅冥想（mantra meditation）、旋轉舞（spin dance）這樣或其他的一些練習，從西方的觀點來看，是怪異的儀式和步驟。然而在1960年代的美國，第一波湧現出來的許多年輕的膜拜團體，都以東方體驗式的儀式爲基礎。很快，不僅是東方風格的組織，而且其他許多使用思想改造技巧的膜拜團體和組織也開始將這類和其他的體驗式練習合並起來，用於對信徒進行操控。

遠東的文學作品表明，東方的宗教老師常常會監管每一位學生，仔細地留意規定練習動作帶來的有害後果，而會更改實際動作以使學生不致受傷害。在現今的應用中缺乏這種監管。各種各樣的人都進行這種古老的體驗式練習而且是在一個組織的背景下來應用，不一定是爲了使他們的信徒受益，而是爲了說服和控制他們。不僅是各種類型的膜拜組織採納了這種練習，而且一些較大型的膜拜團體和使用思想改造程序的組

織也開始大規模銷售體驗式技巧，再次對購買者和消費者造成損害。

　　這些課程以廉價的、看似無害的步驟開始，這些程序有確定的訴求，並由代表領袖行事的成員大爲改進。這些入門程序之後，接下來便是提議越來越貴、時間更長、更加密集的課程。許多組織把後面的課程稱作是「加強器」，並將其吹捧爲一種幫助初學者更快達到完美境界的途徑。

　　像網球鞋、早餐麥片、收音機和計算機這樣的商品的大衆化營銷是基於這樣一種理解，卽如果商品不適合可以退換，並且買賣雙方的關係由合同、保修單和消費者權益保護法所明確。但是，在心智和情感操控領域，沒有消費者保護法。事實上，錯用和濫用這些體驗式練習的人通常不會告知他們的買者或信徒這一點，卽並不是每個人都能從做這些練習中受益或感到愉悅，而這些練習易於能在心理和生理上都產生影響。

　　這樣，傷害的潛力是雙重的。第一，在賣主開始應用其器具前，並沒有獲得消費者的知情同意。第二，消費者沒有被告知，某些練習可能會引發負面的影響或令人不快的反應或情形，並可能改變一個人的生命，在某個時刻到來的時候可能會變得更壞。事實上，大多數人對於成爲這個操控的組織的成員後將會發生什麼樣的事情並無完整和清晰的認識。

　　體驗式練習的大規模銷售在（二十世紀）八十年代十分普遍，在九十年代仍很突出。負面效果的公開和一些參加者令人痛心的經歷似乎並沒有讓這些賣者卻步。盡管有些膜拜團體已經消失或倒閉，另一些卻只是更換了名稱或重新調整了它們的路子而延續至今。

二、產生預期生理反應的技巧

　　以下是在組織活動中教給成員的一些能產生多種精神及身體感應

的更常用的生理方法。成員們對這些方法的反應被領袖或培訓人員按照自己意願進行重新闡釋，以便使初學者及信徒相信此過程對他們是有益的。這種正面的重新闡釋有時被稱爲「再造的證據」（proof through reframing），是一種被膜拜團體廣泛使用的勸說技巧。

換氣過度 （hyperventilation）

換氣過度是一種由過度呼吸和反覆嘆氣所引起的效果的總稱。讓人們持續不斷地大叫或唱頌歌便很容易誘導出此情形。例如，此類效果能夠通過以下方法產生，即讓練習者站直，緊握雙拳向前揮擊，同時大口呼氣並大聲高喊：「熱愛領袖！熱愛領袖！熱愛領袖！」換氣過度的效果也能在更隱秘、安靜、程序化的反覆頌唱中通過劇烈而沉重的向外呼氣產生。

一位拉傑尼希的前信徒向我展示了他所稱的「唬冥想」———一種其組織中常用的練習法。他雙腳分開站立，雙臂舉過頭頂，然後開始快速彎腰，保持雙臂不動，盡量急促地、用力地、快速地呼出空氣，彎腰時將喘粗氣變爲「唬」的一聲。這樣的練習要一直做，直到大多數成員倒在地板的墊子上爲止。

我曾請數位醫生向我簡單地解釋換氣過度或過度換氣，以便我能幫助膜拜團體前信徒們理解此種效果。醫生解釋說，持續的換氣過度[1]，引起肺部大量空氣進出，會使血液中的二氧化碳水平降低，這反過來會引起血液變成更偏鹼性。這被稱爲「呼吸性鹼中毒」（respiratory alkalosis）。

中等程度的呼吸性鹼中毒可造成眩暈或輕度頭痛，人們感到「很興

1　和Ben Kliger, M.D.的私下交流, Feb. 6, 1994;與 Edward Lottick, M.D.的電話交談, Feb.7, 1994; Harold Scales, M.D.,寫給作的者信 , Oct. 1985.

奮」並喪失正常的判斷及思考能力。較長或較劇烈的換氣過度可導致手指、腳趾和嘴唇麻木和刺痛，以及出汗、心跳加速、耳鳴、戰慄、感覺害怕、恐懼和不真實。更長或更劇烈的換氣過度可導致肌肉痙攣，包括手腳像爪狀的僵硬、全身痙攣、嚴重的胸痛和緊縮。可以發展成心律不齊，驚厥的趨勢加大。

　　呼吸性鹼中毒也可導致昏厥。練習者經常摔倒在地，短暫地失去意識。當他們失去意識的時候，換氣不足出現以補償換氣過度期間造成的損害，使血液回到正常的酸鹼平衡狀態。練習者醒後感到乏力、疲勞，並意識到他們經歷了一個戲劇性的令人恐懼的過程。

　　膜拜團體、庸醫和操控者已經意識到換氣過度所導致的預期後果——眩暈、失控的感覺，有可能喪失意識，出現刺痛、手指及腳趾緊繃等狀況。與此類似，他們認識到立即重構此經歷的後果。通過有意識的重構或重新確認其效果，從而混淆練習者個體本能的反應，即有不愉快的事情發生，領袖們將一種令人恐懼的狀態轉變為可能正面的狀態。例如告訴新信徒，他們「正在路上……獲得或接收精神，……變成狂喜」。有些此類膜拜組織的首領用「捕龍蝦」（lobstering）或「捕金槍魚」（tunaing），來稱呼由過度換氣所引起的手腳像爪樣的緊握和身體摔倒在地。

　　我曾觀察到，有幾個膜拜組織讓成員坐在黑暗屋子裡的地板上，急促地重複叫喊著「害怕、害怕、害怕」或「魔鬼出現了」之類的話語。幾分鐘之後，領袖估計房間裡許多人感到暈眩或者麻刺了，便打開燈使其身體狀況恢復，說：「看，就像我們說的，你們就要轉化了。」雖然在場的許多人表現出接受這種教育，但沒有一個人說認識到了過度換氣的後果，其實這種後果我們大部分人在高中或大學的自然課中都聽說過。由於組

織程序建立起的社會約束和同伴壓力，沒有人會問：「你確信這是超越這個世界的迷幻藥和啓示而眞的不是換氣過度的後果嗎？」

　　一些組織的前成員被教導要「說方言」（speak in tongues），他們向我描繪了他們在長時間的用「方言」唱聖歌之後的感覺。他們覺得空虛、暈眩，有的興高采烈。他們感覺到自己身上發生了一些事，而且他們被告知這種感覺與他們更完全地成爲該膜拜團體的成員相關。他們被告知，這就是預期會有的感覺。他們很快就明白，他們不應抱怨這些奇特的感覺，而應該將其看作是一個進步。當時，他們並沒有將他們的身體狀況和在「說方言」中的生理練習聯繫起來。

　　在某些膜拜組織的內部，老成員會向新成員演示唱頌歌的技巧，敦促他們和自己一起說聖歌裡的短語。新成員迅速學會了周圍人的音質、模式和節奏。進行長時間的大聲說話、有時還伴隨搖擺的這種練習也會產生換氣過度的症狀群，隨後這些症狀群被當作是取得進步，與上帝的靠近，或是一種新高度的啓蒙。

　　一個心理療法膜拜團體使用各種呼吸技巧，當成員們有奇怪的感覺時，它是這樣解釋的：「你正在開始經歷情感，你以前從未有過情感。到目前爲止你原來一直是關閉的，而現在好好感受一下情感的誕生吧。」一位政治膜拜團體的領袖在每一次長時間的高喊口號和換氣過度之後，都會告訴她的信徒們：「你正在感受革命之火——先是在你體內，接著是在我們之中，然後在這個世界當中。你隨著這種運動一起成長。」

重複動作

　　不停的搖擺動作，唱聖歌的時候拍手，或者幾乎任何一種不斷重複的動作，都有助於改變一個人的綜合意識狀態。通常，重複行爲與各種形式的唱聖歌一起，混合產生了換氣過度和眩暈的效果。眩暈可以由簡

單的旋轉或旋轉舞（此舞蹈中舞者一圈又一圈地旋轉），長時間的搖擺以及恍惚舞（通常是隨著有節奏的重複的擊鼓聲和背景音樂跪著左右和前後搖動）產生。同樣，這些動作的後果被膜拜組織首領當作是神魂顛倒（迷幻）或意識的新層次。

我曾經觀看過許多次膜拜團體的表演，並注意到許多生理影響與與其伴隨的再闡釋。在第四章中，我描述過「旋轉者」（也就是「無限奉獻教堂」）這個組織。他們的成員們隨著搖滾樂不停地旋轉（很多與「蘇菲舞」的方式一樣）。另一個提供心理開發的組織採納了北非沙漠部落傳統的恍惚舞的許多方面，將其應用於教室布置，並將產生的暈眩和頭輕微的頭疼當作是「脫離大腦，進入心臟」。

一個膜拜團體提出「長生不老」的口號，利用旋轉舞蹈來向其成員證明沒人會死亡這一新發現的樂趣。該組織教其成員通過旋轉舞產生眩暈，「你正在進入我們的世界。我們在這兒，旋轉、朝我們旋轉過來，成為一個新的你。」

飲食、睡眠和精神壓力的變化

突然的、激進的或長時間的飲食變化，長期的睡眠不足，以及綜合壓力的增加也會造成可以預見的生理反應。

胃腸痛和其他與飲食相關的後果。許多膜拜組織鼓勵並且/或者將素食主義作為其成員行為的一個部分。有時，這種飲食要求可能只有在其成員加入的後期，或者是在某個特定的範圍內提出來。還有一些組織僅僅只是為了省錢和修改行為而實行節儉的飲食。

如果人們仔細研究並選擇好每天合適的食品組合，素食主義可以很健康。恰恰相反，許多膜拜團體組織粗暴地讓新成員接受低蛋白、營養失衡的素食。突然間只吃蔬菜和水果而不關心要保證合適的蛋白質和氨基酸，就會在下消化道產生奇怪的感覺。某些膜拜團體的頭目們把這種感覺標榜

爲「與撒旦作戰」，並告訴新來的成員們，他們下消化道的疼痛與攪動證明他們具有根本的罪，爲了與撒旦作戰，他們需要要學習該組織的方式。一些新印度組織把這種消化不適解釋爲對前世因果報應的解除。

　　一些曾與膜拜團體一起居住海外的膜拜團體前成員告訴我，他們不僅在其組織中已成爲素食者，而且當他們聞到被正在烹煮的魚和肉時，都會條件反射式地感到厭惡。這種根深蒂固的態度對那些後來離開組織的人來說是個麻煩事，因爲他們住在家裡，去餐館或者去參加野炊，都會碰到煮肉和吃肉的情況。

　　從事人類操控的那些人知道，過了一段時間後，身體就會適應，而且因食物的突然改變而產生的腸胃不適也會減輕。這時，首領們就告訴新成員，這意味著他或她對首領的正確服從，或者達到了意識的更高層次。新來的成員很快意識到，大聲抱怨就等於承認了他們的「罪」，而由此引發的罪惡感會讓他們保持沉默，並從首領們那兒尋求辦法來排遣這種罪惡感。一些曾做過膜拜團體領導的前成員告訴我，他們也曾經歷過這些身體上的反應，接受過這樣的重新闡釋；後來當他們成爲領導層而負責訓練新成員時，他們被命令去尋找甚至暗示可能在新教徒身上出現的這些預期症狀，並向新來的人作出老成員都曾聽到過的同樣的解釋。

　　完整的蛋白質中有20種氨基酸：其中12種被認爲是非必需的，因爲人體本身能產生，而另外8種卻是必需氨基酸，它們只能從肉、魚、禽、奶制品、豆類和堅果中獲取。因此，不均衡的素食飲食不但不能提供所需要的蛋白質，而且還會引起維生素B12的缺乏——維生素B12是制造血液紅細胞必不可少的。在過去的二十年裡，有一本膜拜團體烹飪書提供了該組織所同意制定的食譜。一些盛宴菜單顯得很有吸引力。然而，前成員們說，如果某人對乾蠶豆不感興趣的話，那麼他的日常飲食可能就不

能攝取到氨基酸。

許多膜拜組織也會偶然想出 「糖轟鳴」（sugar buzzing），也就是說，讓一個人吃很多的糖，這樣就能使他克服情緒低落，暫時感到精力充沛。一位膜拜團體前成員說，在她那個特別聖殿中，她被吩咐給每個成員每星期買2.5磅糖，摻進各種糊糊、牛奶和糕點中。一次政治性膜拜團體在長時間的集會期間，首領們通常會給某個教徒25或50美元，讓他出去買一捧糖塊回來，給參加集會的成員們吃，讓他們能夠繼續維持下去。

荷爾蒙的改變。精神壓力、不良飲食以及休息不足都能夠引起荷爾蒙的改變，導致女性月經停止，男性鬍鬚生長減緩或停止。操控者們就故意誤認這些情況，將其作爲女人懷了上帝的孩子、男人成爲了膜拜團體首領、神的化身或古魯的孩子的證據。

我曾經訪談過許多二十幾歲的年輕人，他們在離開膜拜團體之後，臉部如同剛進入青春期的男孩們一樣光潔。他們擔心自己的鬍鬚能否重新長出來。經過一段時間較好的休息，良好的飲食和較少的壓力，所有這些男人都恢復了正常的外貌。許多婦女也在離開膜拜組織之後，又驚又喜地發現月經又重新來了。在膜拜團體裡，這些人的工作日程安排令人筋疲力盡，通常幾個月裡每晚只休息三到五個小時，偶爾幾天完全累癱而睡著的話，將會遭到嚴責，因爲據說這顯示出他們正處在「較低層次」，他們懶惰或有罪。

那些有不固定的集資隊伍的組織，以及像「食垃圾者」（Garbage Eaters）這種流動組織的成員們，會遇到特殊的問題和壓力，原因是他們到處流浪，以餐館和超市後面的垃圾車中的食物爲生，或者吃一些營養不均衡的快餐食物。在那些經歷過特別匱乏的人當中，有許多是在土地

上辛勞耕種，或是在膜拜團體擁有或開辦的工廠中工作的膜拜團體成員。據報道，在一個擁有拘留所的膜拜團體裡，有成員曾經因爲所謂的品行不端而被長時間拘禁在一個像監獄的地方。一個政治膜拜團體的成員曾經被監視，被限制軟禁起來，並被迫連續數天坐在同一個位置，因「叛黨罪」（crimes against party）而接受審問。這些人以及其他一些膜拜團體前成員說，過度的工作、睡眠不足、不良的飲食以及不同尋常的壓力所造成的極度疲憊，即使用他們組織的標準來衡量，也是太過分了。他們過度經歷了身體上的變化和疾病。

通便、灌腸和流汗。包括通便、灌腸和流汗在內的技巧被各個各種膜拜組織用來作爲象徵意義的清理儀式，但實際上它們所充當的更隱蔽的角色是使信徒們體格衰弱，性情溫順，爲了獲得幸福和得到照顧而依附於膜拜團體。一個膜拜團體的前成員說，他們曾經參與過「清理結腸」（colon-cleanse）這一計劃。在此計劃中，他們採用的是服用輕泄劑、解毒劑、膜拜團體推薦的維生素片以及水和果汁等養生法來結合進行清腸（灌腸）。看到這些養生法的細節時，醫生們評價說，這些行爲會使本已筋疲力盡、營養不良的成員們身體更加虛弱。

一個膜拜組織的首領介紹過一種能「清潔、淨化人體系統」並產生「顯著效果」的程序，該程序被推廣爲「適合所有人」，它是這樣構成的：連續兩週每天進行五小時的跑步、流汗，外加一個富含油和維生素的養生法。該養生法包括飲用從兩湯匙到半杯不等的油，以及相當大劑量的特定維生素。比如，煙酸要「有梯度地增加至5000毫克」。據說，過量的維生素尤其是煙酸，據報道會引起劇烈的不適反應。最近的研究表明，高強度的煙酸劑量[2]能引起諸如面部烘熱、皮疹、瘙癢、疲勞和暫時

2　J. E. Bishop, "Niacin, Used for Cholesterol Called Toxic," *Wall Street Jour-*

性的疣狀皮膚損害以及肝中毒之類的有害後果。

　　經受此程序的人們被命令穿著「塗膠的或乙烯基塑料的汗衫」跑步，當他們通過跑步而血液循環加劇之後，被迫到桑拿室中去待大半的時間。「在桑拿室中流汗，溫度在華氏140度與180度之間。」與此相反，一個健身俱樂部的保健專家告訴我，桑拿室中的平均溫度爲華氏115度到120度之間。

　　據報道，這些步驟中的每一個都能產生明顯的身體反應，而這些反應又被組織首領根據他自己的哲學和需要來進行重新定義和闡釋。而且，這種重新定義是要說明，一個明顯的效果的產生不是當作預期的生理反應，而是當作首領所說的任何事情的證據。

身體操控

　　異常的生理效果既能通過一個人的單獨行爲也可以通過與其他人的共同行爲產生，以實現身體操控。膜拜團體和思想改造組織的首領大量使用這種操控，並且將此經歷解釋爲他們想要其信徒認爲的意思。

　　擠壓眼球。膜拜團體前成員報道說，在神光使命組織（Divine Light Mission）中，燈光會比較暗淡，古魯宗教大師在信徒之間穿行，通過按壓他們的眼睛來賜予「神光」，直到他們視神經上的壓力使他們看到閃光。而這被重新定義爲「神光」。

　　按壓耳部。同樣是在神光使命中，其成員根據指示，用手指塞住耳朵，並不斷施壓，直到他們聽到一種嗡嗡聲爲止。而這種嗡嗡聲被解釋

nal, Mar. 2, 1994, p. B4; J. M. McKenoney, J. D. Proctor, S, Harris, and V. M. Chinchill, "A Comparison of the Efficacy and Toxic Effects of Sustained-vs-Immediate-Release Niacin in Hypercholes-terolemic Patients," *Journal of the American Medical Association*, 1994, 271 (9), 672-677.

為聽見了「神音」。

令人痛苦的操控。一個以心理為基礎的膜拜團體的某些前成員描述了他們的教主指示他們做的大量練習，據稱這些練習是為了使組織成員內在自我與外在自我保持平衡。而實際上，這種令人痛苦的身體操控是用來懲罰人的，目的是使他們與首領的計劃保持一致。這些控制被稱為「身體操作」（bodywork），關鍵在於引發痛楚和「意識」。他們的座右銘是「沒有痛苦就沒有收獲」。

一名組織成員躺在一張桌子上，練習的指導者將拇指壓在這名成員身體的敏感區域，如橫膈膜，會陰或人中。如果這樣做產生的痛楚還不夠，指導者就用他的手肘壓在信徒的重要部位。要是他需要更多的手段來製造痛苦，他會跨坐在桌子上該成員的身體上。一位膜拜團體前成員描述了這種方式帶來的痛楚是如何達到令其行為發生改變的。

> 我加入這個組織的時候留著長髮和蓄著鬍鬚，很快我便被送去進行「身體操作」。那個進行「身體操作」的人一開始是用他的手肘按壓我的臀部，我痛苦地蜷成一團，因為這實在太難受了。他告訴我說，我是想要變成一個胎兒，重回子宮。然後他向我灌輸這樣一種意識，即我很害怕從子宮中出來。這痛苦源自我的母親，她因為我而很不高興，她不喜歡我留長髮和蓄鬍鬚。所以這一意識的意思是：你不尊敬你的母親並正在違背她的意願行事。因此，躺在那裡，告訴我的母親，我會剪掉頭髮。這時，他鬆開了手，疼痛消失了。

在這一技巧中，疼痛是由一個所謂的能辨別痛苦的真正來源的人所施加的——在這種情況下，痛苦並不是來自於一個人的手肘對另一個人臀部的按壓而源於那個人剪髮的需要以便不再違背他母親的意願。從

此，這個組織的信徒變得小心翼翼，遵從首領的命令，爲的是避免這痛苦不堪的「身體操作」意識訓練。

鬆弛誘發焦慮

衆所周知，據一段時期的專業文獻記載，並非每個人對閉眼放鬆法或曼陀羅冥想法都反應良好。在這種冥想法中，冥想者必須重複一句咒語。有些人認爲這些步驟可以使人放鬆，樂於接受，但也有相當一部分人感覺不舒服和痛苦。甚至在關於曼陀羅冥想法的古代文獻中，也警告老師要監督練習者，幫助他們避免困境。而今天那些教授曼特拉冥想法和其他閉目技巧的人也從經驗中得知，許多冥想者會出現某些痛苦反應。有些人不是感到放鬆，而是感到越來越緊張，汗如泉湧，心跳加速或痛苦地發現身體許多部位出現反應。

近年來，人們時興談論生活壓力以及如何減壓。許多不同的膜拜組織提供冥想法作爲減壓的靈丹妙藥，並做成一個眞實的麥德森大道有關典型身體反應的包裝，這種反應當他們閉上眼睛嘗試放空思想的冥想時，在很多人身上會出現。膜拜團體組織成這一現象爲「無壓力狀態」（unstressing），並將其引起的任何疼痛都說成是必須的和正面的反應。這種策略使該領袖能夠敦促冥想者保持冥想，並指責他或她有這麼多的內在壓力或說他們進行這個過程時做的不對或不夠。

只有在過去幾年中，這些令人不悅的反應才被當作一種現象來進行研究，被研究者稱作「鬆弛誘發焦慮」（Relaxation-induced anxiety，簡稱RIA）[3]。冥想法的倫理導師，如有執照的心理學家和精神病學家，將RIA作爲一種治療技術，非膜拜團體的冥想導師也將冥想法當作一種放鬆的

3　F. J. Heide and T. D. Borkovec, "Relaxation-Induced Anxiety: Mechanisms and Theoretical Implications," *Behavioral Research Therapy*, 1984, 22, 1-12

技巧來傳授。他們會對這些令人不適的反應進行解釋，看這些知識是否能幫助減輕反應，或者他們可能會終止那些會產生反應的步驟，而代之以其他產生較少不適的步驟。

RIA症狀可以分為三種[4]。第一種包括各種令人難受的感覺。冥想者要麼感覺身體輕飄飄的，要麼感覺身體沉甸甸的。他或她的身體可能看上去改變了大小或方向。有的人感覺忽冷忽熱，有的人說感到刺痛和麻木，還有人視覺、聽覺、味覺和嗅覺都感覺到有變化。科學家認為這些感覺有的反映了副交感神經系統在放鬆期間增長的支配地位，是由血管擴張及隨之產生的溫熱和沉重的感覺所造成的。

第二種反應包括生理行為的活動，要麼是肌肉運動型或者說是源於肌肉的行為，如肌肉抽搐，抽筋，痙攣，抽動和坐立不安等，要麼是由交感神經系統活動爆發引起的行為，如心跳加速或手心出汗等。

第三種包括突然的令人煩心的想法和似乎非常原始（比如就像夢裡的內容那樣）以及會侵入所謂放鬆狀態的那種情緒狀態。悲傷、憤怒、喜悅或性感覺會在冥想者的意識中突然爆發，大大增加了他或她的痛苦。

這些可預期的身體反應無疑就是在冥想者抱怨有異常和不安的效果時所發生在他們身上的事情。我曾經訪談過許多冥想膜拜團體的前成員，他們曾監督那些新成員們進行冥想。當新來的人對這些痛苦感受提出抱怨的時候，這些監督者被教導說，要使成員確信這就是「無壓力狀態」，要想根治，只有進行更長時間、更高頻率的冥想。許多監督者自己也曾遭受過同樣的痛苦感受。

4　Heide and Borkovec, "Relaxation-Induced Anxiety: Mechanisms and Theoretical Implications."

　　這五種主要的行為——換氣過度，重複行為，飲食、作息和壓力水平改變，身體操控和鬆弛誘發焦慮等是已知的能產生某些生理和心理影響的經歷。一個有經驗的思想操控者能將這些預期的人類反應按自己的利益進行重新詮釋。他會說他或她的方法實際上就是產生這種效果的，而且他會定義（或重新定義）這些效果，以符合他所提倡的哲學。在重新定義的過程中，他還會責備那些對因對被誘導出來的狀態感到不安而敢於提出抱怨的人。

　　在本章的剩餘部分，我將詳細說明一些技巧的用途以及各種冥想組織對它們的重新定義，並描述一些受那些效果影響嚴重的冥想者的情況。

三、冥想並非總是對人有益

　　有許多不同種類的冥想辦法，受到不同的個人、組織和膜拜團體的推崇。在最近一期加州的一份免費報紙上，我數了一下，至少有四十種不同的冥想組織和課程的廣告，其中一部分可以看出來是膜拜組織的。

　　和許多膜拜組織一樣，冥想膜拜團體的成員數量和參與程度方面也差別很大，這些情況只隨時間的推移才逐步向其成員公開。那些只參加初級課程的人對長期參加可能會承擔的後果知之甚少，或一無所知。他們並不知道將會被接近去購買如何進行意念漂浮和飛翔的課程，去做星體的自我投射（astral self-projection），甚至可能還會變成禁慾的和尚。他們絕不會了解，很多人參與組織提倡的這些行為和練習後結局很慘。同樣，也不會有人告訴他們該組織是一種宗教性運動。某一大型膜拜組織的一名狂熱的前成員在最開始時被他的培訓師告知[5]，他教的是一種

5　W: S. Gervasi, "Grounding the Guru," *City Paper* (Wash., D.C.), July13,

簡單的、毫不費力的減壓技巧，沒有任何宗教因素。但是，這位前成員說道：「在我完成整整九年半的訓練之後，我實際上已經被變成了一名印度教的信徒。」

到1970年代中期，據報道美國有超過100萬的人購買了某組織提供的一門很受歡迎的初級課程[6]。從那以後，有報道稱美國另外還有約100萬人、全世界共有三四百萬人也參加了這一初級課程。

那些冥想者可能被要求購買的課程之多[7]，需要用整整一個專欄來描寫，包括海外研討班以及全國各地高校和研究所的課程。那些參加高級班課程的人預期要比初學者需要更長得多的時間進行冥想。每一天，他們要進行長達數小時的冥想加上長時間的換氣過度，隨後還要反覆觀看催眠錄像。錄像通常是古魯或先知（swami）的講座，這時冥想者與外界的聯繫隔絕，而且與他們此前的不同經歷也隔開。在某些組織中，每門課程的費用從3,000到4,000美元不等。某個膜拜組織的一些前成員稱，他們無償為組織專職工作一整年，所獲得的回報就是「飛行課程」

　　　1990, pp. 14, 16.

6　Larson, *Larson′s New Book of Cults*, pp.423-424; R. Thomson, "Meditation Urged for Student Ills," *Sarasota Herard Tribune*, Feb. 19, 1993; E. Garcia, "TM Leaders Chant Mantra to Schools: Try Meditation," *San Jose Mercury News*, Mar. 1, 1993, pp. 1B, 2B; L. Goodstein, "Karmic Convergence, the Sequel," *Washington Post*, June. 30, 1993, pp. B1, B5; L. Goodstein, "Meditators See Signs of Success," *Washington Post*, Jul. 30, 1993, pp. B1,B6; S. Saperstein, "Transcendental Meditation on Trial," *Washington Post*, Dec. 12, 1986; D. Thompson, "The Maharishi's Search for Heaven on Earth Pays Off," *Daily Telegraph* (London), Apr. 7, 1993; S, S, Sadleir, *The Spiritual Seeker's Guide* (Costa Mesa, Calif.: Allwon, 1992), p. 216.

7　L. Kadaba, "Good Vibrations," *Philadelphia Inquirer Magazine*, Jan, 11, 1993, pp. E1, E4; S. Gervasi, "Wasted Away in Maharishiville," *City Paper* (Wash., D.C.), Dec. 22, 1989, p. 10.

（flying course）。

　　通常花錢參加某個組織的初級課程的個人並不清楚，在金錢的花費或時間的投入方面，會有什麼樣的事情將進入他們的生活，對於他們如果繼續這一計畫會給他們與家庭和朋友的關係預期會帶來什麼樣的變化也毫無概念。他們也不會事先了解這對他們的思想和情緒所帶來的影響——這些影響並不都是好的。

　　眾多冥想膜拜團體的追隨者在其首領的要求下，搬來與其他冥想者一起住。在某組織中，成員們被告知，如果有足夠數量的冥想者聚集在一起，他們的冥想活動就能影響天氣或減少犯罪。在某些膜拜團體中，成員們被告知，身體上與非冥想者離得越遠，就能免受那些具有可能會沾染冥想者的低級意識的人干擾。外人被看成是地位地下的人，他們的出現會威脅到冥想者的狀況。因此，他們鼓勵冥想者脫離家庭，遠離不做冥想的朋友。

　　到了1970年代中期，在精神病學的文獻中，開始零星出現有關由各種曼陀羅冥想方案所導致的負面後果的臨床報告[8]。臨床醫生報道，一些冥想者發現自己進入一種自導性的意識改變狀態，在其中他們感到不真實或發現周圍的環境處於非真實狀態。一些人成為失業者，因為他們無法控制這些情節的出現。另一些臨床報告表明，不加選擇地使用曼陀羅冥想會使人陷入更多的嚴重精神問題，包括從抑鬱和躁動一直到精神病的代謝失常。

8　A, P. French, A. C, Schmid, and E.Ingalls, "Transcendental Meditation, Altered Reality Testing, and Behavioral Change: A Case Report," *Journal of Nervous and Mental Disease*, 1975, 161, 55-58; R. B. Kennedy, "Self-Induced Depersonalization Syndrome," *American Journal of Psychiatry*, 1976, 133) 1326-1328; A. A. Lazarus, "Psychiatric Problems Precipitated by Transcendental Meditation," *Psychological Reports*, 1976, 39, 601-602.

多年以來，人們對冥想練習進行了大量的研究。在這一系列的研究中，斯坦福研究院的心理學家萊昂·奧特斯（Leon Otis）指出，不管一個冥想組織在廣告中聲稱所有參加練習的人會有什麼樣的好處，他的研究結果都證明恰恰相反[9]。儘管我們可能會期待，和長期修煉的冥想者相比，更多的中途退出者會出現副作用，而根據他的研究，事實正好相反。實際上，抱怨者的數量和嚴重程度與冥想持續的時間長短呈正相關。該研究也不支持這樣一種觀點，即認為一開始的不適感是暫時的。冥想者報告有持續不斷的副作用：他們「自從開始（冥想）」，就變得「焦躁、混亂、沮喪、絕望和/或沉默寡言等（或尤其如此/在更大程度上這樣）」。這些研究結果與許多研究的結果相吻合[10]。

另一位研究者，加拿大心理學教授邁克爾·博辛格（Michael Persinger）[11]發現，對有些人來說，冥想技巧會帶來諸如複雜部分性癲癇的症狀，如視覺異常、聽到聲音、感覺到心靈感應，以及無意識行為等。

9　　L. S. Otis, "Adverse Effects of Transcendental Meditation," in D. Shapiro and R. Walsh (eds.), *Meditation: Classic and Contemporaneous Perspectives* (New York: Alden, 1984); N. Mead, "Why Meditation May Not Reduce Stress," *Natural Health*), Nov./Dec. 1993, pp. 80-85, 122.

10　D. S, Holmes, "Meditation and Somatic Arousal Reduction," *American Psychologist*, 1984, 39, 1-10.

11　M, A. Persinger, "Transcendental Meditation and General Meditation Are Associated with Enhanced Complex Partial Epileptic-like Signs: Evidence of 'Cognitive Kindling'?" *Perceptual and Motor Skills*, 1993, 76, 80-82; M. A. Persinger, "Enhanced Incidence of 'The Sensed Presence' in People Who Have Learned to Meditate: Support for the Right Hemispheric Intrusion Hypothesis," *Perceptual and Motor Skills*, 1992, 75, 1308-1310; M. A, Persinger, N. J. Carrey, and L, A. Suess, *TM and Cult Mania* (North Quincy, Mass,: Christophe, 1980); M. A. Persinger and K. Makarec, "Temporal Lobe Epileptic Signs and Correlative Behaviors Displayed by Normal Populations," *Journal of General Psychology*, 1987, 114(2), 179-195

邁克爾‧墨菲（Michael Murphy）和斯蒂文‧多諾文（Steven Donovan）[12]發現的另一種情況是，高級階段的修煉者特別容易接受暗示，這意味著他們的生理或心理狀態很容易受暗示過程的影響。他們究竟是因為參加冥想修煉才變得更加易受暗示呢？還是因為一開始就極易受暗示，這種狀態又可能會促使他們繼續進行修煉？這目前還沒有研究確定。無論是哪種情況，這種易受暗示的能力使他們處於喪失個人自主權的危險之中。

　　當冥想者一開始說起經歷人格喪失和現實感喪失的時候（感到靈魂出竅或好像自己能觀察自己），他們以為這些意識狀態的改變與冥想的實際階段有關。然而，精神病學家最終認識到，這些都屬於「被動冥想」（involuntary meditation）狀態，說得好聽一點就是，當冥想者不是故意去進行冥想時，有一種意識侵入了他們清醒的意識。不幸的是，而且會大大增加某些冥想者痛苦的是，「一種喪失人格的狀態會成為一種顯然的永久性功能模式，[13]隨之而來的是，長時間喪失對強烈情緒的感受能力，不管是正面的抑或是負面的情緒」。

　　在美國，許多人為他們參加冥想計劃所受的傷害提出了法律訴訟[14]，提供此類計劃的組織也對一些個人進行了賠償。

12　M. Murphy and S. Donovan,*The Physical and Psychological Effects of Meditation*(Big Sur, Calif.: Esalen Institute, 1989).

13　R. J. Castillo, Depersonalization and Meditation, *Psychiatry*, 1990, 53, 158-168.

14　*John Doe I-VI and Jane Doe v. Maharishi Mahesh Yogi*; *World Plan Executive Council-United States*; *Maharishi International University*, 哥倫比亞特區聯邦地方法院（U.S. District Court for the District of Columbia），85-2848, 2849, 2850, 2851,2852, 2853, 2854 (consolidated); *Jane Green v. Maharishi Mahesh Yogi et al.*哥倫比亞特區聯邦地方法院, 87-0015-OG. *Patrick Ryan v. World Plan Executive Council-United States et al.* 哥倫比亞特區聯邦地方法院, 87-0016-OG.

冥想的後果

　　前面提到的對幾名研究人員工作的簡單回顧支持了我的觀察結果。我的觀察結果以對70多位人士進行的訪談[15]和爲他們提供的治療爲基礎，他們在不同的組織中進行了4至17年不等的冥想。

　　這些人尋求幫助，是因爲他們在進行冥想修煉期間時出現了重要的心理症狀。他們想弄清楚他們身上發生了什麼事情，感到他們需要通過治療來重新開始他們的生活。認知困難卽思維和注意力問題十分普遍，他們也正經歷著巨大的感情上的折磨。他們感覺到這些問題與曼陀羅冥想、換氣過度以及他們甚至在向組織的首領匯報了負面經歷後還受鼓動繼續冥想等有關。有些人開始提出法律訴訟，控告他們在冥想組織多年所受到的損害。

　　這些膜拜團體的前成員主要都是來自中產階級的白人，當我見到他們時，他們都已年過30。有些人在高中時期或畢業後不久就加入了冥想組織。其中有一個14歲時就加入，31歲時離開。這些人在加入冥想組織之前都沒有過重大的精神失常症狀。有些人當時有在其年齡段典型的家庭和社會問題，有些人由於失望有點輕度的抑鬱，等等，但這些問題都不明顯。沒有一個人有重大的精神失常的家族史。有些前成員的家族裡，有一兩個酗酒者或因失去親人而導致精神抑鬱的人。

　　下面這幾個例子會說明這些膜拜團體前成員所受到損害的範圍，其中有些損害在他們脫離膜拜組織多年後仍拂之不去。

　　　暫時的意識喪失、缺乏感覺過濾、焦慮發作。「約翰」，36歲，
　　　斷斷續續地冥想了9年。在最後兩年裡，有人鼓勵他加強冥

15　Singer and Ofshe, "Thought Reform Programs and the Production of Psychiatric Casualties."

想。約翰曾是一位企業高管，而現在，離開冥想組織一年後，他仍靠公眾基金生活，被診斷為有精神疾病，無法工作。他會遭受昏厥、暫時的意識喪失，嚴重和頻繁的焦慮發作，以及筋疲力盡等痛苦。約翰感到他的感覺已失去保障。「我無法阻擋外界的一切，」他抱怨說，「所有的事情都鑽進我的感覺。它們使我擔心我的身體充滿了怪異、離奇和恐怖的東西，而這些東西我都無法控制。」雖然他在接受治療，但一旦有環境任何壓力，他就無法正常運轉。他遠離人群，獨自在森林裡漫步，而且長時間休息。

霧和距離。「麗莎」在一個冥想組織度過了13年，其中有9年時間她都經受著罕見的精神分裂，她會「拉開」（space out）。遠眺一個房間時，她會看見齊腰深橘色的霧。盡管身發現自己處這樣一種特殊的狀態，並不時出現打斷和注意力分散，她還是能進行簡單和必需的日常生活。然而，由於她沉浸在霧中，並且感覺分裂和乏味，所以她的身體機能很差。

轉換狀態和記憶困難。1975年，「裏克」在他17歲時加入了一個冥想組織，一共冥想了11年。在參加第一個高級課程班時，換氣過度和在曼陀羅冥想時增加了瑜伽練習，他第一次出現了痛苦的症狀。他描述了精神歡快的狀態，分裂、人格解體、混亂和易怒的時期以及記憶困難。當他最後離開該那個組織時，他在閱讀、記憶和注意力集中等方面都出現了困難，身體不由自主的抖動，經歷頻繁的精神分裂期。

邊界的消失。「布魯諾」，一名40歲出頭的建築師，在進行了初級基本的冥想一年後，去另一個城市的一家旅館參加了第一

次擴展冥想活動。這一出城的活動是一個加強版的項目，要求長時間冥想、過度換氣，而且絕不獨處。他忘記了時間，感到怪異，自己不再是自己了。最後，他在旅館房間裡進行了一次心神不寧的練習後逃離這個課程班。「忽然，我變成一個與空調一體的人。我被溶解了，似乎空調啟動的時候把我從我的身體裡帶出來了。床上已經沒有我了——我和發動機聲音一致(at one)。這是一種無法形容的恐懼。我已經溶解和發動機的聲音混在一起了！」

當他告訴培訓師自己是多麼痛苦時，他們告訴他「有好事要發生」，並要求他進行更多的冥想。回家後，他仍然很焦慮，睡眠困難，而且幾星期都感到十分疲倦。醫生給他開的臨時鎮靜藥物幫助他恢復了健康。

不適當和不相關的情緒爆發。26歲的「湯姆」報名參加一門課程，並進行了第一次擴展冥想。在冥想期間，他出現了RIA症狀，一直持續到該課程結束之後。他最糟糕的症狀是突然爆發強烈的憤怒，與當時發生的任何事情都無關。其他時候——當他在公共汽車、有軌電車、電梯、自動扶梯或小汽車上時——他會爆發出不適當的好鬥的性衝動。他說動作會讓他發瘋。他描述了在情感突然爆發前的幾分鐘的單調和動作，說這就像白日夢一樣的感覺。數月來，他擔心自己正在發瘋，他變得對獨自一人去公共場所感到恐懼，因為他從不知道這些情況什麼時候會發生。

肌肉抽搐。「喬什」，在一個冥想組織中待了12個年頭，想當一名老師。他主要的症狀是頭——頭部和頸部明顯的無法控制

地抽搐——這是在該組織的意念飛行課程當中和完成後出現的。喬什的狀況十分嚴重，組織不準其在公共場合露面。脫離該組織後，他想尋找一份不需和公眾打交道的工作，而且可以告訴他的同事是什麼造成他的抽搐的。目前，醫生為喬什開了一種抗癲癇的藥物，喬什說很有幫助。

長期的情感平淡。「瓊」，進行冥想和參加課程已經9年了。她沒有抱怨，但她丈夫、還未成年的孩子、父母和兄弟姊妹都說她變得「心情抑鬱、神色呆滯、毫無熱情、對事情不注意或不關心」。瓊情感平淡——無論她在說什麼事情，她的面部表情幾乎沒有變化、聲音保持低沉而平緩、說話時身體和手勢只有最低限度的活動。她告訴我，她注意到冥想帶來的唯一的問題是使她「浪費了大量時間」，她的眼睛「無法聚焦」，當獨處時感覺經常「被打斷」。當被問及被打斷的感情時，她回憶說有無數次她沒有意識到時間的流逝，大腦一片空白，不知道接下來她打算要做的事情是什麼。當家人回來時，她就會從那種狀態中解脫。據她的家人說，在進行冥想練習前，瓊曾是一位熱情和富有同情心的人，有責任心，積極參與各種活動，甚至脾氣有點火爆。她以前的經歷和反應一點都看不出她會是一個精神分裂症患者。如今，瓊在社交場合顯得沒有人情味，似乎已經停止經受和表達強烈的情感了，不管是正面的還是負面的，這是她長時間冥想的後果。

癲癇。現年40歲的「加爾文」，15歲時就開始參加冥想課程，不久他就想成為這門課程的老師。早在大學時，他就第一次參加了長時間的冥想課程，包括瑜伽練習，隨後是第一次慢速的過度換氣，然後是增加冥想時間。他還參加一門課程，包

括盡快地過度換氣，輪流關閉一個鼻孔，這在瑜伽練習之後
及冥想之前進行。他第一次複雜的部分型癲癇發作（癲癇發
作的一種形式）是在進行快速呼吸訓練時發生的。他放棄了
該訓練，去尋求醫治，25年過後他還在吃抗癲癇的藥物。在癲
癇發作時（短期與周圍發生的事情失去聯繫）他會抽搐、毫無
目的地亂動、聲音很大，然後便感覺迷糊了。朋友說他聽不見
他們說話，而且他抽搐和嘟嚷的時候，會趔趄，步履蹣跚。

幻視。「凱倫」冥想了17年。「在集中冥想時，我看見了帶翅膀
的小動物，」她說道，「它們就像我的寵物。它們告訴我事
情。我開始無法判斷誰是人，誰是提婆（deva，一種印度自然
精靈）。」組織的首領稱讚她，而且不管這些事使她有多痛
苦，叫她繼續冥想更長的時間。

凱倫說她學會了怎樣隱瞞自己的恐懼和困惑，因為她害怕被
這個組織開除。她14歲就加入了這個組織並完全依附於它。
很早以前她就被鼓勵斷絕與家裡的一切聯繫，她覺得自己無
處可去。

　　我並不是說每一個冥想的人都有問題。我和很多人交談過，他們發
現簡單的冥想會令人放鬆，而且他們都熱衷於私人的安靜時間。不過，
這些人並沒有成為膜拜團體的成員，他們也沒有加入任何冥想者的緊密
社會組織。而在這類組織裡，無論他們的反應如何不適，他們會覺得被
社會強制著去繼續進行練習，或被要求進行更長時間的冥想和過度換
氣。

　　正如我們今天所看見發生的那樣，當膜拜團體的某位成員接受這
種基本原理，即它們的步驟程序對「人類有益」　因此適用於任何人時，

問題就出現了。在這種環境下，參加者如果抱怨某個特定的步驟對他們產生了負面效果，他們將被轉移注意力或被要求不出聲。組織完成這種轉移的手段是告訴這些人應該進行更多的練習，他們的冥想方法不正確及他們的抱怨是「壞」的表現。到這時，那些有痛苦症狀的人通常是依附於該組織的，由於害怕被開除，所以他們只會避而不談痛苦。

　　簡而言之，膜拜組織的罪行之一就是，忽視個體差異的重要性。歷史總是充滿這樣的場合，即個人或組織總是設法用一種萬能藥來治癒人類所有的疾病。在我們這個年代，我們看見膜拜組織將他們的冥想療法應用於所有的參加者，像大規模生產線一樣。

　　幾個世紀以來，冥想修煉是在特定的宇宙學知識（specific cosmology of knowledge）和信仰裡傳授的。與這些歷史悠久的傳統（即教師觀察和引導學生以避免出現有害的結果）形成對照的是，當今的冥想是大眾市場裡批量銷售。本書中的那些例子已經表明，一種已知會產生一系列不穩定的情感和精神後果的過程，如果被大批量地應用到個體身上，是有危險的。然而，就像膜拜團體慣常的那樣，膜拜團體首領只考慮到他自己的成功（必須要說，幾百萬人都在練習「我的」冥想技巧該多好啊！），卻忽視了對特殊信徒的有害後果。

冥想到底有好處嗎？

　　在面向大眾的講座時，我經常被問到短期的冥想對人是否有益。我的回答大概是這樣的：如果不把你的生命交給膜拜團體，只是坐下來做兩種傳統冥想方法之一的話，是的，那是非常有幫助的。古往今來，第一種方法，即基於印度傳統的放空大腦的曼陀羅冥想對很多人都有用。第二種方法是反思性冥想，來自於猶太－基督教傳統。你坐著並用自己集中注意力的方式反省，這也為許許多多的人帶來了平靜的時刻。

　　冥想本身並無好壞之分。但是，當一個唯利是圖的人向你兜售這類課程並勸說你把整個身心交給他時，你必須要當心了。如果你到頭來成為一個賺錢撈權組織的奴隸，而不會理你在某些練習中可能遇到的困難，那就是對那些功效強大的修煉糟糕的使用。

　　赫伯特·本森（Herbert Benson）是暢銷書《放鬆反應》（*The Relaxation of Response*）[16]的作者。他說道，冥想並不昂貴——你不用買曼陀羅咒語。只要隨便說個詞都行。例如，有些冥想者只重複數字「1」，這樣做他們就找到了平靜與安寧。只需將你的思想轉移到某些簡單的行為和觀點上片刻，清理一下你的大腦，而不用交出的性命，你就會感受得到，並且還不用花錢。在做任何冥想或放鬆練習時，如感到有任何精神或身體不適，我建議你立即停止並向專家咨詢。

16　H. Benson, *The Relaxation Response* (New York: Morrow, 1975).

第七章　心理勸說技巧

　　膜拜團體領袖們並沒有上過勸導學校。他們之所以成為人類操控這一民間藝術的大師，全憑測試和觀察什麼有效。他們會修正自己的方法和技巧，採用那些歷史悠久的操控策略以促使人們發生改變。世上沒有教人勸導的學校，但有許多途徑可以學會如何操控他人。你可以去圖書館，閱讀那些如何玩轉「信心遊戲」的書，那些職業騙子如何坑蒙拐騙拉皮條的書。你可以看報紙和大眾出版物學會，也可以觀察銷售人員怎麼活動的，以及那些有著街頭智慧的人們是如何誘導和哄騙他人聽從他們吩咐的，從中學會。你要是想了解些更有學術性的資料，就會有社會心理學方面的佳作，講清楚了如何施加影響及組織過程是如何影響人的行為。你可以去讀讀論述思想改造和洗腦的經典著作，並了解「鬥爭團體」的運用及如何動用同伴壓力。的確，操控他人和勸導的民間藝術是可以學習並加以完善的。

　　一個人能夠學會來操控他人的方法是無止境的，尤其是如果這個人已經喪失良知，對依賴他人的勞動和錢財生活毫無愧意，並決心要過這樣的日子的話。然而，就像父母、老師、神職人員和其他人力圖說服人們改變行為方式的人們，痛心地體會到的那樣，單純的建議或暗示某人應當做某事，甚至命令和要求某人做某事，都可能得不到那人的合作。就算威脅也未必能得到服從。那麼，某些膜拜團體的首領們又如何能如

此成功地對人們進行操控的呢？

　　他們採用的是各種勸導技巧的結合，其中生理方面的技巧已經在上一章進行了概述，本章則描述那些心理技巧。在這裡，我們發現使用了催眠和催眠術、欺詐、篡改個人經歷、情感操控，以及最最重要的同伴壓力。不管使用哪種技巧，就如同我們在第三章中看到的那樣，最終的行為變化都是在一步步的點滴積累中實現的。

一、催眠與催眠術

　　催眠術更多地被歸為一種心理方法而不是生理方法，因為它本質上就是一種精神高度集中的形式，其中一個人聽憑別人為他構建他的注意力所集中的對象，同時中止了批評性的判斷和表層意識活動。當此方法在膜拜環境中運用時，就變成了一種心理操控和強制的形式。因為在一個人處於一種脆弱狀態的時候，教主就植入了旨在實現他本人議程的暗示。

　　催眠狀態是一種我們的知覺和意識受到調整的現象。當我們積極的評判思維變弱的時候，我們的意識似乎分裂了，並且，我們從一種積極主動的狀態分裂為一種消極被動的心智活動模式。我們聽著或者看著，沒有反應或評價。我們停止了理性分析、獨立判斷，也不再能夠清醒地斷定我們正在聽到或接受的是什麼。我們也不再能夠分辨什麼東西我們希望是真的，什麼東西確實是真的。想象與現實交織在一起，我們的自我和他人的自我看上去更像是同一個自我。我們心智的檔位轉換到「接受」檔上，而任由積極的心智活動保持中立。

　　類似催眠的狀態可以出現在被催眠時，在被讀書或聽故事完全吸引時，以及在明顯地集中注意力時。這些狀態有時被用以指稱一種意識

的更改狀態（altered states of consciousness）。在一種被更改的狀態中，我們在很大程度上會經歷一種正常的一般現實定位行為（generalized reality orientation，GRO）缺失——就是，我們不能自主地注意到或者意識到我們所處的環境及我們在其中的位置。在正常清醒的生活中，我們的一般現實定位（GRO）是我們的參照框架，充當我們正在進行的知覺經驗和意識觀念的一個背景。我們的一般現實定向塑造一個情境，我們能在其中解釋正在發生什麼事情。這個參照框架在某些特定條件下會消失，包括催眠、冥想、受控幻想、吸毒以及疲倦感覺剝奪等。當我們的一般現實定向被削弱時，我們會變得既更易受外界影響的暗示，又更易受心理幻覺的影響。

有些膜拜團體使用那些能使人進入意識的更改狀態的技巧，令他們更為順從。我並不是說膜拜團體成員常年不斷地被催眠，精神恍惚地到處遊走。我要說的是，許多膜拜團體和使用思想改造程序的組織都將其成員置於大量的可導致催眠狀態的行為中，有不同類型和質量的演講、布道及要求的活動為證，比如長時間的唱頌歌或冥想、不斷重複的死記硬背行為等。當暫時的催眠狀態被誘導產生時，可能是集體的修煉活動及某種語言運用方式所引起的不自覺的副產品，或者也完全可能被設計誘導產生——盡管通常組織不會將其界定為認為是一種催眠技巧。最常用的步驟被稱為「自然主義催眠誘導」（naturalistic trance induction），許多膜拜團體組織都依靠這種技巧。

如何在某些情境下進行誘導，取得他人的合作與順從，對此最好的說明之一產生於對這種自然主義催眠誘導的研究。在職業心理學界，這些間接催眠誘導是被設計用來避開病人通常的抗拒，這些病人來尋求幫助但他們在進行直接引導或暗示時卻抗拒改變。自然主義催眠誘導也是

那些膜拜團體首領們用來改變其信徒態度與行為的某些策略所效法的典範。

自然主義催眠誘導

著名的醫療催眠師米爾頓·埃裏克森（Milton Erickson）及其同事的研究，提供了那些能夠用來誘發合作、降低對改變的抗拒的方法和技巧的大全[1]。這些技巧中有許多是我們在膜拜團體中所看到的。

米爾頓·埃裏克森用一種十分特別的方式對催眠術和催眠狀態感興趣。作為一名既是催眠研究者又是有經驗的催眠師，他知道幫助人們改變有多困難，尤其是他們必須要改變行為習慣時。為了致力於幫助人們，埃裏克森設計了一種治療病人的獨特方法，而且他的工作提供了一種最清楚明白的解釋，即普通的言辭、對話的方式、對某個相互作用小心謹慎的節奏和引導能夠使一個人達到願意爭取與另一個人合作的狀態，不用採取任何壓力、高要求的通知或命令。

直到埃裏克森的研究出名之前，大多數進行催眠的的人——無論是舞臺催眠師、研究催眠術的科學家還是牙醫或使用催眠來減輕疼痛和焦慮的其他人——都是依靠正規的催眠誘導（formal trance induction），這是一種明確告知病人的程序，即「我要對你進行催眠了。請閉上雙眼，放鬆。」艾裏克森重新定義了催眠術，將之視為一種兩人之間的交互改變，其中催眠師得到病人的配合，以各種方式來應付對合作的抵制，並提升正在發生著某些變化的該病人的認可。通過這一過程，催眠治療師間接地暗示病人將會發生的行為變化。

在艾裏克森的自然主義誘導（naturalistic inductions）中，他並不聲明

1　J. Miller, "The Utilization of Hypnotic Techniques in Religious Conversion", *Cultic Studies Journal*, 1986, 3(2), 243-250.

說：「我們現在在進行催眠」，他甚至提都不提「這是催眠」。相反，他對與他協作的人進行「定調並引導」，使其某一特定時刻達到盡可能高水平的催眠狀態。那些久仰他醫療催眠醫師大名的人到了他那兒，發現自己坐著與他談話，聽他講故事，毫無警惕地一直閒聊著，沒有意識到他們之間所發生的一切正產生著不同深度的催眠狀態。這些交互作用的結果是，病人對他們自己和生活的態度在發生改變。艾裏克森發展的自然主義催眠誘導是他對治療干預的一個重要貢獻。

米爾頓·艾裏克森的工作與膜拜團體首領的方法之間有一個關鍵的區別，那就是艾裏克森始終把病人的最大利益放在第一位，從不利用那些他明知是一種改變別人非常有力的手段去做任何自私的事情。他運用影響技巧來幫助病人改變，是爲了改善他們自身，並且他的治法是基於數十年對病人的敏銳而細緻的觀察。不過，艾裏克森對影響詳細記錄的觀察結果幫助我們認識和界定在膜拜團體和思想改造組織裡發揮作用的那些技巧。在第三章中，我已概述了什麼是思想改造以及對一個人態度和行爲解凍、改變和再凍結的三個階段。艾裏克森的工作給我們提供了一種途徑，來理解那種每時每刻的轉變所發生的情境和在轉變誘導過程中所使用的方法。

膜拜團體、思想改造組織和某些「新世紀」組織中可能都會出現自然主義催眠誘導。這些組織的大多數的首領們可能並不認爲自己所幹的事情就是催眠誘導。然而，就算催眠狀態本身並未產生，但是訓練有素的招募者和膜拜團體首領們的行爲也利用了「定調和引導」的實質性要素，採用正移情（positive transference）（在本章稍後會討論）並作出間接暗示，所有這些對催眠過程和催眠狀態來說，都是極爲重要的。

我的觀點是，某些膜拜團體首領所作的一些講演和某些集體唱頌

歌，符合產生暫時性催眠狀態的標準。例如，我的一位研究生對超凡魅力的膜拜團體首領、電視福音傳道者和主流教會領袖的講話錄音進行了一個比較，尋找那些具有說服力和能誘導催眠的品質。基於一些受過訓練的被測試者的評價，她的研究結果顯示[2]，膜拜團體首領和原教旨主義福音傳道者的演講比主流教會領袖的講話更具有催眠性質。

　　膜拜團體成員們也被訓練和灌輸某種特定風格的表達方式，被教導去盡可能多的聽眾中尋找想要的效果。例如，有個已成為《聖經》膜拜團體長老的人，從他的首領那而獲得打印出來的演講稿和指令，內容是如何在特別有節奏感的歌唱中一遍又一遍地重複某些詞句。首領教他如何把一篇連同聖經上的引文也只有一頁的簡短演講詞拖長到一個小時甚至更長。一項對官員和很擅長公共演講的人們所作的非正式調查表明，類似的一頁講稿即使他們用稍慢的語速也只需三分鐘就可講完。這個人說他知道當他作演講時，教會成員們處於一種「恍惚狀態」（tranced out），而他因為能很好地遵循教導並仿效領袖的布道方式而名聲大振。

　　希勒爾·澤特林（Hillel Zeitlin）的工作中所描述[3]的一種廣泛運用的催眠誘導過程，是去激發一種普遍的體驗。比如按照這樣一些話來做：「我們當中有誰不曾站立在山坡之上，俯瞰山谷，……並感覺到某種神秘的情感在我們的心中湧出呢？」激發一個人產生所普遍的感覺，有助說話者從聽者那裡求得合作。

　　有時候，這種誘導方法就是一篇充滿了矛盾和悖論的講話，也就

2　M, A. Kim, "Communication and the Psychology of Charisma." 未出版的博士論文，加州伯克利大學心理學系，1984年。

3　H. Zeitlin, "Cult Induction: Hypnotic Communication Patterns in Contemporary Cults," in J. Zeig (ed.), *Ericksonian Psychotherapy* (New York: Brunner/Mazel, 1985).

是說，這個信息是不合邏輯而你無法理解的，但是它表述得好像很有邏輯。聽者努力去弄明白所說的究竟是什麼，實際上這種努力會讓他與現實分離。這種技巧的一個很好的例證是，膜拜團體首領巴格萬・施利・拉傑尼希在一次入會儀式上所說的話。在此儀式上，他給每個信徒起一個新名字，指示他們先穿上橘紅色後穿上紫紅色的衣服，然後戴上刻有他肖像的項鏈。讀一讀拉傑尼希的話可以讓你感覺到，言語能做什麼從而導致一個人進入輕度催眠狀態或變得昏昏沉沉。

> 首先，這肖像不是我的。這畫像只是看起來像是我的。任何我的畫像其實都是不可能的。一個人認識自我的那一刻起，他就知道有些東西是不可摹畫、不可描寫，也無法構架的。我作為一種不可描畫、不可拍攝的虛空而存在。這就是我將著畫像放在那裡的原因。……你對這畫像了解愈多——你越凝視它，你就與它越和諧——你將愈能體會到我所說的含義。你越凝視它，它就會越不像是在那兒的一幅畫了。[4]

拉傑尼希可能很清楚普通人對多次重複做某事的反應：重複的動作會失去意義。例如，小孩子會突然了解如何一遍遍重複地說自己的名字，直到這些名字失去意義。在這段引文中，拉傑尼希正是利用了這種以乏味的重複使言語失去意義的方法。與類催眠狀態相關的是，他也鼓吹這樣一個建議，即「你越凝視它，就越沒有任何畫在那兒。」

引導意象

間接的催眠誘導也能通過講故事和使用其他言語方式來產生。膜

4　轉引自B. S. Rajneesh, *I Am the Gate* (New York: HarperCollins, 1975, pp. 45-46), by Zeitlin, "Cult Induction: Hypnotic Communication Patterns in Contemporary Cults."

拜團體首領常常以一種不斷重複的有節奏、讓人難以跟上的方式講話，並且把這些特徵運用於講述那些高度形象化的故事和寓言。他們運用詞語來創造出一種心理意象，通常被稱作引導意象（guided imagery）。

在這些引導意象的練習中，說話者要求聽者在大腦中想象被講述的故事場景。說話者可能會說：「停止思考，只要跟隨這個畫面就行。」那些停止思考其周邊環境並跟隨畫面的人一下子就感覺被吸引了，放鬆並且精神很集中。引導意象的故事讓許多人經歷了意識的改變狀態。

相當多的不同的引導意象技巧被膜拜團體首領和培訓師所採用，用來清除信徒正常的參考框架。其中一種技巧就是細述一個吸引聽者的注意力並使他們著迷的冗長故事，同時還能減弱他們對周圍現實的覺察。其結果是，他們進入了一種類催眠的狀態。在這種狀態下，他們會比以評價和理性的方式來傾聽建議時更有可能聽取建議，並接受其所說的內容。使用引導意象和其他言辭技巧的首領們會根據聽者對言辭的依戀程度，以及沉浸和安靜的程度來掌控這些練習。

對很多人來說，進入一種催眠狀態是令人愉悅的。它使人擺脫對日常生活悲苦的思考。舉例來說，大約60年前，人們常常湊在一起讀催眠詩[5]。這種詩是浪漫主義、19世紀文學、哲學和藝術運動的一種表現，這種運動是對更早期的唯理智論為中心的新古典主義運動的反叛。這些浪漫詩歌所帶來的影響，包括有催眠術、吸食鴉片而產生的幻覺（英國作家托馬斯·德·昆西）及對想象的強調（德國作家）。如果在合適的場合大聲朗讀，這一時期的許多詩歌會有確定的導致催眠的效果。如佩奧（Peo）的《阿萊伯·李》（*Annabel Lee*）、格雷（Gray）的《挽歌》

5　E. D. Snyder, *Hypnotic Poetry: A Study of Trance-Inducing Techniques in Certain Poems and Its Literary Significance* (Philadelphia: University of Pennsylvania, 1930).

（*Elegy*）、坦尼森（Tennyson）的《號角之歌》（*Bugle Song*）以及柯勒律治（Coleridge）的《老水手謠》（*The Rime of the Ancient Mariner*）都是這種類型的作品。本世紀早期，人們常聚集一起，叫一個好的朗讀者來大聲讀這樣的詩，為的是在相當大比例的聽眾中引起一種全神貫註的狀態和強烈的情感反應。有人說這種經歷十分強烈，可以稱作「崇高的狂喜」（sublime ecstasy）。這些群體性的朗讀以及獨居者對這種詩歌的默誦，產生了最好被稱作增強版催眠（trance-augmented）的美學體驗。

　　研究這一現象的學者列出了催眠詩歌的六種特性[6]：（1）沒有突然的停頓；（2）節奏舒緩，有明顯的規律；（3）使用疊句（叠句）和頻繁重複；（4）花式的和諧節奏以集中注意力；（5）意象模糊；（6）令人疲憊的晦澀。這些特性，能夠從對許多膜拜團體首領演講的分析中鑒別出來，尤其是他們面對成群的成員和支持者發表演講時。

　　有些首領將喊叫、有節奏的鼓掌以及舞蹈動作都結合到講故事之中，來產生意象。讀者會發現，在一個活動中，這些過程還同時與過度換氣和催眠誘導結合起來。所以說，不是所有的引導意象都是安靜的，當然也不是所有的膜拜團體首領都知道催眠誘導如何通過全神貫註來起作用，或者過度換氣的錯綜複雜狀況。但是從對別人和我所知道的描述中，我相信那些成功的膜拜團體首領會監視、觀察，以及從嘗試中學習，並根據需要來修正或重建勸導的民間藝術。

　　一個《聖經》膜拜團體的首領不斷重複冗長、多彩的童年故事，以此來作為引導意象的內容。後來前成員發現，他所講的這段歷史在很大程度上是虛構的。他講這個故事的主要推動力在於指出他在孩提時代

6　E. D. Snyder and R. E. Shor, "Trance-Inductive Poetry: A Brief Communication," *International Journal of Clinical and Experimental Hypnosis*, 1983, 31（1）, 1-7.

是多麼的純潔、清白和天眞。他解釋說，正是這些品質使他負有擔當領袖的特殊使命。前成員回憶說，他們在首領講故事期間都變得昏昏沉沉了，然後聽眾都感覺到被征服了，變得十分順服。有趣的是，他們說他的引導意象常常是要達到一種他曾在孩提時代所擁有的頭腦：「讓你的頭腦就像過去一樣，像孩子的頭腦，自由而天眞，大腦中空無一念，讓我來替你想。」

　　一些心理療法膜拜團體和思想改造組織採用引導意象來讓成員們退回到孩提時代，其目的是喚起對過去痛苦和孤獨的回憶，同時誘導成員們去責怪他們的父母對在他們年幼時對他們疏於照管，讓他們孤零零的。下面這個關於倒退技巧的簡單例子就出自一位男子，他曾參加過一個使用大量想象的組織。他被告知：

> 閉上你的眼睛，回到你的童年。看看你自己6歲時的樣子，這就像一個夢。你看到自己在一片樹林裡，你很小而且是獨自一人。你穿過樹林，來到中心的一片空地，你看到一堵老牆，牆上有木門，很容易打開。你走進門去，環顧四周，你看到你在很小時玩過的一些玩具，那些你喜愛的毛絨動物玩具，如今卻被丟棄，獨自在那，沒人理睬。你朝路的對面看，看到你小時候穿過的一些衣服，它們布滿灰塵，破爛不堪。你看到過去常常鋪在床上的毯子，你看見你的舊床也在路對面。你現在開始像以前那個躺在床上獨自一人的小孩一樣，感到孤單。你在盼望誰呀？他們來了嗎？為什麼你一個人在床上哭泣？想想那些寂寞的時光和背棄的諾言吧！爸爸忘記回家來陪你玩，媽媽沒有來抱你上床。全是背棄的諾言！它們仍深埋在你心中，拉扯著你。你一個人大聲地哭，但是沒有人來。

這種引導意象的心理學目的就是要激發情感，使你這個組織成員回到童年的記憶，再次體驗悲痛。還有一個目的就是暗示還有沒被發現的甚至更痛苦的回憶，暗示你生活中所有的不幸都是由父母造成的。這就能讓首領隨後給你指明幸福之路，要學會他的訊息和生活方式：來尋找你的新家吧，來這兒感受被愛，譴責那些可怕的父母吧，不要親近他們！

引導意象內容無所不包。在聽別人回想起過去的痛苦時大哭或抽泣，這樣一種群體過程程具有很強大的影響力，因為它很容易誘導發生感覺的傳染，以及對大多數人來說會很興奮的參與。

間接指令

膜拜團體成員通常會對家人和朋友說，「周圍沒有人命令我，我做什麼都是自己選擇的。」 讓成員們這樣思考是由膜拜團體首領掌握的操控方式之一，他們變得熟練地通過間接的方式哄騙和暗示，來使行為得以實現。當成員處於一種被改變的狀態、疲憊或焦慮，或者處於壓力之下時，要實現控制就會更容易。

間接或隱含的指令不僅在膜拜團體中出現，而且在整個社會中也是司空見慣的事情。舉例來說，最近《洛杉磯時報》準備用一張照片報名參加普利策獎評選，但是，在照片上被策劃的謠言[7]傳開後，又將照片作為「偽造物」撤回。照片上，一個消防員正用從一個游泳池裡抽出來的水澆頭，而當時一座豪宅被火焰吞噬。沒有水壓去撲火，水柱噴不到火焰上。報紙追蹤報導了那個消防員，他說攝像師建議他去池邊，把水澆頭上。而攝像師則自我辯解說，「我沒有直截了當地要求或告訴任何消防員

---

7 "L.A. Times Says Fire Photo was Staged," *San Francisco Chronicle*, Feb. 2, 1994.

在水池前爲我擺造型，我可能會感到遺憾的是，我說那樣做會使鏡頭好看，但不管我怎麼回憶，我都沒有直接要求他那麼做。」這位攝像師獲得別人合作的方式與膜拜團體首領們的方式一樣，那就是，暗示某事將會發生，然後，確實就會發生。特別是如果聽到暗示的人一般來說是喜歡合作的、很累而且不是很清楚接下來要做什麼的話。那個消防員一定是處於何等的沮喪和疲憊不堪的狀態——面對大火的肆虐而沒有水去撲滅它。頭腦處於那樣一個易受影響而又脆弱的框架中，消防員將攝像師的暗示作爲一個指令而接受。

那正是膜拜團體首領使他們的許多願望實現的辦法。他們很少需要大聲發號施令。下面是幾個有關膜拜團體的例證：

> 錫南濃首領查克·德德里奇（Chuck Dederich）[8]坐在麥克風面前沉思，想律師多麼貪婪，他多麼想把他們的耳朵浸到一杯酒，之後，他那「帝國海軍陸戰隊」（Imperial Marines）的兩個年輕的男信徒就把一條響尾蛇放進了一個律師的郵箱裡。在一次傳媒採訪中，錫南濃的常駐公關人士說道：「沒有人會被命令或被強迫去做任何違背他們意願的事情，……德得裏克可能會提倡這樣的事情——對，他是一個偉大的倡導者，但是他非常謹慎，從不命令別人去做。」

> 一位膜拜團體前成員告訴我：「從來沒有人直接告訴我去殺我父親，但是我知道如果我看到有必要去挽救組織，沒有任

---

8   W. Olin, *Escape from Utopia: My Ten Years in Synatnon* (Santa Cruz, Calif.: Unity Press, 1980), p. 274; D. Gerstel, *Paradise Incorporated: Synatnon*(Nova-to, Calif.: Presidio Press, 1982), p. 268; D. Mitchell, C. Mitchell, and R, Ofshe, *The Light on Synatnon: How a County Newspaper Exposed a Corporate Cult* (New York: Seaview Books, 1982), p. 201.

何另外的命令，我知道我必須去做，我就會這麼做的。」

另一個膜拜團體前成員說：「我們的首領從來沒有叫我鞭打我的兒子，但是我知道如果我讓他保持安靜時他不會笑，我就必須不停地打他的屁股，打到他笑為止。我不能放任他，我會打到他的腿和屁股到處青腫為止。我只知道我必須這麼做。」

在另外一個膜拜團體中，首領常常說，在他演講時誰不順從，就必須受到懲罰。這一點被許許多多的事例一再證實。這樣的一次演講結束後不久，在集體工作間隙，一個婦女開始猛搖並掌摑另一個工作不夠努力的婦女的耳光。後來她說，「這是頭兒的話，而且我多麼想讓他喜歡我，我知道自己在做他想讓我做的事，他不必在那兒，也不必告訴我何時、何地、去打誰。我就想做他想要做的事情，所以我開始搖晃那個女人，摑她的耳光。我意識到我在對她胡亂揮舞，就在那個時刻我好像和頭兒融為一體了。」

二、騙局

我不想向讀者傳達這樣一種觀點，即那些膜拜團體首領門都是坐在那兒，在一個畫板上十分詳盡地計劃他們打算怎麼做。但是在對某些膜拜團體的研究中，我逐漸認識到，隨著時間的推移，通常首領的技巧會更加嫻熟。而同樣，不同膜拜團體的首領可能會使用同一技巧。

接下來的兩個例子會說明膜拜團體的首領們如何使用同一種詭計來制造深刻的印象，即他們具有超能力和知識。第一個例子是吉姆·瓊

斯人民聖殿教的幸存者告訴我的，第二個是由一個離開通靈膜拜團體的婦女告訴我的。

吉姆·瓊斯讓女性成員成雙結對地去拜訪那些第一次參加人民聖殿教活動時填寫了卡片但沒有定期返回教中的人。當一個女成員同那人談話時，另一個成員就要求使用衛生間。然後她會草草記下一些特別的服裝或所觀察到的這間房子的特徵，尤其是對衛生間櫥櫃裡的藥品與開處方的醫生、藥店和服藥方法等做仔細的記錄。隨後她會再次加入另一個房間中的談話，並邀請那人盡快再來人民聖殿教。

在人民聖殿教的每一次活動中，外人都會被要求簽名進入。在瓊斯去講壇之前，他的一個信徒會把簽名卡同在藥櫃和別人家中收集到的信息進行匹配，並把這些放在講壇頂上一個高高的邊緣後面。然後，吉姆·瓊斯會閉上眼睛，向上看，聲稱他看到一個幻象或接收到一個信息，某個有一套帶金鈕扣的藍西服的人或者某個是史密斯醫生的病人並且服用治糖尿病藥物的人，就在附近。這使讓新來的人信服吉姆有超能力，擁有通過超乎尋常的方法來獲得知識。

那個通靈膜拜團體的首領使用類似的策略，宣稱能與一個古代的「實體」進行接觸，並且這個實體給通靈者建議，讓他傳給他的信徒們。在通靈者沙龍上，也會有水晶、修煉計畫以及飲食控制等出售，那些參加某次集會的人會在「賓客簽到本」（guest book）上寫下他們的姓名、地址和電話號碼，以便有資格獲得「進門獎」。此後不久沙龍會有人來拜訪那些參加過沙龍的人，留下一個小禮物，通常是一個五顏六色的水晶球或按摩油，說這個人的名字已經被選中入圍。來訪者通常是一位熱情的、讓人毫無警惕的女性，她會提出使用衛生間。在那兒，她會很快地記下櫥櫃裡的藥品處方信息。臨走時她會遞過一張卡片，上面列有以後通靈

聚會時間表，邀請那個人盡快再次參加。

如果某個被拜訪過的人來簽到參加某次會議，一個看管「賓客簽到本」的女子就會走到後面的房間，拿出一張5厘米×7厘米的卡片，上面記載著這個人的信息。然後在通靈的時候，那個死了很久的實體可能會要求見「史密斯頓醫生的一個病人——那位服用阿普唑侖的女士」，他會建議她去「休息，給她自己多留點時間，下次再來這兒，這多麼輕鬆。」這就確立了通靈者的可信度，因爲看起來那個實體知道他所不知道的事情，除非他確實有魔力和超乎常人的技能。

其他一些能讓信徒相信有特殊力量的方法就是魔術師的伎倆。薩西亞·賽峇峇，一個有著大批信徒的印度人，被他的信徒描述爲[9]「神的化身，天神下凡，神人」。他因爲他的「神跡」而被最受吹捧，他的信徒將他的神蹟解釋爲「他的愛令人信服的標誌」。賽峇峇的神跡包括：讓客體、戒指、耳環，以及最常見的是被稱爲林伽（lingams）的陰莖狀石頭顯形。他要麼很嚴肅地，要麼是開玩笑地將這展示在驚奇的信徒面前。賽峇峇的另一個特別之處就是能從手指上噴出聖灰（vibhuti），據稱這種聖灰有治癒傷口的力量。

三、修改個人經歷

在膜拜團體中，有一種普遍的做法，就是讓長期的老成員講他們的故事，也就是說，讓他們站在組織面前詳細敍述他們的個人經歷。這一活動在不同組織裡有不同的名稱。例如，有些前成員告訴我那叫「谷劇」（cereal drama），吃早飯時講的故事，新成員可通過這個學會修飾自

9　J. Hawley, *Reawakening the Spirit in Work* (San Francisco: Berrett-Koehler, 1993), pp. 84-85, 94, 187-202.

己的過去，使之聽起來跟從老成員那兒聽來的一樣。另一種叫法是「說出你的骯髒故事」，意即讓你的經歷聽起來越糟越好。這種修改經歷的方法既用於集體居住的膜拜團體，也用於不住在一起的膜拜團體。膜拜團體進行這一活動的根本目的在於「讓成員們懂得爲何跟從我們方爲正途」。

膜拜團體前成員告訴我，通過聽那些在組織中待得時間較長的人講述，他們很快就學會了怎樣講述自己的歷史。新成員很快明白，他們只能講述憂傷、消極、不健康的事情，只能詳細描述悲慘的感情關係，最後還要贊美組織。他們決不能講美好的時光、優良的父母、摯愛的兄弟姊妹、勤勞的親戚或是積極的生活經歷。他們必須將家人描繪爲愛虐待、慣酗酒、漠不關心、以自我爲中心、資本家或資產階級以及其他方面的卑鄙行徑。因爲我們所有人都易於適應我們所處的環境，所以膜拜團體新來者很快就能根據從周圍的人那裡所聽到的來修改自己的歷史，也就不足爲怪了。每次講述時，他們會添油加醋地說他們的家人有多可怕，他們的生活是多麼沒有意義；在加入組織之前他們是多麼罪孽深重，多麼毒品氾濫，多麼自私自利。

有些特殊的原因能說明爲什麼修改歷史對膜拜團體十分重要。膜拜團體的組織哲學通常建立於這樣的觀念之上，卽它是精英組織，有新秩序，並由最先進的東西組成。因此，領袖就有必要將組織成員和非成員做一個鮮明的對比，爲的是使成員們相信外面的世界是不好的，而組織裡的世界是好的。這些在邪惡世界中墮落的往事，讓面帶微笑、長相普通的人們講出來，對新來的人來說是非常有說服力的。修改個人歷史爲反對父母、朋友及領袖意欲貶低的那些方面的世界提供有用的宣傳。這些修改還會加強膜拜團體所不斷重複的建議，卽要嘲弄和逃避主流

世界。這些會證明，待在組織這個具有保護作用的好世界裡更為安全。

　　向潛在的成員和新來的人展示膜拜團體組織確實使成員的生活變得更好，也有助於招募新成員。老成員已經習慣於甩掉關於他們過去的那些可怕故事，講他們現在跟隨這個組織，一切有多麼好。許多前成員曾告訴我，在他們加入組織的頭幾天或頭幾個星期，他們特別容易被其他成員的憂傷、齷齪和殘酷的過去所騙。只有到後來，他們漸漸了解到了其他人和組織的真實情況時，他們才意識到那些故事不是被誇大，就是完全編造出來的，就像他們自己最後編造的一樣。他們將自己的過去講述得越醜陋可怕，就越能獲得膜拜團體領袖的認同。錫南濃的一位前成員告訴我，他們以聽過的故事為基礎，編造出吸毒、酗酒的過去，學會了「講述（他們的）骯髒故事」。當他們在這個組織待得更久一些時，他們學會了以至於會講述戲劇性的墮落故事來加深新來者的印象。

　　一些從《聖經》膜拜組織脫離出來的人曾告訴我，「見證」活動——即作為招募新成員的手段也作為新成員入門程序的一部分——由編造故事組成：描述成員如何擺脫艱辛的生活，現在又如何過著充滿快樂、友愛和祝福的生活，最後會督促聽者與其他成員一起來到這個快樂的家庭。

　　在某些政治膜拜團體，成員們必須得不斷地重溫他們的背景，以其作為檢查他們「階級史」（class history）的一部分。每個人的生活都要受到口頭的檢查和斥責。成員們被告知，他們的思維方式完全是由他所成長的壞階級所決定的。即便是來自工人階級的成員也要將其思維方式撕開，攻擊它仍然作為「被統治階級（資產階級）所控制的訓練和教育」的反映。有些左派組織用毛主席的話來譴責其成員，即「各種思想無不打上階級的烙印。（毛澤東的原話是「在階級社會中，每一個人都在一定的

階級地位中生活，各種思想無不打上階級的烙印。參見《毛澤東選集》第
1卷，人民出版社，1991年版，第272頁。譯者注）在某些右派組織中，成員
們必須「純化」他們的個人歷史，不再提其親戚、朋友或「關係」，即與那
些在觀點上沒有正確的政治信念的人或那些比如說有外國血統或有色
人種血統的人的關係。

新世紀和心理療法膜拜團體採用修改歷史來使其成員或「病人」
形成或接受一種符合和證明其教義的個人歷史，並以此聞名。本章稍後
會談到沙利文教——一個心理療法/政治膜拜團體的一名前成員這樣描
繪她的經歷[10]：

> 我的治療師經常問起我的童年生活，她鼓勵我談到那些痛苦
> 的事情。她說，聽起來我的父母好像並不想要我，或者最多
> 說他們只是沒有能力愛我，因為他們的父母也沒有能力愛他
> 們。她說她認為，如果我能有一段時間不見我的父母——直
> 到我能更好地了解我的歷史時再見他們，這對我的治療是最
> 好的。她鼓勵我把我的個人歷史告訴我的朋友並聽聽她們
> 的故事。我童年時的痛苦記憶總是被確認，而幸福的記憶總
> 是被摒棄。我開始相信我曾有過一個不幸的童年，而且看起
> 來只有我的新朋友才能理解，因為他們的家庭生活也曾像我
> 的一樣不幸。

另一種歷史修改方式也出現在一些實行再現前世生活的膜拜組織
中。不同的組織採用不同的方法，但是，在某個時刻成員們知道他們將
回到過去「觀察和重新體驗」他們前世的生活。

10　M. L. Tobias and J. Lalich, *Captive Hearts, Captive Minds: Freedom and
Recovery from Cults and Abusive Relationships* (Alameda, Calif.: Hunter
House, 1994), pp. 25-26.

　　一位研究這類組織的人類學家有一位信息員，告訴她過去三世的生活經歷[11]：有一世生活是約在1784年的一名年輕的阿拉伯男孩，他的部落派他去割掉一位被部落抓獲的間諜的眼皮；另外一世發生在大約發生在公元343年的義大利，當時她是一名逼供人員，曾用火紅的鉗子去挖掉一位向她刺探情報的年輕金髮女孩的眼睛。她說她只挖出了一只眼睛，發現這個女孩是無辜的。還有一世約是發生在公元前440年。那一年，她被指派為當時的武士受命殺敵。這個膜拜組織成功地向她灌輸這些觀念，使她相信她曾做過這些事情，這使得她不得不承受這樣一個概念，即她是一個兇狠殘暴的殺手。

　　我曾訪談過一些組織的前成員，這些組織讓其成員編造和再體驗往世生活以作為其組織生活的一部分。他們告訴我的幾乎每一次往世生活要麼充滿極度的緊張和害怕，要麼充滿相當大的暴力。有一個人控告他曾加入過的組織並且贏得官司，該組織引導他認為在前世，他曾是三個殺人狂魔，組織鑒定說這三個人分別為索羅根、超暴力和殘暴的忍者。這些人造的身分由直接暗示、所學的催眠誘導以及該組織哲學的結合演變而來。

　　有人曾告訴我他們發現在往世中，他們是穿越太空時發生激烈碰撞而被困在飛船中的人，是在中世紀村莊被綁在火刑柱上燒死的殺手，是被他人攻擊而被踏死在馬蹄下的士兵，是殺嬰者。有一個故事是關於古西班牙一位備受尊敬的神父的，開始時像是一個成功者的故事，結局卻是該神父因與一位貴族的妻子有染被石頭砸死。有些人也表現出持久的關注，因為他們在往世中既是男的又是女的。

　　稍後，在我描述當人們離開膜拜團體和使用思維改造程序的組織

11　H. Whitehead, *Renunciation and Reformulation: A Study of Conversion in an American Sect* (Ithaca, N.Y.: Cornell University Press, 1987), p. 90.

後所面臨的問題時，我會討論歷史修改對大多數人的心理影響（參看第十二章）。

四、同伴壓力和示範效應

「入鄉隨俗」這一古老的格言是我們能夠適應新的社會團體的很大一部分原因。適應既方便又如意。我們環顧四周，尋找榜樣，然後使我們自己的舉止像他們一樣。大多數的膜拜團體要麼通過公開講明政策，要麼通過潛移默化的塑造，訓練新成員的行為舉止按其組織要求的方式進行。為了增加成員的招募潛力，膜拜團體通常會訓練其成員微笑，表現出高興、樂觀和關心愛護新來的人等。

同伴壓力是促使成員的行為與組織的標準相符的一種有效手段。在膜拜團體裡，這對新老成員一樣有效，遠遠超過全社會中通常所見的情況。在一種說明或暗示「這就是唯一的方式而且這就是那種方式」的氛圍中，最重要的是身邊有榜樣可以模仿。羅伯特·利夫頓在談到個人的極權主義遭遇組織的極權主義意識形態時[12]，說到這樣一種觀點，表明為什麼同化作用能夠滲透到衣著、笑容和語言當中——這些行為舉止的所有細節要麼是許可的要麼應該避免的。

例如，一些婦女，特別是那些來自宗教性或政治性膜拜團體的婦女告訴我，她們沒有意識到也沒人告訴她們這麼做，她們卻悄悄地從穿普通衣服變為穿黑色服裝、長裙和平底鞋，不化妝。那些曾在心理療法膜拜團體中待過的人告訴我，如果他們不「深入地」揭露自己的過去，就會受嚴懲。在本章 「修改歷史」的前面部分中，我們可以看到同伴壓力和示範作用對使成員遵從組織的重要性。另有一些前成員告訴我，他們看

12　Lifton, *Thought Reform and the Psychology of Totalism.*

到其他成員按照膜拜團體領袖提供的樣板給他們的父母和朋友寫信。有幾個膜拜團體將這些樣信稱作「斷交信」(disconnect letters)。

在這些活動中，膜拜團體領導不需要像父母對孩子、老師對學生常常做的那樣大驚小怪和痛打其信徒。聰明的膜拜團體首領或精神控制者盡量利用人們與生俱來的從眾傾向，作為改變他人的有力工具。沒有人需要向我們宣布規則。我們大多數人到處觀察，辨別規則是什麼，我們該怎麼做。大多數膜拜團體在招募的時候，就淘汰了「行為差勁的人」：不服從的、不守規矩的、有過失的、難以駕馭的和很難受影響的人都被拒之門外了。改變他們需要花太多時間，所以不划算，而且他們會破壞膜拜團體領袖想要保持的氣氛。通過適應這樣的氛圍，事情會變得更好。

五、情感操控

如果首領們不是用恫嚇來使成員遵從，而代之以另一種方法，即讓人們在組織中通過觀察其成員在做什麼來學習，那麼他們的行為和態度的轉變就較少引起自己的注意。正如一個又一個膜拜團體前成員告訴我的那樣：「我沒有意識到我已經變了。」這種無意識的轉變，部分原因是由於組織內氣氛的感染作用。膜拜團體誘導出負罪感、羞恥感、害怕等心理，並且還利用對性和親密關係的控制來保持成員對組織的依賴。一位名叫羅伯特・西亞狄尼(Robert Ciadini)的社會心理學家[13]，他研究了自動影響(automatic influence)、盲從(mindless compliance)以及人們為什麼不經思考就答應，他感興趣的是剝削者、膜拜團體領袖、詐騙高手、銷售人員以及其他「順從專家」等人是如何使人們進入盲目服從模式的。我們從事固定行為模式的某些傾向在大多數時候都能很好地為我們服務，

13　R. B. Cialdini, *Influence: The New Psychology of Modem Persuasion* (New York: Quill, 1984).

但是我們對模式化行爲的偏好也能被情感操控者利用來欺騙和控制我們。

根據西婭狄尼的觀點，在那些服從專家們使用的成千上萬種策略中，大部分可歸爲六類。每一類都以一個指導人們行爲的心理學原則爲基礎。這六大原則是：

1·一貫性。我們努力證明自己早期行爲的正當性。

2·互惠性。如果有人給我們什麼東西，我們都會努力回報同樣的東西。

3·社會證明。我們努力證明別人的想法是正確的。

4·權威性。我們對權威人物都有根深蒂固的責任感。

5·嗜好。我們會服從自己喜歡的人。

6·稀缺性。如果我們想得到某種東西，我們就會擔心如果我們只是等待，那麼它就會消失，我們會失去得到它的機會。我們就想現在就擁有它——無論是否能提供，包括從一件實物到宇宙意識。

看看下面這個清單，思考一下我們自己的行爲，能讓我們更容易明白操控者如何能讓一個人走上一條設計好的路——視他或她的技術和這個人的狀態與周圍環境而定。我們會看到，當這六個原則被膜拜團體領袖好膜拜組織熟練地付諸實施時，轉變是怎麼發生的。比如：

1.一致性。如果你對組織作出了承諾，然後背棄諾言，你就會感到愧疚。

2.互惠性。如果你接受了組織給你的食物和關心，你覺得你應該回報他們。

3.社會證明。如果你在組織內四處觀察，你會發現大家的行爲有特

殊的方式。你就模仿你所看見的東西，而且斷定這種行為是恰當的、好的和預期的。

4.權威性。如果你傾向於尊重權威，而你的膜拜團體首領聲稱擁有超級知識，超能力以及對生命的特殊使命，你就會把他當作一個權威接受。

5.嗜好。如果你是愛的轟炸對象和圍繞你的其他策略的目標，讓你覺得自己被需要，被愛著，而且使你喜歡組織裡的人，你就會覺得自己應當遵從這些人。

6.稀缺性。如果你被告知，沒有組織你就會失去過無壓力生活的機會，錯過獲得宇宙意識和極樂的機會，錯失立刻改變世界或者獲得時光倒流能力的機會，或者失去組織提供的任何為你量身定做對你十分重要的東西，你就會覺得你必須現在馬上購買。

當你讀到下面這個情感操控的例子時，請記住這6個服從原則。

貝絲從小鎮的高中畢業後，她想在大學開學前熟悉一下學校所在的地區和校園環境，或許還會交一兩個朋友，因此她早早地搬進了一所大型州立大學的宿舍。一天早上，她正準備出去考察一番，一位坐在宿舍走廊裡的年輕女性高興地跳起來，開始和她交談。沒多久，那位女子邀請貝絲陪她去一個鄉村農場。據說這農場是由一個研究世界饑餓問題組織裡的學生贊助的。

在農場待了幾天之後，貝絲感到很累。她感到被許多和自己相反的觀點轟炸，這些觀點使她覺得一切都是錯的和不可靠的。然而，她喜歡那位帶她來這兒的女人，並且覺得自己被快樂微笑的人們所包圍。這些人不斷地擁抱她，恭維她，請

求她留下。這時她在想留在這個看起來很安全和充滿愛的農場，還是回到龐大的大學之間感到很矛盾，她開始為這個矛盾感到傷心。

該組織的男首領模糊不清地但著重地講授了有關精神生態、真正和諧的恢復與人造物的對抗，以及如何成為一名積極分子。貝斯不知所以然，但她開始覺得自己不夠好。首領所講到的這些抽象概念是貝絲所不熟悉的，但其他成員，幾乎所有女性都在首領演講時會意地敬慕地不住點頭。

在來大學之前，貝斯曾擔心自己來自另一個州一個農村小鎮的事情。現在，演講中那些模糊的哲學使她有一種負罪感。她的父母能供得起她上一所大型的學費昂貴的大學，而世上卻還有許多挨餓的人。最後，在一次關於「教育機構和你的家人將好的食物扔出去，而世上許多兒童卻在忍饑挨餓」的演講中，她開始痛哭失聲。

就在這個情緒爆發的時刻（因為這一點她說她後來被訓練來看管新來的人），其他一些組織成員緊緊地抱住她，告訴她說，她的感情是內心深處敏感的體現。他們說她會成為這些女人的首領。她應該先和這些人在一起，然後再去讀大學。貝絲感到如釋重負，也不再想著離開這裡了。該組織還使父母聽起來懶惰而冷漠。所有的新成員很快就不再打電話、寫信，也不再接受家人和老朋友來訪，因為他們不懂「這種活動」。

兩年後，貝絲終於逃離了那個農場，並給父母打了電話。她將這些時間花來募集資金，欺騙性地招募其他年輕人，讓這些

年輕人工作來供養一位自封的彌賽亞，他聲稱自己被任命為「保護神」。貝絲一直沒有發現該首領對組織內一些女性的性虐待，她也沒有質疑過她和其他人以「生態學研究」為名募集的錢去了哪裡。直到她最終決定計劃怎麼逃離該組織時幾個月前，她才發現。

在生活中，在思考問題時，我們需要有警惕心、有毅力和永無止境的內在的堅毅。我們必須注意到的是，人類已經得知，自由的思想和自由的人如何會彼此合作創造了更美好的世界。這種事情不會發生在某個自封的開拓者的領地裡，因為他不會真的把我們的福祉和全人類的福祉作為他的中心目標，他所追求的只是他自己暫時的安全和享受。

六、心理療法膜拜團體

心理療法膜拜團體對於膜拜團體領袖如何運用心理勸說技巧，特別是情感操控和同伴壓力提供了很好的例子。當合法的的個體或群體心理療法變得墮落時，或者投機的非專業人士只是欺騙或掠奪警惕性低的人時，膜拜團體就興盛起來。

我和兩位同事研究[14]了22個心理療法膜拜團體。我們對每個組織的人盡可能多地進行了訪談，讀了相關文獻資料，聽了膜拜團體領袖和組織大會的講話錄音。我的同事莫利斯·德姆林（Maurice Temerlin）訪談了38個前「患者」，我訪談了82個。

這些組織的首領包括從大學老師到連高中都沒上的假釋重刑犯。這些膜拜組織遍佈6個州，成員人數從15至300多不等。最大的一個膜拜

14　M. T Singer, M. K. Temerlin, and M. D. Langone, "Psychotherapy Cults," *Cultic Studies Journal*, 1990, 7(2), pp. 101-125.

團體有350個同住的成員，和400個外圍成員。這些膜拜團體有5年到25年的歷史，除了兩個以外，其餘的仍然存在。其中，有15個組織是由受過專門受過訓練的專業人士領導的（精神病學家、心理學家和社會工作者），剩下的7個是由非專業人士帶領的（從前辦事員到被判刑的重刑犯）。這「治療師」除了一個以外，全都是白人。患者主要是中產階級到上層中產階級的白人，擁有某些大學學位或更高學歷。

當專業人士偏離有道德基礎、有醫療費、彼此信任的醫患關係，而形成緊密結合、在心理學上亂倫的組織時，一些此類的心理治療膜拜團體就成立了。這些專業人士濫用治療技巧，並操控這種職業關係為自己撈好處。他們還違反道德禁忌，與他們的患者之間建立起利用關係。患者變成他們的朋友、戀人、親戚、雇員、同事和學生。同時，病人們變成像兄弟姊妹一般，團結起來，支持和崇拜他們共同的治療師。

在心理治療膜拜團體中，一個主要的偏差是圍繞被稱為移情（transference）的治療現象。移情是心理治療（insight-oriented psychotherapy）的一個重要方面。通常來說，患者和治療師會共同審視患者從早期的生活經歷轉到治療師和其他權威人士時的態度。這通常是一種正面的預期，比如對「好爸爸」的預期，但有些患者卻轉變為負面的態度。不管是正面的還是負面的預期都是出自患者自己的期望，而不是基於治療師的行為或態度。然而，在膜拜情境中，治療師或領袖不是研究和理解這些移情現象，而是提升患者對他們的偶像崇拜。

患者獲得的不是對個人自主意識的鼓勵，而是陷入一種對治療師順從、服從和依賴的關係中。治療師這種違背角色的不當行為，再加上他們間接的、欺騙的和強制的影響技巧，會引導患者遵從治療師的意願。

此外，在這些心理治療膜拜團體中，其他類膜拜行為也值得注意。

有一個案例中，兩位心理健康專家提供他們的診所，給攻讀心理學高級學位和進行咨詢服務的學生，讓他們能夠完成在該領域中所要求的監督工作。他們勸導這些實習生搬進來與專家合住，向他們的家庭索要錢財用於治療，讓他們的兄弟姐妹也加入該組織進行治療，並到他們學校去招募其他的實習生。這些專家讓他們的信徒相信，只有這種治療方法才能拯救他們及整個世界。該組織規模不斷擴大，後來遷到了一個鄉村處所，在那裡開展了一個住院治療項目。信徒保管財產，照料住院患者，並努力招募其他的實習生和患者。他們還整理並打算編輯首領們的閑扯的錄音。

以下是其他一些關於心理治療膜拜團體運作方式的典型例子。

沙利文教

這個組織始於1957年，當時一個持不同意見的治療師團體脫離威廉·亞蘭遜·懷特研究所（William Alanson White Institute），該研究所由備受尊敬的精神病學家哈利·斯塔克·沙利文（Harry Stack Sullivan）創建，他曾在1950年代很有影響。開始時是作爲一種新療法的治療中心，後來發展成一個心理治療方法的集體，最後成爲一個控制著200名所謂「患者」幾乎全部生活的膜拜團體。該組織的基本哲學是：核心家庭是一切罪惡的根源，一個在組織裡出生或帶入到組織的孩子不應當與其父母保持特殊關係，就像成年的信徒不應該和他們的父母說話一樣。

許多離開該組織的人說，他們的首領口授他們的生活安排、性行爲、擇業、愛好以及撫養子女的活動。成員們還被要求去參加與每三個星期一次的與一名沙利文治療師的治療會議。組織裡的成員，即使是已婚的，與12個以上的同性成員住一間房。而且，他們還被鼓勵每天晚上去和不同的異性成員睡覺。現成員和前成員之間發生了許多官司，尤其是

關於孩子的監護權問題的。在創建者和首領薩爾‧牛頓（Saul Newton）死後，該組織就差不多解體了。

感覺治療中心

感覺治療中心總部在加利福尼亞州的好萊塢，已經存續了10年。有350名成員，他們互為鄰居或同居，還有數百個是不住院的門診病人，還有一些是通過信件與「治療師」保持聯繫的其他人。

據稱，最大的好處只能給集體居住的成員。他們使患者們把自己看作是未來某種療法運動的領導者，這種治療運動將會主宰21世紀。兩個心理學家還標榜自己是「心理學界的虎豹小霸王」（the Butch Cassidy and the Sundance Kid of psychology）。其首領們還宣稱患者如果聽從他們的指示，就能達到到人類進化的下一個階段。

我訪談了37名該組織的成員，考察了92個人的證言和數不清的法律文件，聽了所謂的治療大會的錄音。我還作為證人出席了加利福尼亞州的吊銷執照聽證會。其他證人也都說該組織是一個膜拜團體。所有12名與該中心有關聯的心理治療師——1名醫生，5名心理學家，5名婚姻家庭和兒童顧問和1名精神病學技師，都被吊銷或自動放棄執照。在一個行政法判決之前，歷經94天的聽證會成為「加州歷史上歷時最長、花費最高、最複雜的心理治療失當案」[15]。這些治療師都因重大過失、沒有資格、虐待病人、幫助和教唆無證治療、虛假廣告、詐騙和欺騙等行為而被判有罪。

前患者證實，他們受到了治療師的誘騙，接受他們安排的性行為，被公開嘲弄和羞辱而且還為此治療付出高額費用。一位前患者還描述

15　L. Timnick, "Psychologists in 'Feeling Therapy' Lose Licenses," *Los Angeles Times*, Sept. 30, 1987, pp. 1, 4.

說，他看見一名婦女被要求脫去短衫，在地上一邊爬，一邊像奶牛一樣哞哞叫。其他人還說在治療期間被打。一名男患者想回到大學去上學，不想再在治療師們開設的汽車修理廠工作了，他被迫穿著尿褲，睡嬰兒床，吃嬰兒食物長達八個星期，因為他的治療師說他想過像嬰兒一樣的生活。

盡管賠償的具體數字沒有公開，但據《洛杉機時報》報道，國內的案子賠償費用超過600百萬美元[16]。證人指控這些組織為膜拜團體，對其成員進行洗腦，強迫婦女墮胎、強迫婦女放棄自己的孩子交給組織收養，說這些婦女因為「太瘋狂」所以不能照顧孩子。他們與家庭的聯繫被切斷，除了要錢來做更多的治療。治療師與患者發生親密的性關係，強迫她們赤身裸體地站在組織成員面前，抽打她們，還讓其他患者去抽打她們。

這些治療師，從患者那裡收取「罰款」和「捐贈」高達數千美元，據說，他們用這些錢在亞利桑那州買了一個大牧場。所有的治療師都跑去這個大牧場，撇下洛杉磯的患者，讓他們自由地公開交談，這時，這個組織開始分裂了。這種信息的互相交流，不用害怕治療師們聽見，這對很多人來說成為一個轉折點，因為他們開始意識到他們身上發生了什麼事情。

行政法官在其判決書上寫道[17]：「這些治療師對那些容易上當的年

16　C. L. Mithers, *Therapy Gone Mad: The True Story of Hundreds of Patients and a Generation Betrayed* (Reading, Mass.: Addison-Wesley, 1994), p. 377.

17　相關的法律案件有：*State of California, Department of Consumer Affairs, Board of Behavioral Science Examiners, No. M-84, L-31542 v. Cirincione, Franklin, Gold, Gross, Swanson*(1985); *State of California, Department of Consumer Affairs , Psychology Examining Committee Division of Allied Health Professionals, Board of Medical Quality Assurance*), *L-30665, D-3103-310 v. Corriere, Gold, Hart, Hopper and Karle*(1985); *State of Cal-*

輕人下手，因爲他們處於獨特的狀態容易被誤導」，那些在聽證會上作證的患者沒有一個人被認爲「同意或期望他們被捲入這個幾乎是野蠻的心靈風暴（Gothic maelstorm）」。法官還寫道，這個中心聲稱會在某一計劃中提供「8到10名全世界頂尖的心理治療專家」的治療方案。這個計劃讓他們「從患者那裡撈取錢財、女色或免費勞動力」，並迫使他們「過度捐獻」。

蒂姆醫生（Dr. Tim）

這一膜拜組織從1971年以來一直活動，甚至盡管蒂姆醫生已經去世多年。蒂姆在他40歲時創建了這一組織。他當時離婚了，是一位臨床心理醫生，住在美國東部。他讓患者搬進他的家中居住，每個月向他們收取治療費和食宿費。當法律訴訟指控蒂姆和未成年人發生性關係時，他和他的信徒們逃往海外。該組織以社區的形式海外存續了7年，直到有類似的法律指控一再威脅到其首領時，該組織逃回了美國西海岸。

該組織平均大約有40名成員，包括幾個孩子。成員隊伍一直有相當大的流通量，卽使蒂姆曾警告說，離開他將會過精神痛苦的生活。離開也卻是很困難，因爲蒂姆會派遣組織中最有權威的成員去把每一個能找到的離開組織的人都帶回來。那些想要公然離開的人會受到人身控制。

ifornia, Division of Medical Quality, Board of Medical Quality Assurance, Department of Consumer Affairs), D-3108, L-30664 v. Woldenberg (1985); State of California, Department of Consumer Affairs, Board of Vocational Nurse and Psychiatric Technician Examiners, No. T-300, L-31451 v. K. S. Corriere(1985); State of California, Department of Consumer Affairs, Board of Medical Quality Assurance, Division of Allied Health Professionals, Psychology Examining Committee), No. A-392, L-33445 v. Binder (1985); Superior Court of the State of California for the County of Los Angeles, Jean Rains et al. v. Center Foundation etc., et al, Case No. C 372 843, consolidated with C 373 272, C 389 178, C 388 681, C 379 789, C 388 882, C 384 972, C 388 512, C 388 362, C 388 683, C 388 334 (1981, 1983).

　　蒂姆告訴他的患者，他是一個「比耶穌更大徹大悟的人，創造了終極療法，融合了弗洛伊德、禪宗、昆達利尼瑜伽和搖頭丸」。至於後者，他說是「推翻自我」的人。蒂姆不能容忍任何批評和抱怨。他說這種抱怨表明是「在你的頭腦中」而不是「在你的感覺中」。除了感覺之外，任何事情都被稱作是「你自己的東西」，被認為是一種精神失常的表現。蒂姆把為每一位新成員進行「診斷」，顯示出他們都患有嚴重的心理疾病。他告訴每一個成員，只有他才能治癒這個人。

　　成員們給家裡打的每一個電話都被蒂姆偷偷地錄了音，被他在組織大會上用來說明父母是多麼有害。當組織要去海外生存時，蒂姆讓他的病人放棄他們的事業。相反，在旅館和飯店工作的成員卻經常被告知，要住在蒂姆家附近，以便能夠照看他所買的房子和土地。蒂姆教導成員要把他和組織當作「家」。蒂姆還破壞和阻止婚姻，不讓父母撫養孩子而要由組織來撫養。據報道，一名9歲的小女孩在3年裡的大部分時間都被關在房間裡，由於成員吸多了毒品而經常忘記給她送食物。

　　蒂姆醫生提倡成員進行同性戀，讓組織內4-5個男人一起做「瑜珈」運動，讓他們躺在地板上，一個中指放進自己的嘴裡，另一隻手的中指置於另一男人的肛門裡，其他人也同樣這麼做。在監督這種運動時，他會痛罵那些不知所措的男人，因為他已經規定了怎麼做這項運動。

　　蒂姆死後，一小部分成員仍繼續聚會，直到今天，這些信徒還宣稱蒂姆醫生是一位了不起的治療師。

偏方治療膜拜團體

　　假釋犯「斯坦利」和「大衛」各自在美國東部沿海各州發展形成了一個心理膜拜團體，當時那裡沒有法律規範心理學實踐。當這兩個男人返回他們的社區時，他們總結了在監禁期間的組織治療經驗，用來發展

限制性的膜拜組織。其中一個組織以最原始的尖叫技巧為基礎，另一個以對抗攻擊療法（confrontational attack therapy）為基礎。

斯坦利是在州監獄的假釋犯，他在繁華大都市附近的弄到了一間公寓。他在附近的咖啡屋、書店和餐館中邀請單身男女一起喝咖啡，並與他們說起自己的「療法」，以此招募成員。有時，他張貼廣告，說能提供一些關於性、心理學和寂寞方面的免費演講。他將街頭智慧、騙子技術和行話結合起來，引起人們強烈的注意，具有很大的誘惑力。在私下會面中，他爭取弄到詳細的歷史細節，初次見面時他收費低廉，但是隨著時間的推移，收費也變得高昂，而且所有費用都必須用現金支付。斯坦利把自己的知識與在獄中群體治療中學到的技巧結合起來，讓新成員卸下防備，依附於他，而且使他們相信自己已經受到了嚴重傷害。

在過去的12年中，大約有15個人在他們的閒暇時光都與斯坦利在一起。他們每週來找他幾次進行單獨治療，和其他信徒一道參加群體活動，依靠他來為自己生活中許多重大事情做出決定，並且拋棄家庭來追隨他。他的信徒中流動性很大，但也有幾個是斯坦利創立該組織時就一直在那裡。

大衛是在監獄裡進行強制戒毒時學會了錫南濃式的對抗攻擊療法。他採用強對抗手法和他那自信、平穩、愛攻擊和喜歡控制人的方法，在長達十多年的時間裡控制著平均60人的生活。在他的命令下，「患者們」將他們的友誼限制在組織內的其他成員身上，斷絕了與原生家庭的聯繫，大部分的空餘時間都與大衛待在一起，根據大衛的命令安排自己的生活。他領導著馬拉松式的對抗組織，給人一對一地進行咨詢，監管著顧客們的醫療、經濟和社會生活，並且讓顧客在假期與他在郊區的家裡一起度過，而費用則由他們以他的名義分擔。

雷伊，像大衛和斯坦利一樣，沒有職業證書，在大約8年前創建了一個心理治療膜拜團體。自那以後，他的組織中保持有大約30名成員。大多數的信徒都是心理學家和心理學專業的畢業實習生。雷伊通過大肆的廣告宣傳有關賦權的研討班，來吸引信徒。他在廣告中稱，他會教你如何去「合併、轉變和結合自己的經歷」。他聲稱自己是「完全自由的，如果你非常想獲得足夠的自由，宇宙就在你的腳下」。

雷伊創辦的是為期三週的培訓研討班，通常在迷人的風景區舉辦。他有選擇性地招收某些學員，住進他在某大城市附近的家裡。在這裡，他聲稱他們將會「轉變、放鬆、學會妥協、服務（be in service）、擺脫他們的地位以及學會信任」。他有一個「信任基金會」，信徒們被敦促捐獻「只用現金，不要支票，不要信用卡」。

新成員住進來以後，他們就會被告知，他們是「失敗者，應該把生命交付給他，因為他是引導大師（Master Guide）」因為大多數成員都是從外州來的專業人員，他們在一個新地區找工作和獲得許可證有困難，只能幹一些卑微的工作來他們與雷伊在一起的費用。那些接受我訪談的人說，在雷伊接二連三的心理批評的炮轟下，他們變得心情抑鬱，士氣低落，長期焦慮，也沒了自尊。他們說他們依賴雷伊對下一步他們應該怎麼做提供行動指引。

一位經驗豐富的臨床醫生在快40歲時放棄了她在一家頗有聲望的診所裡的管理工作，來到該組織，待了好幾年。她說，「不知道怎麼地，當我在他身邊的時候，我就喪失了自我意識。我所有的知識、我的診斷技術都沒了。我沒能認識到一個極為聰明的精神病患者控制住了我。」這個組織還在發展，教主雷伊現在有兩處大房子來容納信徒。

上述例子清楚地說明膜拜組織利用了心理學技巧。而且，盡管我一

直集中討論具體的心理治療膜拜團體，但並不是只有他們才使用此類技巧。我再一次強調的是，所有類型的膜拜團體都使用心理學技巧，盡管不同的膜拜團體可能內容各異，但是他們招收成員的基本方式，他們採用的讓成員進行解凍、轉變和重新凍結，使他們按照領袖的意願行事的技巧，以及他們的結果是相似的。

如我所說，膜拜團體領袖們所使用的最有效、最常見的心理學技巧是催眠誘導、引導意象和間接暗示。這些方法借助語言、行為和環境來減弱批判性、反思性和評價性思維能力。膜拜團體領袖也使用赤裸裸的騙術來迷惑信徒，制造出一道具有超人神通的光環。而且他們還利用篡改個人歷史、情感控制和同伴壓力的力量來產生行為和態度上的轉變。

的確，這些技巧在膜拜團體中使用十分普遍，所以當我們聽人說起某個組織而不知它是否具有膜拜性、欺騙性和操控性時，我們只需要去尋找看看有沒有使用這些技巧。而且熟悉膜拜團體的技巧在我們和親朋好友談話的時候也會有用，如果這位親友被捲入某個新東西，似乎對某組織或某個人過度著迷、為之著魔或迷戀的話。

而且，正如我們將要看到的，要解釋清楚思想改造如何起作用或者膜拜團體領袖是如何「去做的」，不是三言兩語、簡簡單單能做到的。一個人可以通過多種方法，借助語言、個人魅力、決心，再加上大量的生理騙局和強制的心理策略，能夠做到幾乎在任何時候對任何人施加一定程度的控制。如果一個人的確已經被施了魔法或受到膜拜團體首領的控制，那麼本書中所列出的各種教訓就能幫助我們感到，是多麼需要教育來幫助此人理解並擺脫所發生的一切。

第八章　侵入工作場所

　　目前，美國和其他地方有很多公司和企業都利用發展項目、工作坊、研討班和培訓班，其宗旨合法，通常效果不錯。其中有些項目汲取了一些新思想、新思路，這就是爲什麼有時他們被稱作「新世紀」訓練項目的原因。這一點本身不會使這些項目有害或有邪惡的意圖。然而這些項目當中有一小部分，但又是很重要的一部分，並非它們所表現出來的那樣。有時，他們是膜拜團體或其他利用思想改造程序的前沿陣地，這種思想改造程序會造成相當大的心理傷害和混亂，甚至無需提高技能、生產效率、利潤及其他可能的利益，就能使雇員陷入精神病。

　　幾年前，美國培訓與發展協會的執行副主席估計，美國商界每年要在那些可疑的培訓項目上花費1.5億美元[1]。這與全美國各種激勵性的培訓活動所消耗的數十億萬美元相比，可能算不得什麼。但是當我們考慮到，投入到這些項目上的時間與金錢一樣無法產生任何與工作相關的積極效果，而僅僅是爲了推銷越來越多的研討班時，當我們意識到那些對某些會議產生的情感和心理脅迫毫無準備的員工所遭受的不幸時，當我們意識到對個人信仰的侵入是那些本身歪曲的項目所犯下的罪過時，那麼我們會發現一種影響人們日常生活、不容忽視的趨勢。

1　J. Borden, "New Age' Training Furor: Illusion or Reality?" *Human Resources Exchange*, June 1989, p. 4.

　　某些在生產區和辦公場所開展的培訓項目一直受到人們特別的批判和警告。打著管理和交流課程幌子兜售的這些培訓項目，經常在廣告和銷售人員的口頭宣傳中聲稱，它們能夠「激勵」甚至「轉變」員工。而激勵和轉變所涉及的細節通常都是模糊不清卻又充滿著神秘兮兮的希望。

　　本書中討論這些項目有三個主要原因。第一，是為了重申始終存在的需求，即要評估那些每天提供給我們的東西之下存在何種前提。我們必須要經常問自己，給我們提供某種新的靈丹妙藥的人是誰？他給我們提供某種宗教的、政治的、社會的、心理的、與健康相關的，或他想要我們購買或追隨的生活道路。

　　第二個原因是為了引起對這一事實的關注，即某些培訓項目利用了與膜拜團體相同的某些類型的強烈影響技巧。而且，許多項目實際上是某些膜拜團體的招募場所。膜拜團體穿著三件套套裝，偽裝成促使人們自我完善管理課程，徑直來到了工作場所。

　　第三個原因就是許多項目所提倡的生活哲學落入了宗教問題和個人信仰體系的範疇，而宗教問題及信仰體系對很多人來說是很重要的。在某些「新世紀」所提供的東西之下，有時會隱藏著哲學的和精神的宇宙學，即一種關於自然和宇宙規律的理論。新世紀宇宙學普遍將現實看作是一個統一的有機整體而沒有獨立的部分，這種宇宙學構成了一種信仰體系或宗教。從根本上來說，這種宗教有別於基督教和猶太教。

　　1992年的蓋洛普民意調查[2]表明，越來越多的美國人——目前是58%——認為宗教在生活中「非常重要」。根據蓋洛普組織1992—1993年

2　A. Goldman, "Religion Notes," *New York Times*, Apr. 24, 1993.

的《宗教在美國》報告稱，89%的美國人具有一種宗教偏好[3]，82%的人說他們是基督教徒，2%是猶太人，1%當中有1/5是穆斯林，1/10信仰印度教。

一些被要求參加各種培訓項目的員工向美國的法院提起訴訟。這些員工注意到，在受憲法保護的個人信仰與這些培訓項目所提出的宇宙學和哲學之間存在「宗教」差異。這些人率先提醒公衆注意到了這種在工作場所進行的對我們自由的侵犯。

一、對「新世紀」的說明

既然我有時會提到「新世紀」項目或組織，我覺得有必要對這個術語的用法作一番說明以避免誤解。本書並非旨在評論新世紀哲學，但我的確要提醒大家注意那些我認爲是新世紀思想中的黑暗面，用一些實例來表明某些所謂的新世紀技術和思想是如何被用來剝削人們以及誘使他們加入膜拜團體的。最廣義的新世紀定義囊括不計其數的理論、活動、實踐和事件。例如，有關新世紀思想的討論可包括從對針灸、水晶、塔羅牌、通靈、冥想，替代保健法、特殊食譜、波浪音樂，健康食品餐館以及各種自我實現的書和項目等的興趣，一直到對某些新世紀信仰——如認爲「全部卽唯一」這一中心主題中所蘊含的推理進行具體的理論批評，以及對這種思想給教育、醫療和宗教領域所帶來的影響所進行的有思想深度的哲學批評。

今天，許多人都涉獵新世紀冒險，如去找整體醫學執業師進行治療，參加假定的天然練習/修煉，去聽鼓舞人心的演講，到荒野中進行艱苦跋涉或採集水晶石等等。新世紀的許多方面是娛樂性的、有益的和能

3　轉引自D. Lattin, "Religions of the World Gather in Chicago," *San Francisco Chronicle*, Aug. 27, 1993, p. A4.

獲取信息的，只要人們不要碰上那些利用這些冒險活動去誘使他們加入思想改造組織或膜拜團體的人，也不要碰上那些從心理上強迫他們將生命交付給一位在私人生活或金錢上都剝削他們的首領。

這與商業世界有何關聯呢？

許多懷有良好願望的人們，渴望改善全人類的命運，已經並將繼續探尋我們的思想如何影響我們對世界的認知。在新世紀的大傘下，有人努力引入一種概念，即我們採用的思維模式——現在普遍稱之爲範式——應當要接受檢查，看是否在採取新的觀點來觀察我們的日常生活和工作領域方面有所進展。不幸的是，許多關於新世紀思想的著作和討論都採用一種神秘難懂的語言，這使得行騙高手和膜拜團體首領們有可能爲了自己的目的而緊抓這些詞組和概念不放。

我經常想起路德維希·維特根斯坦（Ludwig Wittgenstein）在其著名的《邏輯哲學論》中的論斷：「凡是可思的東西都可以被清楚地思；凡是可說的東西都可以被清楚地說」（參見塗紀亮主編、陳啓偉譯：《維特根斯坦全集》（第1卷），河北教育出版社，2003年，第211頁——譯者注）。許多操控者和膜拜團體領袖已經利用新世紀思想和詞語來暗示他們能提供秘密的知識，新鮮而又精彩的東西。他們採用這樣一些術語，例如：

「實現終極現實。」

「死亡是成長的最後一程。」

「妨礙你的即是你的信仰。」

「轉變通過心理技術實現。」

「獲得新意識之前必須清除神話。」

剝奪者通過利用無知、恐懼和內疚來操控我們而獲得成功。通過這種方式，他們挪用了新世紀思想的一些概念，將它們用作自私的冒險活動的槓桿。他們這個「新範式」概念就聽起來既科學又深奧，甚至很神秘。新世紀語言既能令人困惑不解，又可表明說話者具有特殊的知識，包括對問題的答覆、關於古人的學問、轉變的唯一途徑等。具體來說，如在本章中，能夠在工作場所轉變和改善合作，提高生產力。

二、工作場所裏的衝突

有多少閱讀此書的人能回憶起曾自願或在老板和朋友的要求下參加過某個大型的意識訓練組織？在那兒，你不斷地聽到培訓師或所謂的引導師對參與者大叫，說是他們的信仰阻礙他們。沒人告訴你發生了什麼，你會被傳授了一種關於宇宙的新信仰體系。

人們的確有權利去勸說別人和他們一樣思考，但參與者應該事先知道，這個項目是要傳授一種新的信仰體系，而且他們也應該能夠選擇是否參加。大多數對這種培訓的抱怨都集中在這樣一個事實，即員工既沒有被告知他們個人要承擔的心理打擊的強度，也沒有被告知要傳授的基本信仰體系或哲學到底是什麼。而他們最關心的事始終是，這個培訓「對工作沒有一點實用價值。」

批評從全國各地蜂擁而至，來自各種不同的工作環境裏的員工。其中最常見的批評是，某些項目對員工的倫理道德觀和精神信仰進行了集中打擊。他們聲稱，這些培訓項目追求的不僅是將員工轉變為能接受具體的精神哲學，而且還將員工招募到膜拜團體中。在這些招募的項目中，都是那些沒有任何顯而易見的實質內容，但都被用來進入到商業、教育及工業環境，並由公司或政府部門支付費用。因為在這些地方，可以接

觸到大量的人。一旦他們踏進培訓課堂的大門，膜拜團體就會努力使那些參加第一次課程的員工盡可能多地加入膜拜團體。膜拜團體首領和培訓師會評估參加研討班的人，將其作爲潛在的新成員，他們其實已部分皈依了。

膜拜項目傾向於是純粹的商業活動，一般旨在銷售越來越多的培訓課程。同時，通過培訓項目認識的人被當作是潛在的客戶，聯繫整個公司的紐帶。在一門課程結束後不久，培訓項目的代理人就會跟參與者聯繫，讓他們購買額外的課程，而且讓他們公司派更多的員工來參加初級研討班。

所有這些項目引發人們對幾個一般問題的關注：

• 它們在本質上是宗教的、哲學的，因此不屬於生產場所。

• 它們利用思想改造技巧和心理強制方法，會造成心理崩潰。

• 他們在商業領域製造了社會摩擦。

我已經提到過，那些認爲宗教和個人信仰體系很重要的人由於被打著改善工作的幌子而本質上是另一種宗教信仰而矇騙，而感到深受冒犯。而且，大量的主張出現了，有些出現在民事案件中，指出他們個人參加某些訓練項目的結果是遭受了精神崩潰或心理傷害。

另外，這些項目在工作場所引起了負面效果。在某些工作場所，你會發現一個核心團體和一群外人。內部人士就是那些參加過項目的人，並通過服從和依附，已經接受了在研討班上所傳授的行話。他們和其他那些帶來項目內容的人一唱一和，隨大流。

而且，在任何工作環境中都有內在的不平等。老板、管理者和上司因其角色所擁有的權力和影響要遠比那些工人和低層人員的大。角色賦

予權力,而權力決定影響力的流動方向。沒有幾個人會反對這種觀點,卽那些處於權力等級最高層的人有權看著他們的指令被執行。換句話說,如果老板派你去參加一個研討班,你就會去。

因此,工作場所成爲幾種社會學和心理學現象聚集的舞臺。新世紀運動,在世界市場競爭的商業慾望,以及我們的國民相信自我完善的癖好都混合在一起進入了我們的企業。由於某些利用這種環境的膜拜團體和思想改造組織的侵入,這種情形就變得更複雜了。

三、侵害民事權利

作爲這種培訓項目流行的一個結果,不僅僅是它們表面上所顯示的那樣,許多抱怨已經被平等就業機會委員會(EEOC)登記在案,那些員工描述了這些課程是如何侵害了《1964年民權法案》所保護的他們的權利。

EEOC在1988年的政策聲明中曾提出過這類項目,向雇主發出過警告。部分聲明如下[4]:

> 雇主們越來越多地利用培訓項目,旨在通過採用各種所謂的「新世紀」技巧來提升員工的工作動力,合作精神或生產效率。例如,某大型實業公司要求其員工參加以喬治・哥德耶夫某種神秘教義為基礎的研習班……另外一項合作計劃為其員工提供壓力管理方面的工作坊,採用所謂的「信仰治療師」來分辨員工「氣場」(auras)並接近其身體的「能力場」,以此來增強員工的體質。……這些項目廣泛地運用各種技巧,包括:

4　Equal Employment Opportunity Commission, "EEOC's Policy Statement on Training Program Conflicting with Employees' Religious Beliefs," *EEOC Notice* No. N-915, Feb. 22, 1988, pp.6276-6277.

　　冥想、引導意象、自我催眠、接觸治療、生物反饋、瑜伽、渡火
以及誘導意識改變狀態等等。……

　　雖然法院和委員會沒有解決由「新世紀」培訓項目引發的特別
衝突，但這個問題可 以依據傳統的第七條（《1964年民權法
案》中的）裡關於宗教接受理論來調解。

　　因此，EEOC明確地將這些問題當作是雇主和員工之間的宗教接受
問題，以具體問題具體分析的方式來處理。

　　有幾個在全國範圍內的培訓項目，使用一種叫「繩索課程」的方
案，其中參與者（通常是公司派送的員工）要爬上高高的站臺、大樹或是
一個海角。在那裡，他們被拴上安全帶，手上抓一根帶子，然後尖叫著在
峽谷或空地上縱橫。有恐高症的人反映，他們遭遇巨大的焦慮折磨，但
是又感到在參加該項目的其他員工和經理面前不得不去做。

　　據說最壯觀的繩索路線是在新墨西哥州的威爾遜培訓公司[5]
（Wilson Learning Corporation）。參加這一課程的員工從一個懸崖出發，
懸掛在一個滑輪上，快速下降到一條飛索上，飛索一直延伸到佩科斯河
的另一岸。當一個人順著繩子滑到底端時，其他參加者上蹦下跳地，大喊
著：「堅持、堅持、堅持住」，並歡迎他。大部分的這類項目都會鼓勵更多
的堅持，且鼓勵員工在某些聚會上「分享」這種個人體驗。

　　某些大型群體意識訓練（LGAT）項目及其分支機構使用的其他一
些步驟包含有羞辱人（類似於被欺侮事件互助會）的過程。我能為這種事
情想象出的唯一理論基礎就是，某些人認為羞辱人們能夠使他們克服害

5　J. Main, "Trying to Bend Managers' Minds," *Fortune*, Nov. 23, 1987, pp.77-
　　88; A. Johnson, "Mind Cults Invade the Boardroom," *Canadian Business*,
　　Jan. 1992, pp. 38-42.

羞心理。可這是不正確的。我也看不出這與工作有任何關聯，也在這樣的練習中看不到任何對員工有些許幫助的東西。這樣的練習，如一位婦女所說，讓一名肥胖的婦女穿上比基尼，走到大街上去唱歌，企圖讓一群男人來追隨她；或者如其他人所說，讓人們穿上異性服裝、扮演漫畫般的異性角色。

在1990年代，我們甚至可以看到有人對蹈火重新感興趣。我的一位同事最近發現「蹈火正在席捲加拿大的各大油田」。員工被派送來參加這種（從美國引進的）項目，被告知，只要他們恰當地思考（think）就能夠光著腳穿過灼熱的煤坑。有人告訴他們，在完成火中行走之後，沒有什麼工作會看起來困難了。

這些項目的目的似乎更在於使參加者熱情高漲，判斷力暫停，服從「培訓師」的命令，而不是傳授任何與工作成績、交流能力和利潤率相關的知識。許多項目被描述為只是提供了一次「難忘的經歷」。而且，沒有人會問你從這一活動中真正學到了什麼或者思考了什麼，也沒有人問你這對你回工作單位或公司之後是否有用處。然而發起者卻聲稱，這些練習會產生「坦率和自信」。

觀察了許多群體意識訓練，並訪談了許多把參加這類項目的變體作為工作任務一部分的人之後，我對他們的極端幼稚和不人道感到震驚。他們打著教育和從實踐中學習的幌子，或聲稱參加這種拙劣的模仿就能增強工作能力，從而對人進行羞辱。所有的參加者沒有人認為「分享」個人詳細經歷的聚會有用。因為培訓項目和研討班十分普遍，所以有不計其數的員工被派來參加培訓，以為他們將會學到管理技巧或與工作相關的特殊技能。相反，他們發現自己處於高度對抗、心理上十分緊張的項目中，這些項目的目的是要轉化他們——不只是培訓，而簡直是要

把他們改造成一個新品種。

很多員工認識到有些管理者或者老板要麼拼命地增加生產，要麼就被這些項目的推銷者作出的承諾所迷住。這些管理者或老板不想聽到這些項目不大受歡迎。通常，只有在局外機構的幫助下或者保證被調查者匿名的承諾下，才能作出客觀的評價。例如加利福尼亞公共設施委員會（California Public Utility Commission）在調查太平洋貝爾克朗（Pacific Bell Krone）項目時就是這樣做的。本章稍後會描述該項目。

在某些情況下，沒有培訓項目本身，而只有加入背景組織的完全的壓力。例如，1989年12月，ILWHA美國有限公司達成了一項3萬美元的賠償協議[6]。ILWHA公司下屬的一個純自然健康食品店的前雇員提起訴訟，說他被迫加入「文鮮明統一教會」（Reverend Moon's Unification Church）。伊利洛伊州的人權委員會發現確實有證據表明，純自然食品店、ILWHA和統一教會侵害公民權。據純自然食品店的幾位前員工透露，他們被告知，除非他們在開始受雇於純自然食品店的兩年內同意加入「統一教會」，否則他們就會丟掉工作。他們說，在他們的受雇期間，還被派往宗教靜修聚會或者其他州的與教會相關的商店。

除了向工作機會均等委員會（EEOC）投訴之外[7]，很多員工還對培

6　American Jewish Congress, "$30,000to Health Food Employee Who Alleged Employer Coercion to Join Unification Church," *Press release*, Dec. 11, 1989.

7　M. D. Langone, "Beware of 'new Age' Solutions to Age-old Problems," *Business and Society Review*, Spring 1989, pp. 39-41; Main, "Trying to Bend Managers' Minds"; P. Waldman, "Motivate or Alienate? Firms Hire Gurus to Change 'Their Cultures," *Wall Street journal*, Jul, 24, 1987, p.19; R. NVatring, "New Age Training in Business: Mind Control in Upper Management," *Eternity*, Feb. 1988, pp. 30-32; R. Watring, "Producing Results: Fact and Fantasy-A Review of Enhancing Human Performance: Issues, Theories and Techniques by the National Research Council," *Spiritual Counterfeits Journal*, 1990, 9(1), pp. 28-33.

訓項目的內容或在工作場所承受的相關壓力提出了民事訴訟。一些員工因爲提出了反對意見而丟掉了工作，其他員工遭受培訓項目產生的一個後果卽出現了心理上的呼吸困難。還有一些人已經遵從和贊同這些項目，甚至可以說他們享受這些項目。

四、大型群體意識訓練（LGAT）中發生了什麼

依照聯邦法庭的要求，我參加了6個大型群體意識訓練的會議（由幾個著名的群體意識訓練組織發起），並訪談了許多參加過這些或這類其他項目的人，包括「西瓦心靈術」、「眞實化」（Actualizations）、「直接定心」以及無數的其他還在的項目。這些項目有的是由前雇員發起，也有的甚至是由規模較大的著名群體意識訓練組織的學員發起的。我已研究了培訓手冊和用來訓練培訓師的視頻，並訪談過許多培訓師。

我也爲控告兜售這種培訓的公司的各種人做過專家證人。這些人或他們的幸存者，在這些民事案件聲稱他們被那些特殊的項目所傷害。因此，案件的律師請求法庭命令這些公司允許我和另一名專家作爲旁觀者去參與相關的項目。我們坐在大型賓館的舞廳後面，或其他訓練場所。由於其中大部分項目是由非常標準化的事先寫好的步驟組成，只要打開一份就可以繪制出其過程及培訓師態度的畫面，以及對發生的群體過程有一定的了解：當250到300人的心理和感情被激發之後，有時會變成集體伏在地板上抽泣。

我和另一位專家需要對原告參加過的訓練進行觀察和研究，以形成一個意見，卽訓練的行爲和內容與原告聲稱的傷害之間是否存在聯繫。這些傷害程度大小不一，從溺亡、自殺到須短時或長期待在精神病院接受治療。我對那些我擔任顧問的近60件法律案件中的當事人進行了

追蹤。其中一些人已經重新開始正常的生活，盡管對那些可能會造成完全心智失常的事情有著可怕的回憶。有幾個在訓練期間或或訓練結束之後立刻患上精神分裂症，他們在醫院住了十年還要繼續住下去。

大型群體意識訓練項目至少持續四天，通常是五天。被稱之爲研討班，聽起來很像一門特殊的大學課程。它的對抗性和心理的方面通常在事先不會被人提及。也不會提及的是，一個關於世界是如何運行的全新的理論將要灌輸給參加者。

項目培訓師和領袖有代表性的獲得參與者的同意，他們不會告訴任何人將要發生的事情。如果這樣做的話，「將破壞它在你們的朋友、家人和同事心中的形象，如果他們參加這一課程的話。」培訓師建議，「告訴他們你從這裡收獲了什麼」。這意味著，在實際內容上含糊其辭，而是提供熱情洋溢的支持，告訴他人該訓練改變了你的生活，但不要告訴他們這些課程對某些人來說會是令人激動的、戲劇化的、對抗的和讓人瘋狂。由於這樣一種承諾，購買和參加這些研討班的消費者就會這麼做，而不管該活動會帶來心理的、社會的，有時甚至是生理的壓力有多大。

下面概要性的描述有關大型群體意識培訓（LCAT）中所發生事情的一種復合情況。以我參加過的幾個這樣的培訓班爲基礎，加上對以前的參加者和培訓師進行過咨詢，以及我自己的研究結果，這一描述反映了我的專業解釋。

第一天

第一天往往用來顯示領袖的絕對權威。領袖，通常被稱爲服務商（facilitator）或訓練者，立刻控制住整個局面，他的行爲舉止暗示自己是強有力的管理者，沒人能向他所說的話提出挑戰。「這個項目會有效」，訓練者聲稱，「就看你是不是服從並從中獲得最大利益。他完全控制著

局面，表現得知識淵博，口才極好，所以他不會輸掉任何一次邂逅。凡是向訓練者挑戰的人都將受到羞辱並被言語粉碎。

　　新的顧客發現，大多數的大型群體意識訓練組織（LGAT）允許甚至鼓勵以前參加過培訓的人再度加入，這些人充當拍手喝彩者或模範人物。他們鼓掌，說著和領袖一樣的行話，發表支持的言論，作新來的人仿效的典範。由於再度加入的人說到做到，所以當他們發表評論時受到訓練者的好評。新的顧客開始模仿他們的語言並模仿其他人的行為，他們注意到，其他人會因為使用某種語言或揭發個人材料而受到表揚。領袖訓練人們在每一次分享結束後鼓掌，不管這樣的「分享」是多麼愚蠢，多麼偏離主題，多麼沒有條理。對很多人來說，訓練者對這個群體說一兩句話，就讓百個人同時鼓掌，是很興奮的事情。與此同時，新顧客也看到了訓練者是如何痛責和屠殺反對者的。

第二天

　　第二天集中在灌輸大型群體意識訓練所教授的新哲學思想。一個著名的大型群體意識訓練聲稱，是你自己導致了發生在你身上的所有事情，包括選擇你的父母打斷你的腿，在你孩童時期你遭到遺棄而受到繼父的調戲。訓練者使用「可理解的」、「有責任的」這樣的術語，但並不是其本意。訓練者的意思是：如果你「理解了」，你就會開始仿效組織所倡導的方法去進行選擇。他們在你心中製造內疚和恐懼，說你自己導致了發生在你生命中的所有壞事。「你的生命不再運轉了！」，訓練者或是領袖大喊道，這時他隱含了他的意思。如果你正好「理解了」，你就能「使你的聲明重新運轉」。他們教給你使聲明運轉的方法，即有一種神秘的思想，它可以讓你創造出你想要的一切。你被告知，你能創造停車場，買下一次課程的錢等等。既然存在創造力，你只要通過思考就能創造。

第三天

第三天往往用來練習，通常用想象來進行催眠誘導，慫恿參加者回憶早期的童年時代令他失望的所有事情。練習涉及你的父母，你沒有信守的諾言，別人背棄的對你許下的諾言——到目前為止你生命裡所有的痛苦記憶都呈現在眼前。第三天結束時，參加者們在心理上被打開了。

第四天

第四天進行大量的集體分享，領袖開始搖身一變，由一個嚴厲的、跋扈的監工轉變為一個有魅力的、迷人的、深愛你的爸爸或媽媽，想要你買下一次課程。法律案例顯示，訓練者們的升降甚至是他們這份工作的去留取決於，他們能引誘多少參加了第一次課程的人購買下一期課程。

第五天

第五天是輕鬆的日子；在休息室旁邊有舞會，吃中飯時還可以休息。為了讓你參加下一次更貴的課，他們會進行很多的努力。所有的參加者都告知，要回來與公司職員開一個培訓後座談會。在那裡，再一次為推銷接下來的課程做巨大的努力。這一天結束時，一個驚喜上演，參加者的朋友和家人意外地出現，來慶賀他們「畢業」。

影響

在這樣一個在大型群體意識訓練中，使某些人感到不安的事情是，經過了4到5天緊張的、疲憊不堪的日子裡，他們變得被更多的他們一時無法處理的情感和衝突所淹沒。直到此時此刻，他們還不能用自己的方式來處理他們的生活，但在訓練期間，他們不得不用一種簡單而又強制的方式回顧他們整個過去。這和心理療法完全不同。例如，治療師和患者的治療進程會更緩慢一些，為的是讓患者能夠以一種可接受的速度來

處理他或她想要的或需要的東西。

很多人曾告訴我，如果他們事先知道某些練習的緊張程度和和心理上的深度，他們絕不會購買或去參加培訓。他們對大型群體意識培訓所帶來的緊張程度、群體壓力的影響以及個人的勞累一無所知。他們期望的只是一次普通的教育經歷。卽使現在幾個大型群體意識培訓組織和培訓項目已將其聲明印發給了參加者，但我認爲，這些聲明並不符合標準，沒有如實地告知消費者全部信息，卽有關會經歷的緊張程度以及隱藏的純屬個人往事的表象等信息。例如，在加利福尼亞，居民可在72小時內決定放棄因高壓引起的購買。人們對於上門兜售雜誌的推銷員更具有自我保護意識，而對於被膜拜團體和大型群體意識培訓的招募者欺騙並施壓時，卻不是這樣。

我在這本書中將「大型群體意識培訓」納入，是因爲它是強烈說服和群體壓力的協同項目形式的代表。在此，我並不討論許多優秀的技能培訓、教育和激勵項目，這些在商業和工業領域使用並取得實際效果。但除了這些項目之外，還有許多採用思想改造程序的培訓計劃，會對員工有害，並引發針對雇主的法律訴訟。他們是一種使用社會學和心理學影響技巧的當代企業版本，這些技巧在人們不知道或不同意的情況下展開的——這恰恰是我反對膜拜團體的地方。

五、新世紀膜拜團體培訓項目的發展：案例分析

洞察力研討班（Insight Seminars）是一個很受專業人士歡迎的個人發展項目。一些從該組織叛逃的人曾指控，洞察力研討班被用來爲其背景組織卽「內在精神意識覺醒運動」（the Movement of Spiritual Inner Awareness，MSIA）招募新成員。洞察力研討班的創建者和MSIA的首領是

約翰‧羅傑‧漢金斯（John-Roger Hinkins）（盡管他很少用他的姓），他的故事很有趣[8]。

漢金斯1958年畢業於猶他大學，獲心理學學位。隨後在1963年，他經歷了一次手術後昏迷。當他蘇醒後，他說感到有兩個人在他體內：「新人」約翰和「舊人」羅傑。有一段時間，他自稱約‧羅。他以3美元的愛心奉獻價格出售他的心靈洞察力。然後，他開始學習埃甘卡（Eckankar）（一種新世紀的心靈體系），並宣稱自己是神秘遊魂（Mystical Traveler Consciousness）的「載體」（holder），在與紅色修道士（Red Monk）（卽魔鬼）展開鬥爭。據說，他自認爲自己與耶穌、摩西、諾亞和與之類似的人一樣。將舊的和新的東西混合在一起，約‧羅創建了MSIA，並贏得了不少追隨者。到1970年代早期，他每週四個晚上爲研討班授課。

1970年代後期，他的一些支持者們說服他進行生命源泉（Lifespring）訓練，以此來適應MSIA的需要（從1970年代早期到中期，生命源泉和電休克療法以及自我實現（est and actualization）一起，是大型群體意識訓練最受歡迎的項目之一）。當約‧羅與一個曾是生命源泉項目的關鍵人物合作時，他與120名MSIA的牧師一起開創了洞察力培訓班。這些牧師首先在MSIA自己的教會單元內傳播，後到公共研討班去傳播。報道說約‧羅稱旣將洞察力培訓班稱作他的「內閣」，又稱作他的「賺錢機器」。

8 R, Flynn, "Insight Out," *City Paper* (Wash., D.C.), Dec. 7-13, 1990, pp. 20-31; P. Kingston, "TV Chief's Link to Sect Worries His Staff," *London Evening Standard*, Mar. 25, 1987; M. Yaple, "Candlelight Path to the 'Messiah'," Sun Chronicle (Attleboro, Mass.), Dec. 18, 1987; B. Sipchen and D. Johnston, "John-Roger: The Story Behind His Remarkable Journey from Rosemead Teacher to Spiritual Leader of a New Age Empire," *Los Angeles Times*, Aug. 14, 1988, pp. 1, 10-12; B. Sipchen and D. Johnston, "Negativity Shakes the Movement," *Los Angeles Times*, Aug. 15, 1988, pp. 1-3, 6; R. Storm and I. Pollard, "False Messiah," *City Limits* (London), Sept. 13-20, 1990, pp. 8-10.

　　研習班是激勵課程和激烈的小組碰面會之間的交叉點。它們最終都演變成爲自我探索、全身擁抱和給自己寫求愛信的狂歡會。罪行得到清除，狂想得到放縱，愛無處不在。一個叫「雞尾酒會（Cocktail Party）」的練習，可以被描述成一次原始的尖叫集會。在這個集會上，人們相互大喊著直率、眞誠的話語，這樣不間斷地持續約2個小時，期間助手們分發嘔吐袋並勸說參與者繼續下去。集會發展成爲一個「重生」的過程，有著平和的引導意象和舒緩的音樂。然後，參與者互相在對方面前把他們最易產生焦慮的幻想付諸行動。隨後就是「搖籃」（cradling），其意思就是讓參與者明白，他們的新「家」無條件地愛他們，盡管他們深層的脆弱性暴露出來。燈光灰暗，一些人被吊起升至空中，隨著天堂般的音樂輕輕地搖晃。他們眼中看到的是其他所有人臉上綻放出的天使般的笑容。

　　後來，參與者們證明，感到「令人敬畏」，經歷持續數天的情緒高漲。有些人說，經過這種「超驗」體驗之後，他們不得不採用特殊的「基礎」步驟來繼續他們的平常生活。在某個時刻，一個「贈送禮物」的集會被增添到五天的洞察力研討班中。據報道，在集會過程中，有些人興高采烈，他們開出1萬美元的支票給該組織。據說許多從洞察力培訓班畢業的人被招募到MSIA，盡管培訓班和MSIA之間的聯繫對研習班的參與者來說一般是不了解的。

　　1983年，關於性虐待的指控從兩名高級助手那裡顯現出來。一些職員說，約·羅利用他的心靈權威來引誘她們。根據報道，約·羅阻止婚姻，並且命令他的私人職員禁慾。但先前的支持者們說她們被迫與約·羅發生性關係以維繫「與遊魂（the Traveler）的平穩關係」。漢金斯否定了這些指控，結果他沒有受到律制裁。然而，由於這些指控以及其他負面輿論，許多支持者和參加洞察力訓練的人醒悟過來並退出。後來有人將這一時

期稱爲「心靈破碎」期，有時這些前信徒花了數年時間來修復他們的心靈。同時，也有一些職員仍保持忠誠，繼續參加洞察力研討班。

　　來自洞察力咨詢組織（Insight Consulting Group，IGG）的最新年度報告手冊宣稱，有超過5萬的群眾參加過洞察力培訓，還吹噓已經擴大到了全世界，並且標明了研討班在美國12座城市和倫敦、悉尼、多倫多以及溫哥華的位置。部分顧客名單包括：雅培實驗室（Abbott Labs）、貝斯以色列醫院（Beth Israel Hospital）、金寶湯公司（Campbell Soup）、洛克希德公司（Lockheed）、麥克唐納·道格拉斯公司（McDonnell Douglas）、全美廣播公司（NBC）、皮爾斯伯裏公司（Pillsbury）、羅克韋爾公司（Rockwell）、社會安全局（the Social Security Administration）、加州大學洛杉磯分校管理研究院（UCLA Graduate School of management）、美國海軍（the United States Navy）以及「許多中小型企業。」就在1990年，約·羅的《生活101》一書，位列《紐約時報》最暢銷書名單中。

六、在工作中「被轉變」的問題

　　下面這些案例能表明，在雇主派員工去參加某些培訓項目時會發生的一些事情。在部分案例中，員工尋求賠償，因爲他們覺得他們受到老板的強迫去參加並且/或者已經受到該項目的傷害。

　　員工們除了抱怨他們被迫完成相當於強制性宗教轉變的項目外，他們還反對使用的具體技巧[9]：冥想、神經語言計劃、生物反饋、自我催眠、怪異的放鬆技巧、心靈控制、身體接觸、瑜伽、催眠誘導、可視化，有時是強烈的對抗性集會，類似於出現於1960年代至1970年代的「攻擊」療法。通過使用強烈的心理學技巧，有些項目「引誘普通人暫停他們的

9　Main, "Trying to Bend Managers' Minds."

判斷力，聽從他們導師的擺布，甚至採用一種全新的基本信念」。使用對抗技巧的訓練者在研討班的參與者身上制造一種無力感。一旦產生這種感覺，清除舊的思維方式和行爲方式就變得容易多了。

從位於佐治亞州奧爾巴尼市的輪胎廠[10]到華盛頓州塔科馬港市的汽車交易市場，工人們開始抵制強加給他們的宗教價值觀和在工作場所的培訓項目使用的強烈的影響技巧。

管理課程和工人的反應

史特林管理公司（Sterling Management Systems）是一家位於加利福尼亞州的格倫代爾市的咨詢公司。它向牙醫、脊椎按摩師、驗光師、整骨醫生、獸醫以及其他醫學專業人士提供培訓項目，教他們如何拓展業務和增加收入。史特林宣稱是一個非宗教組織，但是一場由3名牙醫提出的訴訟[11]中指出，一個耗費1.7萬美元的研討班原來是一個長達一週的「山達基教派工作坊」，旨在爲招募他們進入教會。其中一個牙醫單獨說，他在不到六個月的時間裡，花了6.5萬美元去學習史特林課程和更深的山達基教派咨詢。

一本用於促銷的手冊聲稱，僅在一個區域內，109位史特林公司的

10　R. Lindsey, "Gurus Hired to Motivate Workers Are Raising Fears of 'Mind Control" *New York Times*, Apr. 17, 1987; M. Brannigan, "Employers' New Age Training Programs Lead to Lawsuits Over Workers' Rights," *Wall Street Journal*, Jan. 9, 1989, p. B1; P. Galagan, "The Transformers," *Training and Development Journal*, Jul.1987, p. 4; R. Zemke, "What's New in the New Age?" *Training*, Sept. 1987, pp. 25-33.

11　E. McCormick, "A Bitter-sweet Mix," *San Francisco Examiner*, Mar. 21, 1993, pp, E1, E5, E8; G Power, "Cocolat Plans to Close All of Its Stores," *San Francisco Chronicle*, Apr. 7, 1993, pp.D1, D4; R. Wreizel, "A Tale of Capture and B:rainwashing," *Akron* (Oh.) *Beacon Journal*, Jan. 21, 1990, pp. A1, A4; S. Cartwright, "Definitely Not the First, Probably Not the Last," *El Vaquero* (Glendale, Calif.), Mar. 23, 1990, p. 1.

主顧「在橘子郡組織了斷了」（組織行話，意思是說他們通過了山達基教派的課程）。只要回顧一下史特林公司出版的那一打小册子、郵件和傳單，就清楚地表明了它與山達基教派的創立者L‧羅‧哈巴德（L. Ron Hubbard）的聯繫，但是沒有人提到山達基教派的教會。史特林的代表宣稱[12]培訓是非宗教的。一位史特林的律師說，他們已將教會的教義世俗化了。

1993年10月，紐約拿索縣的人權委員會作出決定，承諾保護眾多的員工在工作場所的此類研習班中可能受到的宗教歧視。委員會在兩個理療公司員工的案例中找到了「可能的理由」，這兩名員工由於拒絕參加史特林管理公司的培訓課程而被老板解雇。原告代理人將委員會的裁決視作「里程碑式的先例[13]……大大地推動了在全國範圍內對員工權益的維護」，他們有權抵制宗教灌輸和引誘他們加入另一個教會。

下面列出的是另外三家受到該問題影響的公司的事例。

應用材料公司（Applied Materials）。1992年9月，應用材料公司，一個在加利福尼亞的計算機芯片生產廠家，就一起據估計花費了60萬美元的訴訟案達成庭外和解[14]。這一訴訟案中，該公司3位前雇員主張是他們對應用教育協會（Applied Scholastics）所安排的課程抱怨之後，他們就被解雇了。該應用教育協會是以哈伯德（Hubbard）的著述爲基礎的管理咨詢集團。1989年，應用教育協會將通用汽車公司（General Motors）、惠普公司

12　McCormick, "A Bittersweet Mix," p. E5.

13　H. L. Rosedale, cited in "Protection Against Cultic Influence in the Workplace," *Cult Observer*, 1993, 10(10), 7, 參閱紐約州、紐約州人權處對Karen Webster 和 Maryann Slutsky的投訴，案卷號2-EC91-3500064-67E.

14　D. Machan, "Scientologizing," Forbes, Sept. 14, 1992.

（Hewlett-Packard）和美國陸軍（the United States Army）列入其主顧名單中。

應用材料公司承認他們「在關於L・羅・哈伯德有爭議的本質問題上缺乏敏感性」[15]。一位法律事務作家評論道，該案例「在遍及全國的許許多多與大量宗教教派有牽連的管理培訓項目所引起的不斷增長的向平等就業機會委員會（EEOC）的投訴和法律訴訟中，很具代表性」[16]。

可可拉公司（Cocolat）。1991年，知名的山達基教派信徒喬奧・費希巴克（Jeol Feshbach）所屬的一家投資公司買下可可拉——一家正遭遇財政困難的西海岸糖果公司。隨後，1993年上半年，可可拉公司13名管理和行政部門的員工向當地報紙透露[17]，他們已辭去可可拉的工作，因為他們的老闆使用以L・羅・哈伯德的教義為基礎的管理手段。據報道說這家公司還解雇了另外6名管理人員，因為他們抵制公司的管理哲學。費希巴克否認曾將山達基教派強加於員工，但是員工們再一次聲稱受到宗教騷擾，並要求平等就業機會委員會（EEOC）登記在案。

可可拉的前員工說，哈伯德這個名字和他所使用的術語，早已開始遍及公司的培訓和內部交流當中。他們說，外來的顧問帶來哈伯德的哲學，連同工作手冊一起，說他們想要讓員工們生活得更好。一個前倉庫管理人員說：「這就好像山達基教派在管理課程的偽裝下出現了。所有

15　A. Gathright, "Scientology, Intimidation at Heart of Applied Materials Suit, *Mercury News* (San Jose, Calif.), Jul. 28, 1992, pp. 1E, IOE; A. Gathright, "Applied Materials Loses Ruling Involving Scientology," *Mercury News*, Aug. 5, 1992, pp. 1E, 7E; Machan, "Scientologizing."

16　C. Cooper, "Is Firm Teaching Skills or Religion? EEOC to Decide," *Sacrameoto* (Calif.) Bee, June 25, 1989, p. A9; Machan, "Scientologizing".

17　McCormick, "A Bittersweet Mix"; Power, "Cocolat Plans to Close All of Its Stores."

的紅燈都對我熄滅了。我感到我像被洗了腦似的。」1993年4月，這個頗受歡迎的巧克力製造商宣布公司重組，並關閉了舊金山灣區全部的連鎖店。

史塞克公司（Stryker Systems）。根據1990年一宗指控這家加利福利亞軟件公司的法律訟訴[18]，員工們稱他們被命令閱讀《山達基教派倫理學導論》（*Introduction to Scientology Ethics*）和《爲人正直》（*Personal Integrity*），並完成寫作練習。原告供述稱，因拒不接受山達基教派的練習即「詳細描寫他們公開的和隱瞞的事情」（意思是供認壞的思想和行爲），而被解雇。原告贏了官司，以不公開的庭外和解結案。公司並不承認其錯誤行爲。

太平洋貝爾公司的克洛培訓。一個最爲臭名昭著的信奉「發展領導力」的「新世紀」員工培訓項目[19]，在太平洋貝爾公司（Pacific Bell）從美國電話電報公司（AT&T）分離出來之後，就建立起來。該公司引進了由其顧問查爾斯·克洛指導的一個項目，該項目以G.L.葛吉夫（G. I. Gurdjieff）的哲學主張爲基礎。此舉引起舊金山州立大學哲學教授雅各布·尼德曼（Jacob Needleman）對其評論道：「看到（葛吉夫）被用於（商業），我有點吃驚，因爲它是我所知道的一種最不妥協的精神教義。」

這一項目試圖通過改變員工所使用的詞匯來改變他們的思維模式。例如，「目標」被稱作「最終狀態幻想」。員工的投訴、當地報紙的曝光加上由加利福尼亞公共設施委員會(PUC)開始的一項調查，中止了該

18　S. Cartwright, "Student Alleges Local Company Is a Front for Scientologists," *El Vaquero* (Glendale, Calif.), Mar. 23, 1990, p. 1; "Pair Sue, Say Bosses Forced Faith Upon Them," Miami Herald, Feb. 16, 1990, p. 2A; McCormick, "A Bitter sweet Mix."

19　K. Pender, "Pac Bell's New Way to Think," *San Francisco* Chronicle), Mar. 23, 1987, pp. 1, 6.

項目。應PUC的要求，進行調查的外界評論人士報導說[20]，他們發現了一些正面因素，但是「不幸的是，這些益處在強大的負面影響之下，變得無足輕重」。他們列出的負面影響包括：恐懼、受脅迫和不信任、生產率下降、浪費時間、文化上分裂、使用晦澀語句以及喪失鬥志等等。

太平洋貝爾公司在兩年內為該項目花費了五千零六十萬美元[21]，而且，還將會另外花費1.356億美元讓所有的6.7萬名公司員工通過該項目。PUC不準許他們將實際花銷的一半從納稅人那裡得到補償。

PSI世界。另一場達成庭外和解的官司牽涉到PSI世界[22]。PSI世界是一個總部設在加利福尼亞聖拉斐爾的咨詢集團公司。該案的原告聲稱自從參加為期五天的PSI世界的培訓使他的情感受到操控之後，他的健康就受到了損害。這導致他後來駕車失控，發生撞車而受傷。他說自從他參加了被他描述為長達10小時的情感集會（會上要求參與者表演主要是消極的情形）後，他的身體上和精神上都感到筋疲力竭。而且，為了完成家庭作業他連續兩個晚上沒有睡覺。「沒有鐘，也不允許任何人帶手錶，」他說，「我們要度過很長的一段時間，中間既不能吃東西也不能休息」。

然而PSI世界不承認有罪，且其律師聲稱這一請求沒有任何價值，據說PSI世界支付一筆6位數的和解費來平息這個案子。

生命源泉（Lifespring）。「簡」在1980年代後期參加了兩個生命源泉

20　California Public Utilities Commission, Public Staff Division, *Report on Pacific Bell's Leadership Development Program* (San Francisco, California: California Public Utilities Commission, June 10, 1987),chap. 5, p. 3.

21　K. Pender, "Pacific Bell Dumps 'Krone' training," *San Francisco Chronicle*), Oct. 30, 1987, p.1.

22　White, "'New Age' Pep Talks: A Backlash."

培訓項目。生命源泉的理念[23]是，主張人們應該「表態」，要對「任何」發生在他們身上的事情負責任。在第一級的培訓結束的時候，簡已經開始接受這種思想。在第二級的培訓項目期間，簡被要求揭露三年前她16歲時所發生的殘忍地遭強奸的事。簡除了在後來緊接著的幾次咨詢集會上講過那次事件外，以前從來沒有和別人說起過。無論是她所在的文化還是她的家庭都沒有將強奸當作一件丟臉的事，因為她沒有做錯什麼。她覺得她的家庭一直支持她，認為她有權繼續把自己當作處女。3年來，她的學業和心理狀態都很好。

在培訓期間，簡被催促釋放與強奸有關的情感。她強迫自己表現出憤怒的情感，並當眾描述了她的經歷。在接下來的練習中，她被要求表達她對那個在她出生後不久就去世的父親的感情。為響應這個練習，簡開始攻擊自我並咀嚼培訓用的泡沫塑料球拍。雖然如此，她還是被允許繼續進行這個項目。

後來，訓練者命令簡扮演一位身價為1萬美元一晚的妓女。簡相信這項任務有特殊的意義，因為她曾被引導揭露那次強奸事件。她更加難過，覺得自己被單獨挑出來受羞辱。雖然在生命源泉培訓之前簡並沒有精神病史，但後來她還是經過了一段時間的抑鬱，因抑鬱她多次企圖自殺。簡住了3年的院，至今仍在接受藥物治療。

簡對生命源泉提出訴訟，這場官司以支付大筆的賠償費而了結。

七、心理意外

正如我們所見，當一名員工被派去參加某個培訓項目時，強制性心

23　M, Fisher, "Inside Lifespring," *Washington Post Magazine*, Oct. 25, 1987, p. 23。

理影響就可能在工作場所產生效果，而且/或者這種影響可能就發生在實際的培訓項目中。因此，某些培訓項目的心理衍生物就會導致員工們提起法律訴訟。有些訴訟案件在前面章節已經描述過了，這裡要說明的是另外3個案例。

心理崩潰

「傑拉德」是一名40歲的男子，他申請擔任一家商店的經理。店主告訴他，只要他花錢參加一個特殊大型群體意識訓練，他就會被錄用。店主已經成為該組織的忠實擁護者，他信守該組織的規矩，而不說這個培訓是幹什麼的。因此，他沒有向傑拉德描述該培訓的思想理念以及項目極端情緒化和對抗性的特質，也沒有向他說明那些程序會給有些參加者帶來心理上多大的混亂。

因為參加這個課程是受雇的先決條件，傑拉德假定它會是一個技能培訓和與工作相關的項目，於是繳納了他幾乎難以支付的高額學費。為期5天的培訓項目一開始，他就意識到自己陷於一種情緒緊張、高度對抗並與組織交心的情形。令他困惑的是，這似乎與經營管理一家商店毫無關聯。培訓內容是新世紀哲學、引導意象、個人懺悔以及來自訓練者的對抗性衝突的混合物。傑拉德從來沒有看到過人們的情緒崩潰到他集會中所見到的那種程度。他的焦慮與日俱增，其中很大一部分是源於他感到自己的宗教信仰和他在培訓中聽到的新世紀哲學之間存在衝突。他擔心如果不完成這個項目他就不會被雇傭，這更增加了他的壓力。他感到自己精神崩潰，便要求退出，但項目領導堅持要他留下。直到第4天，他進了一家精神病院，他得了一種突發反應性精神病。傑拉德以前沒有精神病史，他的家族史裡也沒有過與此類疾病相關的記錄。

心理惡變

「喬伊斯」是她所在公司的高級銷售主管。她的上司告訴她，只要她參加他所要求的新世紀培訓項目，就能升職。她以為這是一種技能培訓或與工作相關的項目。但是，相反，她經歷了和傑拉德同樣的壓力。喬伊斯發現心理上的和社會的壓迫是如此強烈，以致她喪失了就在她的情況惡化時的記憶。但是，隨著幾乎不斷的驚恐發作出現，她被允許住進一家精神病院。隨著時間的推移，令她喪失能力的恐懼症多次發作，她變得足不出戶，並處於失業或準失業狀態3年多。她和她的家族成員此前都沒有任何精神失常的病史。

強烈的心理壓力

具有相同的少數民族背景的12名女技術員工被派往參加一個研討班。此前，她們被告知，研討班上成功與否將決定誰將會在公司獲得升職。課程由一名白人男子主持，他在成為研討班培訓師之前一名保安。無論是在研討班期間還是之後，所有女士都無法將研討班和崗位需求聯繫起來。然而，她們每個人在項目期間都因培訓師針對她們身上的羞辱和貶損而受到嚴重傷害。

培訓師以一種攻擊療法小組的方式來運行該項目。他不懂得欣賞女性少數民族的價值，事實上他似乎對她們的民族特色尤其不敏感。此外，他明顯地沒有意識到或擔心他所採用的強烈的心理學技巧的後果。他被描述成一名粗魯、對抗性的和兇惡的人物。他把婦女們叫到門前，要她們站在一張桌子上，同時批評她們的身體和衣著，並譏笑她們的循規蹈矩和文化習俗。

心理強制如此強烈、羞辱如此巨大，後果是每一個參加者都遭受明顯的心理壓力，大多數人在研討班結束後相當短時間內紛紛辭職。一名

遭受長期的重度抑鬱症的婦女，要求進行藥物和心理治療。並且，她的
案子上了聽證會，後來得到了解決。

八、購買者當心：工作中的思想改造流程

由於過去50多年我一直從事心理學和醫學研究，我曾在許多醫院、
診所和大學工作過。我曾在凱澤永久醫療機構審查委員會（the Kaiser
Permanente Medical Institutional Review Board）工作超過15年，負責對凱澤
永久系統資助開展的所有涉及人的研究進行知情同意程序的評估和審
查。我擔任國家科學院醫藥研究委員會（National Academy of Science，
Institute of Medicine Committee）的代表，就一項政府測試項目之後的芥子
氣和劉易斯毒氣的後果進行調查。在這次測試項目中，有6萬名二戰中的
將士在不知情的情況下被暴露在這些氣體中。有關這次測試的數據直到
1991年才公開。因此我對於爲維護保障在生物醫療和行爲研究中人類權
益[24]的法律而戰鬥是十分敏感的。

審查責任加上我與膜拜團體幸存者一起進行的專業工作，讓我熱
切地希望能夠保護和支持知情同意的實踐。我所全心投入的工作就是要
使個人對自己的生活、選擇和信仰有知情權，而且我相信員工們有權知
道他們被弄去參加什麼樣活動。這可能使我特別意識到許多培訓項目有
多騙人。

因此，就像我在之前描述膜拜團體招募時一樣，在這裡我要提醒大
家注意的是，很多員工和個人就是在不知情的情況下被派去或自己去參

24　National Commission for the Protection of Human Subjects of Biomedical
　　and Behavioral Research, *Ethical Principles and Guidelines for the Protection
　　of Human Subjects* (The Belmont Report) (Wash., D.C.: Government Printing
　　Office, 1983).

加各樣的培訓項目，以及與工作相關或自我提升的研討班的。只有到他們很難退出時，才會了解到該項目是做什麼的。當然退出的主要障礙是他們擔心可能因惹火了派他們去參加項目的老板而丟了工作，還有可能是他們似乎已經迷戀上該項目了。然而在剛提到的例子中，我們能感到雇員們被弄去參加培訓項目時所造成的嚴重傷害。這些項目並不是那些進行技能培訓和培養工作相關行爲的好項目，相反，它們是出於不光彩的目的要「轉變」（有些情況下是招募）員工。

拋開宗教問題，許多項目的很多練習中具有明顯的心理學性質，這一點是非常重要的。我們不否認這樣的一個事實，即它們是產生於高度對抗性的群體治療技巧，這些技巧是對抗訓練、敏感性訓練和大型群體意識訓練活動所採用的。這些心理技巧在很多方面與當今膜拜團體爲成功改變信徒的態度時所採取的影響過程沒有多大區別。這一點在產生的心理和行爲後果方面、在許多心理學意外事故的表現方面都是十分明顯的。這些意外事故都是在參加一些培訓項目期間和之後出現的。

接下來的後果是，大部分參加者因爲被迫放棄原有的規範、目標和理想，而感受到不同程度的孤僻與情緒不穩定。當他們設法調和培訓前的價值觀和培訓中所學知識以及培訓後所存在的現實時，也會經受一種文化上的地震。重要的是，如果這些壓力突然引發少量的心理狀態如短期精神錯亂、創傷後應激障礙、各種分離性障礙、放鬆引起的焦慮以及其他五花八門的反應，包括恐懼症、認識障礙和與壓力相關的疾病，就會有一定數量的參加者因此受到嚴重傷害。

考慮到這些後果，大部分培訓項目都沒有提供他們所宣傳的那樣提供技能培訓，這一事實只是他們最小的一個問題。不幸的是，購買培訓計劃的的決定通常是依照情感而不是理性基礎所作出的。作出決定的人是一個仍然熱衷於初級培訓經歷的行政機構。

　　當有人譴責在美國每年所提出的法律訴訟的數量時，看起來是因為員工們近期提起的訴訟和工作機會均等委員會（EEOC）的裁決給了員工們希望，讓他們覺得自己能夠採取某些手段來對付他們被派去參加的各種培訓項目。大聲抗議不會出現在他們發現自己在參加真正的技能培訓項目時，但是會出現在他們發現自己在進行的項目在侵犯其宗教或個人信仰，不是為工作進行培訓，而使他們的個性和自我受到攻擊和毀滅時。

　　簡而言之，缺乏知情同意，使用隱秘議程以及各種形式的強制是那些經歷過膜拜團體和某種些現代培訓項目的人們進行批評的焦點。購買者，當心啊！

第九章　恐嚇威脅

　　許多膜拜團體的規模很小，一直很小，其目標就是實現其領袖獨特的奇思怪想和慾望。這類組織通常來說並不妄想統治世界。而另外一些膜拜團體規模大，仍有增長勢頭。它們有國際分支機構，通過經濟、社會和政治渠道，使用欺騙手段來擴大規模、增加財富和加強權力。在尋求權力的過程中，它們使用了多種策略。我會在本章中對其進行探討。

　　第一個策略就是招募和利用一些專業部門，並將那些經過他們的訓練後能爲膜拜團體目標服務的人吸收爲新成員。第二個策略就是用威脅、恐嚇或訴訟以及其他騷擾行爲嚇跑那些對批評他們的人——研究人員、記者或普通公民。第三個策略就是在全世界範圍內擴展，並試圖使自己凌駕於法律之上。他們通過在政府部門、新聞媒體和教育系統獲得立足點來尋求公信力和權力，並假裝被社會主流所接受。

一、團結專業人士

　　當我們向大夫、牙醫、心理醫生、精神病醫生、律師或護士描述自己的病情和吐露自己的秘密時，會假定這樣做是很機密的。我們斷定，他們的首要義務是對我們負責，而不是對第三方負責。傳統觀念和法律使我們希望這些幫助我們的專業人士在處理我們的事務時，會首先保證我們的福利，而不是其他人的利益。

膜拜團體和思想改造組織往往會到各行各業中尋找許多專業人士來效忠。這些被團結的專業人士在不同程度上成爲了膜拜團體領袖的信息管道。並且首領利用他們來按照吩咐操控和利用成員。他們首先是爲膜拜團體首領效忠而不是對他們的患者服務。試想一下，你的大夫或心理醫生正在將你的秘密洩露給一個膜拜團體首領，或分享給某個助手、訓練員或使用思想改造程序組織的古魯，這是一件多麼駭人的事啊！

使用專業人士作爲收集信息的渠道，這一般是不讓成員知道的。相反，某些首領聲稱他們有超人的知識或了解這些信息的特異功能。還有一些則說他們能讀心，能全知或全能。最後，某個成員可能突然了解到個人秘密是如何被發現的，即便到那時，該成員也會因有這些想法和抱怨而受到譴責，這樣該成員的發現就被處理掉了。該成員會因「懷疑」而被鎮壓和懲罰。正如我們在前面幾章所看到的，系統永遠不會錯，錯的只是成員。

健康方面的專業人士

許許多多的前成員報告說，那些身爲膜拜團體成員的心理醫生、精神病醫生、護士和內科醫生通常扮演雙重角色：一爲收集信息；二是試圖使說服他們不要抱怨和離開。我不僅僅從前普通成員那裡聽到過這種說法，而且還訪談了將近兩打的專業人士，他們向我講述了爲其膜拜團體首領所從事的那些有目的的活動。以下是一些基本的案例。

「傑德」是一名註冊心理健康專家，擁有博士學位。同時他也是一名以《聖經》為基礎的膜拜組織成員。此組織鼓動其他成員到傑德那裡接受治療，向他傾訴兒童教育問題、婚姻問題和工作上的問題。膜拜團體首領指示傑德具有三項使命：一是向首領報告所有談話的內容，二是「緩和成員」，說服他

們服從首領的命令；三是防止成員離開組織。

離開該組織後，傑德深受負罪感，他此前那麼容易受人控制，以至於喪失了人格和職業道德，並且有時他實際上已觸犯了法律。他說，他早期從宗教、家庭和教育訓練來的良心仿佛被削弱了，他盲目地服從領袖，為他提供信息，利用自己的權威和在心理學技巧方面的訓練來說服成員留在該組織內。

「艾瑞克」在他14歲時隨父母加入了一膜拜團體，19歲時離開。該組織開始是一個鄉村素食生活方式公社，其成員均受過大學教育，屬於中上階層，其中許多人是靠信托基金來獲得收入。隨著時間的推移，這一公社演化成一個膜拜團體，其首領擁有完全的控制權，成員們認為他掌握宇宙的秘密。該首領「分享的學識」涵蓋了各種各樣神秘的哲學、飲食和心智拓展方法等諸方面。他聲稱自己有三個「無所」：無所不在，無所不知，無所不能。艾瑞克十分敬畏，他相信該首領能讀透他的心思，因為他似乎總是知道艾瑞克是怎樣想的，他有什麼計劃和疑慮。

艾瑞克發現，內部的心理醫生將成員匯報的所有事情告訴了首領，而這些事情都是在成員們被要求參加的「信息會談」時他們告訴醫生的。之後不久，艾瑞克就離開了該組織。人們向心理醫生傾訴，自然會認為他們的談話是私下裡的。相反，這個女人（醫生）卻將每一次的談話內容寫成書面報告呈給首領。一次偶然的機會艾瑞克在打掃首領辦公室時看到了一部分報告。他說當時好似有一道光掠過，他突然「明白」了首領是如何製造出能讀心和全知的光環的。

另一位註冊心理健康專家也是一名膜拜組織成員。該組織有近250個集體食宿的成員，另有1,100個分散居住的成員。這位專業人士工作日在鎮上的一家診所上班，週末和節假日就去膜拜團體的農場。調查表明，他依照首領的命令從患者中招募成員。他向患者介紹信托基金和經濟獨立手段，並告訴他們為了康復應該加入該組織。

該組織最好被描述為一個生活方式膜拜團體。他們將首領視為偉大的導師，並堅定不移地服從他。首領將成員的名字都改成了更「古典和有文化品味的」名字，法蘭斯改為法蘭茜，本改為布羅德芮克，湯姆改為賽爾多。成員們在該組織中能享受到更好的生活方式，要麼是家裡有錢，要麼就是過去工作有存款。而那些沒有錢的就做廚子和清潔工。首領聲稱他會教成員們如何控制自己的思想和社會行為，許諾他們將會達到近乎完美的自我完善狀態。該首領最強有力的控制方法之一就是，讓成員們只在某段時間內說話，而且只能說呆板迂腐的行話。不服者將對其進行禁言制裁，連續幾天不許他說話。

「道格」是一位經由心理健康專家推薦加入該組織的年輕人。他回去看望他的母親時，我剛好在訪談他母親，將其作為一起法律案件的證人。他母親自己已經在一個侮辱性和對抗性的生活方式膜拜團體裡待了一段時間了。當我們訪談結束後，她告訴我她兒子被膜拜團體送回家來，在他到家之前，首領已經打過電話來告訴她德格正在禁食並禁言。她為道格的明顯消瘦和沉默寡言非常擔心，自從他回家以來幾乎就沒下過床。

當我見到道格時，他已形容枯槁，面色蒼白。作為一個旁觀者，我告訴這位母親她兒子看上去亟需醫療檢查。在訪談期間，我已經意識到，因為幾年的膜拜團體生活他母親是多麼地馴服和沉默。現在她覺得對道格束手無策。幸好，在被告知她實際想做的事情時，她如釋重負，即代表她那明顯生病的兒子做決定。幾小時後她打電話告訴我，道格在看了醫生之後已經馬上住院了。在沒有透露這位母親和兒子的姓名的情況下，我核查了道格曾去接受治療並在那兒被招募進膜拜團體的心理健康機構。該診所負責人說他們已經覺察到這位工作人員的特殊行徑，但覺得他們也沒辦法，因為那些被他介紹加入膜拜團體的患者都已年滿21歲。

一些曾經在一個快速健康心理生活方式組織裡的前成員報告說[1]，當他們在該組織裡時，有一個醫療方面的專家作為首領的助手，擁有相當大的權力，他聽從首領的命令，不允許組織成員到外面去尋求醫療幫助。相反，他要求成員們將首領的指示作為醫療建議，其中包括建議去做在華盛頓州的冬天躺在戶外的冰塊上這樣的事情。

成員們說，有人命令他們喝自己的尿，用多次煮過的咖啡灌腸，並相互檢查肛門。成員們認為那次肝炎的爆發和這種做法有關。據說一個曾在醫院長期工作過的人受到嘲笑，並不允許接受幫助，因為男首領似乎認為這男人所受過的訓練是對其權力的一種挑釁。這位沒有醫療知識的首領，利用成員對

1　*Bellak v. Murietta Foundation, Inc. (a.k.a. Alive Polarity Fellowship, a Washington Corporation)*，United States District Court for the Central District of California, Civil Case No.87-08597(CBM)(Kx).

私人醫療的信任，毫無根據地命令4名孕婦接受剖腹產。前成員報告說教主命令這4名孕婦赤身裸體地站在他面前，然後接受他的檢查，包括用他的拳頭狠狠地壓迫一名婦女的左盆腔，直到她痛苦地大聲尖叫為止。該首領後來說他診斷出來，她需要剖腹產，因為她不願忍受痛苦。

兩位內科醫生對一些16歲及以上的男成員進行了輸精管切除手術。他們都是一個名叫錫南濃的膜拜組織的成員。該組織開始時是一個戒毒組織，後與宗教相結合，發展成為一個膜拜團體。當我後來訪談這兩位內科醫生時，他們感到非常懊悔和擔憂，因為他們視領袖的慾望高於他們的希波克拉裏誓言和對為患者服務的倫理責任。

雖然該組織中的有些人[2]是自願接受這一手術的，但很多人都反對輸精管切除術。有幾個男人抗議說，他們是遭到痛打以後才屈服的，那些人說這是為了組織好。在某個地方，據報道說：「錫南濃組織內有近200名男子在一週內都做了輸精管切除手術，持刀的都是組織內部醫生中的骨幹分子，他們每天工作10小時，一週工作7天。」同時，在錫南濃懷孕的婦女則被迫流產或離開組織。流產手術同樣是由組織內的醫生做的。所有這一切都是因為該首領認為允許成員們生育所花的費用太大。他通過利用組織內的醫生來達到他的目的，而成員們要麼默許，要麼離開。

「莎拉」是一位有經驗的醫務助理人員，她被捲入一個在加州的小型膜拜團體。該組織中，首領經常帶領許多名為「馬拉

2　Gerstel, Paradise Incorporated: Synanon, pp. 217-224; Mitchell, Mitchell, and Ofshe, *The Light on Synanon*, p. 218.

松練習」的活動。一般從週五晚上開始持續到週日。在練習期間，首領和所有年齡段的信徒們沉迷於酒精、大麻、可卡因和安非他命的自助餐，而且睡很少的時間。這位首領有一群所謂的「妻子」，在該聚會的過程中，當他退下來和他妻子們進入到一個私人的領地時，他通常會在性遊戲中變得狂野粗暴。

莎拉並不在他的妻子之列，但每次活動結束後，她都會被召來，治療那些青腫或受到其他傷害的婦女。即使有些人需要更嚴肅的醫療處理，但她們也必須待在膜拜團體的範圍之內。離開該組織後，莎拉感到非常沮喪和深深的自責，她後悔自己當時缺乏勇氣或道德勇氣，沒有早一點離開，或幫其他婦女脫離那種被虐待的狀況。她一遍一遍地說，「因為我治好了她們，所以她們才會能繼續留在那兒」。

吉姆·瓊斯在瓊斯鎮有一支醫療隊伍：一位年輕的內科醫生拉裏·斯卡特（Larry Schacht）和幾名護士。他們從舊金山購買了大量藥品[3]用於膜拜團體中的「持續監護病房」（extended care unit）。那些違反組織紀律或想離開的人被關在這裡，被迫服用鎮定劑。斯卡特和「人民聖殿教」的護士們用毒品懲罰、恐嚇和控制瓊斯的信徒。正是斯卡特和瓊斯鎮的護士們站在桌子旁邊製造出加了香味的氰化鉀飲液，灌滿注射器用來殺死那些信徒。在這場屠殺中，醫生和護士也都丟了性命。當這場集體屠殺事件發生後，調查發現，那兒有超

3　T. Reiterman and J. Jacobs, *Raven: The Untold Story of Jim Jones and His Temple* (New York: Dutton, 1982) pp. 449-450, 452, 539; K. Wooden, *The Children of Jonestown* (New York: McGraw-Hill, 1981), pp. 16-18.

過11000劑的氯丙嗪（thorazine）──一種重要的強效鎮定劑和大量的安眠酮（Quaalude）、杜冷丁（Demerol）、安定（Valium）和嗎啡。瓊斯的醫療隊伍似乎僅次於二戰死亡集中營內的納粹醫生，這些醫生摒棄了救死扶傷的道德責任。

隨著成員們離開膜拜組織，不計其數的類似令人不安的故事不斷地暴露出來。這些故事都是關於專業人士的，他們充當膜拜團體首領信息渠道和親信，執行怪異的、有時會威脅人生命的命令。許多膜拜團體和思想改造組織特意著手招募大夫、護士、精神病醫生和律師，既因為他們的技術也因為他們的聲望。膜拜團體認為那些參觀者和教外人士會留下印象，即這些擁有如此證書的人都屬於該組織。此外，這些專業人士能從他們所接觸的人中為組織招募成員。

大多數的大型群體意識訓練項目都有精神病醫生和心理醫生參加。當項目進行時，這些專業人士就會到場，以便能夠使那些在訓練期間出現代謝失調、或情緒崩潰的人能夠平靜下來。他們也會盡力勸說那些參與者和家庭不要因為在緊張而又在心理上令人不安的研討班上發生的傷害而起訴組織。就是這些項目，也會特別招募專業人士來參加他們的課程，目的是增加該研討班的聲望，和利用這些專業人士專家能在他們的同事和患者中去吸納新成員。

有時，醫學專業人士可能會發現，當他們被要求填寫一份授權協議書，準許一位患者去參加某一特定的研討班時，他們已在不知不覺中幫助一個大型群體意識訓練項目完成了招募。即便某位醫學專業人士自己加入某個大型群體意識訓練項目，結果不錯，但這並不意味著他或她應該為其他人簽署授權書。如果你是一位醫務人員，被要求填寫一份授權書，我建議你向你所在的醫院或是診所的合法機構徵求意見。因為，如

果你的患者因參加大型群體意識訓練項目後受到了什麼傷害，你就可能會使自己或你的醫療機構冒在一起法律案件中成爲共同被告的風險。記住，一個人的大腦中發生的事情會是十分強大的，你可能並不十分了解你的患者，也不會清楚研討班的首領用怎樣的方式來對待你的患者，你就無法預料結果的發生。

所有這些例子都說明，當專業人士執行首領的命令，充當信息提供者，防止叛變、打破醫生和患者之間的信任，以及危害那些來尋求專業幫助的人們的健康和福利時，他們會被引導不僅違背了他們自己的價值觀，尤其是還違背了他們的職業道德。底線就是，這些專業人士的角色用來在各個方面支持該首領。這些專業人士出賣了他們自己的靈魂，與羅伯特·傑·利夫頓所描寫的那些納粹醫生[4]並無二致。

學者

有些人潛心於膜拜組織的人在表示他們的支持時，變得毫無邏輯可言。例如，有一小部分諂媚的社會科學家，成爲贊成膜拜團體的辯護者。其中有些由大型、富足的膜拜團體支助其去異域的旅行，有些則不敢揭露批評性的發現，因爲某些膜拜團體資助了研究並且包攬了專業會議的行程費用。

舉個例子來說，艾琳·巴克（Eileen Barker），一位倫敦的社會學家，寫了一本名爲《文迷的形成》（*The Making of a Moonie*）的書[5]。書中她提出了一個思想改造或洗腦的另類版本，顯然是想讓讀者不相信會發生思想改造這一觀點，而且企圖使統一教會從招募時存在欺騙行爲這一指責中

4　R. J. Lifton, *The Nazi Doctors: Medical Killing and the Psychology of Genocide* (New York: Basic Books, 1986).

5　Barker, The making of a Moonie, pp. 178-179.

脫身。這一衛道士立場使得巴克很難有壓力去處理留下來的問題。

剛開始，巴克聲稱文迷（即文鮮明統一教會成員。——譯者注）（她這樣稱呼他們）新成員是**自由地**加入組織的[6]，但這留下一個沒有處理的事實，那就是她自己也報道過的，新成員被正式成員欺騙，因爲當時他們並未透露自己是文迷。巴克宣稱這一欺騙與新成員加入組織的決定毫無關係。然而大多數人相信，眞正自由的選擇是應該以完整的信息爲基礎。後來巴克談到：「另一種形式的欺騙……沒有對潛在的成員說明活動的眞正性質」，並說道，「有些信息只面向成員……文迷們不太可能對客人說這樣的話，文鮮明……生活在奢侈的環境中，並掌握著一大筆巨額財富」或「這種活動是好幾個政府機構密切關注的對象。」「『新成員』不太可能了解自己將會被要求花大量的時間來籌募資金。」等等。巴克使該欺騙合理化，說大多數宗教也是如此行事，並推斷說，文迷們給客人的客觀信息通常是非常準確的這種說法很可能是眞的。因爲絕大多數成員自己的確相信這是眞的。

1989年《宗教新聞服務》登載了一則消息[7]，指出巴克博士的著作是由統一教會資助出版的，說巴克「直率地承認統一教會承擔了她在歐洲、紐約、加勒比海、韓國、南美等地參加的18次研討會的全部費用。「我的大學和SSRC（即Social Science Research Council，英國的社會科學研究委員會。——譯者注）（一個英國政府基金委員會）認爲出席這些會議對於我的研究很有必要」，她說道：「他們認爲如果由文迷們承擔所有費用將爲納稅人節省一大筆開銷。」並非人人都這麼看。一位國會議員說：「任何一個允許自己被操控而爲一個膜拜團體提供憑據的學者，對全世界的

6　Barker, *The making of a Moonie*, pp. 122-125, 136-139, 254-255.

7　A. Carley, "Government Grant to Cult Watchdog Stirs Flap in Britain," *Religious News Service*, Jul. 10, 1989, pp. 6-7.

家庭都是有害的。」

　　一方面，有一部分學者不願去審查許多膜拜團體實施的欺騙性招募辦法和成員政策；另一方面，他們又試圖懷疑那些這麼做了的研究人員。他們還通過懷疑前成員的報告來爲膜拜團體提供庇護，而前成員們努力告訴全世界在膜拜團體中是什麼樣的狀況。這些衛道士們蔑視前成員，稱他們爲充滿仇恨的叛教者、心懷不滿的人、叛逃者、不忠誠者和變節者。

　　舉個例子來說，社會學家大衛・布羅姆利（David Bromley）和安遜・休普（Anson Shupe）出版了一本書[8]，名爲《陌生的神：巨大的美國膜拜團體恐懼》（*Strange Gods：The Great American Cult Scare*）。在書中他們譴責膜拜團體前成員和他們的家庭，因爲他們造成了膜拜團體「恐慌症」（hysteria），並暗示說這些公民比膜拜團體本身更危險。布羅姆利和休普對待膜拜團體前成員的態度極度不屑，他們將前成員們以第一人稱所作的陳述貼上侮辱人格的標籤，稱它們是「包含利用、操控和欺騙這些聳人聽聞主題的傳奇暴行故事」。他們筆下的膜拜團體前成員只是一心想站在聚光燈下出風頭的人；或是想通過出版一本描寫膜拜團體經歷的書來發財的投機者。「總之」，布羅姆利和休普寫道，「叛教者和他們講述的恐怖故事對於爲打擊那些不受歡迎的活動提供動力來說是有必要的，但是更重要的是，可以使他們的家庭（和他們自己）不必爲自己的行爲負任何責任。」

　　膜拜團體衛道士們批評受害者卻保護惡人。這就猶如古代那些瘋狂的君主，他們將那些帶來壞消息的信使射死。

　　衛道士所持的一個最沒有邏輯的立場是，他們聲稱只有膜拜團體

8　Bromley and Shupe, *Strange Gods*, pp.199-201.

現成員才能說出真相。然而許多研究者的發現以及我自己對膜拜團體前成員的訪談都表明,當膜拜團體成員深陷組織中時對組織如此依賴,以致於他們不敢說出真相,也不敢抱怨。

被團結的學者不僅捍衛膜拜團體,而且還可能充當招募者。就像他們的醫學界同僚一樣,一些膜拜團體成員和在中學或大學任教的同情者一直為膜拜團體輸送潛在的新成員。學生們被教授派去進行有關膜拜團體的田野調查,或被委任為膜拜團體事務的實習生。通過這種方式被委任,使得所有的學生們在面對膜拜團體招募時更脆弱,因為他們認為該組織是得到老師認可的。有時候,教授也創立自己的膜拜團體,就如同下面這個例子中的這個老師所為:

> 在一所小型大學的藝術系,有兩位男老師創立了一個有20名學生參加的膜拜組織。教授們自詡為這一代最傑出的老師,他們只培養「優中之優的學生」,並聲稱只為那些信任他們的學生引薦工作,但他們承諾給這些獻身的學生在將來進行極好的訓練,和非凡的工作。學生的忠誠表現在替老師上課、為老師付房租,搬到其中一個老師在郊區的家中居住,避免與朋友及家人聯繫,與組織一起過隱居生活。對於有些學生來說,還意味著與老師發生性關係。

這個組織延續了5年,直到那位年長一些的教師去世而另一名則被學校解雇為止。該組織解散了,這時學生們開始相互交流他們各自與老師的私人關係,才發現這倆人並不是他們宣稱的世界級老師。隨後學生們意識到自己並沒有完成大學學習的要求,他們將大學時光花在為他們老師的宏大概念提供一種榮譽感和被追隨感。

二、對批評者的威脅和騷擾

從大學教授和學生到記者、通訊員和作家，那些研究膜拜團體的人不斷地面臨著來自於被膜拜團體世界的侵擾。這一現象隨著時間的推移變得更爲顯著：當研究者批判某個膜拜團體的活動或特性時，有些組織便試圖壓制這樣的發現和觀點，並通過各種形式既巧妙又公然的恐嚇手段來使對他們的批評聲銷聲匿跡。

恐嚇學者

最近，有一位曾出版過許多著作和論文並在很多地方演講過的教授，正在寫一本有關膜拜團體的著作。他希望這次匿名出版這本著作，因爲他「已經受夠了那些麻煩」。但是他與我聯絡時，說他感到困惑不解的是，他得知其中有一個膜拜團體已經拿到了手稿的復印件，而事實上他的著作尚未脫稿付梓。他對此感到很恐慌，因爲他在家裡而不是學校收到了一封信，信中寫到送信人已經得到了手稿的復印件，該教授的其他出版物以及他即將開始的演講名單。

從根本上來說，這封信要對教授說的是：我的組織和我已經知道你即將出版一本著作。在這本書中，你不能使用如下出現在你目前的手稿中的參考資料、觀點和人物，因爲我和我的組織反對。寫信的人把自己當作是指導該書的專家。他在結論中建議教授在一個星期內盡快給他打電話。最後他說：「對！我們確實已去法院起訴了。」他引用了一些案例並繼續說道：「這是一場對抗邪惡的戰爭，而你也許已經與邪惡結盟。」這一威脅的結果是，教授輕描淡寫地說了一下該組織的問題，隨後就避開了對該組織更進一步的研究，轉而集中研究其他組織。

在另一個實例中，在美國精神病學會（the American Psychiatric

Association，APA）的全國會議上，曾經研究過膜拜團體現象和治療過離開膜拜團體的患者的六位APA成員，每人收到了一個來自兩個較大的膜拜團體寄來的掛號材料包裹。每個包裹中都夾了相同的一封信，警告每位發言者，如果不以包裹中的材料為基礎進行發言，組織將會採取「適當行動」來反對他或她。每一位發言者都當著數百人的面在會上宣讀了信件的部分內容，與會者譴責這種情節所代表的這種縮減懷疑的自由精神的努力。在這個案例中，膜拜團體的努力結果是事與願違。

有一個組織派了兩名具有攻擊性的人到心理系主任的研究室搗亂。這事發生在一所大型大學的醫學院。他們說想看該系的所有研究成果和參考資料，以便審查所有東西並確定在該機構的任何文檔中都沒有關於他們組織的負面言論。直到大學的律師和校警被打電話叫來才結束了這場突襲。

最近又發生了一起讓人震驚的事件，即阻撓一項嚴格實施的科研成果出版。因為一膜拜團體威脅出版商，如果該研究成果出版，他們將採取法律行動。受人尊敬的加拿大社會學家史蒂夫·艾·肯特博士已經研究膜拜團體並發表研究成果多年。他向某雜誌社投遞了一篇論文，是關於某一個膜拜團體首領1960年代依賴四處遊歷一項心理史學研究。在進行研究之前，肯特博士的研究計劃經過了仔細和全面的審查，以便看它是否符合阿爾伯特大學的埃德蒙頓倫理審查委員會嚴格的道德和科學標準，而它都符合。這篇論文通過詳細編輯和同行評議，被一家享有盛譽的學術刊物接受並準備發表。肯特博士收到了這篇文章的最終校樣，而事先的廣告中表明他的文章將會最近一期的雜誌上發表。

然而這篇文章沒有發表。有人代表膜拜團體和其他組織寫信給雜誌主編，聲稱肯特博士在這篇論文中所使用的研究方法是不道德的。寫

信者對肯特博士的行為作出了其他毫無根據的斷言，惡毒地攻擊他的人格。他們要求撤消該文章，並威脅說如果文章發表，他們將尋求法律救濟。結果，有人建議將肯特博士的文章撤下。雜誌出版時就沒有那篇文章。

後來一位大學官員在給出版商的一封信中指出，學術自由的問題（在這一事件中突出體現），不僅對大學來說至關重要，對整個國際學術界也是如此。對此我完全贊成，我要增加的是，不僅就學術界而言應該如此而且對所有公民來說也應該如此。

在許多情況下，只是因為出版商和作者有足夠的財力來抵擋某些膜拜團體對相關研究結果出版的阻撓，那些考慮中的著作才會重見天日。許多大型的國際膜拜團體擁有幾乎無限的財力和權力來威脅出版商、報社、電視制片人、學術研究者、專業人士以及任何一位談論起膜拜團體的公眾。

如果膜拜團體及其同情者阻止發表那些關於他們的組織、首領的歷史以及學者們客觀評論的學術研究，那麼膜拜團體就變成全世界都須聽從於他們的獨裁者了。沒有出版自由和科學研究的發表，沒有公正的評論和表達觀點的能力，那麼我們所有人就會任憑膜拜團體首領們擺布，由他決定我們該讀什麼、說什麼以及該想什麼。奧威爾的《一九八四年》可能會成為現實。

對新聞記者、新聞工作者與作家進行騷擾

有的報紙和雜誌會收到威脅信，說要採取法律行動，甚至就是因為它們提及了某些膜拜組織的名稱。這樣的例子很多，多到無法統計。

兩位分別叫做馬歇爾·凱爾達夫（Marshall Kilduff）和雷·傑爾（Ron

Javers）的新聞記者敍述了《舊金山紀事報》一位記者的遭遇[9]。這位記者曾前往人民聖殿教去採訪吉姆‧瓊斯，瓊斯當時仍在加利福尼亞。當瓊斯得知這位記者是一位植物愛好者後，便讓人購買了些室內植物。另外，他還命令一些成員「對『這位記者』的早期報導大加吹捧並在整個訪問期間與其形影不離。採訪結束後，瓊斯晚上往她家裡打電話，漫談了很久。他透露自己的建議，讓這位記者怎麼對他進行更好、更公平的報道。」他的員工給這位記者發去30封信件，要求公平對待。「當這個故事最後刊出的時候，是另一個無傷大雅有著溢美之詞的報道，300多封信件劈頭而至。」據報道，她先後將這一故事修改了6次，逐漸刪去了一些批評之辭。

一家大都市的報紙的文字編輯在撰寫了一篇批評當地一個膜拜團體的文章後，受到了侵擾。該膜拜團體的成員對他家進行了連續72小時的電話騷擾，他和家人不得不離家避難。

《國家詢問者》（*National Enquirer*）受到來自人民聖殿教的2000萬美元訴訟的威脅，因爲它刊出了一幅航拍照片，反映出該組織1200名信徒在所謂的天堂裡，居住面積不足。

安德魯‧斯格爾尼克因在《美國醫學會雜誌》（*Journal of the American Medical Association*, JAMA）上發表了一篇印度韋達養生學導師的產品的調查報告，而獲得了超自然現象科學調查委員會1992年度的新聞責任獎。《哥倫比亞新聞評論》（*Columbia Journalism Review*）授予《美國醫學會雜誌》一頂它夢寐以求的桂冠，就是因爲它具有發表斯格爾尼克文章的正直和勇氣。國家反健康欺詐委員會（The National Council on

---

9　M. Kilduff and R. Javers, *The Suicide Cult* (New York: Bantam Books, 1978), p. 76.

Health Fraud）說[10]這篇文章是「有關消費者健康教育的經典文獻，公衆必讀之物」。然而，斯格爾尼克和《美國醫學會雜誌》的編輯卻遭到隸屬於超自然冥想（Transcendental Meditation）運動的兩個組織的控告，被索取1.94億美元的賠款，外加法律訴訟費用。這一案件毫無偏見地於1993年被撤銷，但是原告在未來可以重新提起訴訟。

最近，一家紐約的大出版商——聖瑪丁出版社（St. Martin's Press）在宣布計劃刊出有關est的創始人和新世紀的古魯維納·厄哈興衰沉浮的一篇新評論文章後，受到了「強烈的惡意攻擊與一場誹謗罪訴訟的威脅」[11]。同樣，在1992年，厄哈德的律師因爲哥倫比亞廣播公司（CBS）在《六十分鐘》欄目廣播了一個批評他的節目而向該公司提出誹謗罪的控告。三個月之後控告被撤消。

不久以前，某國際大膜拜團體[12]企圖迫使瑞士禁止一期《讀者文摘》的發行，因爲那上面轉載了一篇在一個流行新聞雜誌上發表的有關該組織的文章。瑞士法官取消禁令，報攤上隨處可見這篇文章。1992年5月，又一判決否決了該組織的要求並勒令其支付訴訟費用以及《讀者文摘》的律師費。該組織還在其他四國針對《讀者文摘》提出訴訟，至今仍在等待判決。

自由撰稿人保利特·庫伯（Paulette Cooper）經歷了一場她描述爲

10　"Rampant Deception by Maharishi Ayur-Veda Promoters Exposed," NCAHF Newsletter, Nov,/Dec. 1991, vol. 14(6).

11　J. M. Hall, "Erhard Book Draws Threat of Legal Action," *San Francisco Daily Journal*, Mar. 31, 1993, pp. 1, 9; A. S. Ross, "Libel Suit Threat by est Founder Erhard," *San Francisco Examiner*, Apr. 6, 1993.

12　"Reader's Digest Foils Scientologist Appeal; Libel Suit Still Active," *Publish*, June1992;B.Steffens, "Scientology's Current Target: *Reader's Digest*," Quill, Nov./Dec .1991,p. 39;J. H. Richardson," Catch a Rising Star," *Premiere*, Sept. 1993, p. 91.

「噩夢」的經歷[13]，她在1971年撰寫並出版了《山達基教派的醜聞》（*The Scandal of Scientology*）一書而被捲入19起法律訴訟。庫伯與她的出版商分別但又同時在美國的好幾個城市、英國、加拿大和澳大利亞等國遭到起訴。正如兩位作者寫道的[14]：

> 根據後來公開在紐約總部的山達基教派的案卷材料，「反常行動」旨在「使庫伯被監禁在精神病機構或是監獄，至少也要重重地打擊她，使她無力回擊」。這一運動的其他計劃還包括利用山達基教派中一個與庫伯聲音相仿的成員對駐紐約的阿拉伯領事館進行炸彈威脅的電話恐嚇，並從庫伯那裡偷取留有她指紋的信箋，寫了一份書面炸彈威脅材料。

結果，庫伯遭到聯邦大法院的控告。這些控告直到1975年庫伯自願接受硫噴妥鈉的測試以證明其無辜才最終停止。到那時，庫伯的體重只有83磅。而所有的法律訴訟之到1984年才最後處理完。

最近，某個政治膜拜團體的一個合夥人向《從膜拜團體中恢復》（*Recovery from Cults*）這本書的21名撰稿人發出一封暗含威脅的信件。這本書由美國一家備受尊敬的專業書籍出版商W.W·諾頓（W. W. Norton）出版。出版社的主編和一些專業人士也收到了這樣的恐嚇信。在該書的護封上引用了支持該書的這些專業人士的話。這封信中所附的名單揭示了膜拜團體及其來自不同政治派別的同情者們為騷擾批評者使之緘口不語所做出的共同努力。

13　R.Behar, "The Thriving Cult of Greed and Power," *Time*, May 6, 1ggl, p. 57; 作者對庫伯的訪談, Jul. 13, 1994.

14　Bromley and Shupe, *Strange Gods*, p. 67.

操控膜拜團體的公衆形象

膜拜團體組織找到多種方法來限制和控制有關它們的公開信息。有些組織爲出版社編寫宣傳册，撰寫評論，爲該組織代言，這些通常都是由老練的公關公司準備的。這些材料大體上都意味著：「你不必繼續調查，這就是我們的樣子，這就是你要充分了解我們所需要知道的全部東西。拿去用吧，一切順利。」其含義就是，這些材料很客觀，有代表性，而且相對全面。

關於關膜拜團體爲控制其公衆形象的努力，有一個具有啓發性的例子，即拉傑尼希組織支持的電影與一名著名行爲科學家對該組織的觀察截然不同。舊金山一名年輕的電影工作者一年之後提到說：「他的銀行賬戶多了一筆奇怪的錢。」幾天後，他收到一封信，要求他用這筆錢去印度拍一部關於該組織的電影。他去了。我在該組織一名前成員的公司看到過這部電影，描述的是一系列田園景色，人們載歌載舞，古魯往來其間，人們坐在一座宮殿的院子裡，等等。這部電影還在一個藝術電影節上受到一些好評。

該組織的某些前成員後來曾在法庭上爲某些反對該組織的言論提供了證詞。據他們說，這部電影並沒有反映他們在該組織中親歷的那些事實。前成員的觀點得到了理查·普萊斯（Richard Price）的支持。他當時是伊沙蘭學院（Esalen Institute）的院長，爲了了解該膜拜團體的實情，他去了印度。他在印度期間，《時代》雜誌發表了一篇反映該組織的文章，作者是該雜誌駐新德裏新聞部主任。文章提到普萊斯到印度的來訪[15]，說他是該組織「關係最密切的信徒」，暗指普萊斯支持該組織。

這篇文章發表後不久，普萊斯寫信給《時代》的編輯和拉傑尼希

15　"'God Sir' at Esalen East," *Time*, Jan. 16, 1978, p. 50.

說[16]，他認爲他在聚會所接觸到的這些組織，權力慾強，恐嚇他人，充滿暴力。他觀察到並從前成員口中得知，在這裡，暴力用來與某一新秩序保持一致，而不是促進成長發展。普萊斯描述說他看到了有人骨折、紅腫和擦傷。他評論說拉傑尼希公開宣稱的同情心並沒有在其組織中得到體現。

如果說華而不實的宣傳册和經過包裝的電影不能令那些好事之人退避的話，這個組織也許还會提供一些有目的的旅行。導遊的掌控者自然是吉姆·瓊斯。凱爾達夫與吉爾報道說[17]，「阿爾·米爾斯，以前是教會的官方攝影師，說在拍攝敷衍的握手照時，瓊斯會爲禮貌的政客布下陷阱。如果是瓊斯想要這個人妥協，他會讓一群成員站在講臺後面，暗示性地舉起握著的拳頭，然後我會拍照，米爾斯說，他們會看起來像一夥鬧革命的，如果有些政客要反對他，瓊斯就會將這些照片存檔。」

這樣的旅行是徹頭徹尾的演戲。教會成員彩排他們的角色時，爲了看上去很像而穿上借來的衣服，實現訓練好要說的臺詞。然後，來訪的大人物就會被介紹給那些所謂的已復原的吸毒者、康復的跛子，讓他們看見街上的頑童如何快樂地在瓊斯豐盛的餐桌上享用正式的晚餐。若訪問進行得很成功，來訪者深受打動的話，瓊斯會轉換成一個新角色。他會站在集會面前，嘲笑那些來訪者，模仿他或她的聲音，重複他們的問話，講到一些女性訪者如何有意地與他擦身而過，大笑不止。

16　D. Boadella, "Violence in Therapy," *Energy and Character* (Dorset, England) (Jan. 1980), 11, 1-20; 普萊斯寫給《時代》雜誌的信件, Jan. 21, 1978, 寫給 Rajneesh Ashram 的信件（Feb. 23, 1978, and to Rajneesh dated Jul. 7, 1978.）

17　Kilduff and Javers, *Suicide Cult*, p.72.

限制和控制學術研究

控制對膜拜團體看法的另一種方法就是，控制有關它的學術研究。行為科學的研究者們依靠從信息員或受訪者那裡獲得基本數據。然而，膜拜團體成員對外人所談論的內容可能會受到控制和限制。通常，只有某些成員被指定來充當組織的對外發言人。其他人則不準談論，甚至不準與非成員的親友和家人談論。成員們被教導說，那些非成員要麼是太「無知」，要麼就是「未被教化的」，所以不能理解組織的實質，而且讓成員接受訓練後，將疑問通過系統內上報。

當其父母或朋友問及有關該組織生活的某個方面時，不止一個膜拜團體成員會這樣回答：「我不能回答這個問題——那是『需要知道』的事情。」成員不僅要接受訓練如何回答，並且他們還要完整地報告與外界的接觸，口頭或書面均可。如果他們不按要求去做，就會受到嚴懲。這就能夠解釋為何許多膜拜團體成員的答覆如此驚人地相似，沒有正常的情感，多運用單音節詞彙，而且往往答非所問。難怪人們認為這些人通常都已模式化了。成百上千的膜拜團體前成員都描述了在膜拜團體中角色扮演的聚會，在聚會期間成員們會彩排，練習如何回答外人的提問。

這種現象的一個極端例子出現在加利福尼亞的一個小型生活方式膜拜團體，它聲稱其成員已相互融合。當一情緒低落的家庭來總部拜訪，請求見一面他們的女兒——一個二十多歲、身材矮小的黑皮膚姑娘，他們在門口遇見的是一個身材魁梧、一頭金髮的中年男子。他說，「我現在是你們的女兒，我們可以互換，我們已經混合、融化在一起了。」這一家人試了好幾個月，想單獨見女兒一面，但一次也未如願。該組織像鳥兒一樣群聚在一起，時不時相互啁啾兩聲，但是只有首領們才能與外界交流。

因為這些限制，膜拜團體研究者若想得到一個普遍的、典型的回答

將會十分困難。實際上，這些研究人員一時可能還無法發現，他或她所接觸的只是一些經過仔細挑選的、受過訓的核心成員，他們知道如何按首領們的意願進行回答。所以，研究者所聽到的只是那些組織成員被教導說的他們認為或相信的東西，還會聽到的只是少數被指定的人所說的事情。

膜拜團體首領也時常通過威脅要取消研究主題的可行性來恐嚇研究者。通常，研究者要接近組織的首領以便能夠安全訪問其成員。訪問會有，但隨著時間的推移，研究者就會變得依靠爭取到所需要的其餘例子。這時首領們會突然威脅，有時公開聲稱，如果研究者想以一些錯誤發現來冒犯該組織或是從事如批評該組織事務等未經他們同意的行為，那麼他或她的研究工作就會完成，因為他們會取消研究者與該組織及其聯盟組織的進一步接觸的機會。這種類型的威脅成功地阻止了許多研究者和學者來對膜拜團體和思想改造程序作出真正客觀的論述。

在另一個例子中，一位出版商邀請一名知名的大學教授來為膜拜團體前成員巴巴拉·安德伍德（Barbara Underwood）名為《天堂的人質》（*Hostage to Heaven*）的書來寫一篇書評。這位教授在寫給那位出版商的信中對這本書大加贊揚，稱它是「這類書中最出色的寫的最好的一本書」。但他不準備為出版提交一篇肯定性的書評，他說，那會「使我和它們（意為該膜拜團體及其聯盟）的微妙關係受到危害」。出於恐懼，這位教授選擇了放棄對這本書肯定性的立場。這使得有人質疑他有關膜拜團體和思想改造程序組織的著作的客觀性，人們向他咨詢時經常會問到這個問題。

迫害治療師和律師

精神病醫生、心理學家、社會工作者和律師由於幫助和治療膜拜

團體的現成員和前成員而滋生出很多事情來，包括企圖中傷這些人的人格，到設法吊銷他們的工作執照。

一位馬薩諸塞的精神病社會工作者幫助了很多膜拜團體前成員，而成為固定的騷擾對象[18]。發生了一件更生動有趣的事，當時一束紅玫瑰送到她工作的地方，附著一張卡片，對她破壞宗教的努力表示「感謝」，並署名「美國納粹黨」。

加利福尼亞的兩位精神病醫生曾治療過膜拜團體前成員，他們獲悉有好幾個膜拜團體寫信給本州醫療監察委員會，對兩位醫生提出離譜和莫須有的指控，僅僅是因為他們是膜拜團體脫離者的治療師。

「一個不同尋常的膜拜團體一貫拒絕接受不能繼續捐資的擁護者，於是一位病入膏肓、陷入極度困境的膜拜團體成員[19]，最後被允許送往醫院。結果，她應膜拜團體的要求離開，該膜拜團體的成員用槍口指著將她開除。」這個報道是她的父母從在場的醫院職工那所得到的。醫院沒有給這家人提供任何幫助，也沒將此事通報警方。醫院負責人「正式否認」職工對其父母所說的話，說明「對此事的恐慌程度勝過了職業良知」。

在一件廣為人知的事件中，一位加利福尼亞州的律師遭到錫南濃成員在他郵箱裡放一條響尾蛇的襲擊[20]。錫南濃是一個由戒酒戒毒組織發展而來的一個擁有數千萬美元資產的膜拜團體，這時它從名義上的慈善社團演變成了宗教組織。鮑爾·莫然茲（Paul Morantz），太平洋帕力薩

18　A. MacRobert, "Uncovering the Cult Conspiracy," *Mother Jones*, Feb./Mar. 1979, p. 8.

19　J. Clark, "Problems in Referral of Cult Members," *NAPPH Journal* National Association of Psychiatric Health Systems, 1978, 9(4), 28.

20　Mitchell, Mitchell, and Ofshe, *The Light on Synanon*, p. 125.

德地區的一名律師，在三個民事案件和一個孩子監護權案件中與錫南濃對簿公堂。在監護權案中，法官宣判一位祖母從錫南濃要回她的三個孫子。

　　莫然茲以前爲一位25歲的婦女贏得了一宗30萬美元的判決。這位婦女的丈夫打算在她下班時帶她去加州大學洛杉磯分校（UCLA）精神病研究所，但是那天她變得十分焦慮，跑到森特·莫尼卡的一家診所要求注射鎮靜劑。在那裡她受人指引去找森特·莫尼卡·錫南濃機構進行咨詢。「一旦進入錫南濃[21]，她就不準離開。該組織打電話通知她丈夫，說他妻子現住在錫南濃，他將有90天不能見到她。」這位丈夫來找鮑爾·莫然茲尋求幫助。經過9天的私下法律協商，莫然茲帶回了那名婦女。「她的頭髮被剃掉[22]，錫南濃成員說服她相信丈夫要和她離婚。」她被告知不能離開，她被拽著手腕拖來拖去，大喊大叫。在其丈夫的請求下，莫然茲擬就了訴訟狀。「錫南濃的律師在此案中藐視法庭的命令而激怒了法官，所以法官認定錫南濃違約。」在醫生證明這位婦女受到過「精神虐待」後，法官判被告支付30萬美元賠償。

　　1978年10月10日下午，莫然茲回家，把手伸進他的信箱，被一條放置其中的4.5英寸長、菱形背面的蛇咬傷。蛇的響尾被去掉·所以他沒聽到任何動靜。據說當他被救護車接走時，他大聲喊到：「錫南濃找到我了！」這場事故中莫然茲幾乎九死一生，用掉11瓶抗蛇毒素才使他化險爲夷。他被咬的那只手仍有缺陷。目擊者看到兩名嫌犯在莫然茲家，並抄下了嫌犯的車牌號碼，盡管有人試圖用膠帶遮住車牌。這輛車登記在錫南

21　　Mitchell, Mitchell, and Ofshe, *The Light on Synanon*, p. 177.

22　　Mitchell, Mitchell, and Ofshe, *The Light on Synanon*, pp. 173-179.

濃名下。兩名來自錫南濃暴力武裝力量「帝國海軍陸戰隊」[23]的隊員——南斯·肯頓和喬·穆斯科被捕，後來被判蓄意謀殺罪名成立。

在響尾蛇襲擊事件後一個月，執法機關執行搜查令，查抄了文件和錄音帶，在其中一盤錄音帶中查爾斯·德德里奇談到[24]「貪婪的律師」要「放乾錫南濃的血」。「我們要玩我們自己的一套規則，」他說，「我非常想打斷某位律師的腿和他妻子的腿，去威脅要砍掉他們孩子的胳膊。這是一種十分有效的信息傳播方式……我眞的想在一杯酒裡放上一只耳朵。是的，的確想這樣」。

威脅法律訴訟

法律訴訟是花費昂貴的事情。但是一些膜拜團體發展了大批內部執法人員，包括大量的律師助理來協助在職律師。因而對膜拜團體來說，法律訴訟並不太花錢，而對於那些必須捍衛自己權益的人來說，很容易在與這種戰術的較量中傾家蕩產。

膜拜團體喜歡將批評者推上法庭的作法在錫南濃身上顯露無遺[25]。在1970年代的兩年期間，哈斯特公司爲和解錫南濃控告他們的兩起誹謗和陰謀案件，花費260萬美元。此後，無論是本地還是全國的媒體都不敢進行有關錫南濃的報道。這就是德得維奇所稱的他反傳媒「神聖戰爭」的一部分。錫南濃還因《時代周刊》1977年末發表的一篇文章而對它提出指控，要求賠償760多萬美元；控告美國廣播公司電視臺索賠400萬美元。他們控告衛生部索賠350萬美元，當時一個馬林縣的大陪審團

23　Mitchell, Mitchell, and Ofshe, *The Light on Synanon*, p. 299; Olin, *Escape from Utopia*, p. 287.

24　Olin, *Escape from Utopia*, p. 288.

25　Gerstel, *Paradise Incorporated : Synanon*, pp. 197, 258; Mitchell, Mitchell, and Ofshe, *The Light on Synanon*, p. 167.

要求對錫南濃進行調查，陪審團成員收到一張索賠550萬美元的訴訟傳票。隨後又發生了其他的案件和數百件威脅的訴訟案。從此，媒體被有效地封了口，讓錫南濃處於沉默的空白中——直到一個小週刊《雷斯岬光》（*Point Reyes Light*）上連載了一系列文章爲止。

1979年4月，《雷斯岬光》的兩位合編者大衛和凱茜·米歇爾，以及他們的同仁——加利福尼亞大學社會學家理查德·厄福希，因爲對錫南濃的研究和曝光，而獲得普利策公衆服務獎。在提名他們獲獎時，魯爾夫·科瑞波（Ralph Craib）寫道[26]，「主要的新聞機構不願冒險捲入這種不可避免的訴訟——卽肯定會被一個有著48位執法人員的組織追究。與此同時，大衛·米歇爾和他的合作出版人——妻子凱茜接連幾個星期發表文章，批評這一膜拜團體所捲入的打人、私藏武器及其他奇怪行爲的事件。」

只有在米歇爾夫婦和厄福希獲得普利策獎後，國家新聞署才對來自國際聯合報界的申訴採取行動，調查[27]錫南濃竭力使媒體對該組織中的問題不再進行報道的事件。新聞署發現錫南濃的律師單在1978年和1979年就對不同的媒體進行了960次威脅和誹謗。

不久之後，錫南濃針對米歇爾夫婦和厄福希提起三件法律訴訟，這是由於他們在媒體上討論在錫南濃的調查結果。正當CBS電視臺打算要將米歇爾夫婦和厄福希的工作拍成影片時，錫南濃威脅要起訴，並阻撓影片拍攝。錫南濃在每件訴訟中都失敗了。三位研究者進行反訴訟並收集受傷害者，這也只有因爲有了舊金山律師事務所的赫勒（Heller）、厄爾曼給米歇爾夫婦提供無償法律服務和加利福尼亞大學對厄福希的保

26　Mitchell, Mitchell and Ofshe, *The Light on Synanon*, pp. 284-285.

27　Mitchell, Mitchell, and Ofshe, *The Light on Synanon*, p- 298.

護，才成爲可能。

這些事件和郵箱中的響尾蛇成爲錫南濃的轉折點[28]。媒體不再因害怕法律報復而阻止對它進行報道。錫南濃在它早期控告《時代周刊》的訴訟中失敗，而《時代周刊》卻提出反訴訟向其索取損失賠償。美國廣播公司反訴錫南濃；三位受錫南濃攻擊的年輕人也像鮑爾·莫然茲那樣提出了訴訟；住在該組織附近的一戶人家對所受騷擾和其他問題也提起了控訴；還有許多其他案件也一並被起訴了。

考慮到膜拜團體對批評者進行搔擾的記錄，個體和組織害怕和不願說話並不是沒有毫無根據的。不僅專業人士就連公民組織都在忍受著煩惱和痛苦。自願加入的「膜拜團體警覺組織」（Cult Awareness Network，CAN），一個致力於將思想控制的有害影響向公衆進行宣傳的非贏利組織，已經無數次地成爲攻擊對象。從1991年至1993年間，光山達基教派就提起了至少47次訴訟和數十次人權申訴，來反對CAN和/或它的附屬機構及個體成員。這其中有些訴訟是努力借助法庭來迫使CAN接受讓山達基教派成員在CAN的辦公室工作或參加CAN的會議。這一宣稱的目標和讓納粹分子獲得在「反法西斯聯盟」工作的權利一樣可笑！

到了1994年10月，所有的案件中除了四個外，都被撤訴了。山達基教派沒有在任何一起訴訟中獲勝。正如前任CAN總裁帕特里夏·瑞恩（Patricia Ryan）——在瓊斯鎮被暗殺的國會議員裏奧·J·瑞恩委員的女兒所說[29]：「美國法庭決不會被當作一件武器，讓有錢人用愚蠢的法律行爲來毀壞被他們視爲敵人的人。山達基教派長期以來以這種方式利用

28　Gerstel, *Paradise Incorporated : Synanon*, p. 269.

29　CAN, "Non-profit Sues Controversial Church of Scientology for Millions— Claims Scientology Backed Dozens of Lawsuits to Bankrupt It," *Press Release*, Feb. 9, 1994。

法庭，如果今天正義對我們的法庭有所意義的話，那麼這種方式就必須停止。」

強迫親友沉默

膜拜團體採取各種策略來盡力不讓喜歡追根究底的親友去揭露膜拜團體，甚至不讓他們問太多的問題。比如，如果親人與政府官員或媒體接觸的話，那麼他們在膜拜團體內的家人就通常會被禁止與其家庭進行進一步的聯繫。廣為人知的是，比較年輕的膜拜團體成員在給他們的父母或祖父母的信中這樣寫道：「很抱歉聽說你打電話給電臺，既然如此，我就不再給你們寫信了。」

許多組織出了名的是，如果親人詢問膜拜團體成員的情況，對該組織在某方面略有微詞，或者向傳媒、政府或研究人員反映情況，它們就會將成員遣送出那個區域、那個州甚至那個國家。如果某個成員聽家人揭穿了關於該膜拜團體的某些情況，那麼這位成員就又會被調離，而持否定態度的家人就會被膜拜團體機構遠離。然而，這並不能阻止一些家庭成功地向媒體揭露膜拜團體，在膜拜團體的機構前抗議，目的是接近在膜拜團體中的親人。

一位婦女給她在一個古魯領導的國際膜拜團體中的女兒寫信之後，意外地收到一位陌生人的回信，信中說：

> 事情很湊巧，我收到了你原本寫給巴巴拉的信。此刻，我不知道她的確切下落，但是很快我會找到她，她就會讀到你的信……我最近一次聽說她是在尼泊爾，尼泊爾是印度的一個鄰國。現在她一定又動身前往另一個國家了。你可以和我保持聯絡，這樣我會讓你偶爾聽說巴巴拉在做什麼。所以如果你覺得要做一些有益的和有愛心的事，你可以送給我們一些好吃

的聖誕甜餅和一張支票。我敢肯定如果我將這告訴巴巴拉，她一定會很高興的，就像她自己吃了甜餅一樣。

有時候，當事情鬧到白熱化時，某些組織爲了避免被調查，或進一步被揭穿，或被曝光，會集體遷移到另一區域或別的國家，重新開始。人們所熟知的是，不斷有組織這麼做，它們遷往歐洲、夏威夷、澳大利亞或南美國家。

非同尋常的騷擾

那些批評和反對膜拜團體的人都習慣了[30]過多的騷擾行爲。他們接到自稱是記者的電話，說是要調查當地反膜拜團體行爲。他們的鄰居、親戚和員工都有可能接到各種借口的電話或來訪，有時甚至來自虛構的人。他們以各種罪名來控告那些反膜拜團體的積極分子。由「膜拜團體警覺組織（CAN）」以及類似的平民教育和科研機構贊助的會議遭到滲透和暗中破壞。與會者預定的賓館和班機都被取消，文件受到搜查，郵寄單被盜，連垃圾罐和廢紙簍被檢查，安排的發言人被質問。在這些會議的會址，虛假的防火警報和爆炸威脅已不再稀奇。

我自己在工作當中也經常受到來自膜拜團體的糾纏、威脅、指控和騷擾。這都是因爲我曾在一些法律案件中作不利於它們的證明，並且直言不諱地反對過它們的一些做法。

有一次，我應英國上議院之邀前去演講，在倫敦機場被拘留。原因是某個匿名人士告訴海關人員說我是愛爾蘭共和軍（IRA）恐怖分子！這件事很快就得到妥善處理，但是或許能反映出那些竭力向公衆宣傳膜拜團體狀況的人們的生活。還是在倫敦，我曾應邀去一個教堂演講。當我

30　MacRobert, "Uncovering the Cult Conspiracy."

開始講話時，一個像送信者的人從走廊跑過來，送來一張音樂電報和一大束花，音樂電報放著一首下流的歌以讓我難堪。後來經查證，此人是當局者，膜拜團體付錢讓他那麼做的。

　　幾年前，一個學生裝束的青年女子來到我的大學辦公室，自願在我辦公室幫忙，像許多學生一樣，幫我和其他導師將一些新聞剪輯和文章歸檔。有一天，她突然消失了，但是很快我就開始收到一些信件和電話。她影印了學生們的學期論文，並且模仿我的筆跡在這些論文的第一頁寫下諸如此類的批註，如「該生將是一名優秀的中央情報局（CIA）特工」。她所做的這一切使人看起來似乎這些學期論文已被我送往某個秘密機構，我好像是在學生不知情的情況下向政府機構推薦他們，似乎我本人就是一名政府的特工！而後，她又按照從學生花名冊那裡得到的地址將這些論文分別寄給學生。

　　一段時間後，通過《信息自由法案》（Freedom of Information Act），因該女子所在的膜拜團體被突擊檢查時，政府為我重新取回了那些文檔。這些文檔中有一些該膜拜團體所稱的「安全報道」，包括那名女子簽名的一些冗長的、捏造的報告。在這些報告中，她把她在我辦公室工作期間所有造訪者的名字都列了出來。顯然，她是被派來騷擾和監視我的。她還編出一些其膜拜團體想要的怪誕故事，但這些故事純屬捏造。

　　我已學會了用化名旅行和預定賓館。因為有一個膜拜團體過去常常雇一個人來監視我的工作以及我要參加的演講和會議。此人還會取消我預訂的航班和賓館。在他離開該膜拜團體時，他寫了一封道歉信給我，請求我原諒他在按該膜拜團體命令行事時給我造成的一切不便。

　　我曾經一度每天晚上在凌晨一點半接到重複的電話，直到我叫了警察來。警察等著並接了這個電話，告訴打電話的人他的徽章號碼，並告

誠打電話者如果他想在晚上聊天的話，可以打電話到巴克利警察局和他們聊。就這樣，騷擾電話才停止。

曾經有一次，我在對正起訴一個大型膜拜團體的兩名前成員進行一系列採訪時，每天早上在這兩位前成員出現之前，有人在我的樓梯上放一隻大大的死褐鼠，一根棍子穿過老鼠的心臟——毫無疑問是向他們和我暗示我們都是「老鼠」。就在這期間，有兩打同樣大小的褐鼠——這次送來的只有活的——每天放進我房子裡。我猜該膜拜團體是想讓這些老鼠在我家裡肆意亂跑，但是這些老鼠被放進了通往閣樓的通風管裡。所以有一群老鼠在我的閣樓裡驚慌逃竄，直到它們被捉住、帶走。

我也曾為一法律案件作證，該案中，陪審團判給了一名膜拜團體前成員從該膜拜團體那裡獲得幾百萬的賠償。我的證詞描述了膜拜團體的所作所為，以及在那段時間裡，他們對這位膜拜團體前成員的方式給他帶來如此大的壓力，以及使他變成精神病患者這一悲慘結局。陪審團作出賠償判決後的當天，該膜拜團體就以莫須有的指控開始了一場單方面的訴訟，控告那位前成員、他的律師以及所有為他辯護的專家們，目的只不過是騷擾我們，讓我們所有人都花一大筆錢。這個案子最後被南加州的一名法官駁回，但這已是許多年以後的事了。

就在那個案子中，整個審判期間我都由武裝警衛護衛著，甚至在審判休庭期間去休息室時也不例外，為的是不讓我受到膜拜團體成員們的攻擊。他們手持尖尖的長棍上貼滿標語，在法院門口聚集抗議，擠在法庭的走廊上。我在法庭作為證人接受直接訊問兩天半時間，但是膜拜團體方律師讓我接受了長達12天半的交叉質詢——因此，走廊和法庭成了一大景觀。

我的辦公室遭竊，數百件的對膜拜團體前成員及其他人的訪談錄

音和錄像被偷，垃圾廢物也不斷被偷走。所以，我現在用的已是第三部碎紙機了。

在許許多多的場合，我正在演講時，各種膜拜團體都派成員聚集在發起該項目的大學或機構前面抗議。有一次，我在當地一家醫院給牙醫們作報告時，一個以派遣著納粹制服者來向我抗議而出名的膜拜團體，派出了約15名「納粹分子」常規部隊，手持標語，標語裡稱我是一名納粹神經外科醫生！當醫院保安進來問我「外面那些手持尖棍、大喊你名字的家夥是什麼人」時，我將該膜拜團體的名稱告訴了他們，並解釋說我不是一名納粹神經外科醫生，我來這裡只是為了討論在牙科治療中減輕疼痛和減少焦慮的催眠問題。我還解釋說，我曾在幾起案件中作了不利於該膜拜團體的證詞，以及他們想破壞我名譽，毀壞我。安保人員就出去了。我不知道他們說了些什麼，但是那群人滿臉疑惑地收起他們的尖棍和標語牌，鑽進兩輛卡車，迅速離開了。

竭力羞辱我、破壞我名譽，也是由幾個十分富有的大型國際膜拜團體所作出的努力的一部分，他們想將我樹立為典型。我聽同事們說，他們和其他的專業人士都被告知：「看看我們是怎麼對付辛格和其他膽敢直言的人的吧！這也將是你們的下場，所以你們，不管是教授還是醫生，最好是不要說任何我們不愛聽的話，除非你想得到與辛格同樣的待遇。」

我沒有屈服，而且騷擾繼續著。我在這所列舉的只不過是發生過的事情中的一小部分罷了。

有許多可怕的例子表明，膜拜團體在壓制和恐嚇批評者方面做出了嚴厲而廣泛的努力。不只有研究者、記者、作家和普通公民受到恐嚇、襲擊和控告，膜拜團體還試圖恐嚇專家們離開法庭，對那些代表前成員作

證的專家發起集中攻擊。他們希望壓制住律師、內科醫生、精神病學家和心理學家、社會工作者、兒童福利評估員以及任何其他可能在法律案件或兒童監護權案件中幫助膜拜團體受害者的人，某些膜拜團體淪落到使用惡意目的和和恐怖策略的地步。此外，他們還提出大量不切實際、完全荒謬的指控，控告律師們及其各自所在的律師協會，控告醫生們及國家醫學委員會，控告心理學家們及其專業組織。

迄今為止，誠實、奉獻和正直總是占著上風，膜拜團體濫用的受害者仍然能找到越來越多的專業人士的幫助，盡管這些專家們遭受著無止境的攻擊。

第三部
我們如何幫助幸存者逃離和復原

第十章　營救孩子

　　自1978年以來，每年的瓊斯鎮紀念日，我都會參加一項紀念活動，無論是在海灣地區還是在其他城市。在各種各樣的紀念地中我最喜歡在加利福尼亞州奧克蘭的常青公墓。我早早就去，這樣就有一段獨處的時間來思考我為什麼要堅持研究膜拜團體，我為什麼想要幫助離開膜拜團體的人。

　　一個主要原因就是，我想替那些長眠在青草下的孩子們發聲。他們沒能長大，沒有進過真正的學校，也沒有機會選擇要去做什麼工作。他們還沒來得及擁有這個機會，生命就被吉姆·瓊斯瘋狂的自我意識扼殺了。

　　在一片空曠的沒有標記的墓地裏，長眠著406名死者。我站在附近，想起了我辦公室裏那些孩子們微笑的照片。那是珍妮和艾爾·米爾斯給我的，他們和瓊斯在一起待了6年，在瓊斯鎮悲劇發生大約三年後，他們在伯克利被神秘謀殺。還有查爾斯·蓋利給我的其他紀念品。蓋利是人民聖殿教的律師，去過圭亞那，末日來臨時他藏在叢林裏。我獨自站在常青公墓的山坡上，想著那些微笑著的小孩，想著那些我讀過的他們寫給「爸爸」（瓊斯讓他們這樣稱呼他）的信。對我來說，這一切都在鄭重地提醒我膜拜團體對孩子們的影響。

　　我曾訪談或咨詢過許多人民聖殿教的前成員，他們幸免於難，是

因為瓊斯鎮將膜拜團體準備自殺稱之為最後的「白色之夜」降臨時，他們有的在圭亞那的喬治鎮，有的回到了美國。對他們和那些在那失去家人的親人們而言，回憶是痛苦的。每年，這些家人都呼籲公眾面對膜拜團體的真相。但是每年，他們都帶著迷惑離開，不明白為什麼膜拜團體一直在發展，成千上萬的家長和孩子仍在受束縛。

最近一次的瓊斯鎮紀念儀式來了有兩位有趣的參加者：吉姆·瓊斯的兒子斯蒂芬·瓊斯和被瓊斯下令要在開秋瑪機場飛機跑道上殺死的美國國會議員的女兒帕特里夏·瑞恩。這兩位年輕人相遇了，希望不會再出現瓊斯鎮，但是他們心裡都清楚，悲劇可能一次又一次地發生。

在一次紀念儀式上，一位幸存的女孩[1]說起她死去的朋友。她說她的朋友不知道外面的世界是什麼樣的，但她有時會談到說：「只要一天，我就想去看看外面的世界是什麼樣的。」她想要這樣的機會，卻從未得到。她沒法出去，沒人能幫她。

據估計，有成千上萬的兒童[2]在膜拜團體裡。其中，有一個膜拜團體中有5000名兒童，它從美國搬到歐洲和其他地方去建立據點。大家知道的是，托尼和蘇珊·阿拉蒙基金會曾在全國範圍內宣傳，呼籲懷孕的婦女不要墮胎，把孩子送給基金會來撫養。一些膜拜團體堅持讓女性成員充當「繁殖機器」，把更多的孩子即膜拜團體信徒帶到世界上來。然而，許多研究者的工作證明[3]了在某些膜拜團體裡孩子們的不幸境況：接受

1　Wooden, *The Children of Jonestown*, pp. 208-209.

2　M. Rudin, "Women, Elderly, and Children in Religious Cults," *Cultic Studies Journal*, 1984, 1, 8-26.

3　S. Landa, "Hidden Terror: Child Abuse in Religious Sects and Cults" *Justice for Children*, 1985, 1, 2-5; "Warning Signs: The Effects of Authoritarianism on Children in Cults", *Areopagus*, 1989, 2(4), 16-22; S. Landa, "Children and Cults: A Practical Guide," *Journal of Family Law*,

嚴酷的紀律，由組織中其他成員而不是父母撫養，完全沒有人照顧，缺乏學校教育，在情感和心理上受虐待，以及缺乏醫藥、牙齒和營養方面的護理。

不管那些孩子是怎麼進入膜拜團體的，甚至和外面最受忽視和濫用的孩子相比，他們更無助，因為他們被藏起來了，得不到普通社會的保護。在一般的美國社會裏，濫用、忽視和虐待孩子常常發生在老師、鄰居或親人中。一經發現，兒童保護機構、警察和其他組織就會通過法律渠道來解救這些孩子。而膜拜團體裡的孩子更像另一個國家監獄裏的囚犯，盡管他們甚至連來自國際特赦組織或國際紅十字會的工作人員的幫助都沒有。

有些組織將整個家庭都派到海外去招募成員和募集資金，在那裡，孩子們不受美國兒童保護法的管轄。很多年以來，那些離開了膜拜團體而配偶和孩子仍留在其中的家長們發現，膜拜團體將孩子誘拐走了，通常是美國之外的一個地方，而想要在那裡找到孩子不是不可能就是十分困難。

膜拜團體的孩子們是無力的。他們是徹底的受害者，甚至他們應當可以依靠的父母也在受膜拜團體首領的控制之下，所以孩子們的命運也掌握在該首領的手中。在膜拜團體中，父母不具備像正常社會裏那樣的功能。他們更像在商界裏的，膜拜團體首領命令要如何撫養孩子，父母就簡單地服從這些命令。這一點首先可以從瓊斯鎮和韋科的孩子們那裡得到說明。

1991, 29(3), 591-634.

一、瓊斯鎮的孩子們

在人民聖殿教這一膜拜團體，一共有912名成員死去，其中有276名是孩子。在該膜拜團體圭亞那的叢林處所中，孩子們生活在擁擠不堪類似奴隸船的地方。食物難以下咽、缺醫少藥、衣不蔽體。孩子們與父母和兄弟姊妹隔離，由日托所和護理學校的老師以及將他們分成大約12個人一組，來進行照料和看管。

孩子們只有在晚上才允許和父母短暫相聚。於是孩子們就會效忠於瓊斯和他的妻子，將他們視為父親和母親。孩子們通過監視父母來獲得報酬。

六歲以上的孩子必須從事「公共服務」——包括在叢林的野外和基建處從早晨7點到下午6點高達100華氏溫度下工作這樣的艱苦勞作。十幾歲的孩子擔負了瓊斯鎮一半以上的繁重基建工作。

作為懲罰，孩子們被扔進一口枯井裏，告訴他們有蛇在那等著他們。他們被關在長三英寸寬三英寸高四英寸的夾板盒裏，一次就關好幾個星期。他們被公然打落牙齒，被迫去挖洞然後又重新填滿，還被囚禁在一個小小的地下室裏。瓊斯常常看著保衛人員用樹枝、皮帶和長木板條毆打孩子。女孩們脫光了衣服，被迫去洗冷水浴或待在游泳池裏。孩子們的胳膊上纏著電極，受到電擊。有一次，兩個六歲的小孩因試圖逃跑，腳踝上就被焊了鐵鏈和鐵球。

人民聖殿教的孩子們經常遭受性虐待。當該組織的活動範圍還只在加州的時候，才15歲的女孩子就不得不為瓊斯巴結的有勢力的人提供性服務。瓊斯鎮孩子們的一個監管人員也曾對孩子進行性虐待，瓊斯本人也曾騷擾過一些孩子。如果夫妻在會議期間私下說話被抓到，他們的女兒就被迫當眾手淫或者當著全瓊斯鎮所有男女老少的面與他們家不

喜歡的某個人發生性關係。

瓊斯給孩子們服用強效的改變意識的毒品。他們也經受了42次集體自殺儀式的那種恐怖。直到最後一次，最後的「白色之夜」，他們還不知道這種儀式是練習還是眞的。

瓊斯至少在悲劇發生的5年前就開始計劃[4]以製造自殺（murder-suicide）來作爲膜拜團體的終結。1973年，他對膜拜團體成員格蕾絲·斯圖恩說：「除了我，每個人都得死，當然，我得留下來解釋我們爲什麼這麼做，爲了我們彼此融合的信仰。」瓊斯告訴十多歲的成員琳達·瑪爾特說：「我們所有人都要自殺，先殺孩子，然後是我們自己。」到1975年末，瓊斯開始「白色之夜」的自殺演習，給成員們飲料，然後告訴他們已中毒，幾分鐘後就會死去。保衛就在周圍，沒人能夠離開。這些演習在舊金山就開始，在圭亞那繼續進行。

末日那天下午5點鐘左右，瓊斯把所有的人集中在院子裏。營地的醫生和兩名護士把數百支注射器註滿了含氰化物的甜飲料——黃色的給嬰兒，粉紅色的給10歲以下的小孩，紫色的給年齡較大的孩子和成年人。瓊斯爲了紀念他們，錄下了最後幾個小時的聲音。在錄音帶裏可以聽到膜拜團體成員克裏斯汀·米勒的抗議：「我看著所有的嬰兒，我認爲他們應當活著……我有選擇的權力，我選擇不自殺。」

我和其他研究這盤磁帶的人注意到，瓊斯關掉錄音機，然後再打開，如此反覆。很快，瓊斯大喊：「我要先帶走嬰兒。先帶走嬰兒和小孩。向前走！向前走！向前走！不要害怕死亡。」據說護士們拿著注射器將氰化物注入嬰兒的喉嚨。斯坦利·克雷頓（Stanley Clayton）和奧德·路德（Odell Rhodes）因躲藏起來而幸存下來，他們提供了最後幾分鐘的描

4　Wooden, *The Children in Jonestown*, p.172.

述。克雷頓報道說：「護士從母親懷中將嬰兒拽出來。」嬰兒們發出尖銳而痛苦的哭叫聲。一個護士大聲喊著：「他們不是因為痛苦而哭，只有一點點苦。他們不會因為任何痛苦而哭。」母親們把含氰化物的毒液倒入嬰兒和孩子們的喉嚨裏。在圭亞那的最後一盤磁帶裏，瓊斯對母親們說：「快，把小孩帶到這裡來，快，媽媽們，快點。」[5]

　　瓊斯鎮事件消失了，但是膜拜團體生活的惡夢仍纏繞著許多身陷其他膜拜團體的小孩和青少年。

二、韋科的孩子們

　　在得克薩斯州韋科鎮大衛教死於自焚的80多人中，有25名是兒童。早些時候，在處於聯邦政府代理機構的目標對象之外期間，膜拜團體首領大衛·考雷什（David Koresh）釋放了21名孩子，從5個月到12歲不等。得克薩斯州休斯頓市貝勒醫科大學兒童藥物學研究教授、哲學博士布魯斯·D·佩裏（Bruce D. Perry）仔細研究了這些被釋放的孩子[6]。他有著研究孩子和成年人的精神創傷的背景，這為他對他和同事們在大衛教孩子們身上的發現進行觀察和定位做了很好的準備。

　　這些孩子從生理上、心理上、情感上、認知上和行為上都顯示出，他們的發展很不正常。開始的幾個星期裏，他們表現出一些生理現象，這表明他們承受著很大的精神壓力。即使在休息的時候，他們的心率也在大約每分鐘120次，比正常人快30～50%。貝利博士說：「這些孩子受了

5　Wooden, *The Children in Jonestown*, p. 187; E Feinsod, *Awake in a Nightmare, Jonestown: The Only Eyewitness Account* (New York: W.W Norton, 1981).

6　這一信息基於布魯斯博士所作報告的錄音帶，報告題為，"Raised in Cults: Brainwashing or Socialization?"，報告時間為1993年11月，地點為膜拜團體警覺組織在明尼阿波里斯市召開的年會。

驚嚇。」他們的恐懼來自考雷什的教導，他說該膜拜團體以外的每個人都是邪惡的，都有可能傷害或殺死他們。政府對營地的襲擊強化了這種教導。研究表明，慘痛的經歷會實際上改變大腦的生理功能，導致精神或情感問題的出現。

脫離了膜拜團體的組織，孩子們自己以一種類似於他們在營地所知道的生活方式組織起來。男孩和女孩分成兩個小組，每一組都有一個領袖，爲組裏的其他孩子發言和決策，許多小孩把考雷什畫成上帝，其他孩子塗鴉時說「大衛是上帝」。

孩子們受到貝利博士稱之爲「惡毒的故事」的人生教導，他們不像外面世界成長的孩子那樣有家庭和家庭關係的概念。他們把考雷什當作父親，因爲在膜拜團體裡夫妻按慣例分開，家庭分裂，考雷什把自己塑造成整個膜拜團體之父的形象。大多數孩子將父母親當只作是膜拜團體的成年成員，他們視兄弟姐妹爲朋友或熟人。當貝利博士叫孩子們畫家人的像時，他們畫的是隨便一些膜拜團體成員群體或考雷什，盡管他們與他毫無關聯。一些孩子甚至連一個家庭的模糊概念都沒有。

不僅是他們的家庭觀被扭曲或停滯，他們的自我形象同樣如此。當被要求畫一幅「自畫像」時，大多數的孩子會想辦法只畫出一個小小的、很粗糙的人像，而且常常是在整張紙的一個角落裏。更重要的是，貝利博士及其兒童創傷治療團隊注意到，這些孩子們幾乎不可能獨立思考或獨立行動。他們做什麼事都以小組爲單位，即使完成一個簡單的任務，如是決定吃普通的花生黃油三明治還是吃帶果凍的三明治。男孩小組的領袖和女孩小組的領袖爲各自小組做這樣的決定。

這些孩子在精神上的發展並沒有停滯，但他們受到了養育他們的膜拜團體環境的限制。他們不認識什麼是1/4，但他們能背下大段的《聖

經》經文。一些孩子對室內用水沖洗的衛生間和他們直到離開膜拜團體營地都沒有見過的設施感到著迷。同樣，室內的自來水對他們來說也是新奇的東西。

在膜拜團體大衛教長大的孩子們只知道大衛·考雷什所制造的那個歪曲和充滿暴力的世界以及他將所有外人都拋進去的敵對世界的幻象。貝利博士在其著作中的報道中強調指出了膜拜團體裡孩子的人權問題。那些孩子在許多方面遭受著痛苦，從被扭曲的自我形象和有關外面世界的歪曲的不眞實的觀念，到會實際改變他們大腦功能的膜拜團體生活帶來的創傷。

三、其他膜拜團體裡的孩子

每一個膜拜團體都認爲自己是凌駕於本國法律之上的，是一個按自己的優秀規則運作的獨立王國。在很多膜拜團體裡，孩子們被當作好像是耗費品來對待。膜拜團體首領可能不願在孩子們身上「浪費」錢。或者說，他可能想使組織的做法合理化，以便家長們不再理會那些他們曾經知道的對孩子有益的做法。通常在膜拜團體的引導下，家長會把自己的孩子看作類似於烈性的小馬駒那樣需要「馴服」的動物。

生理虐待

很多膜拜團體對孩子們進行極端嚴厲和懲罰性的行爲控制。他們接受用嚴厲的毒打作爲應對孩子們的辦法，用來「擊垮意志、驅逐罪孽、征服惡魔」。在某些膜拜團體裡，在孩子們身上進行驅魔活動，來驅趕邪靈和魔鬼之類的東西。這些活動會是殘忍而恐怖的事件。

毫不考慮後果地施行懲罰，有時懲罰會要了人的命。

5歲的魯克·斯蒂斯（Luke Stice）在納布拉斯加鄉村的「幸存者」膜

拜團體裡死於頸部斷裂[7]。據報道，他的脖子要麼是在一次定期進行的「懲戒期」被扭斷的，要麼是被人故意扭斷的，目的是爲了迫使魯克的父親回來。魯克的父親從該膜拜團體逃走，丟下了魯克和其他兩個孩子。在魯克死之前，首領還曾讓他長時間穿著短衣短褲，並強迫他脫光了衣服在爛泥和積雪中打滾。

據供述，12歲的約翰·雅布（John Yarbough）在密歇根的一個膜拜團體裡被毆打致死[8]。約翰死之前，已經被置於板凳上鞭打多日的他，無法進食，也無法行走，膜拜團體首領用夾板夾住他的雙耳盡力使他站起來。另一個孩子報告說他曾遭受了烙燒臉部的懲罰；還有一個孩子曾看見有人往另一個孩子口裏和手上塞燒紅的煤塊。

另外，兒童性虐待在某些膜拜團體裡大行其道。這要麼是該膜拜團體首領異常慾望的一種反映和滿足其幻想的一種方式，要麼是該首領將性虐待辯解爲招募新成員的一種辦法。小孩與小孩之間的性行爲、大人與小孩的性行爲和亂倫行爲在某些膜拜團體裡是受鼓勵的。

學校教育不足

許多膜拜團體限制與非成員的接觸，在組織周圍築起一道無形的高牆。作爲這種做法的一部分，許多膜拜團體貶斥學校和正規教育，雖

7　L. D. Hatfield, "Killing Fields, U.S. Style: Right Wingers on Trial," *San Francisco Examiner*, Mar. 9, 1986, p. A6; J. Gauger, "Dennis Ryan Conviction Upheld by Nebraska Court," *Omaha World-Herald*, Jul. 24, 1987; N. Schinker, "Rulo Witness withheld His Story, 'Who Would Believe it?'" *Omaha World-Herald*, Mar. 26, 1986, pp. 17-18.

8　K. DeSmet, "Witness Details Beatings at House of Judah Camp," *Detroit News*, Aug. 15, 1986, p. 3B; K. DeSmet, "Ex-cultist Describes Torture," *Detroit News*, Aug. 16, 1986, p. 4A; J. Swickard, "Brother Beaten by Sect Elders, Boy Testifies," *Detroit Free Press*, Aug. 20, 1986.

然另外一些膜拜團體確實允許孩子們到外面的學校就讀。然而，這些孩子們卻常因其奇異的服飾或古怪的習慣受到同學的譏笑。

有些膜拜組織要求成員們幫其掙錢。他們爲那些自己不肯開車的人在全國各地開車，在駕駛時他們將孩子一並帶去跟車。這些孩子或得不到正規的學校教育，或者沒有正常的機會結識所住公寓樓或鄰居家的孩子。他們往往在路上奔波，沒有玩伴。最後，當他們的父親或母親離開膜拜團體並將其一並帶出來時，他們在學校通常落後於其他孩子，並且不知道如何去適應一個正常的環境。

落後的衛生保健

膜拜團體成員的出生和死亡可能不會進行合法的登記註冊。產前產後護理受到蔑視或禁止，有些組織裡的嬰兒死亡率和產婦死亡率達到令人咋舌的程度。

膜拜團體裡一般沒有衛生保健。根據其信仰的不同，個人衛生保健，包括兒童醫療保健，可能根本沒有，也可能被詆毀或公然禁止。孩子們通常得不到適當的免疫注射或定期的體檢。膜拜團體成員沒有像牙齒矯正器、眼鏡和整形醫療這些正常的醫療護理。

在推崇吸食毒品的膜拜團體裡，孩子們也參與吸毒。有很多事例是關於孩子們使用大麻、古柯鹼、海洛因和安非他命的。

在許多膜拜團體裡，不足量的飲食是一種標準。一些膜拜團體使用奇異的影響不均衡的飲食作爲懲罰或用來減少開支。一般來說，食物可能是劣質的或兒童不宜的。在像「食垃圾者」這樣的流動性強的膜拜團體裡，年幼的孩子們被帶著在鄉間到處流浪。他們吃的是和大人一樣的食物，卽他們的父母從飯店或超市後面的垃圾裡撿出來的東西。結

果，膜拜團體裡的孩子幾乎總是饑渴的——既渴望飽食，又渴望來自周圍的成年人的養育，柔情和正常的關愛。

情感和心理虐待

大多數膜拜團體裡的孩子們都過著備受約束、與世隔絕的生活。他們有的是在其父母加入膜拜團體時被一並帶來的，有的則是因其父母均爲成員而出生在膜拜團體裡。那些在其父母加入膜拜團體之前出生的孩子受到的待遇常常比他們那些出生在膜拜團體裡的兄弟姐妹還要糟糕：後者被認爲是「聖潔的」，而此前出生的孩子則被典型地看作是「邪惡的」、低賤的或愚昧的。還有一些孩子，正如人民聖殿教裏的許多孩子那樣，是爲了讓他們得到「照顧」，在不知情的情況下被福利部門派送到膜拜團體去的。他們通常被認爲是沒人要的孩子。

甚至那些留在正常世界中、做著正常工作的膜拜團體成員的孩子也深受其苦。孩子們很少有時間與其父母相處，通常必須參加數不清的成人聚會。這些聚會會干擾孩子們的睡眠時間和玩耍時間，並且阻礙他們和其他孩子的正常交往。在許多膜拜團體裡，要麼出於故意，要麼因爲大人們處於按一種瘋狂的膜拜團體掌控的時間表運作模式，孩子們有時連續72小時不能睡覺。

其他的情感心理虐待形式也十分盛行。

在「民主工人黨」這一政治膜拜團體裡，有兩名成員的三歲女兒曾當著所有成年人的面而受到公開指責並被開除，禁止踏入該膜拜團體的建築半步。

1992年，印地安那州的一名法官下令剝奪一位母親對其四名

孩子的監護權[9]。這位母親是普世全勝教會（the Church Universal and triumphant）的一名成員。在眾多理由中，那名法官提到：這些孩子的健康需要和受教育的需求沒有得到滿足。他還說，「這些孩子的情感健康受到明顯的威脅，已經從他們參加膜拜團體秘密場地的訓練或參觀，強加給他們的那種宿命論生活方式和對世界末日的恐懼得到了解釋。」三個稍大的孩子已經離開公立學校一年半了，他們每天得花大量時間「誦經」（decreeing），即如那位法官所描述的「在相當長一段時期內，熱情地反覆吟誦指定的自我催眠式的祈禱詞」。

在與喬治尼亞的圭內特郡的一無名宗教教派的監護權爭奪戰中，成員們作證說他們用木棍或冰箱導水軟管抽打孩子時，一邊打，一邊輕輕地唱歌並鼓勵他們[10]。他們堅持申辯他們沒有狠狠地打。根據兒童福利院調查者的結果，一女孩說，「她所知道父親愛她的唯一方式就是鞭打她。每當父親打她時，他便會對她說他愛她。」

在這樣的環境中長大的孩子對於自己是誰感到十分困惑，也不知道自己是好還是不好。

膜拜團體裡的孩子親眼目睹了別人怎樣被虐待。他們看見他們的父母和其他小孩以及大人受到的稀奇古怪、充滿暴力的驅魔和懲罰。在某些組織裡，膜拜團體教主有權下令殺死離開該組織的成員，包括孩子，這已成為常識。有些目睹過這種殘暴和冷酷的孩子認同那些這麼做的人，並進行模仿，而其他一些孩子被嚇壞了，從此變得乖巧馴服，以免這樣的厄運降臨到自己頭上。

9　T. Shands, "CUT Member Loses Custody of Children", *Livingston* (Mont.) *Enterprise*, Aug, 26, 1992。

10　A. Rochell, "Discipline or Abuse?" *Atlanta Journal-Constitution* (Ga.), Jul. 31, 1993, pp. B1, B10。

　　文鮮明統一教會的一名前成員曾寫道[11]：「要將大部分孩子從已將他們吞沒的深深的憂鬱中解脫出來，是一件十分困難的事情。」這無疑是一種保守的說法，也就是說膜拜團體裡的生活對孩子們來說幾乎是毫無快樂可言的。

四、膜拜團體首領的角色

　　大衛教對孩子們的虐待令人震驚，但事實上，這種虐待卻與我從在膜拜團體中長大的孩子們和離開膜拜團體的父母親那裡聽到的許多描述非常相似。這類傳聞的證據已累積多年，合並如下：在膜拜團體中，屈從、降服和順從是主題，是用來衡量是否完全適應了該膜拜團體的尺度。

　　因為膜拜團體的結構是權威主義的，孩子們按照那樣一個世界而不是民主的主流社會來進行社會化。他們看到其父母降服和屈從首領的指令。他們的父母和其他人只執行命令，按照古魯或首領說的去做。

　　身處膜拜團體的父母就像是首領的孩子一樣。首領希望他們做乖巧聽話的孩子。在一個案例中就有這樣的證據，我在該案例作過證[12]，一個10歲男孩被四個大人按倒在沙發上，用一塊大木板抽打了140下，其他成員在一旁大聲數著次數。男孩的母親就站在旁邊看著。該膜拜團體首領就在附近的一棟房子裏用電話指揮著這場鞭打。美國東北部有一膜拜團體首領命令所有的成年人隨身攜帶著大木勺，隨時抽打任何一個違背組織規則的孩子，直到他「投降」。

11　D. Durham, *Life Among the Moonies: Three Years in the Unification Church* (Plainfield, N.J.: Logos International, 1981), pp. 73-75.

12　Miller et al. v.The Tony and Susan Alamo Foundation et al., U.S. District Court, Western District of Arkansas, Fort Smith Division, 88-2206 (1990).

一個膜拜團體就是反映該膜拜團體首領內心世界的一面鏡子。首領不受任何約束，他能使他的幻想和慾望在他創造的世界裏變成現實。他能引導人們遵循他的命令；他能使周遭的世界真正成爲他的世界。許多膜拜團體教主實現的類似於一個孩子在玩時的幻想，就是用玩具和器具搭建一個世界。在那個玩耍的世界裏，孩子會覺得自己無所不能，他用幾分鐘或幾小時的時間就能創造出一個他自己的王國。他擺弄著那些玩具娃娃，它們聽從他的命令，說著和他說過的一樣的話。他可以任意地懲罰它們。他是全能的，能夠使他的幻想變成現實。當我看到某些兒童心理治療師辦公室裏的沙盤和玩具堆時，我就會想，一個膜拜團體首領一定是四下環顧，將成員們放置在其所建構的世界中，這幾乎就和一個孩子在沙盤上擺弄出一個反映他或她願望和幻想的世界一樣。區別在於，膜拜團體首領根據他頭腦中的構想在其周圍創造出的世界中，有活生生的人聽從他的命令。

膜拜團體首領另類的想法滲透在他所運行的系統中。沒有反饋機制，也不允許有任何批評。當他最終使他的信徒變得足夠順服時，他就能行使無限的權力，並使那些追隨他的人去執行他指揮的一切行動。他成爲人們所能想象得到的最有權力的人：不僅僅是玩具和演員的導演，更是讓眞實的人依照他的願望和幻想進行實際行動的指揮者。孩子按其想象的畫面來擺放他的玩具，而膜拜團體首領則擺布、命令、嚴懲甚至殺害那些不服從他的人。

五、膜拜團體裡父母的角色

膜拜團體通常都不尊重父母這個角色。正如我所描述的，父母只是那種讓孩子遵循首領意願的調解者。即使在許多以聖經爲基礎的膜拜

團體，對父母的尊重也並沒有人們期望的那樣去稱頌，而膜拜團體首領寧願把自己視爲他們的神和父母之間的守門人。

父母必須讓孩子服從他們，並服從首領的命令，以此來證明他們自己是服從首領的，因爲首領是唯一受高度崇敬、服從和崇拜的人。在膜拜團體中，可能會有一些必須聽從其命令的高級官員，但他們實際上也只不過是首領的工具。此外，許多膜拜組織中，尤其是那些基於《聖經》和精神療法的膜拜團體，父母的忠誠是通過看他們是否願意按照首領的要求來虐待孩子來進行衡量的。這些父母被教導說，首領是是通往覺悟、上帝、精神健康或政治權利的唯一大道。而且，除非他們的孩子服從他們，他們服從首領，要不然他們將得不到預期的結果。

「我們被教導說，我們一定不能太依戀自己的孩子，」一位母親描寫她在統一教會的三年經歷時寫道[13]，「我們也被教導，孩子都是來自撒旦的關係，雖說『依戀』任何別人是件可怕的事，但最可怕的莫過於『關愛』我們自己的孩子」。她描述道：「卽使考慮孩子的福利，也是極大的罪惡。」

在一些膜拜團體裡，父母哪怕只給孩子最輕微的關心或考慮，都有可能因「寵壞孩子」而受到言語上的攻擊和其他方式的懲罰。但是，正如這位母親寫道：「你怎麼可能去寵壞一個幾乎被完全剝奪了情感的小孩，一個從來不知道從哪天起她是否還能再見到她母親的小孩，一個對於此刻照顧她的人沒有明顯的一致性和依賴（要麼一點不管教要麼很嚴厲地訓導）的小孩？」

從一些祖父母那裡也可以聽到一些關於膜拜團體裡孩子們令人心酸的故事。一位祖母去看望她處在一個生活方式膜拜團體裡的親戚，該

13　Durham *Life Among the Moonies*, p. 105.

膜拜團體的分支機構現在已遍布全世界，已經成爲公共報道的對象，他們存在虐待和其他諸如讓孩子和父母隔離之類的類膜拜行爲。當這位老祖母來訪時，她問她的孫子是否有一間可供孩子們讀書和玩耍的房間，這孩子似乎不知道答案而回覆道：「我一定是遇到了一個蠢蛋，問那兩個蠢家夥吧（指他們的父母）。」

另外一對祖父母告訴我，大衛·考雷什教育小孩子稱他們的父母爲「狗」，遠處居住的祖父母都感覺到孩子們並不理解叫他們父母爲狗或蠢家夥時含有的那種嘲笑和怪異的程度。

當父母有可能和孩子們住在同一處時，是膜拜團體的事務和會議占據了他們的大部分時間，以致他們幾乎沒有與孩子們單獨相處的私人時間。更有甚者，他們因首領的行爲而產生憤怒和挫折，但是又不敢對他表示憤怒，當他們看到孩子們時，就常常把憤怒發泄到孩子們身上。

當父母的一方離開膜拜團體，而另一位仍留在組織裡時，那麼這離開的一方就會被人以邪惡或其他侮辱性的名字來稱呼，孩子也會被阻止與離開的家長有任何聯繫。當孩子們看見他們已成爲非膜拜團體成員的父母時，他們可能會感到極度地不安，害怕懲罰或再也回不到膜拜團體環境中。所以，這也給孩子們造成了過分的壓力。

因爲膜拜團體中的父母本質上把對孩子的照顧義務轉交給第三方，因此首領或組織變成了孩子們的實際監護人。膜拜團體裡的孩子可能會安排與除他們父母外的成年人一起，也可能被送到別的州或別的國家有膜拜團體機構的地方。一些膜拜團體公開宣稱要把家庭必須要摧毀，孩子們必須由組織來撫養，他們與父母沒有任何的特殊關聯。孩子們經常被教導去恨沒在膜拜團體裡的祖父母和其他親戚。

我們可以在沙利文教裏看到這種思維模式的例子[14]。薩利文教是由索爾‧牛頓發起的一個心理治療——政治膜拜團體，索爾‧牛頓長期以來是個激進分子。他聲稱自己曾在西班牙內戰中阿伯拉軍團戰鬥過。他使成員們相信母親生來就恨自己的孩子，核心家庭是罪惡的根源。打著消除這些有害的力量的幌子，牛頓斷然控制了整個膜拜團體的生育，他爲成員選擇配偶。孩子們與父母之間沒有特殊關係，成年的薩利文成員也不會與自己的父母說話。

我們發現在膜拜組織中，思想改造環境和整體主義思維在影響父母們時扮演了重要角色。這些父母在自己的孩子或他人受到嚴重虐待有時甚至就在他們眼前被殺害時，能夠袖手旁觀。在這些狀況中似乎存在好幾種因素。

在組織的意識形態和首領的獨裁角色之間存在這相互作用，這種作用對父母的思想和行爲產生了特殊影響，獨裁意識形態者通過他對社會制度和社會環境的控制，能夠獲得父母的順從與忠心。共享的組織意識形態是一套關於人類及其與世界關係的情感控制信條。一旦父母公開承諾信仰某位首領的意識形態，那麼社會心理學就會告訴我們說他們的公開宣告就會固定下來，並增加他們遵從任何被要求的行爲的可能性。某些行爲也許會與他們先前所遵守的截然相反，更不要說那種道德上的責難。但像其他的膜拜團體成員一樣，膜拜團體裡的父母呈現出虛假人格，這是由膜拜團體訓練和思想改造程序所導致的。他們在思維方

14　見 E, Henican, "Dads Battle 'Cult' for Children," *New York Newsday*, May 31, 1988, pp. 9, 23; T. Lewin, "Custody Case Lifts~7eil on a 'Psychotherapy Cult,' " *New York Times*, June 3, 1988, pp. B1-B2; F McMorris, "Cultism and Sex May Hype Trial," *Daily News* (Brooklyn, N.Y.), June 3, 1988, p. 27; S. Reed, "Two Anxious Fathers Battle a Therapy 'Cult' for Their Kids," *People*, Jul. 25, 1988, pp. 47-48.

式上的這種改變使他們能夠按膜拜團體首領的意願行事。

六、孩子們在膜拜團體裡學到了什麼

在膜拜團體裡，孩子們看不到同情、寬容、善良和溫暖的樣板。既然所有成員都被要求把領導神化，孩子們也不例外。孩子們要麼完全屈服於首領的權力和地位，要麼就屈服，變得消極、依賴和順從，而且經常在情感上受到壓制而垂頭喪氣。

孩子們接受了膜拜團體的對與錯、好與壞、邪惡與聖潔等完全兩極分化的價值體系。他們被教導說，世界分為兩半——「我們」在裏面，「他們」在外面；我們是對的，他們是錯的；我們是好的，他們是壞的。在這個「我們」與「他們」對立的世界裏，孩子們（和其他成員一樣）被教導為對非成員和外部社會充滿仇恨。

膜拜團體裡的孩子沒有機會看到普通家庭裏展示出來的妥協、協商和折中。他們不會看到人們怎麼解決爭議，如何適應他人的需求和願望，以及權衡這一對於學會在家庭中或以民主方式構建起來的組織中如何玩耍、工作和生活來說至關重要的事情。

膜拜團體裡的孩子們沒有看見大人們一起參與決策或產生想法和制定計劃。相反，他們目睹並被教導，批評性和評判性的思考、新觀點、獨立的想法會給人帶來麻煩。從這裡他們只學會了服從。

在許多膜拜團體裡，孩子身上出現的正常的攻擊性、活潑和魄力都會被當作是有罪的或邪惡或惡魔的標誌，通常要受到嚴厲的懲罰和鎮壓。於是，像他們的父母一樣，孩子們學會了依賴首領及其制度。結果，在膜拜團體的孩子們成長過程中形成了起焦慮依賴型人格特徵。

七、膜拜團體之後

由於每個膜拜團體的要求各不相同,那麼給從膜拜團體中出來的孩子們提供的幫助也必須量身定做,以符合每個孩子的不同需求。例如,因模仿他們從膜拜團體裡成人那裡學會的角色,有些孩子顯得沒有個性、憂鬱和恐慌,而另外一些在好戰的和對抗性的組織中長大的孩子會變得更加目中無人、獨斷專行。後者仿佛是建立在該首領所倡導的組織文化上的行為舉止的一幅小小的諷刺畫。

加入膜拜團體的成人和青少年已經形成了自己的人格。膜拜團體的偽人格就被強加到其已有的人格和某些有關世界的知識觀念上。當這些人離開膜拜團體時,他們仍具有以前的人格和入膜拜團體之前的記憶。他們能夠開始整合他們入膜拜團體前、在膜拜團體中和離開膜拜團體後的經歷。但不幸的是,在膜拜團體中長大的小孩在脫離膜拜團體時沒有原來的人格和世界觀作為基礎。

與其他孩子比較起來,在與外界隔絕的膜拜團體中長大的許多孩子,表現出知識貧乏,缺乏技能,社會化程度低。因為膜拜團體教導孩子說,膜拜團體裡的人是經過挑選的、傑出的優秀人物,所以,以後他們就很難形成自己的觀點,很難進行表達,也難以處理好膜拜團體信仰與離開膜拜團體後的經歷之間的衝突。某些膜拜團體還向小孩灌輸種族、宗教或政治偏狹,而這些小孩就帶著這些觀念走向外面的世界。

因此,在某些膜拜團體中長大的小孩所學到的觀念和行為,可能會被外面的大社會視為怪異、偏執及反社會的。當小孩離開膜拜團體後偶爾表達出這些觀念時,就可能使他遭到排斥。特別是那些離開那種宣揚成人和小孩之間的性自由或性關係的膜拜團體後的小孩,更有可能會出現這種情況。例如,在學校或拜訪其他孩子家時公開自慰的小孩(因

爲在膜拜團體中自慰是可接受的行爲），會立刻成爲賤民，被老師和其他家長視作「怪物」。

許多膜拜團體教導孩子說，向非膜拜團體成員撒謊或欺騙他們是一件正確的事情，「外人是低等生物」的教條便是他們這種行爲的正當理由。膜拜團體中的小孩還要學會一種群體思維，一種語言或行話。他們在脫離膜拜團體後如果要與外界交流，就必須得把它們忘掉。

我們已經知道，膜拜團體首領建立了監視網絡，於是教主就能宣稱自己無所不知，了解所有人的所有事，能洞察人心，能感知其他人不不能感知的事物（他人是不能的）。而實際上，他的信息是通過成員們的閑談、打小報告和讓他們互相監視而獲得的。在膜拜團體中受到這種教導的小孩，當他們進入外面的世界時也這樣打小報告，就會成爲學校裏的「卑鄙小人」和搬弄是非的人。

出身於某些膜拜團體的青少年，特別在那些有著極度控制的環境的膜拜團體中成長的青少年，會表現出這樣的傾向：他們嘗試性、毒品、酒、快車、快節奏生活，徹底的反叛和打破規則。他們經常有感染性病、愛滋病和懷孕的高風險，且經常是不良和犯罪青年捕捉的對象。

一些青少年經常看到他們的父母被人輕待，所以他們也吸納了這種態度，在其家庭脫離膜拜團體之後，他們會繼續如此對待其父母。這些青少年已被膜拜團體首領對人粗暴的態度所同化。

許多膜拜團體反對就業，並且誘使其成員接受低層次的工作以確保經常有人能爲首領工作。高學歷教育，有時任何教育都會遭到貶低。後來，青少年就很難徹底了解該做什麼——上學？找工作？做學徒？個人的才能、技能或興趣很可能從未被認可或培養過。

八、孩子們是幸存者

　　在過去的十年裏，我們看到越來越多的孩子脫離了膜拜團體。他們或者是在十多歲時自己逃跑的，或是跟著其他的家人一起離開的。這些孩子都迫切需要得到支持和安慰，因爲他們都面臨非同一般的調整問題。

　　一開始，如果這些孩子的父母來找學校、牧師或其他能找到的咨詢機構，幫助在這些環境或機構中的專業人士了解膜拜團體和在膜拜團體中長大的孩子所具有的特殊困難，這將會是很有幫助的事情。

　　由於膜拜團體教孩子們厭惡不在組織內的人，所以幫這些孩子與他們的祖父母、叔叔姑姑、舅舅姨媽、表兄弟姐妹以及其他家庭成員取得聯繫是很有益處的。這將減弱膜拜團體思維對他們的影響，同時擴大他們潛在的支持網絡。

　　由於許多膜拜團體對衛生保健和教育都持懷疑和否定的態度，所以對脫離膜拜團體的孩子來說，做一次全面體檢和對他的教育水平進行一次客觀評價是十分關鍵的。

　　通常，這些孩子會需要立刻進行教導，告訴他們，在膜拜團體中學會的態度在外面社會是行不通的。許多從膜拜團體中出來的孩子，在一般的社會技能方面沒有受到好的訓練，而其他孩子則從學校、家庭及朋友那裡學會了這些技能。而且因膜拜團體的哲學而使得他們具有的根深蒂固的偏見、偏好和嚴重的主觀臆斷必須要加以糾正。學會在一個多樣化的、主張平等的、民主的社會裏生活和發揮作用，對這些年輕人來說是一個挑戰。這對那些在膜拜團體中出生或長大的孩子來說尤爲正確，因爲他們沒有膜拜團體之外的生活經歷，又沒有膜拜團體之前的人格、價值觀或信仰體系。我們必須幫助他們，使這些孩子擺脫他們的精英

觀、教條和僵化的思維方式，以及他們自責和吹毛求疵的態度。

　　雖然他們面臨巨大的任務，有時甚至會單獨面臨這些任務，但從膜拜團體中出來的孩子確實幸免於難，變得健康和快樂，生活豐富多彩，再度顯示出年輕人的恢復力。「愛沙爾」的故事就這樣一個例子——也是我們所有人的一種鼓舞。

　　　　愛沙爾是在一個西海岸的生活方式膜拜團體中長大的，她的父母參加完兩個嬉皮士公社後，於1960年代末期加入了這個膜拜團體。他們遇到了一個婦女，她擁有一大片土地，裏面有許多小村舍，而且她創建了高度控制的公社生活組織，該組織後來演變成了一個膜拜團體。這個女人從那些已經採納另類生活方式的人中親自招募每一個人或每一對夫婦。她讓他們傳授這樣一種觀點，即他們能夠通過來和她一起住，在她的地方進行公社生活，創造出一種新的秩序來維護我們所知道的社會及家庭，就能夠「回歸土地」。

　　　　盡管這個女人自己沒有結過婚，也從未有過孩子，但她卻決定誰可以在什麼時候生孩子，並管理孩子的撫養問題。她說服成員們，就像薩利文組織說服其成員一樣，說家庭尤其是父母是所有人類痛苦的根源，公社撫養會減輕這種罪惡。許多成員中斷了與家人的聯繫，由組織培養的孩子們，只能在很少的情況下被監視著和他們的祖父母進行聯絡。有些祖父母因為從未通過首領的審查，而不允許在膜拜團體區域外的任何地方見他們的孫子或孫女。

　　　　幸運的是，愛沙爾被允許和奶奶一起待過一段時間。老人知道，努力使她兒子兒媳及孫女與膜拜團體首領斷絕關係是不

可能的。因此她對能與活著的孫女保持聯繫而感到滿足。

任何走出膜拜團體區域的人，哪怕是短暫地出去一下，都會被首領當著全體組織成員的面審問，因為他們中間沒有秘密。甚至連上街買食物的過程都得「分享經歷」。愛沙爾後來說道，不知道為什麼，她很早就明白，無論任何時候她與奶奶離開膜拜團體區域，她都應該向首領匯報她想聽的事情，而不是她和奶奶實際做的和談論的事情。因此，她匯報說，奶奶很欣賞這位首領，讚揚組織對她兒子及其小家庭的照顧。愛沙爾埃塞爾在進行這些肯定的匯報時從來沒有變化，但也會講述奶奶感冒的細節、她頭疼的狀態等此類瑣事。

膜拜團體裡只有少數幾個兒童被允許到該地區的公立學校上學，但不允許跟老師及同學談論他們生活的詳情，也不允許去其他孩子家玩和參加課外活動。膜拜團體派人接送他們上學和放學回家。

整個高中階段，愛沙爾瞞著膜拜團體，和學校的一位導師成為了朋友，她能和導師自由交談。整個周圍社區的人都知道這個膜拜團體組織，並且都為那裡的孩子和成員們感到可惜，但又不能做點什麼來幫助她們。因為他們很快知道，如果放學以後邀請他們來玩或參加其他的正常活動，都會給他們帶來麻煩。愛沙爾說如果沒有那個導師和奶奶的話，她可能還會回到那個地方，屈服於首領並像她父母一樣溫順。

甚至現在，愛沙爾在描述覺得自己整個的青春生活是多麼無助時，就像她看到父母總是向首領屈服那樣。盡管鼓吹前衛的觀點，該膜拜團體首領在實踐中卻十分守舊。例如：女孩

被教導要向男孩或男人順服，女人必須要非常女性化和溫順，尤其是對首領要溫順。

愛沙爾是一個精力旺盛、體格健壯，並且智商很高的年輕女孩。她想上大學，她是第一個被允許接受高中以上教育的孩子。然而，膜拜團體不會為愛沙爾的大學教育承擔任何費用，因為這違反「計劃」。膜拜團體首領允許她去讀書僅僅是因為她答應畢業後回來，而且還因為她找了奶奶幫助。從奶奶那裡拿到一筆錢，愛沙爾開始上大學了。她工作和學習都很很努力。

她一到學校就去了學校的心理咨詢服務處，並申請幫助。她知道她必須得找一個人來幫助她做決定，因為她以前從來沒有自己做過任何決定，除了隱瞞她的特殊關係，以及知道她必須出來上大學外。她說她不知道怎麼「考慮」日常生活。她能夠思考讀書、做作業，做任何別人要她做的事。但她從來沒有過做決定的學習榜樣，她為自己缺乏外面社會的生活知識而感到絕望。

我曾在過去的兩年裏和愛沙爾斷斷續續接觸過幾次。她現在22歲，剛剛從一所州立大學畢業，正在遠離膜拜團體的地方工作。她已經找到另外一個咨詢師，幫助她深思熟慮地做決定，制定具體的買衣服和買車計劃以及她在一個普通家庭裏應該學會的生活細節方面的計劃。她只有在特別安排的活動中才能見到她的父母，這時膜拜團體首領想要她回去。愛沙爾想在某一天使她的父母逃離該組織，但是她現在甚至不敢向他們暗示一下這種想法。愛沙爾最擔心的是，她的父母已經無可救藥地綁定在了膜拜團體首領身上，只有那個女人死

了，他們才會獲得自由。她說，「他們甚至比我現在更缺乏生活能力得多。而且她打算，只要他們還在「那片土地」上，她就不再回去看他們。

許多在膜拜團體裡長大的孩子是真正的受害者，他們尤其孤單，沒有人支持。他們可能生活在美國這個日常生活舒適程度、教育和醫療條件都是世界上最好的地方，但是，在膜拜團體裡，這些福利他們幾乎都享受不到。那些被虐待或忽視的孩子甚至比那些普通的被虐待和忽視的孩子更加得不到一般社會的幫助，因為許多膜拜團體強加於其成員身上的隱蔽和嚴密的邊界。

由於這個隔絕的復合效果，膜拜團體的孩子們往往得不到自己父母的保護，因為膜拜團體首領主宰一切，父母無能為力。父母和孩子的命運都由該首領的智慧和思想來決定。然而，我沒有聽說過任何一個膜拜團體首領對其組織裡的孩子們顯示出關愛、溫暖和關心。

盡管有這樣的可能性，像愛沙爾這樣的孩子們離開膜拜團體而幸免於難。他們可能看見過和經受過最糟糕的生活，不過他們繼續向最好的生活前行。我們的責任是，給他們支持、愛和理解。

第十一章　離開膜拜團體

　　有時人們會問膜拜團體前成員：「你們爲什麼就不站起來走出去呢？」這個問題的答案不是那麼簡單，因爲有各種各樣的因素將膜拜團體成員束縛在組織裡。在大多數情況下，雖然有些組織確實懲罰和囚禁那些試圖離開的人，但是不存在人身限制。但是，在所有情況下卻存在著非常難以割斷的心理束縛。

一、爲什麼離開膜拜團體會那麼難

　　當一個人受到某一膜拜團體強制性的心理和社會影響欺騙時，他或她就會經歷我稱之爲5D的5種情感。

　　1‧欺騙（Deception）。伴隨著招募新成員的全過程和作爲成員的每一天。

　　2‧虛弱（Debilitation）。由於投身的時間長、程度深，精神壓力大，內心壓迫感和內心衝突不斷。

　　3‧依賴（Dependency）。由於膜拜團體採用各種方式切斷了與外界的聯繫所致。

　　4‧恐懼（Dread）。由於被膜拜團體逐漸灌輸了信仰，成員離開後在外面將無法找到眞正的生活。

　　5‧脫敏（Desensitization）。他們將不再對那些曾使他們感到困惑不

安的事有感覺（例如，得知所募集的資金被用來支撐首領的奢華生活，而不是用作募集時說的用途。或者看到孩子們受到嚴重虐待甚至被殺害也漠不關心）。

以上所有這些因素，我會在本章後半部分展開討論。它們糾纏在一起並相互作用，使膜拜團體成員無法找到離開膜拜團體的出路[1]。

信仰

膜拜團體為了增加成員站起來和走出去的困難，施加了許多影響，其中信仰可能是起點。你的信仰或承諾感是一種非常強大的力量——無論這種信仰是與特定的神或宗教有關，還是和某種政治勢力、動物權利、無拘無束的鄉村生活、家庭或魔力的存在有關。能夠踐行自己的信仰並按照自己的想法行事，這對人來說是極具吸引力的。我們會信奉某些東西，這似乎是一種正常的人類狀態；我們需要信仰來幫助我們理解我的宇宙。

在膜拜團體的世界裡，信仰變成成員與組織之間的黏合劑。無論你在什麼樣的組織裡，你都會開始隨波逐流，因為你信任該組織。你相信目標，相信那些和你做同樣事情的人們，相信領袖，相信自己會有所成就。

在大多數膜拜團體中，你會被告知：為了實踐組織的信仰，你必須對自身作出某些改變。於是，你就會說：「好的，我接受，我相信，我同意，我會作出改變。」於是慢慢地，那些變化就開始對你的思想和行為產生根本性的影響，盡管你並沒有完全意識到這種影響。

1　我要感謝我的合作夥伴揚亞・拉裏奇，我在這一節使用她的筆記，來自她的演講「為什麼難以離開膜拜團體」（Why It's Not Easy to Leave Cults），發表於1993年11月17日膜拜團體警覺組織北加州分部在舊金山發起的一次公共教育研討會。

體面與忠誠

將成員留在膜拜團體裡的第二個主要影響因素是大多數都是體面和忠誠的人。他們想做好事，助人爲樂，在人生中有所成就。而且他們都很忠誠。大多數人一旦對某件事許下諾言，就絕不會輕易地違背諾言。

所以，當你對一個組織許下諾言而且當你又熱切地信任該組織時，就很難回頭了。後來，當你開始看到在你周圍發生的你無法理解的事情時，你可能就會對自己說：「哦，我說過我會做這個。有人告訴過我這會很難。現在，有些事看起來不對勁，但是我說過我會贊同，而且我已許下諾言，我會再待久一點。」當然，每當這個時候，膜拜團體首領和身邊的其他人都會告訴你最好贊成它——要麼是用巧妙的語言，要麼是不那麼巧妙的措辭。

人們不想只是站出來說一聲「我退出」，這個事實也很重要。不想當懦夫，他們會寧願堅持再堅持。他們堅持得越久，就越難出來。所以，不願意成爲一個懦夫，也就成爲將他們留在膜拜團體裡的又一個因素。

權威人物

另外一個重要影響是，我們從小被教導要尊敬權威人物、領袖，以那些會爲我們答疑解惑的人。當我們年輕時，在整個學生時代，我們都被告知有答案和權威。我們應該聆聽答案，尊敬那些「有頭腦」的人。

因此，當你被告知不要懷疑膜拜團體時，你按令行事的基本理由是，不那麼做將會是對那個無所不知的首領的不敬。首領有頭腦，首領能給出所有有說服力的答案，而你的質疑和懷疑是不允許的。

爲了強化這種服從的基本原理，每個組織通常都有一些對犯規者的懲罰方式。特別是當你提出質疑時，你可能會被看起來荒謬可笑，被稱作叛徒、間諜、特工、沒有信仰的人或惡魔，或者該組織內所特別使用

的任何其他貶義詞。通常會存在一種內部語言術語，用來嘲笑或詆毀他人。會用某種方式使你覺得懷疑或質疑是很糟糕的事情。膜拜團體內部的邏輯和同伴壓力讓你確信：質疑就意味著你不夠信任。於是，你不再質疑。

從根本上來說，人類爲了能在一個特殊的環境中活下來，會做他們需要做的任何事情。當你成爲一個膜拜團體成員時，你大量的周圍環境和許多生活選擇都受到控制：你的經濟來源、獲取信息的渠道、你可能想做的工作、自由時間、社會圈子，有時甚至你的性生活也會受到控制。你爲了留在組織裡，你會適應和學會怎麼行事和活下來。遵從，隨大流和努力成爲一個好的信仰者和一個好的信徒，要比反抗容易得多。

同伴壓力和信息匱乏

同伴壓力是使人留在膜拜團體裡的一個關鍵因素。膜拜團體前成員們告訴我，「在組織裡有醫生、律師、社會工作者、各種高學歷的人，有才智的人。我會環顧四周，然後我想，喬還在這麼做，瑪麗還在這麼做。我也必須這麼做，我也必須這麼做。我只是有些不明白。只是我有點問題，我只是應當更努力。」

膜拜團體成員那麼認爲，是因爲沒有其他人說出來，因爲沒有人能說出來。說出來的人的確感到孤獨、被孤立、被汙染，是錯的。不管直接還是間接，所有膜拜團體成員都會積極地互相鼓勵來按某些方式行事。既然我們是社會性的生物，就很難抗拒這種壓力。

另外，膜拜團體在許多事情上的不誠實使得成員們不知道真正發生的事情是什麼。成員們不僅被阻止了解外面的信息，而且被告知的有關膜拜團體、首領和組織行爲的謊言和失實的說法。膜拜團體行爲的重要性和影響力被誇大，首領的聲譽即便不虛構也會被美化，成員或信徒

的數量通常被誇大以便使組織看起來規模更大、更受歡迎。而且世界上發生的事件也被歪曲，外面世界對膜拜團體的態度也同樣被歪曲。所有這些有關膜拜團體和社會整體的神話故事，一般來說，不僅被首領還會被其核心圈的領導層成員永久保持下來。其結果是，大多數成員都缺乏相關知識，使他們無法對自身所處環境作出真實的評價。

疲憊與困惑

疲憊與困惑更加使得成員們沒有行動的能力。在大多數組織裡，成員們被迫沒日沒夜地工作。毫不奇怪，他們筋疲力盡，無法進行有條理地思考。一週七天，每天工作16至20個小時，沒有假期，沒有休息，沒有興趣和業餘愛好，與你的丈夫或妻子即使有關係也沒有真正親密的關係，幾年之後，你就會活在一個迷霧重重的世界裡。一些前成員這樣描述這種感受：仿佛有一層迷霧遮住了他們的雙眼，仿佛他們和這個物質世界沒有接觸。他們機械地生活著。有人可能會嘲笑說：「哦，某某膜拜團體成員眼神呆滯。」唉，事實上，他們確實是這樣，造成這種結果的部分原因是那個人正處於極度的疲憊中。

當你無法思考的時候，當你仿佛覺得自己每天只能苟延殘喘的時候，你想做的一切就是在沒有遭受該組織任何形式的毆打的情況下度過那一天——進行重複的毫無意義的工作、受到批評或分配給過高的資金籌募額度，或者遭受性虐待與其他暴行。你辛勤地工作，幹啊，幹啊。你會感到難以置信的困惑，但是，你找不到任何辦法來處理這種困惑。

你也許在早期還有過一些疑問，但是一旦生活的節奏定下來，你甚至就沒有時間來思考那些問題是什麼，或者這些問題現在可能變成什麼了。你想做的一切只是熬過這一天，也許能小睡一會。而且，你渴望活下來。

與過去分離

使人們留在膜拜團體裡的另一個值得注意的因素是，成員們已被迫與過去分離。幾乎在每個膜拜團體裡，隨著時間的流逝，你都會與過去決裂。你再也見不到沒有加入該組織的家人和朋友。也許你努力想把他們招募進來，他們卻不感興趣。很多情況下，你與外界就不會再有多少接觸了。

一些人在整個成員期間都在膜拜團體內部工作，他們每天都不能外出工作。除了與膜拜團體成員以外，他們很少或根本沒有人際交往。假如他們要去招募新成員，或者是參加一項組織分派的任務或從事某項公共事務，他們才爲此而外出。他們與別人的接觸是完全表面化的，並受到組織的控制，通過事先請示、事後匯報以及事無鉅細的匯報機制來監視成員離開膜拜團體時的行爲。

通過這種方法，你的全部世界就變成與你一起生活的人、你每天所做的事、你參加的會議以及你居住的房子很可能和其他成員合住。你被這個徹底包圍，最後，你遺忘了自己的過去。

你甚至會忘了自己加入之前是誰。在有些膜拜團體裡，人們採用新名字，而且一般不了解其他成員的眞實姓名。甚至那些同住一屋的人也不允許告訴室友他們的眞實姓名。一切都必須保密：成員們接收指令去打開郵箱取出自己的郵件，如果可能的話，會採用假名，並保持低調。新名字，全新的身分，與你的過去幾乎毫無關聯——這些都是將成員約束在組織內的強大影響力在一個人人所思所想所作所爲都一樣的環境中生活之後，卽使你不像生活在更具限制性的膜拜團體中的成員一樣與世隔絕，你的視野也會收縮，你的交際能力也會萎縮。假如你碰巧見到你的家人，會感到十分疏遠，以至於你想做的一切就是趕緊回到組織。盡管

膜拜團體生活痛苦又貧窮，然而，組織以一種怪異的方式，成為一個讓你感到舒適自在的地方，因為這是你了解的地方。它是你熟悉的，是你的日常環境，是你的家和「家人」。

這種背景下，去考慮離開就完全變成一件難以應對的事。即使逃跑這個念頭曾閃過你的腦海，你會想：我要去哪裡？我要做什麼？誰會接納我？你已經喪失了這麼多的自尊，以致於離開這個想法是無法忍受的。你無法想象放棄保護你的小小世界，進入到那個可怕的外面世界。一直以來，有人教導你相信這是另一個世界，邪惡的、資產階級的世或魔鬼的世界。那些沒有信仰的不會接受你，他們一發現你曾經「那樣」，你就會當場死亡或被驅逐出去。沒有人願意雇傭你，沒有人需要你。你將永遠找不到伴侶。你是一個失敗者。

所有的這一切都會在你的腦海裡發生，因為你在膜拜團體裡通過這樣那樣的方式被告知了那些事情，並且你已經通過進培訓班和膜拜團體環境的力量將這些事情內化在心中了。由於你和外界的深度隔離，你認為自己永遠不能離開，並且你進入一種情感上和心理上的麻痺狀態。（這並不是說著許多膜拜團體成員很少有機會接觸到錢，只是從實際來看，即使他們確實離開，不要認為他們會走得了很遠。）

害怕

人們無法離開膜拜團體的另一原因，只是因為他們害怕。很多組織會追捕叛逆者，威脅他們、懲罰他們和將他們軟禁起來。如果有成員試圖逃跑，他們會受到膜拜團體的阻止；如果他們犯了告訴別人自己想要離開膜拜團體的錯誤，就會被暫停參加組織活動，被排斥、懲罰。他們會受到批判，被罰坐在電椅裡，大多數情況下他們會相當迅速地被「說服」要留下來。作為該組織的一位成員，你就會了解到這種事情的發生，

害怕這樣的命運降臨自己頭上。離開膜拜團體再一次看上去不像是一個
可行的選項。

有時，成員會被開除。嚴格說來，他們是被扔出組織，或者是被放
到一個精神病房前面或其父母家前面。之後他們再回到膜拜團體時就會
受到公開指責和蒙受玷汙。他們會被列入敵人與非子民的名單。爲了增
強膜拜團體的隊伍，會講述關於他們爲何不再是成員的恐怖謊言。這樣
的公開指責對某些有離開膜拜團體念頭的成員來說不是一個令人愉快
的預期。賤民的形象占據了絕大部分，將要與那種形象相符合，這似乎
是一種比死亡更可怕的命運。

對參與的負罪感

最後一個關上陷阱大門的因素是膜拜團體成員的積極參與。不管
你是否承認，你已經投入在膜拜團體生活中了。很難離開——部分是因
爲你仍然有一部分相信這確實會有效，還有一部分是因爲他們感到恥辱
和罪惡。你參與了一些在日常生活中可能從未想過的活動——這些行爲
在道德上是受譴責的，你從來都不敢相信自己會去做或是親眼目睹這些
行爲。這種恥辱感和罪惡感使成員繼續待在膜拜團體裡。它會阻止他們
這麼簡單地說一句：「我現在要站起來走了。」

通過膜拜團體經歷和所有這些影響之後，一種強制性的依附感
（enforced dependency）就形成了。你可以開始時作爲一個完全獨立自主的
個人，但一段時間後，即使你也許不想承認，你已經變成完全依賴組織
來滿足你的社會需要、家庭需要、自我形象及個人生存需要。在各種程
度上，你每天都被告知去做什麼，所以你就會退步。你變得像小孩一樣，
任何獨立行動的想法對你來說都是完全迷茫的，而且是難以忍受地勢不
可擋。一個小孩在被引導相信沒有領袖和組織的恩惠就無法生活之後，

又任何能站起來離開呢？

　　由於信仰、忠誠、依賴、罪惡感、恐懼感、同伴壓力、缺乏信息和疲勞等因素強有力地結合在一起，所有這些因素可能在心理上的作用是相等的，所以成員們不會那麼容易地離開膜拜團體。體面而可敬的成員不會輕易放棄自己的承諾，而且膜拜團體的環境使得離開尤其是不可能的事。

　　許多膜拜團體成員，尤其是那些在組織裡地位低下的成員，多年忍受著精神衝突和折磨。而其他那些在膜拜團體等級體系中正在上升的成員被教導，要使操控系統永久化。他們學會虛構奇蹟、偽造治癒、作關於膜拜團體成功的虛假介紹，並為腐化墮落的首領作掩護。他們的作用是增強順服和依賴，他們學會為自己的行為和首領的行為作辯護。盡管知道那些虛假的謊言，他們還是會留下，因為他們沉迷於已有的地位和權力，不願離開。他們留下來也是因為和其他人一樣被同樣的因素所困住，加上他們感到極大的內疚，害怕收到來自膜拜團體的恐嚇信和報應。

　　在一些膜拜團體中，武裝護衛隊負責看管叛逆者和那些受懲罰的人，不讓他們離開。我曾就此事詢問過一位婦女，她曾試著離開膜拜團體，被武裝護衛隊控制，在最後成功逃出前被關在膜拜團體轄區內達一年之久。在此後的兩年時間裡，她每天和衣而睡，以便當首領派護衛隊來追捕時她能有機會逃跑。

　　巨大的精神創傷與被監禁的經歷有關。對於大多數膜拜團體來說，十分重要的成員如果「墮落」，對其懲罰會特別嚴厲，對他進行的各種形式的膜拜團體監禁甚至更為殘酷。有此經歷的前成員在說起他們在被監禁時的無望、孤獨和恐懼時光，常常會崩潰。即使最後被放出來，他們通常也會留在膜拜團體裡很長一段時間，因為害怕以及情感上的摧

毀。一些接受我詢問的膜拜團體前成員描述他們被關在膜拜團體裡監獄一樣的環境中，從幾個月到7年不等，有的甚至在他們最終離開之前被監禁過好幾次。這種拘禁在有關的法律案件中記載過，也得到其他前成員的證實。

有一個最能說明離開膜拜團體困難性的故事，就是關於兩個在膜拜團體權力結構中身居高位、深受膜拜團體的慣例和規則灌輸之影響的成員的。當他們最終成功逃跑時居然如此恪盡職守，從機場打電話給膜拜團體大本營，不僅說了他們離開的事，而且還說了他們去哪兒了。接到他們電話的膜拜團體官員租了一架私人飛機飛到他們的目的地，在那裡見到他們，並把他們帶回膜拜團體。自從這件事發生以後，他們的朋友就再也找不到他們了。

二、離開膜拜團體的方式

好消息就是，最終大部分成員都離開了膜拜團體。他們都是通過以下三種方式成功的。

第一種，許多人是自願離開，因爲他們醒悟過來，感到厭倦，或心力交瘁，或者他們意識到膜拜團體組織並不是它所說的那樣。衝突變得更加刺眼、他們無法再視而不見。他們鼓起勇氣，做出改變。通常是某件特殊事件引發他們的動機。例如：某膜拜團體成員的母親從兩個大洲之外遠道趕來看望她，而她卻因爲膜拜團體的工作不允許和母親相處超過一小時。盡管當時她延長了時間，但這件事情繼續刺激她，直到最後她成功地實施了逃跑計劃。以這種方式離開膜拜團體成員，被認爲是「出走者」（walkaways）。

第二種，一些成員因各種原因被膜拜團體趕了出來。有的是因爲丟

棄成員的政策，即丟棄那些由於膜拜團體生活的壓力而在心理上或生理上崩潰的成員。有的是因爲深思熟慮的計劃，即膜拜團體首領因經濟或其他原因要削減組織規模或要除去某人。有時，首領願意犧牲一小部分不滿的與「獨立的」成員，爲的是給其他人一個教訓：如果他們不守規矩，首領也會拋棄他們。通常這種清理活動會給餘下的成員慢慢灌輸極大的恐懼。他們可能會完全依賴組織，飽受罪惡感的折磨，並且相信自己在外面的更大的世界中會無法生活。以這種方式離開的膜拜團體成員有時被稱爲「被遺棄者」（castaways）。

　　第三種，非膜拜團體成員——通常是家人或朋友以及由退出咨詢師和前成員組成的團隊——可能會偶然碰見一個膜拜團體成員，爲其提供信息和支持，使他有可能對其在膜拜團體中的成員身分作出完全知情同意的選擇。也就是說，通過現在被稱爲一種退出咨詢會話或干預，來給膜拜團體成員提供機會，讓他們來重新評估他或她的成員身分和承諾，並決定是去是留。

　　離開膜拜團體對於很多人來說是他們曾經做過的最難的事情之一。而且當他們獨自去做時會尤其困難。這就是家人干預、退出咨詢和其他給膜拜團體成員提供信息和支持的方法能夠成功一個主要原因。

三、解套與退出咨詢

　　我第一次聽到「解套」（deprogramming）這一術語是在1972年。此前，我聽過許多父母和家人描述他們家裡的一個或幾個成員如何加入某個新膜拜團體的事情。就在那些家庭成員成爲膜拜團體成員之後的數天或數週後，他們似乎不能或不願在談話中應答自如。相反，這些新膜拜團體成員機械地回答問題，總是用他們剛剛學會、千篇一律、排練過的行

話來進行回答。這些成員發表宣言，滔滔不絕地念著口號和教條，不再像以往一樣參與意見交換的談話。

家人們選擇「被套」（programmed）一詞來形容他們注意到的其家庭成員在個性上的迅速變化，這些變化並不是他們所熟知的這個人的特點。之所以引起家人的關注，並不是因為他們開始對一種新宗教感興趣，也不是因為其加入了某個公社組織，而是因為他們所看到的變化類型（type of）。這種突然的改變並不意味著成長，而是僵化的思維方式和情感壓抑的表現。這些年輕人原來熱情、外向、興趣廣泛，朋友眾多，對未來有規劃，卻突然逃學，放棄愛好和目標，並逃避家人。

家人們還注意到膜拜組織本身正在阻止其成員與親人交談。很多家人多年來努力想得知往哪裡寄信、送禮物或打電話。還有一些家人有6至20年根本就沒見到過他們的孩子，有些更是不知道他們是否還活著。許多父母和祖父母去世時，甚至不知道他們深愛的那個加入膜拜團體的孩子到底發生了什麼事情。

在這些例子中，如果有一個家人能夠碰見膜拜團體成員，或者與其通電話，這位家人和明顯地感覺到，這個人正要與他們隔絕，似乎不再與家人或過去保持聯繫了。和這位膜拜團體成員談話就像在聽磁帶，這個人教條式地演講，並試圖將家庭的其他成員都招募進組織。

有時父母能感覺到電話被監控，因為膜拜團體成員很明顯是在按指令說話。一些父母給我看他們在大學念書的孩子的來信，看上去像是出自中學生之手。這些家人們見證了孩子們從說話、書寫到外貌等行為的幾乎所有方面都經歷了明顯的退化。有時他們還發現孩子們對於時事知識的巨大縮減。舉例來說，原本對自由事業有政治熱情的年輕人開始滔滔不絕地說著右翼的教條，其他人似乎對自從加入膜拜團體後世界上

發生的事情一無所知。

　　家人們感到困惑和擔心。他們覺得他們孩子的生活規劃、態度、說話方式和價值觀變得得太大、太快。這些家人找不到適合的詞語來形容他們所看到的事情，但卻又絕望地想要表達他們的經歷和憂慮。他們通常會用這樣的詞來評價，如「神色呆滯的」、「被套的」、「不再是她自己」、「現在是另外一個人」、「他們用某種方式改變了他」以及「她的目光裡能凝視10英里」等等。

　　父母們嘗盡了各種他們能想到的辦法——找大學學生事務辦公室、學校顧問、牧師、精神健康專家、警察、私人偵探以及他們選出的政府官員等來談論這件事——努力引起他們對這一問題的關注。1976年，美國堪薩斯的國會議員羅伯特·多爾（Robert Dole）作出了反應，發起了一由來自各州的1.4萬名公民簽名的請願，[2]要求對這類問題進行調查。大約有400名參與者，包括父母、膜拜團體前成員和關心的公民，他們來自32個州，聚集在一起，手握聯邦政府官員名單，公開反對反膜拜團體。這項事務由多爾主持，紐約州的國會議員詹姆士·巴克雷（James Buckley）和伊利諾伊州的國會議員喬治·歐博文（George O'Brien）協助完成。這次會談的文字記錄出版發行了，但是接下來卻沒有採取任何法律行動。

　　1974年至1976年間，紐約、加利福尼亞、佛蒙特三個州的立法聽證會也發布了有關膜拜團體成員的證詞和報告，還出版書籍描述了成員們「對組織的依賴及組織所提出的思維結構逐漸導致了語言基礎的變化，而其論述和和思想的表達是以語言爲基礎的。那些舊的、充滿激情的詞

2　R. Delgado, "Religious Totalism: Gentle and Ungentle Persuasion Under the First Amendment," *Southern California Law Review*, 1977, 51 (1), 5.

語被賦予了新的僵化和簡化了的含義。新的詞匯立刻成爲文字上的、有魔力的，並以任務爲導向。皈依者的說話方式表明既缺乏幽默感和鑒賞力，並使用暗喻。批判性思考和提問被阻止。皈依者被教導去感覺而不是思考。」[3]

在這同一時期，與膜拜團體成員打過交道的精神病醫生、心理醫生和精神病學社會工作者提出有行爲上的改變，他們稱之爲「膜拜團體灌輸綜合症」（Cult indoctrinee syndrome）。這些變化包括[4]：

• 突然而猛烈的個人價值等級觀念的轉變，包括放棄以前的學術和職業目標。這些變化是突然的、災害性的，而不是因爲成熟或教育引起的逐漸的變化。

• 認知的變通性及適應性減弱。膜拜團體成員以僵化的膜拜團體反應模式來代替自己原來的認知。

• 狹隘而直接的好惡。愛的情感被壓抑，膜拜團體成員表現出在情感上愛奉承，不再像以前那樣有活力。

• 行爲退回到兒童般的水平。信徒變得依賴膜拜團體首領，並對其決定毫無異議地接受。

• 生理變化。這些變化通常包括體重減輕、身體外貌和表情惡化。

• 可能會出現病理症狀。這些症狀會包括意識狀態的轉變。

許多家人發現了這些戲劇性的變化，他們對於要做什麼感到很絕望。在反擊膜拜團體的「下套」行爲的努力中，他們安排與膜拜團體成員

3　Delgado, "Religious Totalism: Gentle and Ungentle Persuasion Under the First Amendment，" p.5.

4　Delgado, "Religious Totalism: Gentle and Ungentle Persuasion Under the First Amendment，" pp. 70-71.

進行會談，試著再次喚醒他們的批判思考能力，以便他或她能重新思考留在膜拜團體裡的決定。這就是被稱之為「解套」的過程。

在1970年代後期，家人們還偶爾能通過獲得監護權而找到法律幫助。在這類法律程序中，父母或家人走到法官面前去試圖證明，在該案中的那個人，即他們在膜拜團體裡的親人缺乏自我照料能力，沒有一定程度的判斷力來處理日常生活。因此，這個家庭就要求允許一名家庭成員去照料這個人，維護他的權益。各州的法庭都判決同意這種短期的監護權。

這種法律幫助在膜拜團體對家人隱瞞其親人的下落時尤為有效。因為膜拜團體不得不交出這些成員，允許他們在法庭規定的時間內與家人相聚。通常在這段時間裡，這個人會遇到解套者，不會再回膜拜團體。膜拜團體很快就行動起來，改變法律，使得監護權的獲得變得更加困難。因此，如今這種找到膜拜團體成員的方法，特別是要找出一位被隱匿或經常搬家的成員，是十分受限制的。

解套的創始人

在1972年左右，當母親們和那些有親戚朋友在膜拜團體裡的其他人開始談論出現在美國各地的解套現象時，喬·老亞歷山大和特德·帕特里克，這兩個人的名字開始和解套的努力聯繫在一起。為了對解套進行實際的描述，我會首先解釋一下這兩個人是如何捲入膜拜團體世界的，然後再講述解套的修正版，即我們今天所知的退出咨詢的詳情。

1968年，喬·亞歷山大兄弟的獨生兒子剛好完成大學學業，就在畢業後即將去醫學院的時候，他被托尼·蘇珊·阿拉莫基金招募為新成員。這是一個以洛杉磯為基地，後來擴展到了其他地區的組織。從1968年一直到1970年，這位年輕人一直待在該組織內。當亞歷山大先生在與其他

兩個了解該組織情況的家庭聯繫上之後，安排了一場匯報會，讓他的侄子與他、他的兄弟以及那兩個家庭的父母見面。到了會面的時候，這些家長們自學了一些有關阿拉莫基金及其首領門的情況，以及在該膜拜團體裡影響和操控是如何起作用的。他們成功地展示這些信息，並進行了推理，然後這位年輕人決定退出該組織。不久以後，這次成功被傳開了，父母都來向喬‧亞歷山大尋求幫助。亞歷山大先生告訴我說，他在五年期間總共解套了600個人。

　　1971年，下一個出場的人物是特德‧帕特里克。他是加利福尼亞州州長羅納德‧裏根的特別代表，專門負責聖地亞哥和因皮裏爾縣的社區關係。在那年的7月4號[5]，帕特里克先生在聖地亞哥的使命海灘租了一間酒店套房。他的家人，侄子和朋友們一塊來到這裡，然後，年輕人都到貝爾蒙特公園去看煙花。帕特里克14歲的兒子和他的一個侄子卻沒有和其他人一起回來。大約到了午夜過後半小時，正當帕特里克先生打電話報警時，這兩個男孩走進來。

　　帕特里克先生說他以爲他兒子吸食了大麻或是喝醉了：他看來精神空虛、目光呆滯、神情恍惚。他的侄子沒有呆滯，他描述說，自己被手持《聖經》和吉它的人擋住了。這兩個孩子說：「他們一定是有什麼東西，我們無法離開。」該組織（後來得知是「上帝之子」）想讓孩子們跟他們一起走，據說他們還向孩子們許諾：他們再也不用工作，再也不會生病，再也不會有任何疑問，不用去教堂，甚至不用去上學——因爲這些事情「都是屬惡魔的，而（你們的）父母就是屬撒旦的。」

　　在安頓好這兩個孩子、使他們安全之後，特德‧帕特里克走出去並

5　帕特里克的故事出現在T. Patrick with T. Dulack, *Let Our Children Go* (New York: Dutton, 1976), pp. 36-39.

讓自己被「上帝之子」（COG）招募。為了了解該組織是如何運作的，他在裡面待了幾天。後來，他從第一手的觀察總結說，「上帝之子」給人們「下套」，讓他們接受其方式和主張。這一說法加強了正興起的一個觀點，即成員們被下套，而解藥就是「解套」——也就是說，給成員們提供關於膜拜團體的信息，並向他們揭示他們的自我決斷能力是怎樣被奪走的。帕特里克先生說在1970年代中期的數年，他共解套了近一千名膜拜團體成員。

這裡不是詳談此後發生的大量事情細節的地方。在解套的早期，絕望的父母和有奉獻精神的解套者偶爾會被拘捕，由於他們從大街上將膜拜團體成員綁走並進行變成所謂的非自願解套。因而，接著發生了許多法庭訴訟案。但總的來說，那一時期大多數的解套工作是有效的，膜拜團體成員選擇了離開組織。不過，因為捲入綁架或強制約束成員不能離開家裡或解套場所引起法律糾紛，這又促使人們去尋求其他辦法來使他們的親戚或朋友脫離膜拜團體。

退出咨詢（exit counselling）這一術語的首次使用是為了將主動干預和解套區分開來。如今，退出咨詢相當於一個教育過程，發生在使膜拜團體成員重新評估他們的成員價值的努力中。事實上，從很多方面來說，「解套」是對使膜拜團體成員認識到發生在她或他身上的事情這一流程的一種更為精確的描述。但是由於這個詞現在會略帶早期的綁架和約束的氣息，大多數人都不願意再用它。

由於早期的解套者將他們的材料提供給膜拜團體成員，所以這些成員離開膜拜團體後，就會變成知情的、樂意公開露面的膜拜團體前成員。這些成百上千的年輕人分散在美國各州和其他地方，他們大多數都接受過大學教育，甚至是專業訓練，明白了他們身上所發生的事情，並願

意分享這種知識。

如今，爲了速戰速決（make a long history short），這些人或其他的膜拜團體老手多半都會與膜拜團體成員家人會面、一起工作，參與很多自願退出咨詢會談，這些會談現在會在全世界範圍內定期舉行。當我說到家人時，並不僅僅指那些關心他們孩子的父母親。在家庭裡扮演許多不同角色的人們也和退出咨詢師們以及膜拜團體信息專家們一起工作，希望能夠接近處在膜拜團體裡的他們的父母、表親、叔叔、阿姨、祖父母、好朋友或配偶。

退出咨詢師們幫助這些人不僅從大體上了解膜拜團體，而且還了解他們所在的那個具體的組織以及操控的影響技巧和思想改造程序。他們與這些家人們一起工作，看是否能組織一次與膜拜團體成員的自願會談。這些會談有時被叫做家庭干預（family interventions），它們與對酗酒者和吸毒者的家庭干預相似。這樣一次干預或是退出咨詢會談須包括那個膜拜團體成員、一個退出咨詢團隊以及挑選出來的家人或朋友。如果那位膜拜團體成員不同意見面，那麼就會談不成。

退出咨詢是做什麼的

退出咨詢是一個提供和交流信息的過程。退出咨詢師必須是思想改造技巧方面的專家，以及該成員所處膜拜團體的專家。通常來說，團隊的一個成員是該膜拜團體的前成員，能夠提供一些具體的細節和內幕消息。這個團隊必須了解膜拜團體的語言、暗語、歷史和內容，掌握大量的有關膜拜團體首領的文獻材料。而且，團隊來參加集會時還要準備文件、錄像帶、錄音帶以及盡可能多的與該組織及其活動相關的資料。

然而，除了這些之外，團隊與該膜拜團體成員之間還必須相符合或相匹配。退出咨詢的有效性不僅依賴知識和技巧，而且在很大程度上依

賴雙方關係的融洽程度，並且所有在場的人都必須參與到信息過程當中來。

咨詢團隊會有一個提供什麼材料的計劃，但是一般來說先提供什麼、然後再提供什麼，接下來提供什麼等會視該成員在面對這些信息時的反應和開放程度而定。

退出咨詢團隊的成員們要做兩件事情：第一，向成員展示他所不了解的一些有關該膜拜團體及其首領的細節；第二，解釋他們所使用的思想改造、系統的社會學和心理學影響如何使一個人拋棄過去並接納膜拜團體指示的方式。這個觀點就是爲了在一個安全的氛圍裡提供一個接觸這些信息的機會。在這裡，可以自由討論，膜拜團體成員能受到保護，使其免受壓力和影響。這些壓力和影響曾使她或他一步步地放棄自由、變得依賴組織、對世界不再信任或排斥。

在這種環境中，膜拜團體成員能夠提問、回答和處理對這些信息的感情和態度。讓膜拜團體前成員出席聚會的好處是，他們會談論起他們的經歷，描述他們是怎樣作出離開的決定的，分享他們現在對膜拜團體所了解的事情以及他們爲什麼想要現成員了解這些信息，這些信息將會允許他們對於是否繼續留在膜拜團體裡作出選擇，而沒有任何強制性。

只要是一個健康的、充滿活力的膜拜團體前成員出現，就會給那位膜拜團體成員留下很深的印象，因爲大多數組織都向成員們灌輸恐懼和負罪感，以至於他們認爲如果離開膜拜團體，他們在外面無法生存，或者他們自己或家人將會受到威脅和傷害。這位膜拜團體成員親眼看到另外一個成員已經離開組織，仍然活著，甚至也許正在做一些利他行爲，而這些事情是這位現成員原以爲只有加入膜拜團體才能做到的，這時，她或他會被這種膜拜團體之後的生活實例大大地打消了疑慮。膜拜團體

前成員便是對膜拜團體誘導的恐懼症的一種實實在在的、生動活潑的解毒劑。

　　許多退出咨詢師也會閱讀和觀看能找到的有關思想改造和強制說服的資料和錄像帶，這些材料的內容會在一種能讓人接受的氛圍中進行討論。在膜拜團體組織內部，成員從來不能討論他或她對於欺騙性的資金募集手段或引誘別人加入組織有多麼不好，也不能說他或她經常感到幻滅，或對膜拜團體活動的那些嘮嘮叨叨的質疑，因為膜拜團體譴責這些關注。但是在這裡，該膜拜團體成員有機會來評價膜拜團體裡發生的事情以及是怎麼發生的，並且能夠問所有她或他想問的問題。

　　由於要分享和討論信息，咨詢會談持續時間可能會從幾小時到幾天的一系列會談和討論不等。一般來說，當該成員領會了所展示的內容之後，她或他會希望多了解更多，並決定是否留在會談中。開始時，這個人也許會採取防犯和抵制的態度，後來慢慢地，她或他就會變得更加積極地參與這一過程——提出並回答問題，表達壓抑已久的懷疑及提供更多正在討論的話題的例子。

　　這個過程並不容易，它可能是高度情緒化的、十分痛苦的、疲憊的，並充滿衝突。家人和團隊的支持與理解是會談取得進步和成果的關鍵。並且，正如讀者所能看到的那樣，這項工作需要具備合適的知識和技巧的專家。這不是治療，在那裡，團隊並不是要改變成員的行為方式，而是提供與討論信息，然後會追蹤可能出現的再評價。成員在一個恭敬的、不爭論的環境中觀看和聆聽一些事情，包括有趣的和可怕的。退出咨詢師們必須知道如何去處理膜拜團體成員不斷增長的對於他或她想要脫離膜拜團體的認知。

　　一個曾經在膜拜團體裡待了三年的人告訴我說，他在進行退出咨詢

中間有過不尋常的經歷。他說他突然覺得他的大腦就像他正在開始進行鍛煉的肌肉一樣。他說他知道這聽起來很奇怪，將一個人積極思考描述爲好像在鍛煉一樣，但就是那種感覺。許多人在退出咨詢期間開始湧現出精神上的感覺。其他的人，也和這個人一樣，有一種眞實的「頓悟」經驗。

　　另外一個人，在他接受退出咨詢期間，他的媽媽和妹妹從澳大利亞趕來和他在一起。他說當他在會談卽將舉行的的酒店房間裡與見到她們時，他意識到身上發生了一些怪異的事情，他一直沒有用語言表達出來，直到那一刻。首先他覺得自己像是在一間玻璃電話亭裡，他能聽見她們說話，但那種無形的屏障正擋住了他，讓他無法感到和她們有任何關聯。但是在退出咨詢期間的某個時刻，他突然哭了起來並且有了感覺。這是他多年來第一次感受到了眞實的情感，他知道他又回到了這個眞實的世界，並打算再也不會離開了。

　　盡管沒人能保證集會能取得成果，但大多數的咨詢師都會同意[6]，如果他們有足夠的時間提供信息——通常爲三天——那麼會有大約90%的膜拜團體成員會決定不再回到組織當中。那些選擇重返膜拜團體的人，基本上是由於他們沒有留下來聽取足夠的信息並進行討論。但最終還是有60%的成員在日後會離開膜拜團體。

　　當一個膜拜團體成員決定不再回到組織以後，她或他如果再花一道兩週的時間在專門研究膜拜團體相關案例的康復中心度過，也許會獲益匪淺。在過去幾十年中，曾有許多爲那些脫離膜拜團體的成員而存在

6　D. Clark, C. Giambah7o, N. Giambalvo, K. Garvey, and M. D. Langone, "Exit Counseling: A Practical Overview" in M. D, Langone (ed.), *Recovery from Cults: Help for victims of Psychological and Spiritual Abuse* (New York: W.W. Norton, 1993), p. 163.

的康復中心，目前只剩下一所了，即俄亥俄州奧爾巴尼市的源泉退休與資源中心（Wellspring Retreat and Resource Center）。這個中心是由臨床心理學家兼膜拜團體專家的保羅・馬丁醫生經營的。幾年以前，馬丁醫生自己也在膜拜團體裡。因此，他也有著這方面個人經驗的優勢。

　　膜拜團體前成員們也許會在康復中心度過一到三個星期。在那裡，他們接受進一步的有關膜拜團體的教育，匯報他們在膜拜團體中的情況，這一過程對從這些經歷中恢復是極其有用的。在那裡，他們與專業人士和膜拜團體專家們接觸。這些專家會與他們討論前成員們接收的信息，無論這些信息是在推出咨詢過程中收到的，還是他們自己在離開組織的過程中獲得的。他們還看一些關於膜拜團體和思想改造的有教育意義的錄像帶，並且在一個沒有壓力的環境之中探討未來的選擇。在中心的所有客人都處於生命中的同一個地方，即回到了主流社會。他們的家人也會加入進來，了解到更多的有關膜拜團體經歷是如何影響成員的，並對發生在膜拜團體裡的事情達到某種理解。

誰能成為一個退出咨詢師

　　1981年，我訪談了90個人，問他們是如何進入退出咨詢工作的，他們做過哪些工作，以及他們努力的結果如何。

　　其中，有15名退出咨詢師都是心理健康方面的專業人士。這些專業人士中有4位曾身陷膜拜團體，兩位主動離開膜拜團體，另外兩位是他們的家人把他們帶走而接受解套活動的。其他八沒有與膜拜團體進行過個人接觸，但是擔任過膜拜團體前成員的心理治療師，因此他們都非常了解膜拜團體是如何利用社會和心理操控來改變成員的行為和態度的。這些專業人士首先和膜拜團體前成員們一起工作，將他們作為在退出咨詢會談中的合作夥伴。其餘三位專業人士曾通過行使監護權和隨後的解

套工作來使自己的兒子或女兒脫離了膜拜團體。他們後來就利用他們的知識來幫助其他人。

這90名退出咨詢師中，有45人是膜拜團體前成員。他們自己是在一位倡導解套的先驅的幫助下被解套的。他們後來在那些早期的事業中作為助理進行工作。剩下的30人，要麼是膜拜團體前成員的親屬，要麼是已經了解膜拜團體問題的神職人員。他們不僅私下裡了解某些膜拜團體的詳細情況，而且還閱讀和搜集有關思想改造的信息。

早期的退出咨詢師們表示，他們知道有準備的家庭對退出咨詢的重要性，也幫助他們理解家人在實際發生的過程中的參與是必不可少的。在所有那些早期的退出咨詢會談中，父母、朋友和家中就像今天一樣，在現場或在旁邊。通過在正式會面之前的計劃和討論，家人們就明白每個家庭成員在會談期間和會後可能會做些什麼貢獻。這是很重要的一步。因為很多家庭通常對於膜拜團體離開組織時需要做的事情沒有充分地計劃好，如，該成員離開膜拜團體後往何處去？住哪裡？該成員在他或她有能力工作並再次依靠自己過活之前能夠獲得經濟上的支援嗎？

挑選退出咨詢師

許多家庭尋求幫助[7]時都是從電話咨詢開始的。他們想找出了解膜拜團體的人和願意幫會組他們的人。（在本書的後面，列出了進一步閱讀的文獻和能夠提供一般信息的資源組織）

通過向朋友打聽，向專家咨詢和與膜拜團體前成員交談，許多家

7　關於選擇退出咨詢師的討論引自M. T. Singer, "Cults a:nd Families," in R. H, Mikesell, D. D. Lusterman, and S. H. McDaniel (eds), *Family Psychology and Systems Therapy: A Handbook* (Wash., D.C.: American Psychological Association Press, in press); Singer, "Consultation with Families of Cultists," pp, 270 -283.

庭經過一番調查研究後，獲知了一名或多名退出咨詢師的姓名和聯繫電話。每個家庭會挑選出最適合他們需要的退出咨詢師，這一選擇是根據對咨詢師的工作方式、工作經驗和知識的評估，以及他人的推薦來作出的。然後，計劃便可以開始了。

許多退出咨詢師要求該家庭成員除了通過電話給咨詢師提供信息之外，還要花時間填寫一份歷史記錄表。通常家庭成員感到很大壓力去營救他們深愛的人，想要立刻有所行動。然而，如果不與一位有經驗的退出咨詢師進行好好規劃，結果就會失去很多，收效甚微。

退出咨詢師最初的勸說工作，典型地是通過電話向家庭成員了解情況。很可能會問到以下問題：

• 他加入膜拜團體多久了？

• 拜團體叫什麼名字？首領叫什麼名字？

• 你們對該膜拜團體及其首領了解什麼信息？（有些膜拜團體規模大，名聲響，有很多相關的文獻記載。還有一些膜拜團體規模小，新成立的，不知名。）該膜拜團體是流動性的，還是有固定地點的？它的基地在哪兒？

• 就在他加入膜拜團體前發生了什麼事情？遇到過什麼挫折、失敗或失望？

• 他是怎麼被招募進去的？當時的情況如何？

• 他有什麼變化？表現在哪些方面？

• 他的情況有多少是你們家裡一致同意的？

• 你們對該膜拜團體的看法有多統一？

• 總地來說，你們希望看到發生什麼樣的情況？

- 他現在在哪裡？

- 你們曾與哪些機構和個人聯繫過，了解了什麼情況？

- 你們可曾與校方、其朋友、父母支持組織、膜拜團體前成員、其他退出咨詢師、牧師、警察或移民服務處等等談起過這個問題？從中又了解到什麼情況是？

- 你們對思想改造和強制勸服了解多少？

- 你們讀過哪些相關的書和文章？

- 你們想到過要採取什麼行動來聯繫和幫助他？

經過這一收集信息的步驟之後，如果退出咨詢師同意爲這個家庭服務，談好酬金，會討論可能增加的另外的團隊成員，以及將會加入其他人（與其關係親密的家人、朋友或其他親戚）。通常首席退出咨詢師會建議一至兩名家人留下參加與膜拜團體成員的正式會談。然後該咨詢師會教留下來的家庭成員，怎樣與那位膜拜團體成員溝通，以及怎麼啓動會談。每個案例都十分複雜，需要部分家人和工作團隊的緊密合作和他們身上的責任感。

退出咨詢師一般收費在每天500至1000美元之間，外加其他費用——其費用安排和許多其他的咨詢師差不多。咨詢師必須研究和掌握千變萬化的膜拜團體場景的最新情況，搜集集來自各個組織的有關數據、電影和文檔。許多退出咨詢師在工作之餘接聽的咨詢電話都不收費。許多咨詢師還爲前成員提供免費的診所，並花數百個小時到學校、教堂和其他機構免費作報告。他們一般在工作日每天工作12至16個小時。在某個家庭確定好時間和地點後的一段時間，他們通常是「隨叫隨到」。另外，許多退出咨詢師還成爲膜拜團體騷擾、口頭侮辱、和虛假法

律訴訟威脅的對象。正如前文所提到的，許多大型的國際性膜拜團體有著幾乎無限雄厚的經濟來源以及內部律師，來恐嚇退出咨詢師和其他批評者。

在與任何一個退出咨詢師簽約之前，一個家庭應該確切地了解咨詢師的工作過程是什麼樣的，以及可能出現的缺陷和成功是什麼。可以看看退出咨詢師寫的著作或其他材料[8]，這其中會詳細描述咨詢的過程。他們不僅會解釋家庭準備的必要性，而且還概述了家庭能夠期望咨詢師做什麼事情。

作為咨詢師的心理健康專業人士和神職人員

在大多數情況下，那些不是膜拜團體專家的心理健康專業人士和神職人員，也不是從事退出咨詢工作的最佳人選。當某個家庭需要了解膜拜團體和使用思想改造程序的組織的真實情況時，他們通常是最不了解所涉及情況的人，在家人需要對作出的選擇進行客觀評價時他們一樣毫無意義。

給這些神職人員和心理健康專業人士打電話求助的家庭，幾乎無一例外地得到了類似的答覆：「這不過是個過渡期，他會長大成熟的。」或是「沒什麼辦法了，她已經40歲了（或70歲了）。」因為在大多數情況下，這些專業人士並沒有認識到強烈的影響、社會壓力和膜拜團體的相互作用是如何影響膜拜團體成員的，他們只是簡單地避而不談或誤導這個家庭。

不了解膜拜團體的神職人員可能會採取和膜拜團體成員爭論教義

---

8   Clark, Giambavo, Giambalvo, Garvey, and Langone, "Exit Counseling";
C. Giambalvo, *Exit Counseling: A Family Intervention* (Bonita Springs, Fla.:
American Family Foundation, 1992); S. Hassan, *Combatting Cult Mind Control* (Rochester, Vt.: Park Street Press, 1988).

的辦法。經驗表明這種方法並不是一個好的開端。相反，這只會增強膜拜團體首領的宣傳。例如，一個在宗教膜拜團體裡的人，將會被教導說，主流的神職人員、外面的世界、父母和親朋好友都是邪惡的，在每件事上都是錯誤的，不應該相信他們。如果被質疑的膜拜團體不屬於宗教性的組織，一名神職人員也許無法給膜拜團體成員留下最好的印象，因爲他或她的興趣不是宗教性的。

　　同樣地，不了解膜拜團體的整個過程和效果的心理健康專業人士，無法把握應該做些什麼來幫助膜拜團體成員及其家人。當一個家庭爲了一名在膜拜團體裡的家庭成員而與心理健康專家聯絡時，一般都不是尋求家庭治療。該家庭寧願尋求信息和咨詢，爲的是確定一個最好的辦法，來對當前的情形作出回應。無論身陷膜拜團體的家人是親子關係還是配偶關係，在考慮採用傳統的心理治療之前，該家庭心理教育和轉診的需求都應該得到滿足。該家庭想要了解他們關心的事實，然後獲得相關信息來做出選擇。

退出咨詢與治療

　　大多數離開膜拜團體的人並沒有患嚴重的精神疾病，當然偶爾有幾位是需要找熟諳膜拜團體的精神病專家或心理醫生進行治療的。

　　從我訪談過許多膜拜團體前成員來看——有些人接受了退出咨詢，有些沒有——很明顯，參加退出咨詢會談要比普通的精神或心理治療好得多。不僅對協助那些身處膜拜團體的人來對其是走還是留作出評估來說是這樣，而且對於幫助那些已經離開但是難以理解和處理他們在膜拜團體期間發生的事情以及他們在膜拜團體生活之後經歷的各種問題，也是如此。

　　有兩個原因說明爲什麼退出咨詢更好。首先，膜拜團體前成員需要

信息和解釋，來理解在加入膜拜團體後是什麼讓他們發生了變化。因為退出咨詢師了解強制說服是如何起作用的，以及組織影響力和社會壓力是如何影響人們的思維方式、行為、精神和情感的，因此他們能夠對膜拜團體前成員進行教育。他們也能夠理解和解釋下列現象的某些副作用，如冥想或誘導催眠、強烈的高壓統治、回歸前世生活、大量的譴責聚會、一個人現實感的動搖以及為膜拜團體所用的其他勸說技巧。

其次，一般精神和心理咨詢幾乎無一例外地集中在成員早年的生活經歷和孩童時期的經歷以及這些早年生活的影響。我們大多數人都有思想上的一個盲區，這個忙去阻礙我們去認識在這一生中我們一直是怎麼受到影響的。不僅如此，心理治療師的專業培訓課程也會忽視這一明顯的現象。他們就受困於這種情況，只懂得審查早期孩童時期的影響和經歷，幾乎沒有訓練治療師將注意力集中到成人遭受強烈社會影響的經歷和組織環境。

因此，心理健康專業人士和神職人員都需要自學有關膜拜團體影響的知識。特別是神職人員，需要清楚很多人在膜拜團體中遭受了精神虐待[9]，當他們尋求與非控制性的精神或宗教組織重新進行聯繫時，需要接受專門的培訓。我希望，本書和其他論述了從膜拜團體經歷中復原的著作，能夠像對膜拜團體前成員及其家人一樣，對專業人士有所幫助。

退出咨詢現狀

最近，我再次在退出咨詢工作中活躍的人士進行了調查。從我開始這項研究迄今的10年以來，人們對這項研究的興趣已經取得了很多發展。正如難以確切地估計出膜拜團體中的人數一樣，同樣也很難確定如

9　R. M. Enroth, *Churches That Abuse* (Grand Rapids, Mich.: Zondevan, 1992); Singer, "Cults and Families."

今究竟有多少名退出咨詢師。盡管如此，我們還是可以回顧一下其中幾個方面的發展情況。

　　一個退出咨詢師小組對地方法規和道德準則進行了一種結合[10]。咨詢師的目的在於講清楚咨詢師與顧客之間合適的分工和相互理解，以及闡明在退出咨詢中將會出現和不會出現的情況。因爲圍繞解套工作存在著不少爭議，所以他們正在努力向公衆宣傳合乎道德規範的退出咨詢工作。

　　根據我最近的調查，同樣可以發現目前很大一部分提供推出咨詢服務的人員都是膜拜團體前成員，很多人自己也曾接受過退出咨詢。這些退出咨詢師分布在美國、加拿大、英國、法國、西班牙、瑞典和丹麥，在其他那些國家還有更多。

　　大多數的退出咨詢工作都是由2-3人組成一個小組來進行的——通常由一個帶頭的退出咨詢師和一兩位膜拜團體前成員組成，尤其是來自於幫助對象所在膜拜團體的前成員。然而，無法估算究竟有多少這樣的前成員參與了退出咨詢團隊並與有經驗的退出咨詢師合作過。每當與一個家庭開始工作時，帶頭的退出咨詢師一般都會與膜拜團體前成員聯繫，讓他們參與整個咨詢過程而從中獲益。

　　在我最早與膜拜團體前成員一起工作的日子開始，我就已經注意到，那些被解套或接受過咨詢出來的人，能夠最容易、最快、最好地恢復正常生活。其他專業人士也發現了同樣的情況[11]，這表明通過退出咨詢

10　"Bylaws of the Association of Thought Reform Consultants," adopted Sept. 19, 1993.

11　S, M. Ash, "Cult-Induced Psychopathology, Part I: Clinical Picture," *Cultic Studies Journal*, 1985, 2, 31-90; L. Goldberg and W. Goldberg, "Psychotherapy with Ex-Cultists," *Cultic Studies Journal*, 1988, 5, 193-210; P. Martin, 私人交談, Jan. 7, 1992; M. T Singer, "Coming Out of the

工作提供的宣傳教育和信息可能是極有價值的，能夠幫助離開膜拜團體的人理解他們自己所處的狀況和情感，並適應正規的社會生活。

很明顯，這不可能代表成千上萬的自己走出膜拜團體的人。但是，在那些我咨詢過和在該領域裡的其他人那裡聽到過的人當中，似乎那些自己離開膜拜團體組織的人，都必須要對其膜拜團體經歷進行事後的自我檢視，通過以下方式來進行，包括閱讀書籍、與其他前成員聯繫、有時候還要接受與處理膜拜團體相關問題的治療。此後，他們才能夠理解膜拜團體經歷曾給他們的情感和日常生活帶來的影響。這種模式也表明爲什麼退出咨詢工作是很有價值的。

提出一項退出咨詢工作的親戚和朋友這麼做，並不是爲了控制或阻撓膜拜團體成員。當他們對該成員參加的膜拜團體有了更深的了解後，他們會變得很絕望。他們之所以這樣做，也不過是想爲處於膜拜團體裡的自己所深愛的人提供某種選擇。退出咨詢是一種自願活動，而不是一種糾纏人的攻擊性程序。它是一次有教育意義的關於思想改造和膜拜團體的信息交流活動。退出咨詢是一段思考的時期，是一段闡述觀點的時期。一旦成功，它就在膜拜團體成員心中激發他們的願望，來重新評估他們對組織的承諾，來評定他們人生目標和生活目標。這種評定只會發生在遠離膜拜團體壓力和對膜拜團體的恐懼之後。

我的腦海裡常常浮現這樣一幅畫面：在加利福尼亞州一個離我家不到幾英里的家裡，有兩位年輕貌美的女子，她們加入了得克薩斯州韋科鎮的考雷什膜拜團體。她們的家人盼望著能在一次退出咨詢會談上見到她們。但是，在這個家庭完成這項計劃之前，考雷什就犧牲了這個組織的所有成員。

Cults," *Psychology Today,*" Jan. 1979, pp, 72-82.

第十二章　復原：走出僞個性

　　就像膜拜團體之間大不相同一樣，它們的成員和後果以及這些後果持續時間也存在很大的不同。不過，那些幫助膜拜團體前成員的人們已經找到在精神創傷、損害以及情感和認知困難類型上存在的某些模式。[1]這對從各種各樣膜拜團體和使用思想改造程序的組織出來的前都適用。

　　然而，並不是每一個受思想改造程序影響的人都能被成功地操控，也不是每個人都表現出主要的反應症狀。要評估一個人加入膜拜團體之後可能經歷的事情，我們需要對該組織的特殊實踐、社會和心理壓力以及環境狀況進行研究。盡管如此，我們還是可以將使用思想改造程序的組織有效地分爲兩種主要的類型：一種是主要採用遊離技巧的組織，另一種是主要採用情感喚醒技巧的組織。每一種類型都會產生典型的（特有的）負面心理效果。

　　那些主要依靠使用遊離技巧（dissociative techniques）——冥想、催眠狀態、誘導意象、前世回歸和過度換氣等的膜拜團體組織的前成員，傾向於表現出以下副作用：

　　• 放鬆導致的焦慮和肌肉抽搐

1　Singer and Ofshe, "Thought Reform Programs and the Production of Psychiatric Casualties," 188-193.

- 恐慌症

- 認知效率低下

- 遊離狀態

- 循環出現的離奇內容（如橙霧）

- 對「前世」眞實性的擔憂

那些以東方爲基礎的膜拜團體和從事前世活動和通靈的「新世紀」組織，就屬於這一類型。

那些主要採用強烈的反感情緒喚起技巧（aversive emotional arousal techniques）——罪惡感和恐懼感誘導、嚴格的紀律和懲罰、過多的批評和責備等的組織的前成員，傾向於出現以下副作用：

- 罪惡感

- 羞愧

- 自我責備

- 恐懼與妄想

- 疑慮過多

- 恐慌症

那些以《聖經》爲基礎的膜拜團體，政治性膜拜團體、種族膜拜團體、超自然膜拜團體和精神療法膜拜團體典型地符合這一類型。

然而，盡管膜拜團體傾向於集中在這兩種類型中的一種，但是他們通常會使用多種技巧，並不會把自己局限於某一主要的類型之中。例如，大型群體意識訓練項目與某些心理治療膜拜團體同時使用這兩種技巧。此外，一個嚴重依賴冥想、入定和遊離技巧的組織也可能會具有強烈情

感喚醒策略的因素，反之亦然。某些對強烈情感喚醒最明顯的反應可以通過誘導意象、說方言和其他催眠誘導的程序產生。因此，重要的是，不要把這種啓發式的分類看成是絕對的，因爲這些技巧很容易重疊，並能產生一系列的反應。

　　不管是屬於那種類型的膜拜團體，前成員們可能都會產生了某些副作用，這些一般的副作用表現爲：

- 抑鬱和疏離感

- 孤獨

- 尊心低和缺乏自信

- 對社會接觸的恐懼性收縮

- 害怕加入組織或做出承諾

- 不信任專業服務

- 不相信自己能做出好的選擇

- 恢復生活的價值體系時存在問題

一、從膜拜團體的後果中復原

　　一旦離開膜拜團體，盡管膜拜團體前成員們已經獲得自由，但他們仍然面臨著重返他們一度拒斥的社會的挑戰。人們將必要調整的陣列概括爲走出僞個性，或有人稱之爲拋棄人造的身分或重組分裂的舊我[2]。另外一個有利於我們觀察膜拜團體前成員所面臨問題的方法是，將它們歸類成五個主要的調整領域，卽實際領域、心理和情感領域、認知領域、社

2　West在美國家庭基金會年會上的描述；Lifton, "Doubling: The Faustian Bargain," in *The Future of Immortality*, pp. 195-208.

會和個人的關係領域、哲學和態度方面的領域（參考表格12.1）。膜拜團體前成員必須：

　·處理與日常生活相關的實際問題

　·面臨可能引起一時強烈苦惱的心理和情緒上的波動

　·處理認知效率低下

　·如果可能的話，建立新的社會網絡，修復原有的私人關係

　·檢查在膜拜團體時所採用的哲學和處世態度方面的內容

　　就是通過處理這些領域的問題，膜拜團體前成員能夠獲得自己經歷的深刻理解，並隨著時間的推移，擺脫膜拜團體裡的偽個性。

　　在本章中，我將會仔細探究每一個調整領域，按順序進行介紹，讓人對一定會發生的事情有一個感覺：這是一種剝掉在膜拜團體時所採用的偽個性外層的過程。這是恢復一個人的自我和價值系統的過程，是保留在膜拜團體期間所學到的好東西，同時去除所有不那麼好的東西的過程。（當然，在現實中，人生及成長過程是多層次和多向度的，而不是我在這兒爲了論述方便而劃分出的事件的整齊序列。）

表12.1 後膜拜團體生活調整的主要領域

實際領域	做好生活安排 經濟支持的安排 醫療和牙醫治療的安排 檢查營養和飲食習慣 有必要的話，要進行體檢 做好職業或教育規劃，有必要的話，進行就業咨詢 對膜拜團體裡的時光進行解釋 安排好日常生活 處理由於不信任專業服務而帶來的困難，包括醫療和牙醫服務、精神健康專業人士及教育人士
心理–情緒領域	感到沮喪 有挫敗感 感到內疚和後悔 缺乏自尊和自信 表現出自責和過分懷疑 有驚恐發作症狀 經歷放鬆引發的焦慮或肌肉抽搐 與仍在膜拜團體裡的親友分離 顯示出對組織的恐懼 普遍地感到有妄想症，害怕外部世界 因為年齡而極度地依賴、順從和易受影響 為前世的生活現實而擔心，必須要區分真實的過去與膜拜團體造成的過去。
認知領域	猶豫不定 精神敏感度變遲鈍 很難集中注意力 記憶喪失 無法回憶起剛剛看過和聽到過的事情 必須停止使用膜拜團體語言 有喪失時間觀念的感覺 經歷漂浮的悄悄發生的意識改變狀態 判斷力差、不可靠 對別人說的話被動地聽取、和不假思索 重複地出現來自膜拜團體的奇異內容，如白日夢，橙色預警的大霧

社會–私人關係領域	具有普遍的疏離感 需要與家人和朋友重新取得聯繫 需要交新朋友 不相信自己有作出好選擇的能力 具有對社會接觸的恐慌性收縮，懷疑/不信任他人 感到孤獨 對性方面的事情或性認同或性角色感到困惑 面臨處理夫妻、家庭/親子問題和孩子的撫養權問題 害怕對另外一個人作出承諾 覺得無法作出或表達意見 為彌補失去的時光承擔太多，無法說不 有一種時刻被監視的感覺——玻璃魚缸效果 對如何或什麼時候告訴別人自己的膜拜團體經歷感到尷尬或猶豫，害怕被拒絕
哲學–態度領域	對他人和社會有吹毛求疵的態度 需要克服在膜拜團體裡根深蒂固的厭惡感 對正常的人性弱點抱持責備的態度，對自己和他人都十分苛刻，仍按膜拜團體的標準來判斷是非 對世界和自我都不滿意，對於不再是挽救世界的人而感到空虛 不會對他人表示友好或支持 害怕加入任何組織或害怕表現積極 感到失去了優秀的感覺 需要重新激活自己的信仰體系、道德準則/價值，需要將這些與膜拜團體裡採用的那一套區分開來

　　不是所有的膜拜團體前成員都會遇到表格12.1中所列出來的全部問題，大多數人的這些問題也不是那麼嚴重，也不會那麼持久。一些人僅需要幾個月就能再次恢復，繼續前行。在遭遇對膜拜團體生活的某些調整方面的問題後，他們能夠相當迅速而安然無事地重新整合日常生活。不過，一般來說，不管什麼地方的人，花上6-24個月的時間，就會再次過上與他們的經歷與才能相稱的生活。然而，即使到那個時候，這種生活狀

態可能不能反映他們內心深處仍在發生的事情。許多人在兩年後仍在清理膜拜團體經歷帶來的內心衝突與傷害。

另外，成員在膜拜團體中生活的時間和復原的時間之間並不存在明顯的一種簡單關係。因爲那些迅速復原的成員可能在膜拜團體中待的時間有的長有的短，反之亦然。而且，一般來說，那些在1960年代或1970年代離開膜拜團體的成員所遇到的問題和我今天聽說的問題也是類似的。不過也有一些變化：尋求專家咨詢的人年齡跨度更大，成員們在膜拜團體裡待的時間也增加了。

當我開始與膜拜團體前成員一起工作，然後撰寫關於他們復原的文章時，我主要接觸到的是那些在膜拜團體中生活了2-6年後又出來的年輕人。現在我接觸的是整個家庭、老年人、夫婦、不知道有其他生活的孩子，還有一些是在年輕的時候進去、出來時已經四五十歲的人，他們半輩子都花在了膜拜團體裡。今天，許多膜拜團體前成員都已經膜拜團體裡度過了15-20年不等的時間。

每個膜拜團體前成員都要努力克服我在這一章裡所描述的許多問題。有些人比別人需要更長的時間去解決他們面臨的所有問題，有少數人再也不能開始新生活。我還聽說過有些自己離開膜拜團體的人在離開後就自殺的報導，這些人當中顯然沒有人與退出咨詢師交談過。據描述，家庭成員來很難接近他們，沒有人知道他們自殺的動機。

二、實際問題

膜拜團體前成員面臨的大多數實際問題，例如在什麼地方生活、怎樣謀生，以及營養和醫療保健等，這些幾乎都是很普遍的問題，無需多少解釋。

金錢

需要某種解釋的一個問題是，膜拜團體成員在經濟事務上的奇怪經歷可能會使他們沒有處理個人財產的經驗，不知道怎樣合法地掙錢，或使他們對於將家庭財產或所掙的錢交給他們以前的膜拜團體而充滿怨恨。

當許多前成員處在膜拜團體裡時，他們一天在大街上募集資金的所得要比從事其他工作的收入都高。許多膜拜團體給其成員每天都分配有募集資金的額度，通常開始的時候是100或150美元，熟練和專門的募捐者說他們日復一日地能收獲1500美元之多。一位膜拜團體前成員說他通過賣花一個月募集了3萬美元，而另外一名成員9個月的時間裡募集了6.9萬美元。然而，另一名成員在法庭上作證說，通過賣花和糖果，加上乞討，在三年期間募集了25萬美元，還有一位作證說她在十年多一點時間裡為她的膜拜團體募集了200萬美元的資金。她的古魯對信徒們說，「我的心就是你們的錢所在的地方」。這名膜拜團體前成員說，募集資金的人一天要工作13-14個小時，「有時候我們精疲力竭，但還是被鼓勵要去酒吧工作到深夜。那實在是丟臉，但是我們會照做。」

有過這樣的經歷之後，他們就很難想出如何去回收資源或靠正當的收入生活，更不必說處理許多膜拜團體成員在參與此類欺騙活動時的負罪感了。這些膜拜團體經歷可能使膜拜團體前成員有必要接觸就業咨詢或精神健康服務。

教育和衛生保健

專業服務尤其是醫學和心理學的作用對於後膜拜團體生活的適應是十分重要的。有些膜拜團體貶低現代醫學、精神病學和心理學，以及一般的教育。少數的新世紀膜拜團體教導說，一個人不僅「將會」擁有完

美的健康而且還會擁有他想要的任何東西。這樣的膜拜團體會有集會，在這裡你可以想象你所需要的物品（巧克力酒吧、蘋果或任何東西），而且如果你這麼做的話並處於一種適當的狀態，這些物品就會出現。如果不出現，他們給出的理由是，因爲不純粹、不值得或你做的程序不對。你會被告知說，要不斷參與膜拜團體的程序，很快具體化就會實現——如果你剛好清理了你的基本信息的話。

因爲膜拜團體承諾的完美狀態是不可能達到的，膜拜團體成員就會覺得不斷地被挫敗，像個失敗者，但是他們不能表現出來。膜拜團體的教條鼓吹說，如果他們只要遵循某些指令，他們就再也不會生病，再也不會感到心情低落，而且會拯救整個地球，進入天堂，在精神上或政治上變得完美。同時，膜拜團體的雜務和活動會使他們疲憊不堪、精疲力竭，而且經常生病。但他們不得不把這些狀況隱藏起來，強裝笑臉去工作。

說到教育，許多膜拜團體教導其成員應當「走出頭腦」，停止思考，進入膜拜團體的內心或日常工作。有些首領鼓吹說，我們生來就有「先知先覺」，因學校、父母和社會而受到損害，信徒們應當拒絕「舊的思維方式」，按照首領的指令生活。首領有「生活經歷」，或聲稱見過上帝、天堂、耶穌、佛祖、各種各樣的聖人，有時候甚至是行星。後來，幾乎任何年齡段和背景的膜拜團體前成員們都需要某種類型的教育或培訓，來更新他們的知識和技能，拓展他們的訓練。

由於多年對身心健康的忽視，膜拜團體前成員在離開組織後，會對關注疾病、健康問題和心理狀態感到怪異甚至可能會有罪惡感。然而他們很快就會認識到，他們的教育在加入膜拜團體時就停止了，他們已忽視了自己的健康，並處於情緒混亂中。不過，他們曾經反對的正是他們現

在所需要的支持系統。當他們努力整理出自己對教育、醫療以及心理保健的看法時，通常他們可能會迫切需要解釋清楚在膜拜團體裡到底發生了什麼事情，導致了他們負面的情感和態度。

對膜拜團體中的時光進行解釋

正如我在第一章中所寫的，大多數人都認為膜拜團體成員是一群與眾不同的人，他們一定是很怪、很蠢，甚至是瘋狂的家夥。因此，膜拜團體前成員們需要做好準備，來應對身分暴露時來自親戚、老朋友和新認識的人最常見的反應。他們可能會說出類似的話：「但是你看起來是個這麼不錯的人，又很聰明，你怎麼會參加膜拜團體呢？你真的參加過嗎？你不可能參加的——只有怪物才會參加。」

在求職、報考更高學歷和職業學校時，這些申請表格都要求申請人填寫學歷和個人簡歷。有人曾經態度誠實、真誠關注地問我，「我如何解釋我曾多年擔當一名騙人的古魯的公關說客，讓媒體採訪他，拍下他假冒技能的照片，而現在我出來了，想成為一名科學家？」顯然，錄用委員會接受了他的解釋。特別是在單獨面試階段，他作出解釋之後，委員會可以直接提問，獲取他們所需要的信息，為他的職業培訓進行評估。我所知道的只有一個人在尋求他所選定的職業時存在嚴重的困難。在離開膜拜團體後不久，他沒有被醫學院錄取，因為錄取委員會覺得，他選擇多年來追隨一位怪異的膜拜團體首領，這表明他需要更多的時間才能成為獨立自主的狀態，才能學會將他接受過的訓練和良好的感覺用於作出判斷，就像他日後在作出醫學判斷時必須利用這些品質一樣。

對於這個問題還沒有具體的研究，但很多膜拜團體前成員都告訴我說，當他們打算告訴有可能錄用他們的雇主說自己曾經參加過膜拜團體時，有多尷尬。他們知道一種譴責受害者的態度會怎麼影響他們被看待

的方式。有人說道，「就是很難解釋我作爲一名『啓智理事』（Governor of enlightenment）是幹什麼的。」另一位則稱他在申請表格上只能填上「辦公室主管」來描述他在原來膜拜團體裡的職務，而實際上他在那裡是一名間諜。

人們在很多時候要學會創造性地處理所有這些問題，如當他們重返社會和其他膜拜團體前成員的網絡時，以及當他們從交朋友、求職和在他們認爲安全合適的時候把自己的經歷說出來的時候。

三、心理和情感障礙

膜拜團體每天進行各種儀式、工作、禮拜和社區活動，通過實行24小時的管理體制，交給成員們各種任務和目標。當這些成員離開的時候，一種無意義感就會顯露出來。離開膜拜團體就意味著失去朋友、失去生活的使命和人生的方向。前成員們還會很快認識到他們已經失去了自己的清白。他們滿懷崇敬的驚奇和天眞的幼稚，結果卻發現受到了欺騙和背叛。結果，他們可能會充滿哀傷的感覺。

前成員們還要面對其他的各種損失。他們常常會說起後悔那些失去的歲月裡，他們偏離了日常生活的大道。他們後悔自己步調不一致，在事業上和生活追求上都落後於同伴。當他們開始意識到自己被利用或放棄了自主權時，他們感到沒有了堅定的自尊和自信。

內疚和恥辱

膜拜團體前成員會過分沉溺於內疚和恥辱。在膜拜團體裡，大多數人都有義務用不夠誠實的辦法去招募新成員和募集錢財。他們爲自己對待父母、兄弟姊妹和朋友的方式而感到內疚，爲自己曾經在膜拜團體首領的命令下所進行的撒謊行爲、暴力行爲或非法行爲感到內疚。他們對

於曾騙取他人以某種方式支持膜拜團體而感到內疚，對於那些他們招募來仍留在膜拜團體裡的人或那些否則絕不會加入膜拜團體的人感到內疚。

前成員們也可能會對他們想的或做的幾乎所有事情都感到極度的和毫無根據的自責，害怕各種事情，並且每次想要努力作出決定時都有著強烈的懷疑。當他們揭露出膜拜團體生活的欺騙和不誠實這一赤裸裸的現實時，許多前成員還會對他們的行為感到懊悔不已，並且經常為如何糾正他們所犯下的錯誤而憂心忡忡。只有通過接受他們所做的一切，原諒自己，他們才能克服這種內疚感，盡可能地彌補給他人帶來的傷害。

恐慌症

許多膜拜團體前成員都有過驚恐發作的經歷，可以解釋為間歇性的強烈恐懼或不適的時期[3]，在這一時期，下列症狀中有任何四種會突然出現，並在大約十分鐘內就達到頂峰：

- 心怦怦直跳
- 出汗
- 身體顫抖或搖晃
- 呼吸急促或感到窒息
- 感到氣哽
- 胸部疼痛或不適
- 嘔吐或腹痛

3　American Psychiatric Association, *Diagnostic and Statistical Manual of Mental Disorders* (DSM-III-R) (3rd ed. rev.) (Wash., D,C.: Author, 1987), pp. 235-238.

- 感到目眩，搖擺，頭暈或暈厥

- 非現實感（周圍的世界看上去不眞實）

- 人格解體體驗（感到被分離，仿佛看自己就像一個物體一樣）

- 害怕失控或瘋掉；害怕死亡

- 麻木，麻刺感，以及忽冷忽熱

從情緒喚醒膜拜組織出來的人，普遍都會經歷驚恐發作和其他驚恐性障礙，因爲這些膜拜團體傾向於以激發恐懼及負罪感爲重點。

害怕報復

對膜拜團體的害怕會持續很長時間，尤其是如果該組織有暴力傾向的話。許多膜拜團體首領會威脅那些潛在的背叛者的性命。例如，曾在人民聖殿教待了六年多的傑妮·米爾斯說：「1973年以後，我們留在教內並不是因爲熱愛這個組織。我們留下來是因爲我們知道如果離開就會被殺掉。瓊斯已經警告過我們幾百次了，有時私下裡、有時公開地、有時是在計劃委員會會議上——這是衆所周知的事——只要你離開教會就會有殺身之禍。」[4]

一些前成員擔心那些狂熱的現成員爲了向首領表示忠心，會傷害他們及他們的家人。一名前成員告訴我[5]：「在我被捲入一宗起訴我曾經所在的膜拜團體的案件時，我不得不打電話給防爆小組到父母家拆除了一枚假炸彈。還有一次我離開組織後，兩個陌生人在一個百貨商店接近我姐姐並告訴她，她弟弟（我）決不會活著打贏官司。」

正如我前文所描述的，一些組織對那些批評膜拜團體的人有專門

4　F. Conway and J. Seigelman, *Snapping: America's Epidemic of Sudden Personality Change* (New York: Dell, 1981), p. 238.

5　Singer, "Coming Out of the Cults，" p. 80.

的貶稱，它們訓練成員們避開或騷擾這些他們稱之為的「敵人」的人。基於這些原因，各種組織出來的許多膜拜團體前成員都高度害怕和擔憂——這樣做不無理由，雖然看起來大多數膜拜團體會迅速將精力轉向招募新成員而不會延長對背叛者的騷擾。盡管如此，卽使在最開始擔心報復的事過去之後，前成員們還是會擔心怎麼應對難免會在街頭碰見膜拜團體成員的情況，預料到這些成員會努力及其前成員對離開組織的負疚感，並譴責他們現在的生活。

對自我的擔憂

不過，還有另外一種擔心存在——一種更為集中於內心的擔心，源自於這一信念，卽相信如果你離開就會注定要過一種蒙昧的生活，心理上絕不健全、精神上絕不能得到滿足、絕不會健康或平安地生活。

有些膜拜團體向其成員灌輸這一概念，卽他們有一個隱藏的自我或潛藏的大量壓力，可以在任何時刻爆發，並毀滅他們或至少會對他們造成嚴重的損害。前成員們可能會無限地擔心他們體內的「定時炸彈」或膜拜團體首領關於可怕時間的可怕預言會降臨到他們及其家人身上。因為他們充分接受了這樣的訓練，所以很多膜拜團體前成員可能會繼續將這種可能的命運看作是他們自己所造成的，因為他們離開組織、放棄信仰、背叛事業。

這種恐懼的根源在於有關因越過雷池而被羞辱的記憶。一名曾在某膜拜團體裡待了5年多的女人說道，「一些年長的成員可能仍會對我產生影響、粉碎我的精神，就像以前我變得沮喪、無法出去募集資金和招募新成員時他們做的那樣。我沒法吃也沒法睡。我很虛弱，徒勞無益。他們把我叫進去，然後首領對我吼道：『你太不服管教了，我要挫挫你的銳氣。你的意志太堅強了。』他們讓我在他們的腳下爬行。當我回想起那天

他們差點把我弄得自殺時，我仍會驚魂未定，因爲之後很長一段時間，我唯一能做的只有去幫廚。我幾乎記不清那些細節了——那簡直是一場噩夢。」

客觀地分析並解決這些擔憂是至關重要的。前成員們需要明白的是，膜拜團體對他或她是不能施加任何魔力的。

與留下的人之間的衝突

那些配偶或孩子們仍留在膜拜團體裡的前成員，他們的擔心和焦慮是最爲嚴重的。他們每次與家人的接觸都要冒著與他們僅存的聯繫被打破的風險。在一方已脫離膜拜團體而其配偶仍效忠膜拜團體的夫妻之間，常常會發生有關小孩撫養權或監護權的痛苦的法律行爲。

甚至那些爲寫採訪報導而假裝被招募而進入膜拜團體待過幾天的記者，也會對那些被眞正招募而留下來的新成員們深感同情。某記者曾經說，在他宣布想要離開組織後仍花了三個半小時才脫身出來。他們不允許他走，懇求他，說電話壞了所以聯繫不到車。「走出大門兩步，」他寫道，「我當時有一種下墜的感覺，我伸出手來以便能穩住自己。我的胃，經過幾個小時的折騰，裡面的東西全從嘴裡吐出來了。然後，我不由自主地哭起來，爲那些留下的人而哭泣。」

缺乏外界的理解

一個與恐懼和焦慮相關的問題是，膜拜團體成員們通常會發覺自己很難讓他人，甚至來幫助他們的專業人士理解他們正在經歷什麼樣的事情。一些精神病醫生和心理醫生有許多患者都是膜拜團體前成員，他們在這些成員們聲稱看到霧或聽到雷神托爾（其原來首領的另一種生命狀態）的聲音，或無法保住工作時，就會以爲他們精神失常、大腦受損，或裝病以逃避現實。

　　當我被問及這種案例時，盡管我沒有見到當事人不能妄下診斷，但我會敦促這些精神治療師多聽一聽，多了解一點，看看患者在重溫膜拜團體生活的細節時會發生什麼事情。就像我在第六章和第七章所描述過的，許多這些現象都是膜拜團體實施怪異、不斷重複的訓練的產物。而且只要聆聽和幫助患者弄明白這種行為是如何變成條件反應的，一般來說這些現象就會消失。如果將這些發生的現象診斷為一種真實的幻覺或主要精神障礙的一種標記，就會對病人造成甚至比他（或她）已遭受的痛苦更嚴重的傷害。

　　不過，有少數的膜拜團體成員可能確實在膜拜團體裡時已經精神失常，更典型的是，看上去精神失常的行為實際上這是受膜拜團體環境影響的結果。例如，在一次咨詢中，有人曾指著房間對面問我是否看到那裡坐著一個魔鬼。我朝他所指的方向看過去，告訴他沒有，並問他是否看到。然後我們對這個意念的源頭以及它第一次出現的時間進行了討論。從那次討論中，我們得知膜拜團體首領經常會使用這樣一個短語：「我看見了你身旁的魔鬼。」他會對那些受懲罰的人說這樣的話，或者用這句話來表達一個人不值得信任而是「屬魔鬼的」。我對這個人評論說，他或許還不能完全信任我，不過這是合乎情理的，因為對一個人的信任需要慢慢培養，他釋然了。進一步的討論顯示，他當時沒有出現幻覺（而且從來沒有過），但是他受膜拜團體首領的影響，習慣於將不信任感和魔鬼的觀念聯繫起來。

　　由此可見，一些奇怪的事件可能就是膜拜團體生活的殘余。所有這些現象都需要帶著溫情和同情去進行仔細地檢驗。

四、認知效率低下

膜拜團體活動會造成其成員大腦功能衰弱，變得效率低下。由於所有的膜拜團體成員都知道，反射性的思想會使他們陷入麻煩，所以他們出現某些心智收縮就不足爲奇了。很多膜拜團體前成員都有過這樣的經歷：很難專心致志、無法集中和保持注意力，以及記憶受損，特別是短期記憶障礙。令他們安心的是，他們知道這些後遺症終會消失。對他們所經受的事情進行一般的解釋，就會對他們有所幫助。

我們大部分人與剛從膜拜團體中脫離出來不久的人們工作時會注意到，他們普遍缺乏幽默感，直到他們離開組織一段時間之後。在膜拜團體裡，人們不苟言笑，也不像其他人一般地那樣多層次地思考問題，正是這種多層次的思考才能讓他們理解那種不協調，這是許多幽默感的核心。

很多前成員還會有一段時間無法理解他們所讀的內容。很多人健忘，不能按時完成工作，由於效率低下而失業，而且爽約。有些人思維變得十分沒有想象力。他們是如此的服從和不反思，就像下面這個例子中的「傑克」一樣，以致於現在在處理他們所聽、所見或所讀方法上，極度死板、缺乏想象力。

> 傑克以前是一名生理學的研究生，曾加入膜拜團體好幾年。他說，當他去找他的論文導師回來走在校園裡時，他們交談時，「導師將想法寫在黑板上，突然他把粉筆遞給我說，大致地描繪（outline）一下你的想法。他是想要我簡單地陳述一下我的計劃。我走過去，在導師寫的話上面畫了個圈。我這麼做的時候就像個孩子。我把他的話當成字面上的命令：我在黑板上寫著的觀點周圍畫了一條線（line）。當我明白我所做的事

情時，我突然尷尬不已。我迷迷糊糊的，總做出像這樣的小事。」

不加鑒別的被動狀態

很多膜拜團體前成員發現自己接受幾乎所有聽到的東西，就像曾被訓練過的那樣。他們不會聽了之後進行判斷，只是傾聽、相信和服從。結果，朋友、家人、戀人及同事簡單的一句話都被當作指令，卽便這個人可能並不想做這件事或者無論是什麼都不喜歡。比如，有一名婦女在半夜裡起來只是爲了響應某個她幾乎不認識的人的要求。她說：「我借了我父親的車，開了65英里到鄉下，爲了去幫助一個我只見過一面的人運一些偷來的物品，因爲在電話裡他的語氣如此強硬和權威。我無法相信，我仍然會這麼服從別人。」

殘留的膜拜團體語言

對於膜拜團體前成員來說，一個首要的障礙是要克服用膜拜團體中特有的語言說話和思考的習慣。如我們所知，每個組織都有自己的行話，通常是以將新的和特殊的含義適用於規範的詞句爲基礎。這種行話會產生出一種優越感和凝聚力，且屬於組織內部成員，同時又阻止了人們同外人的輕鬆會話。對那些不住在一起的膜拜團體來說更是如此，因爲他們的成員都在外工作，但是大部分的空餘時間都待在膜拜團體裡。在膜拜團體裡時，他們就說組織的行話。在有些組織中，這種別有用意的語言比在其他組織中包含面更廣。因此，後來就更難擺脫。也就是說，它實際上爲每個事物都提供了新的術語，由此更多地控制了成員的思考方式。

只要膜拜團體前成員繼續使用膜拜團體的術語，他們同別人的交流自然就會受到阻礙。他們在同其他人說話時無法講通，有時他們無法

表達出自己的內心想法。

記憶喪失和記憶變異

在膜拜團體中逐漸建立起來的被扭曲的個人經歷不會很快消除。也許最明顯的莫過於最近有關「恢復」被虐待兒童的記憶和及其他極度痛苦事件的記憶的爭議。關於「虛假記憶症候群」的故事或是被催眠術研究者數十年來一致稱爲「僞記憶」的記述，頻頻出現在新聞報導中。

「僞記憶」（pseudomemory），卽通過使用誘導意象、催眠術（包括從淺到深的催眠狀態）以及直接或間接的暗示，有意無意地被誘導進入一個人記憶當中的一種虛構的經歷。在催眠狀態期間，或者甚至沒有催眠只是通過精心建立的暗示，個體就能被誘導在其大腦中建構出情景。他們經歷了這些編造的或虛構的意象，這些意象就如同現實生活的記憶一樣生動，甚至會更生動，卽使這些事件從未發生過，只是操控者和依賴他的對象之間相互作用的產物。

在第六章中，我曾描述過一位看見橘色霧的婦女和另一位曾與神說過話的婦女，這些神像夢中的人物一樣出現在她的日常生活中。這些婦女的視覺意象是膜拜團體練習的建造物。這些練習將催眠誘導和看見神或煙霧是好事的暗示結合起來。膜拜團體成員可能會被訓練來產生特別的想象物，然後當他們實現了這一目標時，就會受到表揚和嘉獎，並獲得一種自我滿足感。

有些膜拜團體通過強調成員的過去有多壞，來專門創造出純虛構的個人身分，這一點曾在第七章進行過討論。那些強調回歸前世和使成員認爲他們在和往世的生命實體溝通的膜拜團體，會使相當堅實、令人迷惑的歷史修訂版成爲其信徒的組成部分。在這樣的膜拜團體中，老成員會通過一些過程來勸誘新成員，在這些過程中，鼓勵新成員來定位事

件，想象可以追溯到幾百萬年前的經歷和往世的生活。在所有這些例子中，被修改過的個人經歷成爲了膜拜團體成員在膜拜團體生活中所採納僞個性的一部分。

膜拜團體誘導其信徒制造修訂版的經歷已有多年。成員們被迫逐漸地指責其父母和家人，並與他們分離，然後他們不斷地因爲這些言行獲得褒獎。這種做法使許多前成員心中充滿深深的矛盾。有位婦女哭訴說：「我怎麼能否認這麼多年的歡樂和愛，在膜拜團體裡對我的家庭搬弄是非呢？他們使我實際上是胡言亂語，對我父母憤怒地咆哮，尤其是對我的父親，稱他爲異教徒的資本家。」

膜拜團體前成員在被引導相信其父母是在歷史修正過程中符合他們捏造的人物，於是在膜拜團體的指示下，他們多次寫下充滿恨意的控訴信——即所謂的絕交信——給他們的父母和親人。在膜拜團體環境中，這些「神秘的操控」是十分可信的。後來有人問道：「我怎麼能面對曾如此傷害過我的家庭？我的確服從於首領。我把生日禮物連同懷恨信一塊寄了回去。我沒去探望垂死的祖父，我眞的很愛他。我沒參加妹妹的婚禮，當她丈夫在一次伐木意外死亡時，我沒有寫信也沒有打電話給她。他們可能會說他們能寬恕我，但是我不能原諒自己。我怎麼能允許別人像這樣地來控制我呢？」

膜拜團體前成員漸漸地意識到，他們的生活經歷被膜拜團體的做法所歪曲和操控，他們會想要區分眞實與捏造。他們會希望同現實重新聯繫，並拋棄無休止的罪惡感和焦慮，以及由膜拜團體造成的被扭曲的自我意象。

觸發器、閃回和漂浮

膜拜團體的很多做法易於產生不同程度的催眠狀態，擾亂正常

的反射性思維，並打破個人的一般現實定位（general reality orientation，GRO）。通過數年的實踐或參與某些練習和活動後，某些不良習慣就會變得根深蒂固。無論在膜拜團體中還是離開之後，有些人會不由自主地進入了一種遊離狀態，而且很難保持反射性思考和集中注意力。他們感覺不到時間的流逝。在此期間，他們會有某些類型的記憶，並在不知不覺中進入意識的改變狀態，他們有時稱之爲「幻覺重現（閃回）」，但這些實際上是分裂的不同形式。

分裂是一種對焦慮的正常心理反應。當內在或外在的暗示（觸發器）引起一種記憶、相關的想法或一種伴隨著焦慮的感覺狀態時，一種瞬間的焦慮就會升起。這種簡單的焦慮體驗警告大腦要分裂——也就是說，大腦會停止對此刻周圍現實的關注。這個人就開始專註並沉溺於某些別的記憶圖像、觀念或感覺。這種分裂會出乎意料地和無意識地出現。正是這種分裂能夠讓人體驗出漂浮的效果。

多數時候，漂浮被膜拜團體前成員描述爲「在組織時的感覺」，有時這種感覺是對膜拜團體某些方面的一種懷舊，有時是一種害怕的感覺，害怕會重返膜拜團體。多數時候，人們將其描述爲現在生活和過去膜拜團體生活這兩個世界之間被暫停的狀態。

觸發器、幻覺重現和漂浮是人類所有正常思維的一部分，但通常人們總是短暫、不頻繁地感受到。因爲一些膜拜團體的做法易於產生催眠狀態，這些做法又被廣泛地用於延長時間，所以人們通過多年從事怎樣引起分裂的實踐而顯現出來。對於普通人來說瞬間的、短暫的記憶時刻，對於膜拜團體成員來說，就變成了實踐的和增強的行爲。這些分裂的時刻就變成加強的、延長的和分裂的體驗，這些體驗會妨礙持續的反射性思考、集中注意力及事先規劃的能力。

　　因爲這些分裂的反應被過度學習，就會變成分散注意力、揮之不去的習慣。這些反應通常會在一個人必須從一項任務轉換到下一項時出現。好像是選擇下一步該做什麼引起了類似於服用迷幻藥後的行爲。在膜拜團體中，關於下一步該做什麼的時刻是很有壓力的，你必須做出決定，同時你又知道所有決定都必須是「正確」的，如果你的決定錯誤，你將會陷入麻煩。這種經歷也許就是使得做出決定成爲分裂的觸發器這一顯而易見的調節的根源。

　　因此，在膜拜團體前成員中，在作決定方面存在巨大困難是一種普遍現象。有時他們不知做什麼、說什麼和想什麼。他們似乎突然間變得很依賴、像孩子一樣，尋找方向。在膜拜團體裡，他們遵循的是一條預定的服從之路。現在他們發現自己很害怕，感到愚蠢和內疚，不知道該做什麼。剛剛找到的獨立作決定的過程變得充滿恐懼和焦慮——所有這些都是漂浮的時機成熟的時刻。

　　當一個人感到疲倦或生病時，在一天行將結束時，在高速路上長途駕駛時，抑或是從事高度重複的作業時，也就是說，當一個人感到疲倦且注意力不集中但是又必須思考時，漂浮就會更頻繁地發作。在分裂的時期和感到奇怪的茫然時刻，我的思想和感覺出現什麼問題了？這一問題就會在這種時候出現。如果前成員們能學會辨別他們生活中的那些脆弱時刻，明白這些是受制約而作出的反應，那麼這就能有所幫助。

五、社會關係與私人關係

　　大部分的膜拜團體前成員都經歷一段時間的不同程度的失範（anomie）或疏離，這種疏離感和困惑是源於原有的準則、理想和目標失而復得。當一個人試圖融合到下列三種文化時，就更加加重了這種情

況：他或她在加入膜拜組織之前生活的文化、組織本身的文化、現在離開組織後面對的大眾社會文化。在膜拜團體裡習得並強烈遵循的理論需要同這個人參加膜拜團體之前的過去及離開之後的現在都達成和解。在某種意義上，處於三種相互競爭的價值體系的前成員在問：我是誰？

由於這種原因，膜拜團體前成員經常會覺得自己像進入一種外國文化的移民或是難民一樣。然而大多數情況下，他們實際上是重新進入自己以前的文化，只是帶來了一系列的膜拜團體經歷和一般而言可能與社會準則和期望發生衝突的信仰。和外來移民面對新奇的情形不同，從膜拜團體出來的人面對的是他（她）曾經排斥的社會。

建立新的社會網絡

當膜拜團體成員走出膜拜團體時，許多朋友、有著共同興趣的夥伴以及有過重要的共同經歷的親密關係，統統都離他遠去。膜拜團體有一個自己的世界。告別這樣一段無所不包的經歷，意味著你必須在主流社會中尋找新朋友，而這個主流社會在你以前所接受的教育中是一個不可理喩和可疑的世界。而且，膜拜團體成員，特別是在膜拜團體中待了相當長時間的成員，他們的一個顯著特點是他們在社會和經驗生活中都處於發展滯後的狀態。

漸漸地，膜拜團體前成員需要開始交朋友、約會並享受社會生活，以及工作謀生或重新上學，或兼而有之。重要的是，要給他們足夠的時間去作出調整並且趕上。他們不需要大量時間，但是要足夠的時間，以便他們在嘗試複雜的心理、社會和商業工作之前，能夠用各種方法收拾好自己的心情。

孤獨

離開組織後，前成員通常會發現，對於外人來說組織的實踐現在表

現爲在他或她身上啟動——也就是說，他（她）被嘲笑和排斥。也沒有任何希望與膜拜團體裡的人保持友誼，因爲膜拜團體成員受到的訓練是要仇視那些背叛者，還有一個原因是膜拜團體成員可能會試圖將前成員重新拉回去。另外，前成員可能不太容易恢復同原來的朋友和家人的關係，因爲在他（她）加入邪教時很有可能曾以一種粗暴的方式中斷了這些關係。

離開就意味著最後一道門砰然關上：過去留在了身後，退出的膜拜團體成員正在前行——但是獨自一人——朝著未知的未來前行，在未來，前成員必須以到處建立新的朋友圈而開始。

約會與性愛

有些人想努力通過約會、喝酒及性放縱等來彌補那失去的時光。然而，這種行爲通常會在前成員將膜拜團體的禁忌和他們現在享有的新自由進行對比時，產生強烈的罪惡感和羞恥感。這也會導致某種令人不悅、後悔莫及的經歷。「瓦萊麗」，一位26歲的前教師評論說：「在我一開始出去約會的時候，任何一個對我感興趣的人約我我都去，包括騎車的人和流浪漢。我甚至與一個毒販約過會，直到有一天我在高速公路上撞上了他的車。我以前從來不這樣。」

另外一些人簡直對約會感到恐懼，完全避免約會。有一位男性說：「在加入膜拜團體之前，我在性方面很活躍。現在似乎我從來沒有過那些經歷，因爲受到的禁錮比我上高中時還嚴重。現在甚至我在考慮約一個女子出去的時候，都覺得有性罪惡感。他們確實讓我牢牢地記住了：性愛是錯的。」

人們在加入膜拜團體之前，常常會與性愛、約會和婚姻問題作鬥爭。膜拜團體通過限制性接觸和夫妻結合來人爲地減輕這方面的痛苦，

表面上是爲了讓他們全力以赴去完成「主人的工作」。卽使婚姻與父母親情得到允許，也必須服從膜拜團體的教規。膜拜團體中的性愛幾乎常常被以某種方式監視和控制著。與另一個人結合就意味著你對那個人的喜愛超過了對首領或組織任務的喜愛。因此膜拜團體領袖便發明出很多辦法來確保成員們的忠心是往上走的，而不是走到倆人結合這種岔道上去。這種性愛控制所導致的另一個後果是，膜拜團體裡的友誼變得無性的，沒有威脅性。只允許有兄弟姐妹情愛的規則能使那些內心充滿矛盾的年輕人得到很大的解脫。

在某些情況下，膜拜團體裡實行的高度管控的人際關係操控，會留下持久的影響。詹尼弗說，她常常因爲「對兄弟們表現出好色的想法」而被另一個頗有聲望的女性成員嚴厲責罵。「這個女成員要我趴著地上，臉朝下。她會壓在我身上，給我按摩，來將撒旦趕出去。很快她又開始指責我是一個同性戀女子。」在離開膜拜團體後，詹尼弗經常爲自己的性取向而感到而矛盾不已。

有一些組織提倡一種由禁慾著組成的成員關係，這些人類似於遠東地區的和尚。他們中有些人在離開組織的時候，旣沒有進行過異性戀性生活，也沒有過同性戀性行爲。膜拜團體對他們的眼界影響太深了，以致於他們簡直是避免性愛問題。

縱慾的膜拜團體實行性愛而不是禁慾。這同樣影響那些離開膜拜團體的人。有一位女子在描繪她的教主時說：「他用縱慾打破我們的禁忌。如果有一個人對群交感到不舒服，這便表明他有心理障礙，必須得除去，因爲這會阻止我們與所有人的融合與團結。」有少數膜拜團體實行小孩之間以及大人與小孩之間的性交[6]，和各種形式的性交易或性奴，

6　L. B. Davis, *The Children of God* (Grand Rapids, Mich.: Zondervan, 1984).

有時還與新基督哲學結合起來。還有一些異常的以摩門教爲基礎的膜拜團體實行一夫多妻制[7]。在一些以古魯爲基礎的膜拜團體中，古魯要求和教導禁慾而自己卻與異性成員有性行爲。

離開那些性行爲不正常的組織後，前成員常常會不願講述他們的經歷，以免聽者會對他們參與其中而進行批評。在這樣的案例中，好的治療咨詢師——或一個值得信任的朋友的同情心——可能會大有幫助。

婚姻問題

當一對夫婦中一方被招募進膜拜團體組織時，這個人就會有壓力要使其伴侶也加入膜拜團體。如過其伴侶不肯加入，在很多時候膜拜團體實際上都會拆散這椿婚姻。膜拜團體首領便會在演講時大談這位伴侶是如何有罪、如何專制、如何不合作，再加上使成員們忙於膜拜團體裡的工作的同時詆毀那些非成員的伴侶，這樣毀壞了很多婚姻。

如果夫妻雙雙加入膜拜團體，由於對首領的忠誠超過了對婚姻的責任，他們便不會覺得彼此能討論如何逃離膜拜團體的事。所以，其中一方可能會寧願在對方不知情的情況下離開，也不會冒被阻止的風險，因爲對方會將此事報告給首領。那些離開膜拜團體的人發現，與他們的伴侶對膜拜團體的害怕和責任相比，愛情和婚姻的忠誠變得一文不值，而且自己的伴侶選擇了對膜拜團體首領忠誠而不是對配偶忠誠，當他們意識到這些的時候，他們幾乎崩潰了。也正因爲如此，許多婚姻以失敗告終。

有一些組織會安排其成員之間的婚姻。最廣爲人知的要數文鮮明

7　"3 Members of Polygamous Sect Face Prison Terms for 4 Killings," *Chicago Tribune*, Jan. 22, 1993, p. 12; "6 in Sect Indicted in Deaths, Polygamous Clan Eliminated Foes," *Mesa* (Ariz.) *Tribune,* Aug. 25,1992。

統一教會的集體婚禮。這次婚禮一共有5150名成員[8]以組織的儀式結合成夫妻。更小一些的組織也同樣舉辦比這規模小的集體婚禮。對於那些配偶和/或孩子留在膜拜團體裡的人以及那些幾乎不願再與不是自己選擇的配偶繼續保持婚姻關係的人來說，法律咨詢是十分必要的。

信任

膜拜團體前成員會發現自己在許多社交場合中有一種恐懼感。他們傾向於退出或躲避人群或超過幾個人的聚會。因爲覺得自己曾被膜拜團體經歷嚴重地欺騙過，他們不再相信自己的判斷力，也不再信賴其他人。此外，他們也缺乏自尊與自信。作爲曾經受過膜拜團體訓練的結果，他們感到自己無能、笨拙和不受歡迎。

不能信任其他人是膜拜團體前成員們最常見和最生動的問題。他們不僅認爲自己太過相信別人，而且還常常因自己曾加入膜拜團體和覺得自己缺乏決策與判斷能力而自責。

「魚缸」效應

對於膜拜團體的前成員們來說，一個特別的問題就是來自他們親友的警覺性和密切關注，他們時刻提防著現實生活中碰到的困難可能會使前成員重返膜拜團體。一個膜拜團體前成員輕微的分裂、深深的入神、情緒的波動以及對膜拜團體的肯定評價往往都會引起其家庭的警覺。不管是新朋友還是老朋友都觸發前成員們的感覺，卽覺得人們在盯著他們看，納悶他們爲什麽會加入膜拜團體。通常來說，無論是前成員還是其家人朋友都不知道該如何開啓對這一話題的討論。我想對這個問題最好的建議是：對於這些前成員來說，應將注意力集中去關注周圍的

8　M. Galanter, *Cults, Faith Healing and Coercion* (New York: Oxford University Press, 1989).

環境及當前會談的細節，直到那種被監視的感覺消失為止。

前成員們有時會想和人們談談膜拜團體經歷的一些好的方面。除了承認曾對膜拜團體做出承諾的嚴肅性，目的性和成就感以及在舊制度下的簡樸生活之外，他們一般來說還會想討論一些溫暖的友誼和風流韻事，還有他們獨特的旅行、經歷或個人觀點。但是他們總覺得人們，尤其是自己的家人，只想聽到那些否定性的東西。

正如一名男子說的那樣：「我怎樣才能夠戰勝這個最大的障礙，即不再像過去那樣害怕拒絕？我在組織裡時到街頭賣東西，曾經被成千上萬我接近過的人拒絕過，我學會了接受這個現實。在加入膜拜團體之前，我很害怕自己被任何一個人以任何方式拒絕我！」這種經歷實際上對他離開膜拜團體後的生活有一定的幫助，但是他明白其膜拜團體經歷中積極的那一面無疑是不會使他重返膜拜團體的。

前成員們需要如他們所願地談論他們的經歷，以向他們周圍的人解釋這種談論並不意味著他們準備重返膜拜團體。作為消除在膜拜團體中非黑即白思考方式的一部分，就是要學會看到一個問題的所有方面，這種方法同樣可以用來看待在膜拜團體經歷。

害怕承諾

許多從膜拜團體出來的人想盡辦法把他們的利他思想和精力放在工作上，不要再成為另一個操控組織的爪牙。有些人擔心他們已經成為了「追星族」（ groupies），無法抗拒來自操控組織或人的糾纏。他們覺得需要有歸屬，但不知道如何從無數相互競爭的組織——社會的、宗教的、服務的和政治的組織中挑選一個合適的，在其中他們能夠繼續主宰自己的命運。

在一段時間裡，大多數人會願意參加任何類型的組織或對其他人、

某項活動和生活計劃等作出承諾。他們會害怕再次回到原來去的教堂、俱樂部或大學。他們會避免社會活動和加入志願者組織。

實際上，這可能是一種健康的反應。我們這些幫助前成員的人，建議他們參加任何新的進步組織時都要小心，相反的，會建議他們參加一些純社會性的，與工作或學校相關的活動。至少暫時先這樣，直到這個人更加徹底地擺脫膜拜團體經歷的影響，能更好地理解招募現象。

六、哲學問題和態度問題

許多膜拜團體聲稱自己的成員是社會的精英，卽使這些成員可能會受到屈辱和不體面的待遇。在膜拜團體時，成員們都認同這一聲稱，並對其他人表現出道德上的鄙視。他們將組織的價值體系及其道德的自負、智力的優越感以及對外面世界的屈尊態度內化在心中。在膜拜團體中，成員們形成了這樣一些觀點，如對非成員、對組織動搖或離開組織的成員都表現出道德上的鄙視。

厭惡和吹毛求疵的態度

許多膜拜團體都教導成員厭惡與憎惡，有時會採取一些很微妙的方式。各種膜拜團體的前成員們談到，他們必須如何努力使自己不對穿短褲的女人大驚小怪；不對那些吃肉的親戚發脾氣；不去嘲笑主流的政治和社會進步。他們可能會發現自己已深陷膜拜團體的方式中，比如想穿深色昏暗的衣服，爲的是避免讓人覺得看起來像個「賣淫的」；想在其思考中永遠在正義的一邊；想從來不花錢、不向別人表示親近或開玩笑。

有些成員還被教導歧視某些人種、宗教、民族或社會階層，甚至一些簡單如衣服穿「錯」了顏色的人。在組織裡時，成員們會因宣揚首領的

這些愛恨觀而受表揚。現在出了膜拜團體，這個人十分想要停止播撒仇恨的種子。

　　在這樣的組織中長大的青少年，需要進行相當多的訓練，學會如何在多民族、多文化、多種族的世界中生存並在世界範圍內實踐。他們從來沒有被教導過，如何在一個民主的世界中生活，相反他們學會的是在一個法西斯的世界中生存，在這裡信徒們只能重複首領的價值觀。曾經有一個青少年和他的父母來向我尋求幫助，因爲這個男孩只上過膜拜團體學校。現在離開膜拜團體了，他滔滔不絕地說了膜拜團體首領的一些話而被學校的其他人打了一頓，並受到排擠。他感到十分困惑，哭著對我說：「我把首領教我們的東西告訴了班上的同學，——即教皇和美國郵政局都是一個共產主義陰謀的一部分——每個同學都笑話我說：「（喬伊）又瘋了。放學後，他們打我，還說跟我沒完。」在校長和老師的幫助下，我們爲他制定了一個教育方案，最後他和他的父母給班上的同學講了關於膜拜團體的事，播放了一些關於膜拜團體的教育電影，並討論了如何才能避免成爲膜拜團體成員。

　　在那些剛剛出來的膜拜團體前成員看來，外面的人看上去做事不太認眞，不夠努力。他們看起來很懶，也不關心這個世界。膜拜團體宣揚完美，因膜拜團體成員表現得不完美而譴責他們。成員們花了多年的時間努力去達到完美的理想狀態，卻老是失敗，因爲這些標準超越了人類的能力。受其膜拜團體對外人的信仰和行爲指責的影響，前成員們容易對普通人的行爲保持吹毛求疵的態度。

　　在膜拜團體裡時，成員們不僅要學會對那些不完美的、不如他們的人非常嚴厲，而且有時還因爲別人的缺點就像自己有缺點一樣受到懲罰。在進入普通社會時，有些前成員繼續擔當懲罰性的、批評的和對抗

性的工頭角色。其他人簡單的一個錯誤和健忘，都會引起膜拜團體前成員鄙視他們。一名女子說起她和工友的關係時說道：「我唯一能做的就是工作時不要和他們在一起，不對他們尖叫和大喊，我們過去在膜拜團體裡常常會那麼做。」圍繞準軍事的、政治的和心理的主題而組建起來的膜拜團體，傾向於教給成員一些最嚴苛的、最具對抗性的做法。

不再是一個拯救世界的人

外面的一切沒有什麼看上去不像在膜拜團體裡假想的生活那樣生死攸關和至關重要。成員們被教導說他們正在進行「世界級的工作」。出來之後，前成員們看著人們所作的工作，將這些工作看作是毫無希望的渺小，和他或她爲組織所做的工作比起來毫無意義，因爲組織裡的工作據稱是拯救靈魂和世界本身的。

一位前成員說道，「就好像在膜拜團體裡時我覺得自己是宇航員，而在這裡我開著旅遊巴士讓圍繞舊金山轉。」但是另外一名子女說：「在那裡我在拯救世界，並將那個和我關係最近的人踢出去，以便我能在拯救宇宙方面獲得成功。也就是說，直到我意識到膜拜團體從來也沒有拯救過世界時爲止。」

七、對離開膜拜團體的人有幫助的工作

在你之前其他人已經經歷過許多症狀，而你現在作爲一名前成員可能也要經歷這些，知道這一點對很多人來說是一種巨大的安慰和慰藉。你就能夠教育自己而不是認爲自己毫無希望或者要瘋了，因此你就會發現你正在經歷的這些體驗就是曾經的膜拜團體生活可辨認的後果。

我對於這一領域裡前成員們經歷的理解，得到了多年前和我一起工

作過的三名前成員的幫助。他們決定留意我的建議，並找到相對容易的工作有幾個月了，這樣他們就有時間來恢復健康和整理好他們的頭腦。其中有一位去了一個郊區，找到一份做碼頭裝卸工的工作，將裝滿土豆的大麻袋放到裝到卡車上。他給我打電話說，「辛格博士，你知道嗎，我剛才漂浮了。我不停地卸這些大麻袋，然後我就漂浮到某個地方去了。我確實注意力沒有集中在這個裝土豆的麻袋上。我又漂浮著進入冥想了。」我也聽到其他兩位在常規工作中的抱怨，他們一個給裝木材的大卡車卸車，一個是在粉刷房子。不幸的是，我找不到能夠給最近的膜拜團體成員任何與之前我給這三位的不同的意見，因爲通常來說，這些最近退出的成員們簡直不能集中足夠的精力去尋找有更高要求的工作。不過，我現在會建議他們要警惕分裂的可能性，盡量找到能打斷單調工作節奏的活動，這樣他們就不會陷入膜拜團體習慣和漂浮狀態。這些早期的洞見也提示我開始更加精確地考慮人們從事高度重複性活動時的某些效果，這些效果常常會在膜拜團體和思想改造程序的力量中出現。

當我就這些事情作報告時，我知道房間裡有人在想：「天啊！她說的這些現象我全都有。」「不同擔心，」我說，「所有這些現象最終會消失的。」的確是這樣。只是一個時間問題，再加上，學會將你所經歷的和聽到的事情說成是對發生在你身上的事情的某些好的解釋，包括你的心理反應和康復的曲折過程。

康復是一個心理教育過程——你對膜拜團體及之後會出現什麼情況了解得越多，你的治療過程和融入膜拜團體外新生活的過程就會越快。

前世和被改變的歷史

將現實生活的經歷與前世區分開來，或回顧你的成長歷程和與家庭的聯繫。在這一過程中，康復工作的一部分就是記憶和回顧你加入膜

拜團體的生活經歷，以及將這些經歷與膜拜團體灌輸的那些特殊的態度和內容進行比較。積極地工作去弄清在膜拜團體生活以前、中間和以後，哪些是眞實的，並仔細考慮如何才能恢復你與家庭的聯繫，這對大多數膜拜團體前成員來說是最關鍵的工作。

認知效率低下

我經常用那些我此前描述過那些認知低下的類型向膜拜團體前成員進行勸告，勸他們抽出時間休息一下，不要急著去大學或研究生院報名。因爲他們閱讀的記憶力，久坐的能力以及回憶和反應的能力要在幾個月之內才能好轉。想在像研究生院那樣高要求和充滿競爭的環境中能夠高水平地運轉，可能會產生過多的壓力。

要恢復敏銳的頭腦是需要時間和精力的——你可能會想要嘗試再次讀書，回到那些參加膜拜團體前你感興趣的活動中去，或者在剛開始時參加一些相對要求比較低的夜校課程。列表和記筆記是兩種對付認知困難最有用的、最受歡迎的補救辦法。你可以把你每天需要做和想做的事列一個詳細的計劃，日復一日地做。然後，按計劃行事，一邊執行一邊做記號。這樣，你就可以看到進步。

當出現消極行爲或麻煩的猶豫不決時，這對仔細分析膜拜團體那些反對懷疑教條或指令的動機和禁令會很有幫助。這也會闡明你在那樣一種鼓勵逆來順受的環境生活數月或數年後的結果，還能幫助你再次自己思考，說出自己的看法。在這個過程中，當你意識到首領的命令主要是爲了強化封閉的和受控的膜拜團體環境及監視成員時，膜拜團體及其權力就不再神秘了。

如何停止漂浮

行爲定向教育技巧是抵消和和應對漂浮階段的最好辦法。觸發器

就是聯想和記憶，僅此而已。它們並不是別人植入你的腦海裡的神秘東西，也不會對失控的聯想產生反應。漂浮僅僅是卡住了幾分鐘，有時幾小時，進入一種類似分離的和矛盾的狀態，就像你在膜拜團體裡時經歷的一樣。

膜拜團體前成員在漂浮階段會經歷三種類型的回憶：

• 膜拜團體生活的內容：行話、教規、慣例、歌曲、儀式和某種裝束。

• 在組織期間生動而經常性的感覺狀態：令人痛苦的內心的疑惑、不足感、十足的恐懼和沒完沒了的隱藏的緊張。

• 奇怪的無言狀態，有時膜拜團體會貼上詆毀性的標籤（例如「幸福的傻子」、「愚昧的人」：被前成員用來指漂浮、無意識的冥想和波動起伏的狀態。

膜拜團體前成員們通常不能區分膜拜團體生活和這一系列回憶。但是，學會辨別和鑒定以上所描述的幾種類型，對於一勞永逸地擺脫它們是很有幫助的。它能讓你的膜拜團體經歷和你認為能控制你的力量不再神秘。你將不會再感覺自己受到某些你無法控制的怪異現象的支配。

一些膜拜團體甚至會有自己的術語，例如反覆刺激（restimulation）。他們利用這一術語來預料這些漂浮階段的反覆出現（無論是在膜拜團體裡還是在此之後）。這當然設套使成員們去期待時不時會發生的情況。使用這一特殊術語的膜拜團體也使這一無意識的狀態附加將另一種含義，即「你無法自拔，因為它始終在你左右。」這使成員驚恐不已，他們在離開時仍會懷揣著這一概念。像這樣的一些神話會導致前成員在分裂階段出現時，會變得十分焦慮。

記住，世上沒有神秘的、無意識的和無法控制的事情。沒有任何膜

拜團體，也沒有任何人擁有這樣的力量和技能，來把這樣的事情植入其成員的腦海裡，或是在成員離開發生引發這些階段。沒有任何科學證據和有效的臨床觀察能證明存在這樣一種可能性。

剛從膜拜團體出來的人幾乎都會出現似乎不知身在何時何地的階段，不必警惕這種情況對他們來說，常常想到膜拜團體裡的各種經歷，有時感覺好像又回到了膜拜團體，這都是很正常的。在退出咨詢期間，應該告知家庭成員，在膜拜團體成員離開組織後的一段時間內，漂浮是可能會出現的。建議他們允許前成員來談論和應付這些階段。

漂浮並不意味著你想重返膜拜團體。如前所述，當你感到壓抑、焦慮、不安、孤獨、心煩、疲勞或生病時，是很有可能會出現漂浮現象的。一旦你認識到這些階段可能會出現，你就能夠做好準備。談後當這種事件真的發生時，就不會那麼令人煩惱了。認識到漂浮是一種分裂的時刻會有所幫助。一旦你明白自己只是暫時的心理上的分離，你就不會認為自己的記憶完蛋了，或者喪失了理智。你可以對自己說：「我的生活並沒有受到損害，這只是一種暫時的分裂，我能找回我自己。這只是一種思想、一種記憶，我不必採取任何行動。」

以下是一些有用的矯正方法：

• 堅持對所發生的事情記日誌。這樣你就可以談論它們，並開始理解發生了什麼情況。用簡單的字記下事件、聲音、語音、氣味、情緒、表達或記憶，也就是追溯和回憶是什麼讓你開始這麼做的。這樣，你就會開始理解所發生的事情。為什麼是那件事？為什麼在那個時刻發生？當時處於什麼狀態？

• 當你快要陷入分裂狀態時轉移自己的注意力。有時一個朋友或同事會注意到你開始出神了，他或她就可以陪伴你，聆聽你的傾訴或將你

的注意力轉移到另一件事情上去。當你意識到出現某個觸發器或漂浮開始時，你也可以製造一些自己引發的活動，打開收音機、聽聽新聞、給某人打個電話、寫寫日記、逗逗狗。

• 壓制這種感覺。你不必採取什麼行動，不必讓和膜拜團體相關的感覺淹沒你。把它丟到一邊，繼續做別的事。之後，在一個更合適的時候，你可能會想和別人談談這種情形。

• 學會將來自膜拜團體的恐懼後遺症減至最小。你或許心中充滿了各種感覺，但是對自己說：「我不是要發瘋，我只是有些著急。」聚焦到當下、今天，和恢復自己的生活。

• 如果你確實陷入了分裂狀態，通過知覺改變來把自己拉回來。掐掐身體，搓搓手，做些能產生感官刺激和打破處於地獄邊緣感覺的事情。讓你的眼睛直視你面前的東西。

所有這些技巧都會助於打破這種情緒的湧動和來到你身上的情感記憶。採用實際的和進攻性的催眠來抵抗觸發器和漂浮，能使你的康復產生巨大的飛躍。

與厭惡抗爭

膜拜團體前成員會在一段時間裡保持僵硬的態度。這種僵硬是膜拜團體道德相對論的殘餘。而這種道德相對論為憎恨和指責提供理由。要改變這些根深蒂固的反應，需要對你的態度進行不斷的個人監控。有必要進行有意識的努力來理解人性的弱點。重新樹立起個人價值觀和良好的標準，而不是瘋狂地指責你自己或其他人身上普遍的人性弱點和缺陷，是康復過程中必需的一步。

學會再信任

重獲信任感部分地隨著你能力的逐步恢復而產生。也就是能夠容忍思考和討論你所經歷過的虐待和背叛的能力。在膜拜團體裡時，成員們對於不公正和虐待的大量憤怒都隱藏著。這種憤怒在前成員身上浮現出來，並且伴隨著對（在過去常被忽略的）不誠實和欺騙的憤怒，或一些直到離開膜拜團體才知道的事實。

信任是很難重建的。重獲信任有時對某些人來說是比較容易的。就是那些離開膜拜團體後有機會與退出咨詢師進行交談的人，那些有機會在康復中心待上一段時間或接受精神療法的人。一般來說，通過這些機會獲得的知識和見解能夠幫助前成員更快地適應新生活，更快地在膜拜團體經歷的陰影之外建立新的社會關係。

膜拜團體生活的一個最辛酸的後遺症就是對自己的不信任。許多人開始責備自己，問：「我為什麼會加入？」有部分的退出咨詢和緊接著的心理教育工作在幫助前成員分析他們的加入動機。當他們意識到是這種欺騙性的，逐步顯現的影響引導他們加入組織時，他們就會對自己少些苛責。當他們明白是社會和心理環境將他們留在膜拜團體時，他們就會原諒自己，繼續生活下去。

重獲滿足感

我們大多數人都能從完成好生活中的一些小任務而獲得滿足感——照顧家人、幫助朋友、工作出色、做一頓大餐、創造一件藝術品或在窗臺花箱中種一些花草。每天清晨，有幾個親密的朋友會打電話給我，或者我打電話給他們，我們之間簡單的電話交談就相互支持。我們所有人都能在這些簡單的對話中獲得某種滿足感。離開膜拜團體後，人們會花上一段時間才能明白，這樣的小事情正是產生滿足感的地方。

　　生活中小小的善意和快樂都能令人滿足和值得做的，要明白這一道理可能會是一段艱難的旅程。許多前成員描述自己內心的掙紮，覺得他們善待同行員工，或幫鄰居澆花，或探望生病的姑媽都是在浪費時間。他們不讓自己有任何的滿足感，因爲他們仍在用膜拜團體的標準來做判斷。探望貝琪姑媽不能等同於拯救世界。我盡力推著他們向在參加膜拜團體之前的那條道路前進：從點點滴滴的小事尋求快樂。

　　有一名女子跟我分享了她從父親那裡明白的一些觀察結果。她父親指出，她似乎並未意識到幫忙清掃車庫、父母外出購物時照顧弟妹、工作上有進步等等，就是在使世界變得更美好——做好身邊的事，就是明顯地在幫助改善世界。她說她最後明白了這一點：「你完全可以再一次享受滿足的感覺，完全可以在一段時間內對一個人好。實際上，是不可能做任何‘拯救世界’所意味著的任何事情。」這些抽象的目標僅僅是——抽象的——會不讓你過好和做好每一天。

　　這一章的討論沒有涵蓋所有膜拜團體前成員努力擺脫的所有衝突、混亂和令人不安的後遺症。但它應該能夠幫助讀者開始理解從膜拜團體條件條件和經驗中康復一定會涉及的範圍是多麽廣泛。

　　一些接受我咨詢的成年人曾經生活中有一半的時間都待在膜拜團體裡。有的年輕人每天都待在膜拜團體裡，直到我遇見他們時的幾週前。從一個膜拜團體身分中出來，並不像破殼而出那麼簡單，它是一個重新學習和成長的過程——需要在其他過來人的教育幫助下完成。

　　走出膜拜團體僞個性，也差不多是再教育和成長。通過讀書來自救對那些住的遠沒有知識來源的人來說是有價值的。這些知識來源包括退出咨詢師、膜拜團體信息專家、前成員支持組織和自學過有關膜拜團體現象的心理健康專業人士。在本書的結尾，讀者不僅會找到能夠提供信

息、資源網絡和練習的那些代理機構的名稱、地址和電話號碼之外，還會發現一個有幫助的書籍和文章的清單。

八、膜拜團體之後還有生活

我想起小時候去科羅拉多小鎮的火車站，看著新型的蒸汽火車要麼停下來，要麼放慢速度以便很快地卸下郵包，然後向遠方急馳而去。大火車和超級大火車就這樣呼嘯而過。我高中畢業班甚至以「西風之神」（Zephyr）命名，是受光滑的銀色伯靈頓火車啓發而取的名。它象徵著進步、輝煌、技術和未來。火車駛向的未來和遙遠的地方蘊含著完美。在那些地方，沒有狂風捲著掠過乾涸土地的飛揚塵土，有著明亮的燈光，隨時可以品嘗到的冰淇淋，圖書館裡擺滿了五彩的新書，遍地都是運動場。

從與這麼多膜拜團體前成員的交往中，我心裡有一幅火車站和鐵軌的新畫卷。我想起人們沿著車軌一路站過去，看著各種火車來來往往。在每一個站點，叫賣的小販、花衣魔笛手騙子和自稱的救世主紛紛跳下火車，展出各種誘人的物品，努力使車站裡盡量多的人上火車，和他們一起去到完美的前方。

當一個膜拜團體首領、一位古魯、一個培訓師，或任何自稱的花衣魔笛手因爲說他或她掌握「唯一的道路」，而叫你跳上火車時，要當心！那可能是通向地獄的最後一站。

從古至今，人們都會幫助病人、窮人和受壓迫的人。讓我們也不要忘了幫助那些在精神施虐者、暴君和操控者手中遭受苦難的人們，他們被那些人剝奪了人類心智在推理、創造、批評和改變等方面的自由。

在我們結束本書的旅程時，我想分享我對那些人的著迷和欽佩。他

們捱過了完全的失望、打擊和令人瞠目結舌的經歷，他們目睹一個使世界變得更美好的夢想是如何變成只是幫助一位自私的首領中飽私囊、大發橫財的。我曾聽到許多人的夢想破滅，他們當中有加入膜拜團體的年輕人，有沉溺於新世紀思想改造組織的成年人，也有將自己畢生積蓄教給一個來自膜拜團體的具有誘惑力的年輕人之後才後悔莫及的老年人。

所有那些同我一起工作過的人，都曾有過本書所描述過的各種經歷並走出這些經歷，他們是我所遇到過的最鼓舞人心的人。他們想使自己變得更好，想使整個世界變得更美好。他們無私、有同情心、樂於助人，他們被欺騙——他們相信了江湖騙子。

忠實的前成員們得知了他們的首領撒謊、用成員們街頭乞討的錢買了海洛因、虐待兒童或謀殺反對者，而且他們在膜拜團體裡所做的一切與他們原本崇高的目標毫無相干等事實，他們在痛苦的幻滅之後能夠回彈。這使我備受鼓舞。老人們開始明白那些看上去熱心幫他們幹雜活的甜言蜜語的年輕人實際上只不過想騙他們，之後他們也重新振作起來。這也使我受到鼓舞。

當人們說：「過去我被騙了，上當了。現在我明白了。我打算站起來，打算回頭，仍然努力不要變成一個怨恨的人，免得沒人願意理我」——他們是鼓舞人心的。

我還想對那些生活在記憶裡的人們表達敬意。他們是所有那些死在膜拜團體首領手中的人，包括那些在受到極大的傷害和因不堪忍受的事情而失去親人時選擇自殺的人。我希望其他人和我一道來緬懷那些死於實踐庸醫所傳授的養生法的人，那些徹夜不眠開車趕往下一站為其首領募錢時喪生的人（其首領開著名貴的小車，睡著懶覺）。還有那些因缺乏醫療而死去的人，因為膜拜團體蔑視醫療或因為他們忙於執行首領的

指令而沒能去看病。

　　我想爲所有那些繼續想去做好事、善待家人、朋友和人類的人鼓掌。我爲他們在背叛精神虐待者、心理剝削者或政治騙子之後恢復活力而鼓掌，爲他們不再忍受法西斯主義的僞宗師的控制而鼓掌。我爲那些大聲說出來並相信我們所有人都需要繼續努力來阻止這些虐待者掌控更大世界的人而鼓掌。確實，自由的代價是永遠的警覺和從失敗、騙局和騷擾中恢復的能力。

　　擁有自由的心靈是一件很好的事情。自由的心靈已經發現醫學、科學和技術的進展；已經創造出偉大的文學、音樂和藝術作品，制定出文明社會的道德準則和法律規範。那些通過剝奪我們的自由，尤其我們心靈的自由來接管我們的思想、並把政治的、心理的或精神上「正確」 強加給我們的暴君，他們是現在、將來和永世的威脅。

第一版後記：新千年、膜拜團體與世紀末

在本書即將出版的時候，我們獲悉，發生在加拿大和瑞士的一系列爆炸和火災中，一共有53名膜拜團體成員死亡。該組織的信仰中有世界末日的觀點。那些死亡的人們都是很富裕，受過教育並有良好修養的成年人：商人，一名市長，一名記者和一名公務員，其首領本人還是一位醫生。這不是一個下層社會青年人的膜拜團體，也不是生活方式另類的人們組成的群體。這些人在花哨的瑞士山中的牧人小屋裡喪生的。但他們的死很怪異、充滿暴力，對很多人來說仍然是一個謎團。

這些死者都是一個膜拜組織的成員，他們追隨的是一位名叫盧克·喬雷特」男子，46歲，比利時順勢療法醫生，他的屍體最後也被發現。據描述，喬雷特曾是一個信仰基督、有學問並且精力旺盛的人。他在充當牧師角色傳教的時候，曾因宣傳世界末日觀和健康意識的一種混合物而著稱，其背景是被某些人稱之爲「環保宿命論」的東西。

該組織以「太陽聖殿教」（Order of the Solar Temple）而著稱。爆炸引起的大火熄滅之後，發現了死難者的屍體，有男人、女人，還有小孩。據報道，他們死於子彈、烈焰、匕首、頭上的塑料袋和注射的毒品等的各種不同組合。有的人雙手被反綁在背後。就在發現死者屍體的這幢豪華大樓裡，有一個複雜的電線系統曾觸發了燃燒的大火。死者中有的穿著正式的白色、紅色、金黃色或黑色長袍，他們圍成一圈，面朝一個代表喬雷

特的類似基督的畫像。在瑞士一名受害者農舍地下室的一個房間裡，發現香檳酒瓶散落一地。房子的牆壁全是鏡子，充當神殿。

　　該組織的前成員報告說，喬雷特催促他們準備迎接世界末日的到來，他把世界末日描述爲一種火熱的滅絕。他招募富裕的人、有財產的人和保留工作的人作爲組織成員。據報道，在加拿大的一個公用企業裡，喬雷特作了一個關於人生意義和「自我實現意識」的收費演講，招募了12名新成員。有消息說，他在魁北克有約75名信徒，而在瑞士和法國，其信徒超過200人。一位前成員在瑞士一家電視臺總結了他們的生活，說：「我們忙於日常生活，但我們並不屬於這個世界……喬雷特讓我們感覺我們是一個被挑選出來的、有特權的集合體。」前成員們還提到，信徒們給了喬雷特大量的錢財。

　　1994年10月初，三起駭人聽聞的事件發生了。一家通訊社的報道中宣稱：「再一次，在一個世界末日教派裡，發生了大量的死亡。這是一次謀殺。」我讀到這則報道時，我想，至少這一次，他們做對了。

　　由於瓊斯鎮的悲劇在媒體中被描述爲「集體自殺」，大多數人不會費神去分析到底發生了什麼事情：瓊斯謀殺了他的信徒，他也許會給這一悲劇貼上「革命性自殺」的標籤。但實際上，瓊斯精心安排了一場集體謀殺。912條人命是通過他的命令、他的權力和他的控制被奪走的。並不是他的信徒們投票決定去死的。

　　再有，1993年，當考雷什組織在得克薩斯州的韋科鎮走到殘酷的盡頭時，我拒絕使用「自殺」這個詞。膜拜團體首領再一次精心安排了一場集體謀殺。

　　這三個組織的命運分別由瓊斯、考雷什和喬雷特所領導——其他人只引起過公眾暫時的的關注，因爲他們生活在（有的情況下死了）遠

離北美的地方，如越南和烏克蘭——它們的命運說明膜拜團體領袖的力量實在太強了。最近的事件再一次提醒我們，有些膜拜團體會以暴力來結束。當組織的信仰中包括世界末日的教義時，我們尤其需要對其集體謀殺的可能性保持警覺。

　　因爲現在已經接近世紀末、千年末，我們能夠預料到，還會聽到其他組織會追隨預言世界末日的首領。這種模式一再出現，有著在整個人類歷史上令人震驚的規律。

　　基於這樣一個原因，許多膜拜團體觀察家和新聞工作者都在呼籲人們注意當今發生全美國的一種現象。數不清的家庭正在變賣家產，許多單身或喪偶的婦女正連根拔起，搬到太平洋西北或其他人煙稀少的地區，以追隨各類膜拜團體的領袖。這種說教是一種大雜燴，包括老式的世界末日預言、新世紀神秘主義、激進的環境保護主義（或環保宿命論）、生存主義哲學以及那些只願與同類一起生活的身分認同組織的狹隘世界觀。當說到世界末日臨近的同時——不論是從犯罪、疾病、自然災害、經濟崩潰抑或沒有遵守特殊的宗教教義來的還是沒有改變個人生活方式——這場洲際運動似乎激勵人們圍繞某位古魯、膜拜團體首領、存在主義領袖或通靈者去建立一個烏托邦社區。而這些領袖正在鼓勵他們的信徒和他們一起爲世界末日做好準備。

　　有一些組織預言，傳統的末日啓示錄中，有正義與邪惡力量的交鋒。還有一些預言一群地球人將會彼此來一場最後的大決戰。但是，其他的則預言世界末日將會由以下事件引起，包括殺人蜂瘟疫、行星混亂和地震、外星人和外星飛船入侵地球抑或文明在進化的循環中被「鏟除」。還有另外一些人說我們已經被走進來的外星人入侵了，他們只不過是在等待一個接管地球的信號。

　　這類組織的膜拜性和控制力越強，那些捲入其中的人就會越危險。一般來說，領袖的個性與魅力是一個組織如何發展或消亡的關鍵。如果某位膜拜團體領袖被逼至死角——無論是因為其非法和具有威脅性的行為還是因為他或她可能全然無法再扮演神——並準備好用大火或子彈來使組織滅亡的話，那麼對於該組織來說出現悲劇性結局的可能性就會大大增加。

　　我們希望這類事件不要發生，但如果發生了，讓我們別把這類死亡稱作「自殺」。讓我們看看它們原本是什麼：那些太信任，追隨太久，並無法擺脫那個自私和兇殘的首領的人，他們生命的悲傷、孤獨而恐怖的結束。

修訂版後記

現在，千禧年已經來了又走了，各種膜拜團體所作的有關正義與邪惡之間的末日戰爭預言再一次化爲泡影。世界的末日沒有到來，文明存續。不幸與之相隨的是，膜拜團體也繼續在美國和全世界繁榮昌盛。

這個新的附言提供最新的膜拜發展、醜聞和暴行的簡短綱要。正如你要看到的，我們自己有關通過「自殺」繼續造成大規模死亡的預言不幸被證明是正確的，我們認爲在部分危險、有超凡魅力的無恥領袖及其倒楣的信徒身上會繼續出現額外的暴行這一預言同樣也是如此。以下是一些事件集錦：

奧姆眞理敎在東京地鐵實行毒氣攻擊[1]

1995年3月20日，世界各地的新聞頭條都宣布，一種致命的氣體在東京地鐵系統裡釋放，導致12名市民死亡，5000多人受重傷。有關行兇者的證據不斷累積，並指向奧姆眞理敎，這是一個以日本爲基地的國際膜

---

1 "Aum Group Starts Software Firm, Resumes Ties with Russian Followers," BBC *Monitoring Asia Pacific-Political*, Nov. 27, 2001; " Aum Leader wants Defense Delay," The cult Observer, 2001, 18(4), p. 13; "Doomsday Cult Elects New Leader," *News* 24, Jan. 28, 2002, http://www.news24.com/contentDisplay/level4Article/0,1113,2-1134_1136620,00.html；M. T. Singer and J. Lalich, "The Social Meaning of Aum Shinrikyo," *The Cult Observer*, 1995, 12(2), pp. 10-11; " Japan Says Aum Doomsday Cult Still Dangerous," *Reuters*, Mar. 12, 2002, http://www,rickross.com/reference/aum/aum297.html.

拜團體，其首領是40歲的麻原彰晃，有1-3萬名成員和一個價值超過十億美元的網絡。對麻原彰晃及其門徒的指控包括：謀殺、綁架、制造和儲存危險化學品。後來，曾以反對奧姆眞理教著稱的一名律師的遺骸、以及他的妻子和14個月大的兒子的遺骸被發掘出來。他們自1989年就失蹤了。

在放毒氣攻擊的時候，奧姆眞理教的成員大部分由年輕人組成，盡管也有整個家庭和年長的人加入。爲了引誘他們加入，麻原彰晃向他的忠實信徒許諾人間天堂，說他會讓他們免受社會的「邪惡」，免受父母的壓力，不用被迫爲傳統的公司工作。麻原彰晃走的是許多膜拜團體首領的路子：他首先集中招募受過教育的和富裕的人，在使他們加入後，採用精心設計的社會和心理學勸說，將他們塑造爲好的膜拜團體成員，並強制他們留下。他們被告知，將要建造一個「千年帝國」，按他們所夢想的方式重新創造世界。一旦有人加入奧姆眞理教，離開對他來說雖然不是說不可能，但也是很困難的。

1994年6月在松本的神經毒氣攻擊造成7人死亡、100多人受傷，在此之後，又對因東京地鐵謀殺早已被羈押的12名人員提出額外的證據。毒氣從三名法官的宿舍附近釋放出來，這三名法官正要對一場涉及奧姆眞理教的官司進行裁決，而且他們所受到的傷害導致該案可能會重新審理和延期。

許多奧姆眞理教的首領曾被判處死刑，更多的追蹤也很快就完成了。但是該膜拜團體仍然繼續存在，改名爲阿爾法（Aleph），有大約1100名成員和少數幾個「新」首領，全部都是原來奧姆眞理教的一部分。據最新報道，阿爾法正在重建國際聯繫，並獲得爲日本政府部門和主要的大公司開發計算機系統的合同。據阿爾法的成員說，這個新組織的全部

盈利都將提供給包括奧姆眞理教罪行的受害者。但是，東京警察局實際上已經逮捕了一名奧姆眞理教前成員，因其從另外一個公司盜取銀行數據。另外那個公司爲一個重要的財政組織已經開發出這樣一種計算機系統。

因此，看起來似乎與文鮮明一樣，我們沒有再聽到過這個原來以奧姆眞理教聞名的膜拜團體的末尾，它正在徹底改造自己，並且仍然被日本當局認爲是危險的。

天堂之門的自殺[2]

自本書的第一版出版以來發生的最臭名昭著、最怪異的膜拜事件，就是發生1997年在南加州的天堂之門膜拜團體39名成員的自殺事件。

天堂之門膜拜團體，成立於1972年，其首領爲馬歇爾·赫夫·阿普爾懷特（Marshall Herff Applewhite）和邦尼·路·奈托斯（Bonnie Lu Nettles），他們信奉一種折衷的哲學，這種哲學源自許多哲學和精神信仰體系，包括神智學、基督教教義、超自然論、環保宿命論啓示錄以及——最值得注意的是——UFO學，卽對與不明飛行物（UFO）相關現象的興趣和研究。這兩位首領開始幾乎沒有成功吸引到什麼信徒，直到1975年，他們被邀請到好萊塢給大約75人的會場演講。這兩位先知穿著一樣、留著短平頭，看上去像是夫妻雜貨店的店主。然而，他們對那天會上的人所講的事情，卻是十分驚人的東西。

阿普爾懷特和奈托斯，他們自稱是「這倆」，聲稱來自外太空。據描述阿普爾懷特是一位熱情的有吸引力的男子，有一雙動人的藍眼睛，對

2　J. Lalich,*Bounded Choice: The Dilemma of True Believers and Charismatic Commitment* (Berkeley: University of California Press, forthcoming).

那些願意追隨他和他搭檔的人許諾會讓他們通過一個轉變過程而永遠不死，而這一過程只能通過放棄一切才能完成：包括工作、財產、家庭、孩子、性生活、酒精、煙和毒品。

那些參加者當中有許多人，以及此後數月到數年來的許多其他人，確實交出了他們的生命。他們服從被加利福利亞州立大學的膜拜團體研究者和學者揚亞·拉裏奇博士稱爲「有限選擇」（bounded choice）的四條原則，通過這四條原則，兩位膜拜團體首領爲他們的成員形成了一個一致的世界觀、一個他們完全認可的故事、一個他們生存和死亡的敘事。這兩位首領：

1.創立超凡魅力權威。這對阿普爾懷特來說尤其如此，他常常被描述爲「迷人的……天生的領導家……十分有吸引力」，有著能使人著迷的個性和吸引人的凝視。Nettles 更爲敏感，但是她毫無疑問不僅對信徒而且對阿普爾懷特都具有權威。

2.形成一個超常信仰體系。對於天堂之門來說，這個體系就是以個體變形爲一個「更高水平」的目標爲基礎，「更高水平」就是一個人會永遠不死但是會通過航天器轉變爲某種宇宙天命。

3.建立控制系統。阿普爾懷特和奈托斯維持一種絕對的從上至下的權威，引導著組織成員的個人和職業生活的方方面面。

4.建立影響系統。以同伴壓力、示範以及組織規範和目標的內化爲中心。在這裡，規範和目標包括相信地球上的所有事情都是一次測驗和一門課程，爲的是學會如何成爲一個更好的「船員」，爲離開變成外太空裡某個地方的永恒生命做好準備。

在其存續的整個過程中，該組織對外使用的名稱有好幾個，如人類個體蛻變（human Individual Metamorphosis，H.I.M），微綠股份有限公司

（Littlegreen），匿名全勝者（Total overcomers Anonymous, T.O.A），但在組織內部，首領和成員們都將自己稱爲「班級」。他們住在一起，在組織外面工作，共同管理他們的錢。他們保持秘密性和流動性，從俄勒岡州搬到懷俄明州、科羅拉多州、新墨西哥州、德克薩斯州，最後搬到南加州。

奈托斯1985年因病死亡，但是阿普爾懷特告訴組織的「學生」說，她現在能夠引導他們達到比「更高水平」更好的狀態，而且，他常常在和信徒們坐在一起的時候在自己旁邊留出一個空位。1997年，這個班級的人聽說，至少根據UFO愛好者說，一個太空物體正在追蹤哈勃彗星，他們很快相信這是等待已久的信息。

很多人曾問過我，開始是關於吉姆·瓊斯和在瓊斯鎭發生的可怕的集體謀殺和自殺事件，後來是在天堂之門自殺事件發生之後，「一個人是怎麼說服所有這些聰明、成功的受過良好教育的人去自殺的呢？他是怎麼使他們相信自己不是眞的死亡而是被釋放出來成爲一種更高級水平的狀態，並住在天堂裡的某個遙遠的星球和宇宙中的？」

我告訴他們這很簡單。這對朋友和家人來說是可怕的、恐怖的和災難性的事情，但實際上是非常容易理解甚至是可以預料的。所有這些人都是「有界限的選擇」狀態的受害者。自殺行爲對他們來說是完全符合邏輯的，考慮到他們所居住的世界——一個封閉的社會，有根深蒂固的信仰、規定的活動、極度尋求的目標和嚴格的策略來達到這些目標。考慮到一個被那四條原則（超凡魅力權威、超常信仰體系、控制系統和影響系統）塑造過的世界，這對他們來說自殺是一種完美的感覺，因爲他們相信他們此後會永生。

多年來，他們活著就是爲了這一刻，將自己訓練爲一個高度專業的「離去團隊」，卽一個更高水平學生組成的特殊班級，爲回到他們地球

之外的家做好準備。他們喝下一種致命的伏特加和苯巴比妥的混合物來為自己升天做好準備，這種混合物還會加一點布丁和蘋果汁來使它下去得更順利些。他們還在躺在分配好的床上時將塑料袋套在頭上，為確保任務成功做好雙重準備。

　　他們每一個人——年齡在26歲到72歲之間，男女數目相等——都穿著整潔，穿著一套手工製作的離去團隊制服，在右胳膊的袖子上縫了一個特殊的補丁。他們所有人都誇耀這種碗狀的髮型為他們組織的特徵，每位成員都穿一雙嶄新的黑色耐克網球鞋，來和他或她穿的手工縫製的黑色制服相配。在每一張床或簡易的小床旁邊的地上，放著一個小小的便攜包，包裡面有一張5美元的支票和一卷25美分的錢，而且大多數包裡還有一張駕駛員的駕照或護照。他們為了回到未來的家做好了充分準備的。

烏干達的千禧年謀殺[3]

　　有一個膜拜團體，十分強烈地認為，世紀的更替會真正帶來世界的末日，那就是恢復上帝十誡運動（the Movement of Restoration of the Ten Commandments of God），其總部在烏干達。

　　對於這一膜拜團體，人們了解的沒有太多細節。但是《膜拜團體觀察者》報道說，它顯然是由克莉多尼亞·瑪琳達創立的，她是一位40歲的酒吧老板娘，其性冒險行為方面的名聲很臭，直到她開始告訴卡農古（烏干達西部地區的一個小鎮）的人說，聖母瑪麗亞打電話給她，要求人們賣掉財產，說這些財產只是通過有罪的行為掙來的，並告訴了她所有接

3　"Trying to Understand Uganda 'Holocaust'," *The cult Observer*, 2000, 17(2), pp. 18-19.

下來要做的事情。很明顯，作爲一個極會說話的女人，瑪琳達確實說服了數百名大多數沒有受過教育、貧窮的人烏干達人，讓他們賣掉了他們原來的牲畜，幫她建立了一個大象草坪教堂，這個教堂據稱是一個新的避難所，在這裡他們就不會遭到預定的2000年1月1日的世界末日的危險。

瑪琳達最成功的招募是約瑟夫·基布維特爾，一個富裕、並受過教育的男子，他最後變成了膜拜團體指定的「先知」。有一張照片裡，他一副牧師的打扮，瑪琳達坐在他旁邊，穿得像個修女。他們一起努力勸說這一地區的人們服從絕對的紀律、禱告、沉默以及自我克制，並讓他們的首領控制他們的生活和生產性收入。

只有大約200人被說服，認爲這個預期的新世界秩序很快就會成爲現實，但是，當2000年1月1日接近的時候，基布維特爾和瑪琳達強制這些門徒帶上他們所有的家庭成員一起到坎納谷的大象草坪教堂來等待世界末日，他們聲稱，這是每個人都能免受即將到來的大火傷害的唯一地方。

「我們的任務是結束」，基布維特爾說道：「無論你信與不信，2000年之後不會有2001年，但是，……會出現一個新時代的元年。」

當千禧年來了並走了的時候，到底發生了什麼事情，我們並不完全清楚。但是在2000年3月，《膜拜團體觀察者》報道說，超過500人，有男人、女人和孩子，在教堂被燒毀的時候死亡。後來，另外還有500人被發現埋在其他的地方，這些人是被打死或刺死的，他們的臉上還被潑了酸性物質，這使得身分鑒別更加困難。

首先，可以看出，這些信徒們在盲目地服從首領的命令下自願犧牲自己性命的，首領們完全控制了他們，奪走了他們所有的東西。然而，最終發現教堂的門都對外關閉，被釘死，而受害者們努力想逃走——他們

的屍體都堆在出口和窗戶上。只有首領們自己看上去是自願喪生的。

　　所以，這是怎麼發生的？這種可怕的暴行爲什麼會發生？有些家庭成員覺得，錢財和權力再一次成爲膜拜災難的核心。他們說，在世界末日沒有發生的時候，信徒們想要回他們的錢財。首領們可能已經決定要扼殺這種日益增長的反叛，選擇自己來實現啓示錄中的預言，謀殺一千人並自殺。

「文迷」的大轉變[4]

　　許多美國人曾經痛苦地意識到有韓國具有超凡魅力的膜拜團體首領文鮮明的信徒。多年來，文鮮明的信徒，通常被稱作「文迷」，被發現在做小生意、開小飯館，開發房地產，並占領組織之家，通常在大學城，因爲在那裡可以很容易招募到大學生，他們許諾可以通過服務文鮮明這個自稱的新彌賽亞來獲得個人得救，這個彌賽亞是上帝派來爲完成耶穌沒有完成的任務的。文鮮明的統一教會掌管著一個公司性質的生意，能夠從各種遍布世界各地的重要企業裡獲得巨額利潤。1984年，文鮮明被控陰謀妨礙公正和陰謀申請假退稅而被判在聯邦監獄服刑。

　　據報道，因爲組織規模無法增長、美國人對其招募的反應普遍下降而感到受挫，文鮮明幾年前解散了統一教會，但是自從他重新將自己包裝爲一個「基於信仰」傳福音的首領，成立一個新的組織，名爲「世界和平與統一家庭聯合會」（Family Federation for World Peace and Unification）。這一保護傘組織曾經讓自己遠離文鮮明原來作爲膜拜團體首領的名聲，並形成與其他各種與他贊成大家庭的議程（profamily agenda）相一致各

4　R. Boston, "Moon Shadow," *Church State*, June 2001, http://www. au.org/churchstate/cs6013.htm; "The Rev. Moon's Son Reportedly a Suicide, " The Cult Observer, 1999, 16(1), pp. 1, 8.

種其他信仰聯盟。

　　然而，這種有計劃的重新包裝最有意思的部分是，文鮮明會與保守的政客建立緊密聯繫。在過去的多年裡，文鮮明已經招募了許多有名的宗教右翼人士，在文鮮明發起的活動上發言，這些人包括傑瑞·法威爾（Jerry Falwell）、拉爾夫·裏德（Ralph Reed）、丹·奎爾（Dan Quayle）及其妻子瑪麗蓮（Marilyn）、參議員傑西·赫爾姆斯（Jesse Helms）和奧林·哈奇（Orrin Hatch）、前美國大使珍妮·柯克帕特里克（Jeanne Kirkpatrick）前教育部長威廉·班尼特（William Bennett）、前國防部長亞歷山大·黑格（Alexander Haig）以及總統候選人蓋瑞·巴洛（Gary Barlow）。一家倫敦報紙報道說，文鮮明還付了數目可觀的演講費給其他的政治名人，包括給了傑克·肯普（Jack Kemp）6.8萬美元；給了前總統老布什將近150萬美元。

　　文鮮明還在極度保守的報紙那裡獲得了巨大的成功，如《華盛頓時報》，自1982年成立以來他一直資助該報紙。文鮮明利用這個《時報》作爲許多政治保守觀點的出口，他還通過相關的華盛頓時報基金會大量贊助社會和職業活動，有非常著名的政治和宗教領袖會參與其中。

　　在一個對文鮮明和政治右翼之間關係的敏銳分析中，美國人聯合政教分離組織的波士頓(美國人聯合政教分離組織是一個由律師、遊說者和活動家等人組成的一個團體，通過訴訟和遊說等方式來確保美國能眞正達到政教分離。他們認爲，政教分離能夠保護所有人，使國家更公平、更平等、更包容。羅布·波士頓是該組織的高級顧問。——譯者注)（Rob Boston of Americans United for Separation of Church and State）指出，在2002年4月，全國的神職人員和社會活動家都收到了參加某個研討會的邀請，研討會名爲「基於信仰的爲家庭和社區復興的倡議」，看

上去是來自國會領導層，與此同時，還有一篇新聞稿，出自眾議院議員老瓦特（J.C. Watts Jr.）、眾議院會議主席（the House Republic Conference Chairman）（俄克拉荷馬州）和參議員裏克·桑托勒姆（Rick Santorum）（賓夕法尼亞州）。然而，進一步的仔細審查發現，這個會議並不是直接由他們發起的，而是由美國家庭聯合會和華盛頓時報基金會發起的，這兩個都是文鮮明的前線組織。

文鮮明渴望支持這個「基於信仰的」的最高級會議和老布什總統一個富有爭議的動議。該動議是要將許多社會項目的運營移交給宗教組織。結果，波士頓報道說，文鮮明在2002年3月到4月間，到所有50個州進行巡回演講，這些演講聽起來很像他原來對其現已滅亡的統一教會成員所講的訓道詞。

在這次的巡迴旅行中，文鮮明重新主張其身分爲耶穌再生，並聲稱只有那些已經獲得文鮮明親自祝福的人才能進入天堂。他還攻擊同性戀男子和同性戀女子，以及「那些追求自由性愛的人」，稱他們「比動物還不如」。此外，任何一對沒有生孩子的夫妻也會受到指責。「如果你不生孩子，」他說，「你就不能進入上帝的國，你注定要去其他地方——你可以稱其爲地獄。」然後他勸誡在座的女子，「你想上帝爲什麼給你們這種寬大的墊子一樣的臀部——是爲了你自己坐在任何地方都很舒適？錯，是爲了你生孩子。」

文鮮明還聲稱他和他的妻子（以眞正的父母而著稱）生了孩子，而沒有犯下原罪。不過，他長子的前妻孝珍（Hyo Jin）曾出版了一本書，宣稱這名長子曾經受過可卡因成癮和酗酒，而且是妓女的常客。文鮮明的次子，飛利浦·楊金，於1999年自殺。

盡管存在這些問題，文鮮明繼續保持著與許多保守政客和宗教右

翼的緊密聯繫。

克里希納派教徒（Hare Krishna）的兒童虐待案[5]

我們當中很多人會記得，從1970年代開始，無所不在、著橘色長袍的光頭青年在大街上跳舞，搖著小鈴鐺，手持著花，打著鼓，一遍又一遍地唱誦著「克里希納」。即使是披頭士合唱團的喬治·哈裏森，也被橫掃進這一運動中，他寫了好幾首慶祝這一教派的歌曲，該教派於1960年代由一名印度的印度教古魯斯瓦米·帕布帕德（Swami Prabupada）創立。

克里希納教派變成一個最顯眼的在鄉村的宗教膜拜團體，至少有5000名忠實信徒，他們住在被稱爲靜修處的社區，被全國各地的45座廟宇網絡所包圍。最後的成員數量在美國大約有一萬，在東歐、印度和其他地方估計可能有一百萬。所有這些都是受國際克里希納知覺協會（益世康，the international Society of Krishna Consciousness, ISKCON）贊助。

然而，當以美國爲總部的克里希納克利希那教派靜修處的成員變得越來越老時，建立專門的學校來爲他們的孩子提供合適的教育就變得很有必要。斯瓦米·帕布帕德聲稱，忠實的信徒應當免費爲膜拜團體推銷信仰的書和做其他工作。因此，孩子們應當送去寄宿學校，這樣他們就不會依賴父母，相反會成爲新一代的忠實信徒。結果，到1970年代末時，美國有11所這樣的學校，學校裡的老師和管理層員工通常都是沒有

5　J. Lieblich, "Facing Suit, Hare Krishna Temples Eye Bankruptcy," *Chicago Tribune*, Feb. 7, 2002, p. 14; "Former Hare Krishna Boarding School Students File Suit," *Associated Press*, June 12, 2000, http://www.rickross.com/reference/krishna/krishna22.html;S. Parrott, "Hare Krishna Boarding School Sued in Child Sex-Abuse Case," *Boston Globe*, June 13, 2000, p. A17; "Hare Krishnas Confront Child Abuse," *The Cult Observer*, 1999, 16(7), pp. 1, 3; 1. Goodstein, "Hare Krishna Movement Details Past Abuse at Its Boarding Schools," *New York Times*, Oct. 9, 1998, pp. A1, A16.

經過訓練和篩選過的。

　　此後十多年裡，出現了許多關於這些寄宿學校裡有身體上的和性方面的不端行為。這些學校被稱作靈師學校（Gurukula）或「古魯的房子」。 被安排到學校來的教師和員工，通常是因為他們被認為是無法勝任招募或銷售工作，他們顯然建立了一個系統的虐待文化。「我們所有人都做同樣的禱告」，一名12歲的幸存者在《膜拜團體觀察者》的報道中說，「克里希納，帶我遠離這裡的地獄吧」。

　　終於在1998年10月，克里希納教派的首領公開承認，有些兒童曾受到過性騷擾，被打，被鎖在有大量蟑螂出沒的密室裡。他們保證說要新成立一個兒童保護任務隊，會調查50個聲稱有虐待的案例，並拿出25萬美元來幫助這些受害者。

　　不管是這一聲明，還是那些關於調查的承諾和對受害者進行賠償的賠償金，都明顯沒有使情況得到改善。因此，在2000年6月，由44人在達拉斯發起了一場廣泛宣傳涉及4億美元的法律訴訟，控告益世康領導層掩蓋對多年來對數千名學生的虐待。原告律師溫德爾·特利（Windle Turley），將這些學校的現實[6]稱為是「我們所見過的對小孩子們最不可思議的虐待和粗暴對待，包括強奸、性虐待、身體上的折磨和對3歲大的小孩情感上的恐嚇。」此外，他還說ISKCON故意讓有嫌疑的性違法人員到學校來工作。他相信所有學校中有超過一半的孩子都是受害者。

　　經過多年努力為這件案子和各種其他的訴訟案進行辯護與和談之後，據報道[7]，2002年12月，克里希納教派有超過12個廟都計劃申請第十一章裡所說的破產來保護他們的資產。

6　　S. Parrott, "Hare Krishna Boarding School......," p. A17.

7　　J. Lieblich, "Facing Suit ......", p. 14.

　　儘管如此，這個教派還在繼續，雖然規模小得多，不那麼時尚了。而且，兒童保護辦公室的現任領導人德希納‧哥文達（Dhira Govinda）說，「有一種看法認為，高級領導層的某些成員對這些罪犯十分保護[8]。

法輪功爭議[9]

　　自本書第一版出版以來，在很多給我打電話的人中，有一些是華裔美國人，他們對自己在美國這裡參加了法輪功的家庭成員表示十分擔憂。法輪功，是從中國大陸傳過來的一種冥想和修煉體系。通常，他們會打電話給與其家庭中斷聯繫的青年人，在中國文化裡這種行為是不被期待的。這些青年人已經不能和來看望或打電話給他們的親人進行正常的對話，但是相反，他們會對親人進行演說，並引用許多李洪誌的書裡的話。李洪誌是法輪功的創始人，他宣稱自己超越普通的凡人，是一位開悟的聖者，採用了一種人類的形式，來漫步地球並向他的弟子提供拯救或「圓滿」。

　　有些親人們最普遍的一個擔憂是，他們的親人患有嚴重疾病需要進行必要的治療，可能會被終止治療，因為法輪功強烈反對看醫生。信徒們相信，練習和信仰能夠通過幫助他們達到「更高層次」而阻擋疾病。

　　但是法輪功是一個危險的膜拜團體還是被中華人民共和國共產黨

8　J. Lieblich, "Facing Suit......", p. 14.

9　"Falun Gong: Family Responses in U.S.," *The Cult Observer*, 2001, 18(2), pp, 10-11; "Former Falun Gong Practitioners Speaks," *The Cult Observer*, 2001, 18(1), p, 6; "Is Falun Gong a 'Cult'?" *The Cult Observer*, 1999, 16(12), pp. 1, 4; "Why China Calls Falun Gong a 'Cult'" *The Cult Observer*, 2000, 17(2), pp, 13-14; B. Hutchinson, "Master Li's Disciples," *National Post*), July 6, 2002, pp. B1, B4; P. Rahn, "What Do We Really Know About Falun Gong?" *The Cult Observer*, 2000, 17(1), pp. 13-14.

中央政府迫害和壓制的一個正義的受害者呢？自從1992年由李洪誌在中國創立以來，法輪功與中國政府有過許多次對峙，中國政府宣布它為非法組織，這是一項對那些在西方的與宗教自由和人權相關的組織和個人提出警告的政策。

例如，據人權觀察組織說，中國政府毀壞了數百萬本法輪功的書和視頻，並逮捕了數千名法輪功練習者，對其中數百人判處了3到18年的有期徒刑。他們說，至少還有5000名法輪功練習者被派往勞工集中營，他們大多數人參加了後來的遊行示威，而法輪功並沒有獲得遊行的安全許可。

我想知道，有多少好心的西方人士實際上密切關注過李洪誌的教義和其信徒的練習。大部分的西方媒體將法輪功描述為一種冥想和修煉項目，但是看上去更多的是對該組織成員所要求的信仰體系。就在一萬名信徒突然出現在北京的政府大樓前遊行示威（在中國文化裡這是一個令人吃驚和可怕的事件）的幾個星期前，李洪誌主張如下箴言[10]：

• 月亮是空的，是史前的人類造出來的。

• 二十億年前，地球上就建立了一個大規模的核反應器。這個反應器已經運行了大約50萬年。

• 金字塔不是埃及人建的。

• 有人住在海洋裡，長得和我們一樣，但是有鰓。

• 我們有些人能夠去到更高級的星球，但是很多人不能去。那些剩下的人會變得更加墮落，他們沒有路可走只能被殲滅，以免他們汙染地球。

10　P. Rahn, "What Do We Really Know About Falun Gong?" pp. 13-14.

• 外星人已經從其他星球來入侵人類的大腦，並毀滅人類。

法輪功聲稱在全世界有一億成員（這是一個沒有事實根據的數字），其領導層要求這些信徒們毫不懷疑地接受李洪誌的教義。李洪誌聲稱：「你的思想要是有一點偏差[11]，就一定會讓你有生命危險。」儘管李洪誌的人類形式在新澤西安靜地住著，但是法輪功的領導層卻十分嚴肅地斷言，李洪誌是無所不能、無所不知和無所不在的；可以看到未來，也可以治癒患者；能真的飛起來，上天入地；還有其他超能力。李洪誌許諾說，他的弟子們也會達到一種魅力狀態，不過他對「普通」人十分輕視、漠不關心，說道：「無論他怎麼損害你的身體，我們都不在乎。」

我個人毫不懷疑，法輪功具有一個真正的膜拜團體的許多特徵，包括對一個超凡魅力領袖的完全服從、強制性的思想控制、對其信徒的經濟剝削、許諾唯有通過對膜拜團體首領完全服從和奉承才能獲得拯救的末日預言，一個十分嚴格的很難從中逃脫的組織結構。

法輪功的信徒們相信他們能夠長生不老、獲得超自然的能力。與此類似的一個信仰曾出現來中國的歷史上，在1900年左右，當時義和團運動的參與者相信他們的身體對英國的武器刀槍不入，結果死了2,000萬人。因此，根據劉賀（Hat Lau）的研究[12]，為什麼這個膜拜團體遭到中國政府的反對，其中有一定的文化原因。但是無疑，一個有關教育、解救、復原和彌補的更加開明的方案，在處理法輪功的膜拜危險時會是一個遠比目前的策略要好的辦法，目前這個策略到目前為止只有使該組織更加令人同情、更受歡迎。

11　*The cult Observer*, 16(12), pp.1, 4.

12　H, Lau, "The Real Reason for Crackdown on Falun Gong," *San Jose Mercury News*, Aug. 8, 1999, pp. 1C, 4C.

膜拜團體警覺組織的轉讓

自本書第一版出版發行以來，發生的一件十分傷心的事情就是，膜拜團體警覺組織（CAN）[13]破產並隨後由山達基教徒接管。膜拜團體意識網絡是二十年前創立的，正好是在數百名吉姆・瓊斯的信徒在圭亞那被謀殺和集體自殺事件發生之後。膜拜團體警覺組織是一個非營利的國家組織，致力於講述膜拜團體的眞相，並幫助膜拜團體成員及其家人和朋友。

所有權發生轉換的不幸事件產生了眞正怪異的情形，每個在不知情的情況下給CAN打電話尋求幫助的人現在就會面對這種情形，他們收不到任何有關膜拜團體的警告或建議，相反有可能會找到某個來自山達基教派的人。「就像拯救行動接管了計劃生育。」[14]一位山達基教派的批評者如是說。

這是怎麼發生的呢？唉，這是一個很長的令人傷心的故事。爲了簡明扼要地說這件事，我們需要以一件事實作爲開頭，那就是，大家都知道，那些支持山達基教派的人已經提起過許多民事訴訟，控告那些批評他們或被他們當作敵人的人。我是從第一手的經驗來得知此事的，因爲該教會在我在一場審訊中作了不利於它的證詞之後，於1980年代起訴我而不成功。

無論如何，幾年前，肯德裏克・L.莫克森（Kendrick L. Moxon），一名在山達基教派的圈子中非常突出的洛杉磯律師，代表傑森・斯科特

13　E. Osnos, "Anti-Cult Agency Loses Libel Suit," *Chicago Tribune*, July 3, 1997, p. 6; S_ Hansen, "Did Scientology Strike Back?" *American Lawyer*, June 1997, 19(5), pp. 62-70; R. Russell, "Scientology's Revenge," *Los Angeles New Times*, Sept. 9, 1999, p.18.

14　R. Russell, "Scientology's Revenge," p.18.

（Jason Scott）對CAN進行一場民事訴訟。斯科特是兄弟三個中的一個，這三名兄弟曾在其母親凱瑟琳·托肯（Katherine Tonkin）的要求下被解套。凱瑟琳在逃離生命神龕教會（Life Tabernacle Church）（在華盛頓州貝爾維尤市的一個小型的五旬節會的會眾）後，她的三個年輕的兒子——傑森，當時18歲，他的兩個弟弟，一個16，一個13——選擇留在該教會。於是他們的母親雇了裏克·羅斯（Rick Ross），他是一位在鳳凰城的膜拜團體專家，已經從事多年的解救和解套工作。顯然是CAN的一名志願者讓傑森的母親和羅斯取得聯繫的，因此傑森決定起訴裏克·羅斯，並在肯德裏克·莫克森的一名同事馬爾切羅·迪·毛羅（Marcello Di Mauro）的授意下同樣也起訴CAN，理由是CAN參與了被他稱爲「綁架」的行爲。當法官判決裁定對傑森有利時，CAN突然要面臨180萬美元的賠償。

　　CAN通常是小本經營，甚至沒有足夠的錢來支付辯護律師的費用。它此前已經經受過50個控告它的訴訟案，這些訴訟案都是山達基教派成員在1991至1993年期間在州法院和聯邦法院提起的。因此，這一突如其來的180萬美元的新債務迫使該組織宣布破產。破產法院變賣了它的資產——包括名稱、標誌、熱線服務電話號碼——給了出價最高的人，即一名山達基教徒的律師，他與莫克森的一名前同事一起工作。他將這些資產許可給一個新成立組織使用，即宗教自由基金會（Foundation for Religious Freedom），它作爲山達基教派的一個組織被列入與美國國稅局的協議中。只是爲了進一步的起訴，這些文檔資料被隱瞞了。它們最後也都被移交給宗教自由基金會，當時它們被法院判決爲CAN最大的無擔保債權人，一位名叫蓋瑞·貝尼（Gary Beeny）的男子，他買下了傑森的判決書。貝尼的代表，猜猜是誰，肯德裏克·L.莫克森。傑森在多年的訴訟之後以2.5萬美元賣掉了他的判決書，而且什麼也沒留下。當他得知這一切

是怎麼結束的時候，他將自己與莫克森分開，並說自己成爲變成一個在山達基教徒手中的「人質」。

所以，這麼多的巧合！無論如何，這就是爲什麼給新的CAN組織打電話的人很可能最後會和一名山達基教徒說話。他們提供的大部分有關膜拜團體的信息不可能像你在十年前可能會收到的信息那樣提供警告或幫助。大部分可能會推薦給你的「專家」實際上是我稱之爲膜拜團體的「辯護者」的人。CAN原來的主管普裏西拉·科茨（Priscilla Coates）說，[15]「它是一個悲劇，但是我們相信有關新的CAN眞正是什麼的消息已經傳遍了，我們能從中得到安慰。」

山達基教派的代言人說[16]，新的CAN、宗教自由基金會正在「努力促進各教派間的對話」，而原來的CAN是一個「仇恨組織」（hate group）。然而，毫無疑問，在很多人心中，相反是山達基教派現在正在復仇。

膜拜團體與今日恐怖主義[17]

2001年9月11日，自殺的飛行員劫持了四架飛機，隨後用這些飛機來炸毀了世貿中心大樓、毀壞了五角大樓，殺害了數千名無辜的受害者。自從這一事件發生以來，很多人問我，這麼致命的恐怖分子是不是膜拜團體成員。「無疑，」他們說，「基地組織這個由難以捉摸的本·拉登領導的國際恐怖主義組織就像一個膜拜團體，對不對？那些在武裝起義中的巴勒斯坦人把爆炸物綁在胸前並使自己爆炸來殺害以色列人呢？——他們是不是也是膜拜團體成員？」

15　R. Russell, "Scientology's Revenge," p.18.

16　R. Russell, "Scientology's Revenge," p.18.

17　"Seminar Compares Terrorist Groups to Cults," www.newsnet5.com/news/1032047/detail.html, 發布於Oct. 28, 2001.

　　嗯，這些人無疑在他們的某些假設中是正確的。本·拉登的基地組織犯下的自殺式暴行，巴勒斯坦自殺式人體炸彈，以及最近在巴勒斯坦和其他地方實施的其他恐怖主義行為，我們似乎每天都能從報紙上看到的這些事件，確實看上去是某些技巧的結果。這些技巧已經被膜拜團體多年來不斷完善，現在已經被我們所熟悉。例如：

　　·教化。無論是基地組織還是巴勒斯坦當局都開辦了兒童學校和青少年訓練營，集中傳授關於世界歷史和當前事務的片面觀點（退一步來說）。從很小的年紀開始，新一代的未來的戰士、恐怖分子和投彈手被灌輸教條和意識形態，這種意識形態讓一個人為對神聖任務具有狹隘、死板和守紀律的感覺而許下承諾，並恪守支持該承諾的世界觀。

　　·強制說服。在這些年輕人被灌輸的強有力的和有說服力的信仰當中，有一種觀念，那就是殉難將會確保他們快速、極好地上升到天堂和極樂世界。此外，自殺式人體炸彈經常被強制來實施他們的謀殺行為，其途徑是通過許諾將物質利益——金錢和財產給他們父母和家人。

　　·具有超凡魅力的領袖。奧薩馬·本·拉登聲稱他能直接與安拉真主說話，他的宣言和神秘活動、他的誇大和聲稱具有無所不知的能力——這些和其他特徵都符合膜拜團體首領的範例。例如，在11卷的《阿富汗抵抗運動百科》（*Encyclopedia of afghan resistance*）不斷地感謝和祝福本·拉登，因為他在「靈魂和金錢」方面的非凡努力。從哈瑪斯的卡薩姆軍團（Hamas's Izzedine al-Qassam Brigade）和巴勒斯坦解放組織的阿克薩旅Palestine Liberation Organization's Al-Aqsa Brigade）來看，我們不是十分清楚巴勒斯坦恐怖分子和自殺式人體炸彈的各種教派的實際領袖。已經有聲明說，有少量的自殺式人體炸彈可能是他們自己實施的，在某種程度上說是單方面的衝動行為。但是，他們所有人都必須從巴勒斯坦

各個教派和恐怖分子組織的首領那裡獲得武器和制作炸彈的原料,而且他們大多數明顯都是強化訓練的結果、近代政治史和戰爭與占領文化的產物。據我們所知,相當多的人是被具體的首領派去的,這些首領不僅對自殺式人體炸彈本人而且對他們的家人和朋友的信仰和行爲都有著強有力的控制。

　　考慮到這些技巧的存在,在這些恐怖分子行爲和膜拜行爲之間作一個比較,對我來說是有意義的。不過,我已經說過,我認爲我們確實需要當心,我們不會停止給所有那些宗教信仰或民族主義的愛國主義嚴格地貼上類膜拜團體的標籤。舉個例子來說,想起所有那些偉大的美國英雄人物,他們都宣布過他們願意「爲國家而死」或他們的信仰。內森·黑爾(Nathan Hale)、約翰·保羅·瓊斯(John Paul Jones)、馬丁·路德·金(Martin Luther King Jr.)和在我們歷史上的其他許許多多具有超凡魅力的英雄,他們都不是膜拜團體的受害者,也不是膜拜團體的領袖。因此,我相信,無論我們從世界何處來看,我們都應當小心地將明確的膜拜類似物與眞正的愛國主義和基於信仰的行爲區分開來。

相關資源與組織機構

出版物

❶《膜拜團體研究》(Cultic Studies Journal)（半年刊）
美國家庭基金會
P. O. Box 2265 Bonita Springs, FL 33959
❷《膜拜團體觀察者》(The Cult Observer)（每年出10期通訊）
美國家庭基金會
P. O. Box 2265 Bonita Springs, FL 33959

組織機構

這是一份簡略版的名單。如果想找位於特殊地點或富有特別秘密的組織，請與美國家庭基金會或膜拜團體警覺組織聯繫推薦。

❶美國家庭基金會（American Family Foundation, AFF）P. O. Box 2265 Bonita Springs, FL 33959
　　(212)533-5420
❷膜拜團體復原與信息中心（ Cult Recovery & Information Center, CRIC）P.O. Box 1199 Alameda,
　　CA 94501 (510)522-1556
❸國際膜拜團體教育項目（Inernational Cult Education Project, ICEP）P.O. Box 1232 Gracie Station
　　New York, NY 10028 (212)533-5420
❹膜拜團體前成員復原支持網絡（ reFOCUS, Recovering Former Cultist' s Support Network） P.O.
　　Fox 2180 Flagler Beach, FL 32136 (904) 439-7541
❺膜拜團體與傳教士特別小組（Task Force on Cults an Missionaries）大邁阿密猶太人聯合會
　　(Greater Miami Jewish Federation) 4200 Biscayne Blvd Miami, FL 33137 (305)576-4000

咨詢服務機構

除以下服務機構外，美國家庭基金會還有一份全國的精神健康專家名單，名單上的專家都具有膜拜團體相關專業知識。

❶膜拜團體診所與熱線 (Cult Clinic & Hot Line) 猶太家庭與兒童服務局（Jewish Board of Family
　　and Children' s Services ）120 W.57th Street New York, NY 10019 (212)632-4640
❷源泉靜修與資源中心（Wellspring Retreat & Resource Center）P.O. Box 67 Albany, OH 45710
　　(614)698-6277

國際組織

這是一份簡略版的名單。如要尋找這些國家或其他國家的其他組織，請與美國家庭基金會聯繫。

❶保衛家庭與個人聯合會ADFI(Association Pour La defense de la famille et l'individu) 10 rue du Pere Julien Dhuit 75020 Paris France 33-47-97-96-08

❷青年協會 Asociacion Pro Juventud, A.I.S.(Asesoramiento e informacion sobre sectas) Aribau, 226 08006 Barcelona Spain 34-32-014-886

❸拯救迷信者家庭行動信息組織Family Action Information and Rescue(FAIR) BCM Box 3535, P.O.Box 12 London WC1N 3XX United Kingdom 44-1-539-3940

❹膜拜團體信息Info-Cult 5655 Park Avenue, Suite 305 Montreal, Quebec H2V 4H2 Canada (514)274-2333

❺精神控制研究組織Mind Control Research Network 劄幌中央區Sapporo-shi Chuoku 美並Minami 9 Jo 10 Chome 格蘭公館Grand Mansion 506 北海道 日本Hokkaido, Japan81-11-562-7466

延伸閱讀

書

❶《被俘虜的心，被禁錮的腦：從膜拜團體和虐待關係中逃離和復原》*Captive Hearts, Captive Minds: Freedom and Recovery from Cults and Abusive Relationship*, by Madeleine Landeleine Landau Tobias and Janja Lalich . Alameda, Calif: Huter House,1994.

❷《濫用的教會》*Churches that Abuse*, by Ronald Enroth. Grand Papids, Mich.: Zondervan,1992.

❸《強制說服：對被中國共產黨「洗腦」的美國普通戰俘的社會-心理學分析》*Coercive Persuasion: A Socio-psychological Analysis of the「Brainwashing」of American Civilian Prisoners by the Chinese Communists*, by Edgar H. Schein, with Inge Schneier and Curtis H. Barker. New York: W.W. Norton, 1961.

❹《反膜拜團體精神控制》*Combatting Cult Mind Control*, by Steve Hassan, Rochester, Vt.: Park Street Press, 1988.

❺《關於膜拜團體：父母們應該知道什麼》*Cults: What Parents Should Know*, by Loan C. Ross and Michael D. Langone. Secaucus, N.J.:Lyle Stuart, 1989.

❻《退出咨詢：一種家庭干預》*Exit Counseling: A Family Intervention*, by Carol Giambalvo. Bonita Springs, Fla.: American Family Foundation, 1992.

❼《影響力：現代說服的心理學》*Influence: The New Psychology of Modern Persuasion*, by Robert Cialdini. New York: Quill, 1984.

❽《從膜拜團體中康復：幫助心理和精神虐待的受害者》*Recovery from Cults: Help for Victims of Psychological and Spiritual Abuse*, edited by Michael D. Langone. New York: W.W. Norton,1993.

❾《思想改造和極權主義心理學：對中國洗腦的研究》*Tought Reform and the Psychology*

of Totalism: A Study of Brainwashing in China, by Robert Jay Lifton. New York: W.W. Norton,1961.

文章與小冊子

❶「對自我的核心和外圍因素的攻擊及思想改造技巧的效果」"Attacks on Peripheral Versus Central Elements of Self and the Impact of Thought-Reforming Techniques, by Richard Qfshe and Margaret T. Singer. Cultic Studies journal, 1986, 3(1), 3-24.

❷「走出膜拜團體」"Coming Qut of the Cults," by Margaret Thaler Singer. Psychology Today, Ian.1979,pp.72-82.

❸「膜拜團體在美國」"Cults in America," by Charles C. Clark. The CQ Researcher, 1993, 3(l7).385--408. (Available from American Family Foundation)

❹「膜拜團體、江湖醫生與非專業治療」"Cults, Quacks, and Nonprofessional Therapies," by Louis J. West and Margaret Thaler Singer. In Comprehensive Textbook of Psychiatry, Vol. 3 (3rd ed.), edited by Harold I. Kaplan, Alfred M. Freedman, and Benjamin I. Sadock. Baltimore:Williams 81 Wilkins, 1980.

❺「膜拜團體：宗教極權主義與公民自由」"Cults: Religious Totalism and Civil Liberties." Chapter in The Future of Immortality, by Robert I. Lifton. New York: Basic Books, 1987.

❻「團體心理動力學」"Group Psychodynamics," by Margaret T Singer. In The Merck Manual of Diagnosis and Therapy (15th ed.), edited by Robert Berkow. Rahway, N.）. : MerckSharp SL Dohme Research Laboratories, 1987.

❼「當代膜拜團體中的說服技巧：公共健康進路」"Persuasive Techniques in Contemporary Cults: A Public Health Approach, " by Louis J. West. Cultic Studies Journal, 1990, 7(2), 126-149.

❽「心理療法膜拜團體」"Psychotherapy Cults," by Margaret T Singer, Maurice K. Temerlin, and Michael D. Langone. Cultic Studies Journal, (1990), 7(2), 101-125.

❾膜拜團體專輯Special Issue on Cults. Psychiatric Annals, 1990, 20(4), 171-216. (Available from American Family Foundation)

❿「思想改造程序與精神病傷亡的產生」"Thought Reform Programs and the Production of Psychiatric Casualties," by Margaret T Singer and Richard Ofshe. Psychiatric Annals, 1990, 20(4), 188-193.

⓫「不正當影響與書面文件：心理學問題」"Undue Influence and Written Documents: Psychological Aspects,」 by Margaret T. Singer. Journal of Questioned Document Examination, 1992, 1(1), 4-13.

⓬「合同與遺囑認證法律中的不正當影響問題」"Undue Influence in Contract and Probate Law," by Abraham Nievod. Joumal of Questioned Document Examination, 1992, 1(1), 14-26.

⓭「宗教性膜拜團體信仰轉換過程中催眠技巧的運用」"The Utilization of Hypnotic Techniques in Religious Cult Conversion," by Jesse S. Miller. Cultic Studies Journal, 1986, 3(2), 243-250.

索 引

人名索引

主題詞索引

譯後記

　　《膜拜團體就在我們當中》的作者瑪格麗特‧泰勒‧辛格（1921—2003），是一名臨床心理學家，加州大學伯克利分校的榮退兼職教授。她在丹佛大學獲得臨床心理學博士學位，從事執業醫生、研究者和教師工作近五十年。膜拜團體是她研究的一個特殊領域。2004年，國際膜拜團體研究聯合會爲了紀念她，設立了瑪格麗特‧辛格獎。本書的第一版出版於1995年，由瑪格麗特‧辛格和揚亞‧拉裏奇合作完成。揚亞‧拉裏奇是一名膜拜團體前成員，現在是加州大學奇科分校社會學系的一名教授。2003年，本書的修訂版出版時，改爲瑪格麗特‧辛格獨著。

　　本書第一版出版後，1997年曾出版過德文版和西班牙文版。2000年，湖南人民出版社出版了由劉宇紅和黃一九翻譯的中文版，爲我們了解國外有關膜拜團體的研究提供很好的參考，也爲本次翻譯奠定了基礎。而且，該中譯本出版時，國內對膜拜團體的研究甚少，兩位譯者短時間內就將該書翻譯出來實屬不易。但隨著社會的發展和學術的進步，今天我們對膜拜團體有了更多的認識和研究，而且隨著網絡的發達、學術活動和學界聯繫的增多和擴展，信息變得更爲豐富、獲取也更爲便利，這使得我們對本書所涉及的一些術語和內容有了更爲準確和更進一步的理解。爲此，譯者對本書的修訂版進行了重新翻譯。

　　本書以作者大量的調查和訪談結果爲基礎，採用了相當多的案例

分析，討論了什麼是膜拜團體，膜拜團體思想控制運作的過程和機制以及如何幫助人們從膜拜團體脫離並復原。作者詳細地描述了膜拜團體如何接近普通人、如何運用各種心理學和社會技巧來吸引和控制信徒，如何侵入到工作場所等等。尤其是，作者爲識別和避免遭受膜拜團體影響提供了許多可操作、有價值的建議，還爲膜拜團體受害者提供了許多有幫助的策略。

　　本書首次使用「愛的轟炸」（Love Bombing）一詞，用於描述膜拜團體採用情感方式讓其潛在的成員感受到夥伴的親密、被讚揚的快樂、家庭般的溫暖和友情的共享等，使之沉浸在愛和同情的海洋中。這種策略也被廣泛運用於教會組織以及各種傳銷組織等招募新成員。

　　本書的一個突出觀點就是，大多數人在生命中的某個時刻都會成爲膜拜團體的易感人群。也就是說，大多數普通人，而並不只是某些類型的人，會有可能加入膜拜團體。就像中國目前層出不窮的詐騙團夥，大多數人在日常生活中都有可能碰到，並有可能上當受騙。所以，對公衆進行相關教育，提高他們對膜拜團體的免疫力是十分必要的。

　　本書提出，最令人關切的是，膜拜團體利用思想改造技巧來確保其信徒的順從和服從。而目前在全世界範圍內引起強烈關注的恐怖主義，正是運用了膜拜團體不斷發展成熟的這些技巧。本書的修訂版後記中提到膜拜團體的技巧被恐怖主義團體所利用的後果。作者認爲，這些年來的世界爲膜拜團體提供了肥沃的土壤，那麼對恐怖主義來說又何嘗不是如此。所以，在觀察當今的恐怖主義時，本書對膜拜團體的諸多分析，也能爲我們提供參考。

　　當然，讀者在參考本書時，可能還需要注意兩個方面的問題：

　　1.對膜拜團體的特點描述，美國和中國情況有所不同。書中所界定

和描述的主要是歐美的膜拜團體，只要有領袖、權力結構和思想改造或
洗腦程序就能構成一個膜拜團體。在作者看來，膜拜團體並不一定具有
宗教性，也不一定和宗教相關。而目前中國出現的邪教，多以某種或多種
宗教的某些教義爲基礎，或屬於宗教的某一教派。也就是說，中國的邪
教，多是崇拜超自然力的或相信教主具有某種超自然力。類似本書中描
述的那些膜拜組織，如傳銷、身心靈修煉組織等，在中國一般不作爲邪
教處置。

　　2.本書將中國大陸1950年代的思想改造運動和膜拜團體的洗腦
程序相提並論。作者並不完全了解和理解中國的思想改造運動，因此，
作者的結論和觀點值得商榷。可能正是出於這個原因，第一版的中譯本
《邪教在我們中間》一書中，將其中的段落和詞句進行了刪除處理。

　　由於本書所涉及的內容範圍較廣，而譯者的學識有限，此譯本難免
會存在諸多疏漏和誤譯之處，歡迎各位讀者批評指正。

譯者

2015年12月

作者簡介

　　瑪格麗特・泰勒・辛格是一名臨床心理學家，也是加州伯克利大學心理學系的榮退副教授。她在丹佛大學獲得臨床心理學博士學位，曾擔任臨床醫生、研究人員和教師長達近50年。辛格的主要研究領域是關於人們如何相互影響，這直接源於她大學和研究生期間在語言和心理學方面的研究工作，對膜拜團體研究成爲她研究的一個特殊領域。多年來，辛格咨詢和訪談過三千多名膜拜團體前成員和現成員。1978年，她獲得了裏奧・瑞恩（Leo J. Ryan）紀念獎，這一獎項以在圭亞那瓊斯鎭犧牲的美國參議員的名字而命名。

　　在過去的二十多年裡，辛格曾在許多法律案件中積極擔任顧問和專家證人，並經常在電視上就說服和影響力問題進行辯論。她在專業期刊上發表過一百多篇論文，因其多方面的研究工作而獲得過多項國家級榮譽，包括美國精神病協會（American Psychiatric Association）、美國精神病學家學會（the American College of Psychiatrists）、 美國國家精神衛生協會（the National Mental Health Association）、美國婚姻與家庭治療協會（the American Association for Marriage and Family therapy）以及美國家庭治療協會（the American Family Therapy Association）頒發的獎項。她還獲得一項由美國國立精神衛生研究所（the National Institute of Mental health）頒發的研究科學家獎，並成爲當選美國心理學學會（the American Psychosomatic Society）主席的第一位女性和臨床心理學家。

　　辛格和她的丈夫傑伊（Jay）住在伯克利，傑伊是一名物理學家，對核磁共振成像的發展有特殊貢獻。她的兒子是一名公共關係和政治顧問，女兒是一名整形外科住院醫師。辛格生活愉快，還有一對雙胞胎孫子。

譯者簡介

　　黃艷紅，哲學博士，畢業於北京大學哲學系，現爲中國社會科學院馬克思主義研究院副研究員，研究方向爲科學無神論。

國家圖書館出版品預行編目資料

膜拜團體就在我們當中—與其隱性威脅作持續鬥爭（修訂版） / 瑪格麗
特·泰勒·辛格(Margaret Thaler Singer)著 ，黃艷紅 譯
-- 初版. -- 臺北市：蘭臺，2020.11　面；公分. --（膜拜現象研究叢書１）
譯自：Cults in Our Midst : The Continuing Fight Against Their Hidden Menace
(Revised Edition)
ISBN ：978-986-99507-0-1(平裝)
1.洗腦 2.崇拜 3.宗教團體
541.825　　　　　　　　　　　　　　　　　　　109013580

膜拜現象研究叢書1

膜拜團體就在我們當中
—與其隱性威脅作持續鬥爭（修訂版）

作　　　者：[美]瑪格麗特·泰勒·辛格(Margaret Thaler Singer) 著，黃艷紅 譯
主　　　編：任定成
編　　　輯：党明放 楊容容
封面設計：塗宇樵
出 版 者：蘭臺出版社
發　　 行：蘭臺出版社
地　　　址：台北市中正區重慶南路1段121號8樓之14
電　　　話：(02)2331-1675或(02)2331-1691
傳　　　真：(02)2382-6225
E —MAIL：books5w@gmail.com或books5w@yahoo.com.tw
網路書店：http://5w.com.tw/
　　　　　　https://www.pcstore.com.tw/yesbooks/
　　　　　　https://shopee.tw/books5w
　　　　　　博客來網路書店、博客思網路書店
　　　　　　三民書局、金石堂書店
經　　　銷：聯合發行股份有限公司
電　　　話：(02) 2917-8022　　傳 真：(02) 2915-7212
劃撥戶名：蘭臺出版社 帳號：18995335
香港代理：香港聯合零售有限公司
電　　　話：(852)2150-2100　　傳真：(852)2356-0735
出版日期：2020年11月　初版
定　　　價：新臺幣380元整（平裝）
ISBN：978-986-99507-0-1